Cathryn Jakobson Ramin

Der Dingsda aus Dingenskirchen

Cathryn Jakobson Ramin

Der Dingsda aus Dingenskirchen

Die großen und kleinen Gedächtnislücken ab 40

Aus dem amerikanischen Englisch
von Christoph Trunk

Kreuz

Gekürzte Fassung der US-amerikanischen Ausgabe von 2007

Bibliografische Information der Deutschen Bibliothek
Die Deutsche Bibliothek verzeichnet diese Publikation in der
Deutschen Nationalbibliografie; detaillierte bibliografische Daten sind
im Internet über http://dnb.ddb.de abrufbar.

Die amerikanische Originalausgabe ist erschienen unter dem Titel:
»Carved in Sand. When Attention Fails and Memory Fades in Midlife«,
im Verlag HarperCollins*Publishers*
Copyright © 2007 by Cathryn Jakobson Ramin

© für die deutsche Ausgabe 2008 Verlag Kreuz GmbH
Postfach 80 06 69, 70506 Stuttgart

www.kreuzverlag.de

Alle Rechte vorbehalten
Umschlaggestaltung: init, Büro für Gestaltung, Bielefeld
Umschlagbild: © plainpicture / Fancy
Autorenfoto: © Lisa Jakobson
Satz: de·te·pe, Aalen
Druck: CPI – Clausen & Bosse, Leck

ISBN 978-3-7831-3110-9

Inhalt

Vorwort: Unser kostbarster Besitz   11

1 **Wenn auf unser Gedächtnis kein Verlass mehr ist**   23
Die peinlichen Aussetzer häufen sich –
ein Grund zur Sorge?

2 **Patzer, Schnitzer, Aussetzer**   36
Freimütige Berichte von großen und kleinen
Fehlleistungen

3 **Überlastete Stirnlappen**   51
»Informationsflut« ist keineswegs das Einzige,
was uns zu schaffen macht

4 **Wenn der rote Faden plötzlich reißt**   69
Warum Wörter und Gedanken ohne Vorwarnung
plötzlich weg sind

5 **In die Röhre**   81
Was ein Hirnscan zeigt (und was nicht)

6 **Gehirnnahrung**   98
Nachschub für das Gehirn in den mittleren
Jahren: essenzielle Fettsäuren, Omega-3-
Fettsäuren, Vitamine, Nahrungsergänzungsmittel
und Glukose

7 **Aerobics für den Kopf**   108
Von öde bis süchtig machend: Methoden,
um die Neuronen auf Trab zu halten

8 **Im Säurebad** 125
Ein durch chronischen Stress erhöhter
Cortisonspiegel tut dem Hippokampus nicht gut

9 **Mehr Östrogen, bitte** 137
Könnte eine Hormontherapie Ihren Neuronen
auf die Sprünge helfen?

10 **Das verwundbare Gehirn** 149
Die Spätfolgen unbeachtet gebliebener
Gehirntraumata

11 **Kosmetische Neurologie** 165
Die vielfältigen und verlockenden Möglichkeiten,
unsere kognitive Leistungsfähigkeit mit
pharmazeutischer Hilfe zu steigern

12 **Meditation und Neurofeedback** 185
An den Stellschrauben drehen:
Wie eine Optimierung der Gehirnwellen
die Aufmerksamkeit verbessern kann

13 **Schlafen kann ich, wenn ich tot bin** 193
Wer zu wenig schläft, bleibt unter seinen
Möglichkeiten

14 **Ursachen, an die man nicht unbedingt denkt** 211
Zusammenhänge zwischen kognitiver
Leistungsschwäche und häufigen
Gesundheitsproblemen des mittleren Alters

15 **Dem Tiger ins Auge schauen** 224
Joanna, 59 Jahre alt und an Alzheimer erkrankt,
gewährt uns einen Blick in ihre Welt

16 **Wollen wir es so genau wissen?** 241
Sollen wir die neuen diagnostischen und
therapeutischen Möglichkeiten, die sich uns
eröffnen, wirklich nutzen?

17 **Kämpfen lohnt sich** 255
Die Neuronen hegen und pflegen: die Strategien
der Menschen, die bis ins hohe Alter geistig fit
bleiben

Schluss 287
Dank 293
Anmerkungen 302
Ausgewählte Literatur 316

Vergesslichkeit

Als erstes entschwindet der Name des Autors,
treu gefolgt vom Titel, von der Handlung,
dem herzzerreißenden Schluss, schließlich dem gesamten
    Roman,
der plötzlich zu einem wird, den du nie gelesen,
ja, von dem du nie etwas gehört hast,

als ob die Erinnerungen, die einst in dir wohnten, eine nach
    der anderen
beschlossen hätten, sich auf der Südhalbkugel des Gehirns
    zur Ruhe zu setzen,
in einem kleinen Fischerdorf, wo es kein Telefon gibt.

Vor langer Zeit schon hast du die Namen der neun Musen
    Lebewohl geküsst
und zugesehen, wie die quadratische Gleichung ihre
    Siebensachen packte,
und während du dir gerade die Abfolge der Planeten im
    Sonnensystem in Erinnerung rufst,

stiehlt sich etwas anderes weg, ein Emblem eines
    Bundesstaats vielleicht,
die Adresse eines Onkels, die Hauptstadt von Paraguay.

Was auch immer es ist, das du dem Vergessen zu entreißen
    versuchst,
es liegt dir nicht auf der Zunge,
ja, lauert nicht einmal in irgendeinem dunklen Winkel der
    Milz.
Es ist stromabwärts davongetrieben, auf einem dunklen
    mythischen Fluss,
dessen Name mit einem L anfängt, falls du dich recht
    entsinnst,

und auf dem du schon weit gekommen bist auf deiner Reise
    ins Vergessen, um schließlich zu denen zu stoßen,
die nicht einmal mehr wissen, wie man schwimmt und
    Fahrrad fährt.

Kein Wunder, dass du mitten in der Nacht aufstehst,
um in einem Buch über den Krieg das Datum einer
    berühmten Schlacht nachzuschauen.
Kein Wunder, dass der Mond vorm Fenster dir vorkommt,
    als sei er
einem Liebesgedicht entstiegen, das du einmal auswendig
    wusstest.

Billy Collins

Vorwort

Unser kostbarster Besitz

Es ließ sich nicht mehr abstreiten. Irgendetwas Merkwürdiges ging in meinem Kopf vor sich, so als würde sich Nebel darin ausbreiten. Wenn ich beim Lesen umblätterte, wusste ich schon fast nicht mehr, worum es auf der vorherigen Seite eigentlich gegangen war. Fast über Nacht waren mir wesentliche Informationen abhanden gekommen – Namen von Menschen und Orten, Titel von Büchern und Filmen. Wörter, mein Handwerkszeug als Autorin, fingen an, Versteck mit mir zu spielen. Viele Gedanken kamen und gingen, ohne je klare Umrisse anzunehmen, und waren derart flüchtig, dass ich sie oft nicht einmal festzuhalten vermochte, wenn ich sofort zu Papier und Stift griff. Mein bislang stets abrufbereiter mentaler Kalender wurde genauso verschwommen und lückenhaft wie mein räumlicher Orientierungssinn. Das Leben verlor seine klaren Linien und Konturen, so als hätte jemand die Stangen meines Zelts aus dem Boden gezogen. Die Veränderung war derart massiv, dass ich mir manchmal selbst fremd war.

Ich hatte die Schwelle zum mittleren Alter gerade erst überschritten. Schlimmer wurde das Ganze noch dadurch, dass ich mich scheute, irgendjemandem zu verraten, was mit mir vorging. Mir fehlten die Worte, es zu beschreiben, und der Mut, mich den besorgten Mienen zu stellen, mit denen man mein Bekenntnis wohl quittieren würde. Ich wollte das alles für mich behalten, was immer es war. Als Journalistin fühlte ich mich darauf angewiesen, dass ich flink und geistesgegenwärtig blieb und mich auf meinen scharfen Verstand und meine spitze Zunge verlassen konnte. Insgeheim befürchtete ich, dass ich meinen Biss verloren hatte, was in meinem Metier den Ruin bedeutet hätte. Ich hatte einen wunderbaren Mann und zwei prachtvolle Söhne, war also reich gesegnet. Doch mein Selbstbild und meine Selbstachtung hingen vor allem von meinem Denkvermögen ab.

Im Gespräch mit einer 50-jährigen Freundin, einer der scharfsinnigsten Frauen, die ich kenne, wurde mir klar, dass ich nicht allein bin. Eines Morgens bei einer Tasse Kaffee eröffnete sie mir, dass sie ihren Posten aufgeben wolle. Sie hatte zahlreiche beängstigende Momenten erlebt, in denen sich in ihrem Kopf plötzlich gähnende Leere ausbreitete – wie an einem Strand, auf den ein Tsunami zurollt –, und war sich »alt und dumm« vorgekommen. Mir fiel ein, dass eine Tante von mir manchmal mit geschlossenen Augen beide Zeigefinger hochhielt und mich bat, Geduld zu haben, während sie sich durch einen »Augenblick für ältere Mitbürgerinnen« kämpfte. Aber in meiner Vorstellung waren derartige Aussetzer Leuten vorbehalten, die wesentlich älter waren als ich.

»Mein Gedächtnis ist im Eimer«, murmelte meine Freundin. »Vielleicht ist es der Stress oder eine Depression oder zu wenig Schlaf, oder es sind die Wechseljahre. Oder es liegt daran, dass mir die Arbeit stinkt, oder daran, dass ich so verrückt war, mit dem Kinderkriegen zu warten, bis ich 44 war. Ich weiß jedenfalls, dass ich mit Leuten zusammenarbeite, die 25 Jahre jünger sind als ich, und dass die mir nichts durchgehen lassen werden. Keine Ahnung, wie schlimm das noch wird oder wohin das führt, aber ich sag dir eins: Ich sterbe lieber, als dass ich den Verstand verliere.«

Einige Wochen später hörte sie auf zu arbeiten und fing an, das Antidepressivum Zoloft zu nehmen. Ihr Psychiater war überzeugt, dass die Gedächtnisprobleme auf eine Depression zurückzuführen waren. Nun wirkt eine Depression im mittleren Alter zwar oft tatsächlich als ein Katalysator, durch den die Gedächtnisstörungen zutage treten, aber sie ist keineswegs die einzige Ursache. Man kann es durchaus auch andersherum betrachten: Wenn kognitive Unzulänglichkeiten wie aus heiterem Himmel über uns hereinzubrechen scheinen – und womöglich als Vorboten von Verfall und beruflichem Versagen zu deuten sind –, ist das ein durchaus nachvollziehbarer Grund für Depressionen. Meine Freundin wollte von da an nicht mehr am Nachmittag besucht werden, weil sie da ein langes Schläfchen machen musste. Ich erlebte mit, wie ihre Welt schrumpfte und ihr bis dahin unverwüstliches Selbstvertrauen sich aufzulösen begann.

Bald darauf ging ich mit meinem Mann ins Kino. Der Film war ganz nach meinem Geschmack, aber auf der kurzen Autofahrt nach Hause stellte ich fest, dass mir weder der Titel noch der Name des Hauptdarstellers einfielen. Aus irgendeinem Grund war dies der Vorfall, der das Fass zum Überlaufen brachte. Ich war zutiefst beunruhigt. Die Dampfwalze, die meine Freundin überrollt hatte, kam nun also auf mich zu. Ich wollte aber nicht einfach daliegen und warten, bis es passierte. Wenn es eine Möglichkeit gab, gegen das Nachlassen von Erinnerungsvermögen und Aufmerksamkeit anzugehen und mein Gehirn vor dem, was ihm da drohte, zu bewahren, dann würde ich den ganzen Grips aufbieten, den ich noch hatte, und mich zur Wehr setzen.

Ich fing mit Selbsthilfebüchern zum Thema Gedächtnis an, die es in Hülle und Fülle gibt. Jedes versprach mir, dass ich es (mit ein wenig Einsatzwillen) schaffen würde, mir die Namen von Leuten, die ich bei einer Festivität kennenlernte, dauerhaft einzuprägen. Anscheinend waren die Bücher für ein etwas älteres Publikum gedacht, das viel Muße hat. Sie langweilten mich und machten mich ungeduldig. Ich tat mich schwer damit, mir die »Tipps und Tricks« zu merken, und war bei den Denksportaufgaben nicht konzentriert genug, um sie lösen zu können. Ich quälte mich durch die vielen Diagnosetests, die ich in den Ratgebern fand, und das Gefühl verstärkte sich, dass ich nicht zur Zielgruppe dieser Bücher gehörte. Beispielsweise wurde ich in den Multiple-Choice-Tests gefragt, wie oft es mir passiere, dass ich nach einem abhandengekommenen Gegenstand suchen müsse: nie, durchschnittlich einmal in der Woche, jeden zweiten

Tag, täglich oder mehrmals am Tag. Sollte das ein Witz sein? In den Vierzigern (oder auch noch in den Fünfzigern) sind viele von uns gefordert, im Laufe einer einzigen Stunde beispielsweise ein Paar Turnschuhe wiederzufinden, ein Schulheft, damit der Sohn seine Hausaufgaben erledigen kann, eine einzelne grüne Socke und ein Kuscheltier. Wenn man dann noch die Suche nach dem verlegten Autoschlüssel, nach einer Datei im Computer, nach der Einkaufsliste und der Salami für den Pausensnack hinzunimmt, kann einem das eigene Leben durchaus wie eine nie endende Schatzsuche vorkommen. Es ist wenig verwunderlich, dass die Leute so versessen darauf sind, »Struktur« in ihre Habseligkeiten zu bringen. Im nächstgelegenen Einkaufszentrum gibt es neuerdings eine Filiale einer Ladenkette für Ablage- und Regalsysteme. Sie ist voll von Menschen mittleren Alters, die sich vorgenommen haben, ihr Leben besser in den Griff zu bekommen.

Als im Lauf der Jahre in meinem Familien- und Freundeskreis viele die Vierzig oder die Fünfzig überschritten, wurde mir klar, dass auch ich zu dieser großen Gruppe im mittleren Alter gehörte, die sich ins Zeug legen musste, um Schritt halten zu können. Als der Sonderermittler Sol Wisenberg den früheren Präsidenten Bill Clinton in einer Anhörung vor der Grand Jury zu den Einzelheiten einer Unterredung mit Vernon Jordan befragte, bei der es acht Monate zuvor um Monica Lewinsky gegangen war, sagte der 52-jährige Clinton, er könne sich nicht mehr erinnern. Das klang für viele nach einer billigen Ausrede. Ich aber glaubte ihm. Warum sollte es ihm anders ergehen als allen anderen? Im *Starr-Report* von 1998 ist er in dieser Hinsicht unerwartet offenherzig: »Wenn ich eines über mein Gedächtnis sagen kann«, erklärte er gegenüber Wisenberg, »dann, dass ich mein Leben lang mit einem guten Gedächtnis gesegnet und privilegiert war. Nicht nur ich, sondern auch viele meiner Angehörigen und Freunde waren schockiert, wie viel ich in den letzten sechs Jahren vergessen habe – ich denke, das liegt an dem

Druck, dem Tempo und dem Umfang der Ereignisse im Leben eines Präsidenten [...]. Ich bin verblüfft – es passiert öfter, dass ich mich buchstäblich nicht an die letzte Woche erinnern kann.«[1]

Die Gespräche um mich herum begannen, wohin ich auch ging, zunehmend wie Ratespiele zu klingen, bei denen zunächst nur Bruchstücke des gesuchten Begriffs bekannt sind: »Klingt etwa wie ... beginnt mit dem Buchstaben ... hat drei Silben.« Ein gutaussehender Kellner, der wohl Mitte fünfzig war und uns in einem der edleren Restaurants im Napa Valley bediente, ein Routinier, der seinen Beruf ernst nahm, vergaß eine unserer Vorspeisen und dann eines unserer Desserts. Als er sich entschuldigte, schien ihm die Sache so nahe zu gehen, dass ich befürchtete, er würde gleich in Tränen ausbrechen. Als das Produktionsstudio Pixar den Animationsfilm *Findet Nemo* herausbrachte, in dem eine äußerst zerstreute Fischdame namens Dory vorkommt, war ein zweckmäßiges neues Codewort geboren. Wenn eine Frau eine andere darauf hinweisen wollte, dass sie dabei war, eine Geschichte zu wiederholen, die sie wenige Tage – oder wenige Stunden – zuvor schon einmal erzählt hatte, brauchte sie nur noch spitz »Dory!« zu sagen. Offenbar hatte ich also viele Leidensgenossinnen und natürlich auch -genossen.

Eine Frau erzählte mir folgendes Beispiel dafür, dass sie länger als früher brauchte, um Informationen aus dem Gedächtnis abzurufen: »Wenn ich früher im Fernsehen *Glücksrad* anschaute, wusste ich die Antworten meist schon lange, bevor der Summer ging. Ich weiß sie immer noch, komme aber einfach nicht mehr so schnell darauf. Ich bin keine Kalaschnikow mehr, sondern eher wie eine Muskete, die man laden und stopfen muss und erst dann abfeuern kann.«

Ich war entschlossen, eine plausible Erklärung für das zu finden, was mit meinem Gehirn und offenbar auch mit dem anderer Menschen mittleren Alters passierte. Die Vergesslichkeit brachte meine Existenz aus den Fugen. Gehörte das zum normalen Prozess des Älterwerdens? Oder ging da etwas anderes vor sich? Ich konnte mich entweder damit abfinden, dass mein Leben zu einem Herumstochern im Nebel wurde, oder mich auf die Suche nach den besten diagnostischen und therapeutischen Methoden begeben, die unsere Wissenschaft zu bieten hat.

Ich sah meine Chance und ergriff sie. Ich wollte ein Versuchskaninchen werden, als selbsternannte Vertreterin der mittleren Generation, der das Gehirn böse Streiche zu spielen begann. Mein Ziel war, Interventionen der verschiedensten Art zu erkunden, von etablierten bis hin zu Außenseitermethoden. Denn wer konnte wissen, wo die Lösung zu finden war? Der Selbstversuch war mit Risiken für Körper und Geist verbunden, doch ich hatte das Gefühl, dass mir eigentlich kaum eine Wahl blieb. Ich wollte mich an Experten verschiedener Fachdisziplinen wenden, an Laborforscher, die mit Tieren experimentierten, sowie an die junge Generation von Therapeuten, die sich zum ersten Mal modernste Verfahren wie Magnetresonanztomografie und Positronenemissionstomografie zunutze machen kann, um gezielt in ein lebendiges Gehirn einzugreifen. Ich wollte mich mit Kognitionspsychologen unterhalten, mit Psychiatern, Neuropsychologen, Neurologen, Neurowissenschaftlern, Spezialisten für Schlafmedizin, Pharmakologen, Gerontologen, Genetikern, Traumaforschern, Toxikologen, Endokrinologen und Ernährungswissenschaftlern. Um das Ganze abzurunden, würde ich noch ein oder zwei Gurus einstreuen. Meine Methode hatte natürlich ihre Schwachstellen: Kein Wissenschaftler, der etwas auf sich hält, würde eine Studie so anlegen, dass er an ein und demselben »Objekt« mehrere Behandlungsverfahren gleichzeitig erprobt. Ich war aber keine Wissenschaftlerin. Ich war eine Journalistin, die weiß, was eine gute Story ist. Vergesslichkeit ist ein Thema, das uns alle angeht, und sie geht uns allen an die Substanz. Und so machte ich mich auf die Suche nach Antworten.

Ganz zu Anfang meiner Recherchen schrieb ich an Gary Small, einen renommierten Psychiater, der an der University

of California in Los Angeles sowohl das Zentrum für Altersforschung als auch die Gedächtnis-Klinik leitet. Ich schilderte ihm auf vier Seiten meine Gedächtnisprobleme und gab
an, dass ich vom *New York Times Magazine* den Auftrag bekommen habe, einen Artikel über Vergesslichkeit im mittleren Lebensalter zu schreiben, den ich später zu einem Buch
ausbauen wolle. Ehrlich gesagt erwartete ich, er werde mir
in einem Formbrief mitteilen, dass er nicht therapeutisch
arbeite. Stattdessen aber rief er mich an und unterbreitete mir
ein Traumangebot – eine Rundum-Untersuchung einschließ-
lich Magnetresonanz- und Positronenemissionstomografie,
das diagnostische Nonplusultra.[2] Die Reise hatte begonnen.

Wenn ich anderen von den Plänen zu diesem Buch erzählte – ob im Wartezimmer einer Arztpraxis, beim Friseur
oder an der Bushaltestelle –, bekam ich jedes Mal eine Geschichte zu hören, die ich unbedingt festhalten wollte. Zur
Not kritzelte ich die Notizen auf die Rückseite zerknitterter
Einkaufslisten, die ich aus dem Portemonnaie hervorkramte.
Sobald ich den Gesprächspartnern Anonymität zugesichert
hatte (das war entscheidend, weil viele größte Scheu davor
hatten, dass ihre Schwierigkeiten publik werden könnten),
zogen sie mich ins Vertrauen. Manche Geschichten sind
traurig, manche urkomisch. Ich hatte nie vor, ein Selbsthilfe-
buch oder eine hochgestochene wissenschaftliche Abhand-
lung zu schreiben, und so lasse ich in diesem Buch die unter-
schiedlichsten Menschen aus allen Schichten und Berufen
zu Wort kommen, die berichten, was Vergesslichkeit und
Zerstreutheit in ihrem Alltag anrichten. So zum Beispiel
Daniel, der eigentlich immer sehr akkurat ist. Weil er nicht
daran dachte, dass sein Regenmantel ein eingeknöpftes Futter hatte, schob er am Zürcher Flughafen seinen Pass zwischen Popeline- und Wollschicht, wo er nach unten glitt und
zu Boden fiel, ohne dass Daniel es bemerkte. Da ist Wendy,
die die Schlüsselkarte für ihr Hotelzimmer verlor, jemanden
vom Reinigungspersonal überredete, ihr die Tür aufzuschlie-
ßen – und im falschen Zimmer stand. Charlie, ein Anwalt,

17

reiste zu einem wichtigen Gerichtstermin und stellte vor Ort fest, dass er seine Anzugshose nicht in den Koffer gepackt hatte und seinen Mandanten nun in zerknitterten Khakihosen verteidigen musste. Ich bin sicher, dass Sie ebenso wie ich Trost daraus ziehen werden, dass Sie alles andere als allein sind und sich zu der großen Gruppe rechnen dürfen, die ich »die Schar der Erinnerungsdurstigen« getauft habe.

Mir wurde angesichts der Unzulänglichkeiten meines eigenen Gedächtnisses recht bald klar, dass ich für das Sammeln von Erlebnisberichten eine systematische und verlässliche Methode benötigte. Ich entwickelte einen zehn Seiten langen Fragebogen, den ich per E-Mail und Schneckenpost mehrere hundert Mal verschickte. Meine Befürchtung war, dass die Leute den Fragebogen einfach wegklicken oder wegwerfen würden, doch ich täuschte mich. Auf eine solche Gelegenheit schienen viele nur gewartet zu haben! Das Ausfüllen war zeitaufwendig, hatte aber auch einen kathartischen Effekt. Viele erkundigten sich bei mir, ob sie den Fragebogen zum Beispiel an eine Schwägerin oder an einen ehemaligen Mitstudenten weiterleiten dürften. Er war wie ein Virus, das sich ausbreitet. In Georgia bekam eine Gruppe von Krankenschwestern den Fragebogen in die Finger, in Milwaukee ein Team von Angestellten der Schulverwaltung. Er fand seinen Weg zu mehreren ehemaligen Fluglotsen (die in der Regel spätestens mit 56 in den Ruhestand gehen müssen), dann zu Mitarbeitern der Fluggesellschaft JetBlue. Er drehte eine kurze Runde bei den Sportkleidungs-Verkäufern der Bostoner Filiale der Nobelkaufhauskette Neiman Marcus und bei einem Polizeiverein in der New Yorker Bronx. In Raleigh-Durham wurde ich Zeugin, wie ein Busfahrer einen Rüffel von seiner äußerst verärgerten Freundin bekam, weil er vergessen hatte, dass sie gemeinsam an einem Picknick ihrer Kirchengemeinde teilnehmen wollten. Nicht nur er, sondern auch einige seiner Kollegen füllten meinen Fragebogen aus. Es war nie im Voraus abzusehen, woher ich als Nächstes Resonanz bekommen würde. Nach zwei Jahren hatte ich Daten beisammen, die aus Texas bis Timbuktu und von über 200 Personen stammten. Fast alle hatten angekreuzt, dass sie anonym bleiben wollten, was ich höchst aufschlussreich fand. Auch Zeitgenossen, die sich ansonsten bei so ziemlich jedem Thema freimütig zu ihrer Meinung bekannt hätten, legten Wert darauf, dass ihre Vergesslichkeit nicht publik wurde. Natürlich konnte ich ihnen das sehr gut nachfühlen. Wer offen eingesteht, dass ihm das Nachlassen des Gedächtnisses Sorgen bereitet, der darf sich nicht wundern, wenn Kunden, Auftraggeber oder Wähler unangenehm berührt sind und auf Abstand gehen.

Einmal trat ich einer Frau tatsächlich zu nahe. Diese Marketingmanagerin, die sehr offen über die große Krise sprach, in die sie mit fünfzig gestürzt war, wurde nervös, als ich Details erfragte, anhand deren ihre Mitarbeiter sie möglicherweise hätten erkennen können. Dieses Risiko konnte sie nicht eingehen.

Derart zurückhaltend reagierten aber nur sehr wenige. Viele von denen, die meinen Fragebogen beantworteten, blieben mit mir in Kontakt und fragten hin und wieder nach, wie es mir gehe und wann denn das Buch herauskomme. Sie wiesen mich auf Themen hin, die ich unbedingt mit einbeziehen solle. Die Liste wurde länger und länger: Stress, Schlafstörungen, Ernährung, Traumata, Wechseljahre, Ängste, Depression, Schadstoffe, Suchtmittel, Aufmerksamkeitsdefizitstörung, Alzheimer-Krankheit – und so weiter und so fort.

Manche Fragen kamen immer wieder: Warum jagt uns zunehmende Vergesslichkeit eine derartige Angst ein? Haben wir unser Erinnerungsvermögen in ähnlicher Weise von unseren Eltern geerbt wie unsere Augenfarbe? Wie können wir die kognitiven Fähigkeiten bewahren, über die wir noch verfügen? Gibt es Möglichkeiten, verlorene Fähigkeiten wiederzubeleben? Können »Jugendsünden« negative Spätfolgen für das Gehirn im mittleren Alter haben? Können die Wechseljahre Vergesslichkeit verursachen? Lässt sich das

Gehirn mit bestimmten Arzneimitteln unterstützen und stärken? Gibt es Gedächtnisübungen, die sinnvoll sind? Haben wir Möglichkeiten, uns gegen die Alzheimer-Krankheit, die heutzutage anscheinend fast jede Familie treffen kann, zu schützen?

Unter den zahllosen Fragen schien mir die folgende am dringlichsten: Wie gelingt es manchen Menschen, bis ins hohe Alter geistig fit zu bleiben, während das anderen nicht gelingt? Eines Tages war ich vor Sonnenuntergang mit den Hunden unterwegs, auf einem Fahrradweg, der an einem Bach entlangführt. Ich hatte eine volle Dreiviertelstunde Muße, bis ich meinen Sohn von der Mathe-Nachhilfe abholen musste. Mir fiel ein sehniger alter Mann mit ungewöhnlichem Laufstil auf. Alle paar Schritte ließ er sich etwas nach vorn kippen, fing sich dann wieder und lief weiter. Unter den enganliegenden Shorts schauten Kniebandagen hervor, wie man sie in der Apotheke bekommt. Er schloss rasch zu mir auf, tippte an seine hellblaue Anglermütze und stellte sich vor. Er hieß Zvi Dannenberg, war 80 Jahre alt und joggte je nach Wetter zwischen 12 und 24 Kilometer am Tag. Als er 65 geworden war, hatte sein Arzt ihm empfohlen, Spaziergänge zu machen, um etwas gegen seine Rückenbeschwerden zu tun. Seitdem war er nach eigener Schätzung an die 130 000 Kilometer gelaufen. »Also, ehrlich gesagt«, erklärte er mit seinem europäischen Akzent, »hat mich dieses Spazierengehen zu Tode gelangweilt. Also lief ich eines Tages 100 Meter, einfach nur um ein wenig Abwechslung hineinzubringen – und da war's um mich geschehn. Ich wurde süchtig danach.«[3]

Für sein Alter war er in ausgezeichneter körperlicher Verfassung. Das wirklich Wichtige am Laufen aber, so vertraute er mir an, war für ihn, dass es ihn in Kontakt mit Menschen brachte. Das half ihm, sein Gehirn in Schwung zu halten. »Ich weiß die Namen von 250 Leuten und Hunden und auch einigen Katzen, denen ich auf diesem Weg begegne«, sagte er, nachdem er in Erfahrung gebracht hatte, dass die manierlich neben mir sitzende Schäferhündin Rosie hieß und der kleine wildgewordene Havaneser, der an seinem Bein emporzuklettern versuchte, Radar. »Und Sie«, sagte er, wie um sich diese Information ins Gedächtnis einzubrennen, »sind Cathryn.« Die Sonne war mittlerweile aufgegangen. Alle paar Meter hielten wir an, um einen Jogger oder Hundebesitzer zu begrüßen. Zvi war sorgsam darauf bedacht, mich jedem Einzelnen vorzustellen.

»Mich interessieren neben dem Laufen auch noch andere Dinge«, verkündete Zvi, während wir in forschem Tempo voranschritten. Seine große Liebe war die Musik. Er hatte eine noch immer weiterwachsende Sammlung von 19 000 LPs und 5000 CDs, von Klassik bis Weltmusik. Ich könne die Sammlung gern einmal anschauen kommen. Er sei in der Lage, fast jedes Album innerhalb von Sekunden aufzufinden.

»Warum wissen Sie so genau, wie viele Platten und CDs Sie haben?«, fragte ich.

»Ich habe 30 Jahre lang Mathematik und Physik an der Highschool unterrichtet«, erwiderte er. »Zahlen und Fakten bleiben mir im Gedächtnis haften wie an einem Fliegenfänger. Aber ich bin nur ein kleines Licht – ich sollte Sie einmal mit einigen meiner Freunde bekanntmachen.« Er nickte dem 93-jährigen Sam entgegen, der gerade im Speedwalking-Schritt auf uns zukam.

Im mittleren Alter hatte Zvi überhaupt keinen Sport getrieben. Während er noch berufstätig war, hatte er nie Zeit dafür gefunden. Als er in Pension ging und nicht mehr tagtäglich mit Mathematik und Physik zu tun hatte, begann sein Geist ebenso zu erschlaffen wie zuvor seine unbeanspruchten Bauchmuskeln. Anstatt sich aber in einer langsameren, diffuseren Lebensweise einzurichten, schaltete er einen Gang höher und weigerte sich strikt, für sich selbst die Ausreden gelten zu lassen, die im reifen Alter naheliegend sind. Er joggte bei jedem Wetter; das Einzige, was ihn in den vergangenen zehn Jahren einmal abgehalten hatte, »waren 40 Grad

Sommerhitze«. Er stand im regen Austausch mit vielen Freunden und Bekannten, die sich alle nicht damit zufrieden geben wollten, nur herumzusitzen und Fernsehen zu schauen. Er fuhr jede Woche mehrmals hinüber auf die Ostseite der Bucht von San Francisco, um Konzerte zu besuchen, manchmal mit einem Freund, oft aber auch allein, oder er nahm den Bus zur San Francisco Symphony Hall, um sich dort einen Begleitvortrag zu einem Konzert anzuhören. Zvi zählte zu den Wissbegierigen im Publikum, die in der anschließenden Diskussion stets die Hand heben und Fragen stellen. Er hatte also im letzten Lebensdrittel neue Interessen entwickelt, für die er sich begeistern konnte. Wenn er davon sprach, hellte sich das zerknitterte Gesicht auf, und die blauen Augen leuchteten.

Zvi zeigte mir, dass es für uns alle Hoffnung gibt. Hoffnung war mir aber nicht genug. Ich brauchte Antworten. Dieses Buch ist die Chronik meiner ausgedehnten Suche nach Möglichkeiten, mein Gehirn in den mittleren Jahren und bis ins hohe Alter beweglich und aktiv zu halten. Im Verlauf von über zwei Jahren begab ich mich immer wieder auf Reisen, um Spezialisten aufzusuchen und Experten zu interviewen. Ich habe viel zu viele Nächte in Hotelzimmern mit Bettüberwürfen aus Polyester verbracht. Das Merkwürdige ist aber, dass ich mich nie auch nur eine Minute lang allein fühlte. Die Schar der Erinnerungsdurstigen begleitete mich, selbst wenn mein Kopf im Computertomografen steckte. Die Antworten, die ich gefunden habe, sind für uns alle gültig. Auch wenn die Vergesslichkeit des mittleren Lebensalters im Detail unterschiedliche Formen annimmt, sitzen wir doch alle im selben Boot. Ich freue mich, dass Sie sich mit uns auf die Reise begeben möchten, ganz gleich, ob Sie schon seit längerem zur Schar der Erinnerungsdurstigen zählen oder gerade erst zu ihr gestoßen sind. Sie sind in guter Gesellschaft. Ich kann Ihnen versprechen, dass Sie viel Aufschlussreiches und Wissenswertes darüber erfahren werden, was in unserem Kopf eigentlich vor sich geht.

1 Wenn auf unser Gedächtnis kein Verlass mehr ist

Die peinlichen Aussetzer häufen sich – ein Grund zur Sorge?

Auf der Fahrt durch die Vororte in die Innenstadt reihte sich eine Erinnerungspanne an die nächste. Eigentlich hatte diese Serie schon am Nachmittag begonnen, als unser Freund Sam, der immerhin drei Autostunden entfernt in Reno in der Jury eines Barbecue-Wettbewerbs saß, nicht mehr an unsere Verabredung zum Abendessen dachte. Nach einem etwas unsanften Erinnerungsanruf seiner Frau Julia brauste er, noch umweht vom Duft langsam geräucherter Rippchen, in Rekordzeit nach Hause. Damit war seine Fehlleistung ausgebügelt, doch nun taten sich neue Abgründe vor uns auf. Wo genau lag noch einmal dieses Restaurant? (Wie versprochen hatte ich die Adresse ausgedruckt, sie dann aber auf dem Küchentisch liegen lassen.) Hatte mein Mann den Tisch für sieben Uhr oder für viertel nach sieben reserviert? Post Street war eine Einbahnstraße – aber in welcher Richtung? War der nächstliegende Parkplatz der an der Ecke oder der in der Mitte des Häuserblocks? Unbedacht erwähnte ich, dass das kleine Bistro einen großartigen jungen Chefkoch hatte. Bis vor kurzem hatte er für irgendeinen Prominenten gearbeitet, der ein Restaurant im Napa Valley besaß und noch eines in Los Angeles – oder in Las Vegas? Ich hatte irgendwo darüber gelesen.

Das war das Stichwort für meinen Mann.

»Ich weiß, wen du meinst«, sagte er und schickte sich an, uns an seinem Wissen teilhaben zu lassen. Doch plötzlich wusste er nicht mehr weiter. Ihm war anzusehen, wie er immer fieberhafter jeden Winkel seines Gedächtnisses nach dem Namen absuchte.

Ich flüsterte ihm zu, er solle es gut sein lassen – irgendwann werde ihm der Name schon noch einfallen.

»Aber das macht mich wahnsinnig«, sagte er.

Als eine Stunde dieses Abends mit Freunden, den wir uns redlich verdient hatten, vorüber war, begannen die Wissenslücken überhand zu nehmen. Ich nannte diese Situation, die ich in unserem Freundes- und Bekanntenkreis immer häufiger beobachtete, mittlerweile »Gespräch ohne greifbaren Inhalt«. Als mein Mann schließlich hervorstieß: »Ken Frank! So heißt er! Und die Restaurants sind das La Toque und das Fenix – und das Fenix ist in L. A.«, brachen wir in Jubel aus. Endlich konnte wir uns anderen Themen zuwenden – und zum Beispiel gemeinsam rätseln, ob einer von uns schon einmal diesen tollen Wein getrunken hatte, von dem wir gerade eine Flasche bestellt hatten, und wenn ja, wie er oder sie ihn denn gefunden hatte. Vielleicht hatten wir ja auch nur von dem Wein gehört. Oder etwas über ihn gelesen. Oder ihn im Supermarktregal gesehen. Wir waren uns nicht sicher.

»Ich glaube, das ist einfach normal«, seufzte Julia. »Alle, die wir kennen, haben ein Gedächtnis wie ein Sieb.«

»Es ist vielleicht normal«, sagte Sam mit finsterer Miene, »aber hinnehmbar ist es nicht. Ja, vor vierzig Jahren hätte man sich wohl noch ohne Weiteres damit abfinden können. Da war einem der Arbeitsplatz bis zur Rente sicher, und man konnte drauf bauen, dass man nach dreißig Jahren seine goldene Uhr für treue Dienste bekommt.«

Er hatte recht. Unseren Eltern hatte in ihren Vierzigern und Fünfzigern das, was uns jetzt so nervös machte, kein Kopfzerbrechen bereitet. Sie waren in diesem Alter nicht mehr gefordert, sich beruflich zu verändern oder gar ein neues Tätigkeitsfeld für sich selbst zu erfinden. Beispielsweise hatten sie sich mit 52 Jahren nicht merken müssen, dass sie zum Schuljahresanfang an einem Abend zu drei Elternterminen an zwei verschiedenen Schulen zu erscheinen hatten.

Normal – aber nicht hinnehmbar

Fast alle Menschen, mit denen ich über das Thema Vergesslichkeit sprach, fragten mich irgendwann, ob das denn normal sei, was mit ihnen geschehe. Wenn man nach den Lexikondefinitionen des Wortes geht – »normal« ist, was einer Norm, einem Maßstab oder einem bestimmten Muster entspricht –, muss die Antwort lauten: Ja, vollkommen normal.

Doch die wenigsten waren mit einer derartigen Antwort zufrieden. Denn eigentlich wollten sie wissen, ob sie nicht doch ein wenig (oder deutlich) besser abschnitten als ihre Altersgenossen. Das war der entscheidende Punkt: Wenn sie unter den Durchschnitt rutschten, so befürchteten sie, würden sie bald nicht mehr Schritt halten können.

Welche Gedächtnisleistungen als normal gelten, hat sich im Laufe der Jahrhunderte in beträchtlichem Maße verändert: Vor 200 Jahren wäre Vergesslichkeit im Alter von fünfundvierzig oder fünfzig Jahren für die meisten von uns, falls ihr biologisches Schicksal dem »Durchschnitt« entsprochen hätte, gar kein Thema geworden, denn sie wären erst gar nicht so alt geworden. Durch den medizinischen Fortschritt wird die Normalität des körperlichen Alterungsprozesses heutzutage fortwährend neu definiert. Wir lassen uns neue Kniescheiben oder neue Hüftgelenke einsetzen. Wir nehmen Medikamente, um unseren Blutdruck in den Griff zu bekommen. Wir brauchen das Lesen nicht aufzugeben, wenn die Augen nachlassen und wir die Zeitung eigentlich auf Armeslänge von uns weg halten müssten, sondern legen uns diverse Brillen zu, die wir an verschiedenen Stellen in der Wohnung und am Arbeitsplatz deponieren, für den Fall, dass wir einmal eine davon verlegt haben. Als im Sonntagsmagazin der *New York Times* eine Cartoonserie mit derart klein gedrucktem Text zu erscheinen begann, dass ich ihn nicht einmal mit Lesebrille entziffern konnte, tat das meiner Selbstachtung keinen Abbruch. Sobald wir aber mit den Phänomenen konfrontiert sind, die man in der Wissenschaft »altersbedingte kognitive Defizite« nennt, erleben wir das als eine persönliche Kränkung und weigern uns trotzig, irgendetwas dagegen zu unternehmen – vor allem, weil wir nicht recht wissen, *was wir denn überhaupt tun können.*

Unsere Verzagtheit hat auch damit zu tun, dass das Gehirn wohl das Organ unseres Körpers ist, das uns den größten Respekt einflößt. In unseren ersten Lebensjahrzehnten haben wir ihm erstaunlich wenig Aufmerksamkeit gewidmet. Wahrscheinlich haben Sie sich, genauso wie ich, über den Zustand Ihrer Bauchmuskeln wesentlich mehr Gedanken gemacht als über den Ihres Gehirns. Wir gehen stillschweigend davon aus, dass das, was in unserem Kopf vor sich geht, so unergründlich ist wie das Weltall, und überlassen es lieber den Philosophen und Theologen, sich über komplizierte Dinge wie das Bewusstsein, die Existenz oder die Seele Gedanken zu machen.

Nun ist es aber so, dass sich unser Gehirn – drei Pfund Gewebe, die zum größten Teil aus Fett bestehen und deren Konsistenz an lockeres Rührei erinnert – unter rein biochemischen Gesichtspunkten nicht wesentlich von dem eines beliebigen Säugetiers unterscheidet. Die Alterungsprozesse, denen unser Gehirn unterliegt, sind durch unsere genetische Ausstattung nur in groben Umrissen vorgegeben. Sie sind gewissermaßen nur mit Bleistift ins Buch unseres Lebens eingetragen – und wir haben einen Radiergummi, mit dem wir kleine Korrekturen vornehmen können. Neuere Studien zu eineiigen Zwillingen im höheren Alter, von denen jeweils nur einer an Alzheimer erkrankte, machen deutlich: Die Gene üben zwar großen Einfluss aus, legen aber keineswegs alles fest. Wie wir sehen werden, können wir durch Ernährung, Bewegung und mentales Training sehr wohl in die Alterungsprozesse des Gehirns eingreifen. Darüber hinaus gibt es immer mehr Medikamente, die eine Steigerung der geistigen Leistungsfähigkeit versprechen.

Sagen Sie ruhig einmal laut: »Ja, es ist normal – aber ich werde es nicht einfach hinnehmen.« Die Wissenschaftler, die ich befragt habe, sind überzeugt, dass wir den Prozess des geistigen Alterns sehr wohl beeinflussen können und dass es wichtig ist, diese Aufgabe mit Entschlossenheit anzugehen.

Als bei Ihnen irgendwann in den Vierzigern die Alterssichtigkeit einsetzte und Sie Kleingedrucktes nicht mehr entziffern konnten, haben Sie sich bestimmt nicht gesagt, Sie müssten sich einfach nur ein bisschen mehr Mühe geben und gegen diese Schwäche ankämpfen. Sie haben auch gewiss nicht überlegt, wie Sie diese Einschränkung vor Ihren Freunden und Angehörigen oder vor Ihrem Arbeitgeber am besten verbergen können.

Ganz anders haben Sie aber reagiert, als Ihr Gedächtnis nachließ, Ihre Aufmerksamkeitsspanne plötzlich auf Sekunden geschrumpft schien und es Ihnen manchmal vorkam, als würde Ihr Denken in Zeitlupe ablaufen. Das war nun wirklich bedrohlich: Beginnen die Grundfesten der eigenen Existenz zu bröckeln? Ist das der Anfang vom Ende? Wenn wir uns auf unsere Geistesgegenwart und Tüchtigkeit stets etwas zugutegehalten haben, dann stürzt uns das Einsetzen der Vergesslichkeit in eine tiefe Krise, weil uns die Kontrolle über unser Leben zu entgleiten scheint.

»Das Nachlassen des Gedächtnisses ist eine Katastrophe, die auf leisen Sohlen kommt«, klagte die Unternehmensberaterin Peggy. Ihre Geistesgegenwart und Schlagfertigkeit waren viele Jahre lang Grundlage ihres Erfolgs gewesen. Unternehmen engagierten sie, weil sie eine Situation äußerst schnell und treffsicher zu analysieren vermochte. Wenn sie in den Konferenzraum trat, sog sie in Windeseile Unmengen von Informationen in sich auf, erspürte die Schwachstellen einer Firmenstrategie und entwickelte in kürzester Zeit einen Vorschlag für eine neue, bessere Strategie. Das alles ging ihr aber nun nicht mehr so leicht von der Hand. »Ich merke an unzähligen kleinen Dingen, dass mein Gehirn anders funktioniert als früher. Die letzten paar Jahre haben meine Selbstsicherheit und meine Selbstachtung untergraben. Die Aha-

Erlebnisse, bei denen mir plötzlich eine Einsicht kommt und auf die ich bei meiner Arbeit angewiesen bin, werden weniger und sind, ehrlich gesagt, auch nicht mehr so ergiebig.«

Am empfindlichsten trifft es diejenigen, die in der Schulzeit und in den ersten Berufsjahren mit einem beinahe enzyklopädischen Erinnerungsvermögen gesegnet waren, mit der Aufmerksamkeit mühelos zwischen mehreren Aufgaben hin- und herspringen konnten und deshalb nie einen Kalender führten oder sich detaillierte Notizen machten. »Eigentlich sind mir fast nie irgendwelche Schnitzer unterlaufen«, erzählte mir Rudy, Leiter eines Industriebetriebs. Er zeigte auf seinen nur noch spärlich behaarten Kopf: »Es war alles hier drin, aber in letzter Zeit kommt es öfter zu Fehlschaltungen.« Ein Kurzschluss konnte da nicht ausbleiben: Er ließ 100 000 Exemplare einer neuen Gebrauchsanleitung drucken und binden, hatte aber übersehen, dass darin die Position eines wichtigen Schalters nicht angegeben war. Die fabrikneuen Geräte lagen auf Halde, während für viel Geld die korrigierte Version des Handbuchs nachgedruckt wurde. Ihm war klar, dass sein Versäumnis für das Unternehmen das Aus hätte bedeuten können. »Früher wäre mir das nie passiert«, sagte er. »Es macht mir Angst.«

Manchen kommt es vor, als würde die Vergesslichkeit über Nacht einsetzen. »Den einen Tag war noch alles in Ordnung«, berichtete Laura, Marketingleiterin eines Einzelhandelsunternehmens. »Eigentlich mehr als in Ordnung. Ich war wirklich gut. Und am nächsten Tag fielen mir kaum noch die Namen der Leute in meiner Abteilung ein.« In Wirklichkeit aber ist das Nachlassen von Erinnerungsvermögen und Aufmerksamkeit ein langsamer Prozess, der schon in den Zwanzigern einsetzt, wenn die Geschwindigkeit der kognitiven Verarbeitung abzunehmen beginnt.[1] (Die gleiche Entwicklung ist auch bei Mäusen, Ratten und Primaten zu beobachten.) Weil in unser Nervensystem genügend Redundanzen eingebaut sind – das heißt alternative Neuronen-Verschaltungen, auf die wir bei Bedarf ausweichen können –, merken wir davon zunächst nichts. Mit Anfang vierzig hat unser Gedächtnis freilich den Leistungsgipfel, den es mit Anfang bis Mitte zwanzig erreicht hatte, schon weit hinter sich gelassen; von da an geht es im Großen und Ganzen bergab mit ihm.

»Das Problem sind nicht die Gedächtnisschwächen selbst«, betonte im Gespräch mit mir die klinische Psychologin Harriet Lerner, Autorin des Buches *Wohin mit meiner Wut?*. »Schlimm wird es erst durch die Ängste, die sie auslösen. Die Vergesslichkeit nimmt für uns eine Bedeutung an, die weit über sie selbst hinausreicht. Es geht nicht mehr nur darum, dass wir irgendwelche Unterlagen nicht finden können, die doch irgendwo auf dem Schreibtisch liegen müssten, sondern uns plagt die Vision eines raschen geistigen Verfalls. Wir nehmen die letzte Fehlleistung, die uns unterlaufen ist, als Anzeichen für Alterungsprozesse, die womöglich rascher verlaufen als bei unserer besten Freundin oder bei den Kollegen. Arbeitgeber, Vorgesetzte, Angehörige und Freunde könnten womöglich bald den Eindruck bekommen, dass es mit unserer Tüchtigkeit und Intelligenz nicht mehr allzu weit her ist und mit uns nicht mehr viel anzufangen ist. Da ist es kein Wunder, wenn wir Angst bekommen und uns schämen.«[2]

Je besorgter wir werden, erläuterte Lerner, desto mehr verfallen wir ins Grübeln, was dann alles garantiert noch schlimmer macht. »Das Thema lässt uns nicht mehr los, ohne dass wir aber einen Schritt weiterkommen würden. Wir wachen nachts um drei auf und plagen uns mit Katastrophengedanken, wie vergesslich wir doch geworden sind. Wir beginnen Situationen zu meiden, in denen andere unsere Gedächtnisschwäche bemerken könnten, und lassen uns beispielsweise nicht auf ein Gespräch ein oder weichen beruflichen Anforderungen aus. Die Vermeidungsstrategie funktioniert aber nicht. Die Scham nimmt nur noch weiter zu.«

Wenn dieses Hineinrutschen in Angst und Scham einmal eingesetzt hat, ist es schwer zu bremsen. Denn Sie denken dann nicht mehr rational und können sich nicht mehr ruhig und besonnen fragen: »Könnte es sein, dass du da gerade aus einer Mücke einen Elefanten machst?« Stattdessen gewinnen die primitiveren Teile des Gehirns die Oberhand, so dass Sie in ein Schwarz-Weiß-Denken verfallen, das keine feinen Differenzierungen zulässt. Sobald Scham und Angst in Ihnen aufsteigen – und sei es auch nur, weil Sie die Geheimzahl für den Geldautomaten vergessen haben –, schalten die archaischen Teile des Gehirns direkt in den Überlebensmodus. Die Botschaft ist: »Pass bloß auf – es sieht aus, als würdest du in schlimmen Schwierigkeiten stecken!« Mit einem Mal geht es nicht mehr nur um die Geheimzahl, ja nicht einmal darum, wie peinlich Ihnen die Situation ist, weil an diesem Freitagnachmittag eine lange Schlange vor dem Geldautomaten wartet. Nein, Sie fragen sich, ob Sie womöglich bald nicht mehr fähig sein werden, Ihre Arbeit zu tun, Ihr Leben zu regeln und für sich und Ihre Familie zu sorgen, damit Sie abgesichert sind und ein Dach über dem Kopf haben.

Was wird die Zukunft bringen?

Wenn wir uns dabei ertappen, dass wir wieder etwas vergessen haben, weckt das die verschiedensten Befürchtungen, wie das Älterwerden uns wohl verändern könnte. Nur allzu leicht lassen wir uns von Scham, Bitterkeit und Ärger überrollen. Uns packt eine kalte, unbezähmbare Angst, dass vor uns womöglich Jahrzehnte liegen, in denen wir auf die Hilfe anderer angewiesen sind und körperlich zwar rüstig bleiben, aber geistig verfallen.

Diese Sorge plagt vor allem Menschen, die zuschauen mussten, wie Angehörige ins Dunkel der Alzheimer-Krankheit versanken. Diese schmerzliche Erfahrung machen heutzutage viele, denn Alzheimer tritt bei 35 Prozent der über Achtzigjährigen auf.[3] Über ein Drittel der 200 Personen, die meinen Fragebogen ausfüllten, hatte miterleben müssen, wie bei nahen Verwandten – einem Elternteil, einer Tante oder einem Onkel – die Alzheimer-Krankheit ihren Lauf nahm. Begreiflicherweise begannen sie sich selbst sehr genau zu beobachten. »Weil ich miterlebt habe, wie Alzheimer das Erinnerungsvermögen meiner Mutter auslöschte, registriere ich an mir selbst jede Gedächtnisschwäche, und sei sie auch noch so klein«, berichtete mir die Sängerin und Liedermacherin Evelyn. »Neulich im Supermarkt trafen wir eine Frau, die ich von der Arbeit kenne. Ich wollte sie meinem Mann vorstellen, aber mir fiel ihr Name nicht ein. Sie stellte sich schließlich selbst vor, und zwar derart demonstrativ, dass ich das Gefühl bekam, ich hätte sie nicht nur beleidigt, sondern hätte auch vollkommen versagt.«

George Will, Kolumnist der *Washington Post*, musste mitansehen, wie die Krankheit von seiner Mutter Besitz ergriff. »Demenz ist wie das unerbittliche Vorrücken einer winterlich weißen Leere«, schrieb er, »eine sich über lange Zeit hinziehende, immer stärkere Einengung der Persönlichkeit. Die Opfer machen die grauenvolle Erfahrung, dass ihre Identität mehr und mehr verblasst […] Niemand ist je aus diesem fernen Land zurückgekehrt, um zu berichten, wie das Leben dort ist. Es muss aber unerträglich beängstigend sein, wenn man spürt, wie das eigene Selbst leicht wie eine Feder wird und davongeweht zu werden droht.«[4]

In einer Alzheimer-Klinik in Weymouth, Massachusetts, traf ich mich mit Phyllis.[5] Sie hatte ihre 72-jährige Mutter Margaret zur Untersuchung dorthin gebracht. In einer Nische zwischen Tür und Untersuchungstisch stehend, spielte ich Mäuschen, während Margarets neuer Arzt ihr seine Fragen stellte. Sie wusste nicht, in welchem Stockwerk sie war, konnte aber angeben, in welchem Verwaltungsbezirk wir uns befanden. Er sprach ihr drei Worte vor – »Ball, Fahne und Baum« – und bat sie einige Minuten später, sie zu wiederholen. Dies war ihr selbst mit Hilfestellung nicht möglich. Er forderte Margaret auf, eine Uhr mit den Zeigern auf zehn nach elf zu zeichnen, doch sie war dazu nicht in der Lage.

Während der Untersuchung behielt ich Phyllis im Auge. Mit dem leichten Lächeln, das sie die ganze Zeit zeigte, versuchte sie wahrscheinlich, beruhigend auf ihre Mutter einzuwirken, die keine Ahnung hatte, warum ihre Tochter unbedingt mit ihr hierherkommen wollte. Während der Arzt erläuterte, zu welchem Ergebnis er gelangt war – Margaret stand kurz vor Phase zwei der Alzheimer-Krankheit, in der sich die Symptome gewöhnlich rasch verschlimmern –, blieb die Patientin gelassen auf der Liege sitzen und ließ die Beine baumeln. Phyllis aber brach in Tränen aus. Margaret solle ab sofort auf keinen Fall mehr Auto fahren, sagte der Arzt. Er rate auch dazu, den Gasherd in ihrer Küche durch einen Elektroherd zu ersetzen.

»Sie nehmen ihr die Eigenständigkeit«, entgegnete Phyllis. »Das wird ein Alptraum für sie.« Ich konnte sehen, wie die Angst in ihr aufstieg. Was ihrer Mutter bevorstand, brach ihr das Herz. Doch es steckte noch mehr dahinter: Phyllis fragte sich, ob es ihr selbst später einmal genauso ergehen würde. Nichts erschreckt uns wohl mehr als die Vorstellung, dass wir dann anderen zur Last fallen werden.

Im Wartezimmer zog Phyllis mich ins Vertrauen. Es sei zwar irgendwie nicht richtig, jetzt über so etwas nachzudenken, wenn es um ihre Mutter so schlecht bestellt sei. Doch sie wolle mich etwas fragen. In den letzten Jahren habe sie bemerkt, dass in ihrem Gedächtnis Veränderungen vor sich gegangen seien, die zwar nicht wirklich massiv, aber doch auffällig waren und sie nervös machten. Bedeuteten diese kleinen Erinnerungsschwächen, dass es ihr in 25 Jahren oder sogar noch eher genauso ergehen würde wie ihrer Mutter?

Ich wusste genau, was sie von mir hören wollte: dass nämlich das, was sie an sich beobachte, völlig normal sei; dass Erinnerungsschwächen, die im mittleren Alter auftreten, zwar lästig seien, aber nichts weiter zu bedeuten hätten; dass die kleinen Erinnerungslücken und Aussetzer nicht als Hinweise auf erste Schädigungen aufzufassen seien, die von einem kleinen Rinnsal zu einem reißenden Strom anschwellen und Gedächtnis, Sprachvermögen und Verstand unter sich begraben werden.

Doch ich konnte ihr das, was sie gern hören wollte, nicht guten Gewissens sagen. Jeden Tag kommt eine neue Studie heraus, mit der das Forschungslabor einer Universität die Annahme erhärtet, dass Alzheimer keine Erkrankung ist, die im hohen Alter wie aus heiterem Himmel einsetzt. Nach dem aktuellen Forschungsstand werden die Wurzeln einer Alzheimer-Erkrankung bereits Jahrzehnte vor dem Auftreten klinischer Symptome gelegt, in den mittleren Jahren oder sogar noch davor. Wer das bestreitet, verschließt die Augen vor der Realität und tut sich selbst damit keinen Gefallen. Es war also keineswegs ausgeschlossen, dass Phyllis' Symptome Vorboten einer Erkrankung waren. Doch sie konnten einfach auch daher rühren, dass ihr Gehirn in den mittleren Jahren überlastet war, weil sie sich neben dem Beruf nicht nur um ihre Kinder, sondern auch um ihre Mutter kümmern musste.

In den USA leiden heute 4,5 Millionen Menschen an der Alzheimer-Krankheit.[6] Sie steht an achter Stelle der Todesursachen. In Japan und Europa ist die Erkrankung fast genauso häufig.[7] Im Jahr 2005 musste Medicare, die staatliche Krankenversicherung der USA für ältere und behinderte Mitbürger, für die Behandlung der Alzheimer-Krankheit 91 Milliarden Dollar aufbringen.[8] Diese Ausgaben dürften bis 2010 auf etwa 160 Milliarden Dollar steigen. Wenn wir keine Mittel und Wege finden, das Vorrücken der Alzheimer-Krankheit zu bremsen, wird die Zahl der Patienten allein in den USA in den nächsten zwanzig Jahren auf schätzungsweise 14 Millionen anwachsen. Da im Jahr 2030 einer von fünf Einwohnern über fünfundsechzig Jahre alt sein wird, steht dem Gesundheitssystem eine ungeheure Belastungsprobe bevor.

»Wenn Ärzte bei einem Patienten erste Symptome einer Alzheimer-Erkrankung feststellen«, erläuterte mir John C. Morris, Leiter des Zentrums für Altersforschung an der Washington University, »ist das Gehirn bereits in erheblichem

Maße geschädigt, und es sind schon viele Zellen abgestorben, die mit den entscheidenden Aspekten von Lernen und Aufmerksamkeit zu tun haben. Die Wissenschaft kann wenig oder gar nichts tun, um die Neuronenverbände in ihren ursprünglichen Zustand zurückzuversetzen. Wir müssen anfangen, Kontrolltests schon bei 40-Jährigen durchzuführen. Wir sollten nicht abwarten, bis wir manchen von ihnen sagen müssen: ›Ihr Hirnscan leuchtet wie ein Weihnachtsbaum.‹«[9]

Fast alle Alzheimer-Forscher sind auf der Suche nach einer Methode, mit der man diesen Krankheitsprozess schon in seinen Anfangsstadien erkennen kann. »Wenn wir dieser Erkrankung gleich am Beginn entgegentreten und die Schädigungen dann mit Medikamenten rückgängig machen können, müsste sich die Wissenschaft nicht mehr an der Aufgabe abmühen, wie wir den Aufbau neuer Neuronen in Gang bringen sollen«, erklärte John Q. Trojanowski, Leiter des Penn-Instituts für Alters- und Alzheimerforschung an der University of Pennsylvania. »In den Vierzigern oder vielleicht sogar schon davor beginnt das normale Nachlassen des Gedächtnisses einen anderen Verlauf zu nehmen als das krankhafte Nachlassen. In meinem Labor verwenden wir viel Zeit darauf, diese Weggabelung genauer zu untersuchen – die Weggabelung, von der ab wir entweder jedes Jahr ein wenig mehr von unseren Gedächtnisfähigkeiten einbüßen, im Wesentlichen aber gesund bleiben, oder aber auf jene andere Bahn geraten, die abwärts führt und schließlich in der Demenz endet.«[10]

Welche Faktoren bringen eine Alzheimer-Erkrankung ins Rollen? Als ich in Philadelphia eine internationale Alzheimer-Konferenz besuchte, wurde mir inmitten der 5000 Wissenschaftler rasch klar, dass es zu jeder Hypothese eine Gegenhypothese gibt. Andererseits sind sich, wie ich bei der Lektüre der einschlägigen Fachzeitschriften feststellen konnte, die Experten bereits weitgehend einig darüber, dass im Gehirn eines jeden Menschen in den mittleren Jahren nach und nach Verdichtungen von Proteinen entstehen, die den Informationsaustausch zwischen den Nervenzellen erschweren und geringfügige Vergesslichkeit hervorrufen. Das ist lästig, aber nicht krankhaft. Bei manchen Menschen allerdings geraten die Proteinmoleküle aus Gründen, auf die ich später eingehen werde, außer Kontrolle, so dass sich Ablagerungen bilden, die sogenannten Plaques und Neurofibrillenbündel, die die Neuronen einschließen und ihnen schließlich »die Luft abdrehen«. Wissenschaftler arbeiten mit Hochdruck an einem Test, mit dem man so früh wie nur möglich bestimmen kann, wer von uns an der Weggabelung auf die falsche Bahn gerät.

Doch ob nun die Proteine in Ihrem Gehirn harmlos bleiben oder sich tatsächlich problematische Ablagerungen zu bilden beginnen – wie Sie in Ihren mittleren Jahren mit Ihrem Gehirn und Ihrem ganzen Körper umgehen, ist von entscheidender Bedeutung. Die Wissenschaft reagiert auf die Fragen, die uns Menschen mittleren Alters bedrängen, und rückt die kognitiven Aspekte des Älterwerdens in den Brennpunkt. Dabei zeigt sich mittlerweile deutlich, dass der Verlauf einer Alzheimer-Erkrankung nur bei sehr wenigen Menschen, die eine bestimmte genetische Besonderheit aufweisen, so unbeeinflussbar und unausweichlich ist, wie man das früher von allen Patienten annahm. Neuere Studien machen klar, dass es im mittleren Alter Zeit ist zu handeln: Wir sollten Ernährungsweise, Körpergewicht, Blutzucker und Schlafgewohnheiten überprüfen, unsere aerobe Ausdauer steigern, unseren Umgang mit Stress unter die Lupe nehmen und – das ist das Allerwichtigste – unserem Gehirn die richtige Art von Training zukommen lassen. Mit diesen Maßnahmen können Sie viel dazu beitragen, dass Sie an der Gabelung den richtigen Weg einschlagen und dass Ihnen die geistigen Fähigkeiten bis ins hohe Alter weitgehend erhalten bleiben.

2 Patzer, Schnitzer, Aussetzer

Freimütige Berichte von großen und kleinen Fehlleistungen

Hin und wieder lerne ich Menschen mittleren Alters kennen, die sich zugutehalten, dass ihr Gedächtnis nach wie vor präzise funktioniere wie eine Maschine. Da ich selbst leider ein Gedächtnis wie ein Sieb habe, bin ich beeindruckt und lausche interessiert. »Heureka – ich habe einen gefunden, bei dem es anders ist«, sage ich zu mir selbst. Mich überläuft ein Schauer, und die Härchen auf meinen Armen richten sich auf. Ich möchte nur zu gern glauben, dass es solche Menschen gibt.

Fast immer folgt die Ernüchterung schon nach wenigen Minuten. Eine Frau versicherte mir beim Mittagessen, ihr Gedächtnis sei völlig unversehrt, ja, besser als je zuvor. An ihrem Arbeitsplatz hatte sie 400 Untergebene, die sie, wie sie sagte, alle mit Namen kannte. Ich erwähnte, ich hätte gerade mit Brian, einem guten Freund ihres Mannes, gesprochen. »Brian?«, sagte sie verblüfft. »Woher kennst du den?« Es wäre allzu grausam gewesen, ihr in Erinnerung zu rufen, dass ich bei einem Abendessen in *ihrem* Haus neben ihm saß. Eine weitere Enttäuschung dieser Art bereitete mir ein brillanter Börsenmakler, Vater eines Freundes meiner Söhne, der mir am Telefon versicherte, dass sein Gedächtnis nach wie vor einwandfrei arbeite. Daran könne kein Zweifel bestehen, erklärte er. Er müsse sich im Laufe eines Tages die Daten zu sämtlichen Optionsscheinen merken, die gehandelt worden seien. Ob ich mir wohl vorstellen könne, was es für katastrophale Folgen hätte, wenn sein Gedächtnis ihn da einmal im Stich ließe? Ich hatte mir gerade Notizen zu diesem anscheinend außergewöhnlichen Fall gemacht, als er mich zurückrief. Ihm war eingefallen, dass er die Kinder ja gar nicht wie geplant bei uns abliefern konnte, denn er hatte das Auto morgens in die Werkstatt gebracht.

Wer sich im mittleren Alter eines nach wie vor absolut zuverlässigen Gedächtnisses rühmt, der macht sich im Allgemeinen etwas vor. Ich kann aber tatsächlich von einer bemerkenswerten Ausnahme berichten – von meiner Freundin Chloe, die Bücher für Jugendliche schreibt. Sie hat die Siebzig schon seit einiger Zeit überschritten; deshalb wäre es nur zu verständlich, wenn ihr hin und wieder irgendetwas entfiele. Sie vergisst aber absolut nichts – nicht einmal die Einzelheiten eines Gesprächs vor 20 Jahren, in dem ich ihr offenbar sagte, für mich käme es nie in Frage, mir die Haare zu färben. Vor kurzem rief ihr Sohn, der jetzt in den Vierzigern ist, Chloe an, weil er nicht wusste, wo er nach seinem Taufschein suchen sollte. Sie öffnete, nach einem kleinen Schwenk auf ihrem Drehstuhl, sogleich die zweite Schublade des Aktenschranks. »Ich hatte den Schein in der Hand, noch bevor er zu Ende erklärt hatte, wofür er ihn brauchte.«

»Wie machst du das nur?«, fragte ich sie.

»Ich benutze keinen elektronischen Terminplaner, Organizer oder irgendetwas in dieser Art«, erwiderte sie. »Ich führe ein taschenbuchgroßes, spiralgebundenes Notizbuch und einen gewöhnlichen Tischkalender. Beim Telefonieren halte ich das Datum und alle möglichen Dinge fest: was eine Lektorin sagt, Reisepläne, Kochideen für Familienfeste, den Namen eines Mannes, der seine Dienste als Gärtner anbietet. Es steht alles da drin. Um diese Informationen dann später abzurufen, stütze ich mich auf meine Erinnerung an Zusammenhänge zwischen Ereignissen. Ich entsinne mich beispielsweise, dass das Gespräch, um das es geht, kurz vor dem Abendessen mit Soundso stattfand – und weiß dann, wo ich die Notizen dazu finde. Ich kann darauf gehen, dass die Freundin, die mir den Gärtner nannte, irgendwann anruft, weil sie seinen Namen vergessen hat, und ich weiß dann, wo ich seine Telefonnummer suchen muss.«

Chloe ist, das muss ich wohl nicht weiter betonen, eine Ausnahmeerscheinung. Wir anderen sind einfach nur gewöhnliche Sterbliche.

»Mein Gedächtnis ist ein Minenfeld«, klagte Evelyn, die Liedermacherin. »Es passiert mir immer wieder, dass sich aus heiterem Himmel und ohne erkennbaren Grund eine Gedächtnislücke auftut und mich in eine höchst unangenehme Situation bringt. Mir fällt beim besten Willen der Name von jemandem nicht ein, den ich eigentlich gut kenne, oder ich habe meinem Mann gerade versprochen, etwas zu erledigen, und weiß mit einem Mal nicht mehr, was es war. Ich finde es immer tröstlich, wenn ich einen solchen Fauxpas bei einem anderen mitbekomme. Das hilft mir, die Tatsache zu akzeptieren, dass ich genauso fehlbar bin wie alle Menschen.«

Am Arbeitsplatz und zu Hause

Auf meine Frage hin, ob ihnen die Gedächtnisschwächen bei der Arbeit mehr Sorgen bereiteten als die im Privatleben, stellten die meisten fest, die Möglichkeiten für Pannen seien hier wie dort unerschöpflich, ganz zu schweigen von einigen besonders peinlichen Missgriffen, die einem im Übergangsbereich von Beruf und Privatleben passieren könnten. Im Allgemeinen war Vergesslichkeit am Arbeitsplatz für sie aber besorgniserregender. Dazu Andrea, von Beruf Psychologin: »Meine Familie kann mich ja nicht vor die Tür setzen, weil ich immer mehr Dinge vergesse. Meine Patienten werden dann aber definitiv wegbleiben.« Viele berichteten von Momenten, als ihnen bei einer Konferenz oder einer Präsentation plötzlich etwas Wichtiges nicht mehr einfallen wollte und sie am liebsten in den Boden versunken wären.

Fran, Marketingleiterin einer Bank, erzählte von einer Besprechung, bei der sie sich an drei Punkte von sechs, die sie hatte vorbringen wollen, partout nicht mehr erinnern konnte. »Es war nicht zu fassen. Ich hatte die Punkte im Auto memoriert. Ich hatte sie an den Fingern abgezählt. Ich konnte sie rauf- und runterbeten. Und dann waren sie einfach weg.« Das Erlebnis verunsicherte sie zutiefst: »Mir war nie in den Sinn gekommen, dass so etwas einmal geschehen könnte. Ich fürchte, ich werde nie mehr ruhig und entspannt in eine Besprechung gehen können.« Zumindest war ihr erspart geblieben, dass sie einem anderen mehrmals ein und dasselbe erzählte. Marcy, eine Lehrerin, hatte da weniger Glück: »Sich zu wiederholen, ohne den blassesten Schimmer zu haben, dass man das gerade tut, ist so trostlos, so spießig. Ich finde das grauenvoll.«

Christine, die viele Jahre lang als Menschenrechtsanwältin arbeitete, musste sich mit fünfundfünfzig eingestehen, dass sie mit der Fülle der zu bearbeitenden Fälle nicht mehr zurechtkam. »Ich stellte fest, dass ich mir manchmal Sachverhalte und Personen nicht einprägen konnte, von denen ich aber wusste, dass ich mich unbedingt an sie erinnern können musste«, berichtete sie mir. »Nachdem das mehrere Male passiert war, wurde mir klar, dass ich der Arbeit nicht mehr gewachsen war. Ich erklärte niemandem, warum ich aufhörte, aber das war der eigentliche Grund.« Sie verlegte sich auf eine neue Tätigkeit, die das Gedächtnis weniger stark beansprucht, und betreibt nun ein Gästehaus. Auch dort muss sie den Überblick über viele Dinge behalten, beispielsweise über die Namen einer unaufhörlichen Folge von Gästen. »Jetzt geht es aber in erster Linie um saubere Bettwäsche und ein gutes Frühstück und nicht um Leben und Tod.«

Roger musste eine recht ähnliche Entscheidung treffen. Er praktiziert heute als Anwalt, nachdem er an die 30 Jahre bei der Flugleitung in Südkalifornien gearbeitet hat. Bei einem Frühstück erzählte er mir: »Ich war viele Jahre lang in meinem Job ein richtiges Ass, ein Kämpfer. Aber als ich über vierzig war, spürte ich, dass mein Kopf anders zu funktionieren begann. Ein Fluglotse braucht nicht nur ein Arbeitsgedächtnis mit großer Kapazität, sondern auch ein gutes Langzeitgedächtnis. Um immer wieder die richtige Entscheidung treffen zu können, muss er schnell genug und präzise genug arbeiten. Er kann nicht dasitzen und sich fragen: ›Wird meine Gedächtniskapazität ausreichen, um den nächsten Ansturm von Flugzeugen zu bewältigen?‹ In einem Beruf, in dem es derart dynamisch zugeht und man für die Sicherheit anderer verantwortlich ist, kann es tödliche Folgen haben, wenn man auch nur eine einzige Sache vergisst.«

Jedes Flugzeug hat sein eigenes Rufzeichen, erklärte mir Roger. Am Los Angeles International Airport ist ein einzelner Fluglotse oft für eine lange Reihe von Maschinen verantwortlich, die alle im Abstand von wenigen Minuten landen sollen. »Wenn du dann das falsche Rufzeichen sagst oder dir überhaupt keines einfällt, bleibt dir unter Umständen noch Zeit, dir rasch die notwendigen Informationen zu beschaffen – vielleicht aber auch nicht. Das ist etwas ganz anderes, als wenn man eine Telefonnummer vergisst oder den Namen eines Menschen, der einem gerade vorgestellt wurde.«

Roger musste feststellen, dass sein Gedächtnis und seine Konzentrationsfähigkeit nachließen und dass ihn schon ein kurzer Urlaub aus der Bahn warf. »Wenn ich wieder zu arbeiten anfing und in den Tower kam, musste ich verflixt nochmal mein Gedächtnis auffrischen! Ich hatte kleine Details einfach nicht mehr parat, die je nach Situation von entscheidender Bedeutung sein können.« Er trat nach und nach kürzer, verließ den Kontrollturm des Los Angeles International Airport, wo der Stress zu groß für ihn wurde, und arbeitete auf kleineren Flughäfen. Fluglotsen müssen im Allgemeinen spätestens mit 56 Jahren in den Ruhestand gehen, doch Roger stieg fast zehn Jahre früher aus. »Ich hatte genug auf die Seite gelegt, um mich beruflich umorientieren zu können.« Man würde nicht unbedingt erwarten, dass ein Jurastudium für jemanden, der bei sich selbst Gedächtnisschwächen feststellen muss, das Richtige sein könnte, doch gegenüber dem Trubel im Kontrollturm war das Studieren erholsam. »Verglichen mit anderen bin ich geistig immer noch ziemlich auf der Höhe«, bemerkte er. »Ich kam aber an einen Punkt, wo meine geistige Leistungsfähigkeit nicht mehr ausreichte, weil Tag für Tag viele tausend Menschenleben davon abhingen.«

Wer nach einer längeren Phase der Erziehungs- und Hausarbeit wieder ins Berufsleben einsteigen oder sich beruflich neu orientieren will, der tut sich mit dem Lernen möglicherweise äußerst schwer. Claire, die 25 Jahre zuvor in Molekularbiologie promoviert hatte, gab ihren Posten als Gentechnikerin auf, um Lehrerin für Naturwissenschaften an der Highschool zu werden. Das Lernen für die Zulassungsprüfung, die jüngere College-Absolventen im Allgemeinen mit Leichtigkeit bestanden, fiel ihr weit schwerer, als sie erwartet hatte. »Ich bin mir sicher, dass ich über Molekularbiologie und Genetik alles weiß, was ich zum Unterrichten brauchen werde«, seufzte sie. »Mit den anderen Naturwissenschaften habe ich mich aber seit dem College nicht mehr beschäftigt, und meine Gedächtniskapazitäten scheinen nicht auszureichen, um dieses ganze Wissen zu speichern. Ich träume seit langem davon, an der Highschool zu unterrichten. Die Vorstellung, dass mein älter gewordenes Gehirn mir diese Chance verbauen könnte, macht mich rasend.«

Die Vergesslichkeit schlägt oft in den ungelegensten und blamabelsten Momenten zu. Lisbeth, Sachbearbeiterin für Versicherungsansprüche aufgrund berufsbedingter Unfälle und Krankheiten, ließ ihre Bankkarte im Geldautomaten stecken – und das dreimal. Die Buchhalterin Carrie stand eines Tages vor der Bürotür eines Klienten, für den sie seit langem arbeitete, und versuchte verzweifelt, sich an die Geheimzahl zu erinnern, die sie dort seit zehn Jahren immer eingetippt hatte. »Ich konnte ja nicht oben anrufen und nach der Zahl fragen. Wie hätte das denn ausgesehen?«

Wenn einem bei einer Besprechung nicht mehr einfällt, was man sagen wollte, oder wenn man nicht in der Lage ist, sich Lernstoff einzuprägen, kann das sehr entmutigend sein. Wenn wir aber etwas zu tun vergessen, was wir anderen versprochen haben, beginnen wir uns womöglich zu fragen, ob wir nicht allmählich den Verstand verlieren. Das Selbstbild eines zuverlässigen und hilfsbereiten Menschen, das wir von uns haben, gerät plötzlich ins Wanken. Mein guter Freund Jerry versetzte mich und erschien nicht zu einem verabredeten Frühstück, obwohl wir uns in den Tagen zuvor nicht weniger als neun E-Mails geschrieben hatten. Ich rief ihn an und neckte ihn ein wenig, aß dann mein Müsli allein und ging einfach davon aus, dass wir uns auf einen anderen Tag verabreden würden. Er aber war unterdessen ganz außer sich, haderte mit sich selbst und war überzeugt, dass die überforderten Zellen seines alternden Gehirns dabei waren, sich in Scharen zu verabschieden. Der grässliche Lapsus sei ihm unterlaufen, so erklärte er mir, weil er sich tags zuvor im Büro gewissenhaft einen Terminplan erstellt hatte, ihn aber dort im Ausgabefach des Druckers hatte liegen lassen. Die unausweichliche Folge sei in solchen Fällen leider: aus den Augen, aus dem Sinn.

Es ist schrecklich genug, einen Freund oder einen Kollegen zu versetzen und als ichbezogen oder unzuverlässig dazustehen. Für Sean kam es aber noch dicker. Fünfzig Leute standen sich die Beine in den Bauch und warteten auf eine Präsentation, die er auch sorgfältig in seinen Kalender eingetragen hatte – allerdings unter dem falschen Datum. »Ich kam gerade von der Arbeit heim und öffnete das Garagentor, als mein Handy klingelte und diese Frau mich stinksauer anzischte: ›Wo sind Sie?‹ Erst hielt ich das für einen Scherzanruf, aber leider täuschte ich mich. Ich hatte richtig Mist gebaut.«

Peggy berichtete, dass einige Wochen zuvor ein Freund angerufen hatte, der wusste, dass sie regelmäßig als Pendlerin Richtung Norden fuhr. Er fragte, ob sie ihn mitnehmen könne; er musste sein Auto aus der Werkstatt abholen. Sie antwortete, dass sie noch etwas erledigen müsse, das etwa fünf Minuten dauern werde, und ihn in etwa 20 Minuten abholen komme. Erst als sie schon eine Stunde unterwegs war und an der Ausfahrt, wo der Freund seinen Wagen abholen wollte, längst vorbeigefahren war, merkte sie, dass sie ihn vergessen hatte. »Er war fuchsteufelswild, und ich hätte mich am liebsten in ein Mauseloch verkrochen. Er ist sonst einer der gelassensten Zeitgenossen, die ich kenne, aber dass ich ihn einfach vergaß, hat an diesem Tag das Fass zum Überlaufen gebracht. Das Ganze war für mich ohnehin quälend peinlich, wurde aber noch furchtbarer, als er mir gegenüber die Beherrschung verlor.« Der Kardiologe John beging die wohl schlimmste Art von Fauxpas, die einem durch Vergesslichkeit unterlaufen kann: Er war am Computer derart in seine Arbeit vertieft, dass er die Beerdigung einer Tante versäumte.

Was es wirklich heißt, vor Scham zu vergehen, erfährt nur, wer durch seine Vergesslichkeit ein Kind enttäuscht (was fast allen Eltern schon passiert ist). In der achten Klasse fuhr Marcys Tochter mit Klassenkameradinnen eines Morgens mit dem Bus zum Skifahren, in der Gewissheit, dass ihre Mutter sie um 11 Uhr abends auf dem Schulparkplatz abholen würde. »Ich war nicht da«, bekannte Marcy. »Ich war am Schreibtisch so in ein Projekt vertieft, dass ich sie vollkommen vergaß. Der Leiter des Sportprogramms musste sie nach Hause fahren. Es war mir entsetzlich peinlich.«

Das Gefühl, dass irgendetwas aus dem Lot ist, kommt wie eine Springflut über uns: Im einen Moment bemerken wir, dass der Kellerboden nass ist, im nächsten steht uns das Wasser schon bis zum Hals. Nichts kann Ihr Selbstvertrauen wohl wirkungsvoller untergraben und Ihren Kindern größere Angst einjagen, als wenn Sie sie an einem Nachmittag, an dem der Unterricht früher endet, vor der Schule warten lassen und ein Sturm losbricht, der Regen und Hagel waagerecht vor sich herpeitscht – während Sie zerstreut und nichtsahnend in einer langen Besprechung ausharren. Das Nichtabholen eines Kindes ist allenfalls vergleichbar damit, dass Sie sich nicht blicken lassen, wenn es einen Auftritt hat. »Ich hatte den Tag vergessen, an dem mein Sohn seine Gedichtrezitation hatte«, klagte Georgia. »Die Vorstellung, wie er da so vor Mitschülern, Lehrern und Eltern steht und seine Mutter und sein Vater weit und breit nicht zu sehen sind, bedrückt mich immer noch. An diesem Tag riefen mich einige andere Mütter an, weil sie sich meine Abwesenheit gar nicht erklären konnten.«

Zu vergessen, wie etwas funktioniert, ist lange nicht so niederschmetternd wie das Vergessen einer Verpflichtung, die man gegenüber einem anderen hat, und doch kann es einem sehr zu schaffen machen. Menschen, die als junge Eltern ohne Weiteres 2000 Legosteine nach einer Anleitung zusammensetzen konnten, müssen sich in den mittleren Jahren eingestehen, dass sie Schwierigkeiten haben, Gebrauchsanweisungen und Ähnliches zu befolgen. Sie kommen durcheinander und bauen die Teile der Ikea-Kommode in der falschen Reihenfolge zusammen, um dann Stunden damit zuzubringen, sie wieder zu zerlegen. Jede Art von Anleitung kann zum Problem werden: Nach komplizierten Rezepten zu kochen mag bislang ein schönes Hobby gewesen sein, wird aber zu einer recht anstrengenden Angelegenheit, wenn man nach jedem einzelnen Schritt wieder nachschauen muss, was denn als Nächstes kommt.

Ian Frazier schreibt in einem Artikel »Wenn das Gedächtnis seinen Dienst versagt«, der in der literarischen Zeitschrift *Atlantic Monthly* erschien: »Das Gedächtnis meines elfjährigen Sohnes ist wie feuchter Beton. Was um ihn herum vorgeht, hinterlässt darin Abdrücke, die von Dauer sind – klar konturiert und leicht wieder abrufbar. Wie anscheinend alle heutigen Kinder kommt er spielend mit technischen Gerätschaften zurecht, deren bloßer Anblick mich schon sehr ermüdet. Ich rufe ihn zu Hilfe, wenn ich irgendeinen raffinierten Apparat ab- oder eingeschaltet haben will. Noch nützlicher ist, dass er alles, was er mitbekommen hat, hinterher noch weiß. Fragen Sie ihn, worüber wir geredet haben, bevor wir auf das jetzige Thema gekommen sind – er sagt es Ihnen.«[1] Halbwüchsige Kinder können uns eine große Stütze sein, aber leider sind sie nicht immer da, wenn wir ihre Hilfe brauchen könnten. »Ich habe mir mindestens viermal die Schritte eingeprägt, mit denen man in meinem Text-verarbeitungsprogramm einen Serienbrief erstellt«, erzählte mir Sarah, die als Spendenbeschafferin tätig ist. »Sobald ich es dann aber einige Monate nicht mehr gemacht habe, muss ich alles wieder neu lernen.«

Wenn wir uns nach einiger Zeit nicht mehr in allen Einzelheiten an einen komplexen Handlungsablauf erinnern können, ist das immerhin nachvollziehbar. Wenn wir aber bei einer vergleichsweise einfachen Sache den Faden verlieren und zum Beispiel nicht mehr wissen, was wir vor einer Minute gelesen haben, kann uns das wirklich aus der Fassung bringen. Im Kleinen äußert sich das so, dass wir am Ende eines Absatzes keinen blassen Schimmer mehr haben, was am Anfang stand. Im Großen kann es so aussehen, dass wir ein Buch kaufen, das wir bereits besitzen oder schon gelesen haben. »Das passiert mir einfach viel zu oft«, bekannte Jane, Mutter dreier Kinder, »mit Zeitschriften genauso wie mit Romanen. Mein Rekord steht bei dreimal. Anscheinend nutze ich beim Lesen nur ein Viertel meines Gehirns. Wenn überhaupt.« Erica schreibt Reden für den Generaldirektor eines Großunternehmens. Sie gestand mir, dass sie ihrem Mann von einem Roman vorschwärmte und sich dann sagen lassen musste, dass sie gemeinsam die Verfilmung *Freundinnen* mit Bette Midler gesehen hatten. Er konnte die Handlung haarklein nacherzählen, wohingegen sie ihr beim Lesen nicht mehr im mindesten bekannt vorkam.

Manche beschleicht das Gefühl, dass sie durch ihre Vergesslichkeit für den Lebenspartner oder für andere Menschen, die ihnen wichtig sind, zur Witzfigur werden. In einer Liebesbeziehung hegen die Partner meist die Erwartung, dass der andere sich an die meisten gemeinsamen Erlebnisse recht detailliert erinnert. Adam, Journalist Mitte vierzig, verliebte sich in eine Frau, die noch keine dreißig war. »Als ich Freunden erzählte, wie wir uns kennengelernt hatten, war ich mir bei manchen Einzelheiten, an die meine Verlobte sich ganz genau erinnerte, höchst unsicher.« Immerhin hat er den

Vorteil, dass er nicht per Internet auf Partnersuche ist, denn dabei den Überblick zu behalten ist unter Umständen nicht ganz einfach. »Vorgestern Abend rief ich eine Frau an und schlug ein erstes Rendezvous vor«, erzählte mir Rudy, der sich in den vergangenen zwölf Monaten mit gut zwanzig Frauen getroffen hatte. »Sie sagte mir, wir hätten uns vierzehn Tage zuvor auf einen Kaffee getroffen. Aus ihrem etwas frostigen Tonfall schloss ich, dass wir uns wohl nicht besonders gut verstanden hatten.«

»Ich habe gerade mit einem Mann Schluss gemacht, der ein Gedächtnis wie ein Sieb hat«, berichtete Katie, die im Vertrieb einer Druckerei arbeitete. »Letzten Sommer führte er mich zu Oliveto's zum Mittagessen aus, wo wir uns dann zerstritten. Ein halbes Jahr darauf versöhnten wir uns wieder. Zur Feier des Ereignisses wollte er mit mir ein tolles neues Lokal ausprobieren – und wir landeten wieder genau dort, am Schauplatz des Verbrechens.«

Sie war so klug, sich ein Taxi zu bestellen. Wenn sie ihn geheiratet hätte, wäre ihr sicher die Rolle zugefallen, an alles zu denken und das Chaos zu beseitigen, das er anrichtete. Die Leistung eines Partners, der für den anderen den Überblick behält, wird selten ausreichend gewürdigt – bis ihm mit den Jahren selbst immer mehr Fehler unterlaufen. Lauras zerstreuter Ehemann, ein Musiker, übertrug ihr, sobald sie verheiratet waren, dankbar die Verantwortung für alles, was mit Terminplanung zu tun hatte. Bis sie fünfzig wurde, funktionierte dieses Arrangement recht gut. »Wenn ich mich jetzt vertue«, sagte sie, »erschüttert das viele Vorstellungen, die wir von uns als einem Paar haben und das unantastbare Fundament unserer Beziehung bilden.«

Frauen legen sich, wie ich feststellen konnte, im Allgemeinen ganz andere Erklärungen für ihre Vergesslichkeit zurecht als Männer. Die meisten Frauen reagieren nach dem altbekannten Muster: »Tut mir leid, mein Fehler!« Wenn sie den halbwüchsigen Sohn einmal nicht auf einen Termin hingewiesen haben, der jede Woche derselbe ist, scheint es für ihn ja auch auf der Hand zu liegen, wer da etwas versäumt hat. Sie neigen dazu, alles auf die Wechseljahre zu schieben, ob sie nun die Wohnung nach einem Schlüssel oder den Parkplatz des Supermarkts nach dem Auto absuchen. Studien haben allerdings ergeben, dass der Östrogenspiegel nur Einfluss auf das Sprachgedächtnis hat. Männer haben keine biologische Ausrede dieser Art in petto und verlegen sich daher auf die Theorie vom selektiven Gedächtnis. Viele haben mir in Hörweite ihrer Ehefrau versichert, sie könnten sich mit absoluter Präzision an alles erinnern, was ihnen wichtig sei, während sie sich alles andere nicht merken könnten. »Dann war also dein Gedächtnisfilter schuld, als du letzten Samstag vergessen hast, Sammy vom Fußball abzuholen«, entgegnete Louise bei einer solchen Gelegenheit und verdrehte die Augen. »Und wie war das mit unserem Hochzeitstag, an den du gerade noch fünf vor zwölf gedacht hast? War da auch dein selektives Gedächtnis aktiv?« Nach meinem Eindruck ist Männern oft gar nicht bewusst, dass sie in Gestalt ihrer Frau oder einer Assistentin über ein höchst zuverlässiges Erinnerungssystem verfügen, das ihnen beim Einhalten von Terminen und Verpflichtungen hilft. »Bei der Arbeit halten mich eine Sekretärin und technische Gerätschaften auf Kurs, so dass die Gefahr gering ist, irgendetwas zu vergessen«, erklärte mir der Redakteur eines Wirtschaftsmagazins. »Als Chef delegiere ich viele Aufgaben. Kurioserweise sind also andere dafür verantwortlich, dass ich nichts vergesse.« Oft tritt diese Art von Abhängigkeit aber erst dann zutage, wenn zum Beispiel die Ehefrau mit der besten Freundin für zwei Wochen nach Vietnam fliegt oder die Assistentin in Mutterschaftsurlaub geht. Dann setzt das große Vergessen ein.

Wenn Frauen und Männer nach etwas suchen – ob es nun ein Restaurant ist, in dem sie verabredet sind, oder ein Notizbuch, das sie verlegt haben –, wird deutlich, dass ihre typischen Vorgehensweisen voneinander abweichen. Aus der Evolutionsgeschichte des Menschen lassen sich gute Gründe dafür ableiten, warum eine Frau genau weiß, dass ganz hinten in der Speisekammer eine eingestaubte Dose Kichererbsen steht, oder warum Männer bekanntermaßen nicht gern nach dem Weg fragen.[2] Als die Männer in grauer Vorzeit für das Jagen zuständig waren und es keine ortskundigen Tankstellenwärter gab, die ihnen den Weg hätten erklären können, entwickelte sich bei ihnen eine Art internes Navigationssystem. Seitdem sind Millionen Jahre vergangen, doch sie steuern ihr Ziel immer noch *nach Gefühl* an. Deshalb ist ihnen eine Information der Art, dass an der zweiten Ampel ein Kaufhaus steht, keine große Hilfe. Frauen waren einst Sammlerinnen, die kleine Kinder versorgen und vor Gefahren schützen mussten und deren Orientierungssinn sich deshalb in eine etwas andere Richtung entwickelte. Sie konnten keine weiten Strecken zurücklegen und lernten, unter all den ungenießbaren oder auch giftigen Pflanzen in ihrer Umgebung die Nüsse, Beeren und Wurzeln aufzuspüren und zu nutzen, die sich als Nahrung eigneten. Das könnte durchaus eine Erklärung dafür sein, dass eine Frau Ihnen sagen kann, der grüne Strumpf, den Sie suchten, liege zwischen Nachttisch und Bett, während ein Mann die Schere nicht findet, die ihren Platz seit elf Jahren in derselben Küchenschublade hat.

Kein Spielraum für Fehler

Viele Menschen ärgern sich darüber, wie viel Zeit sie damit vertun, das Chaos wieder aus der Welt zu schaffen, das sie mit ihren eigenen Versäumnissen und Fehlern angerichtet haben. »Wissen Sie, wie oft ich in einer E-Mail auf eine angehängte Datei verweise und dann vergesse, sie beizufügen?«, fragte mich der Grafiker Bart. »Öfter, fürchte ich, als ich den Anhang tatsächlich mitschicke.« Vielleicht freut es ihn zu hören, dass zwei Wissenschaftler von der University of Pennsylvania an einer Software arbeiten, die E-Mails nach Hinweisen darauf absucht, dass sie einen Anhang enthalten sollten. Wenn man dann auf *Senden* klickt, ohne die Datei angefügt zu haben, kommt eine entsprechende Meldung.[3] Die Trefferquote der Software liegt bislang bei 85 Prozent, was für Bart schon einen erheblichen Fortschritt bedeuten würde.

Wir könnten unsere Fehler wohl gelassener hinnehmen, wenn die Zeit nicht so knapp wäre. Im Alltag der meisten von uns ist eigentlich kein Spielraum für Fehler vorgesehen. Russell, der als Arzt praktiziert, aber auch in der Forschung tätig ist, vergaß auf dem langen Rückflug einer Geschäftsreise, seine vom Augenarzt verordnete Lesebrille wieder einzustecken. »Vermutlich hatte ich sie in die Ablagetasche des Sitzes vor mir gesteckt und dann dort vergessen. Dass das Ersetzen der Brille nicht billig sein würde, war ärgerlich genug, aber noch viel schlimmer war, dass in den folgenden zwei Wochen jede einzelne Minute verplant war. Die Sache in dieser Zeit erledigt zu bekommen war für mich genauso utopisch wie eine Ersteigung des Mount Everest.«

Pat, die als Heilpraktikerin arbeitet, wusste nicht mehr, wo sie die Ohrringe verwahrt hatte, die ihr Mann ihr zum 20. Hochzeitstag geschenkt hatte, wollte sie aber unbedingt tragen, wenn sie am 21. Hochzeitstag zum Essen ausgingen. »Ich habe das ganze Haus auf den Kopf gestellt. Nachts durchkämmte ich, während Rick schon schlief, den Wandschrank. Als ich die Ohrringe nicht fand, dachte ich, ich rufe einfach die Versicherung an und beschaffe Ersatz, dann braucht Rick nichts davon mitzubekommen. Ohne Kassenbeleg war aber nichts zu machen, also musste ich ihm die Sache beichten. Ich sprach den dramatischen Satz: ›Liebling, ich muss dir etwas sagen.‹ Als ihm klar wurde, dass ich von verlorengegangenen Ohrringen redete, sagte er erleichtert: ›Ach, Gott sei Dank! Ich dachte schon, du willst dich von mir trennen.‹«

Wenn man durch seine Vergesslichkeit Habseligkeiten einbüßt und Termine versäumt, kann das tüchtig ins Geld gehen. Carly, die an einem Museum angestellt ist, vergaß mehrere Friseurtermine, die sie jeweils sechs Wochen im Voraus vereinbart hatte, und musste sie bezahlen.

Letzten Sommer füllte ich Schecks für mehrere große Rechnungen aus und schickte sie gleich mit der Post los, damit sie auf jeden Fall rechtzeitig eintrafen. Drei Tage später rief mich meine Bank an. Ich hätte die Schecks, so sagte man mir, auf ein Konto ausgestellt, das vier Jahre zuvor aufgelöst worden sei. Zunächst konnte ich das gar nicht glauben. Ich konnte mich nicht erinnern, dieses Konto je geführt oder aufgelöst zu haben.

»Haben Sie die Kontonummer überprüft, die unten auf den Schecks steht?«, fragte die geduldige Bankangestellte. Als ich diese Nummer mit der meines jetzigen Bankkontos verglich, war klar, dass es sich wirklich um zwei verschiedene Konten handelte. Leider werde die Bank, so teilte mir die Dame bedauernd mit, jeden der ausgestellten Schecks, und zwar auch den, mit dem ich die erste Rechnung meines neuen MasterCard-Kontos hatte begleichen wollen, mit dem roten Stempel »Konto aufgelöst« an den Einreicher zurückschicken. Ich könne nichts tun, um daran noch etwas zu ändern. Aus Sicht des Kreditkartenunternehmens hätte ich mich der Scheckreiterei schuldig gemacht. Abgesehen von der ohnmächtigen Wut auf mich selbst kam ich mir auch dumm vor. Schließlich hatte ich bei MasterCard eine nette Dame in den mittleren Jahren am Telefon, der ich den Vorfall in allen Einzelheiten darlegen konnte. So etwas könne jedem passieren, pflichtete sie mir bei – und gab freundlicherweise mein Konto wieder frei.

3 Überlastete Stirnlappen

»Informationsflut« ist keineswegs das Einzige, was uns zu schaffen macht

Mein Bewusstsein war wie ein Autoradio, das kein eindeutiges Sendersignal empfängt und deshalb von einer Frequenz zur anderen springt. Während ich versuchte, mir die Anordnung der hügeligen Straßen von San Francisco in Erinnerung zu rufen – Buchanan, Webster, Laguna: war das die richtige Reihenfolge? –, schaute ich die Adresse der Hautarztpraxis noch einmal in meinem elektronischen Organizer nach. Innerhalb von Sekundenbruchteilen hatte ich sie erneut vergessen.

Wie üblich gingen mir zu viele Dinge gleichzeitig durch den Kopf, unter anderem die neue Videobotschaft von Osama bin Laden, die am Morgen ausgestrahlt worden war, und ein näher rückender Abgabetermin für einen Zeitschriftenartikel. Und würde mir, wenn ich bis spät in die Nacht aufblieb, die Zeit reichen, um die Kostüme für die Schultheateraufführung fertigzubekommen? Ich muss außerdem zugeben, dass ich während der Fahrt mit dem Handy telefoniert hatte. Als der Wagen vor mir mich zu einer plötzlichen Bremsung zwang (hatte ich den Blinker nicht gesehen?), dämmerte mir gerade, dass ich schon einige Blocks zu weit war. Mein Orientierungsvermögen war aufs Äußerste gefordert. Ich bog ein paar Mal hintereinander rechts in größere und kleinere Straßen ab und fand schließlich doch noch ans Ziel.

Warum war ich nicht in der Lage, mir nebenbei einen Straßennamen und eine vierstellige Hausnummer zu merken? Warum war ich derart leicht abzulenken? Meine Zerstreutheit erschreckte mich. Wenn mir ein neuer Gedanke in den Sinn kam, war er mir schon wieder entschlüpft, noch ehe ich Verbindungen oder Widersprüche zu anderen hätte feststellen können. Was ich mir morgens beim Ankleiden an Erledigungen vornahm – »zwei Packen Druckerpapier ins Büro mitnehmen« –, war kurz darauf wie weggewischt. Folglich stieg ich nicht die Treppe hinunter zu dem Schrank in der Garage, wo das Büromaterial lagerte. Erst wenn ich dann am Computer saß, einen Text ausdrucken wollte und das leere Papierfach gequält ächzen hörte, schwante mir, dass ich mir etwas vorgenommen und gleich darauf vergessen hatte. Ich war immer wieder schockiert, wie derartige Pläne aus dem Blick gerieten und dann wie ausradiert waren.

Das Problem lag wohl irgendwo hinter meiner Stirn, in der Hirnregion, die man präfrontalen Kortex nennt. Anders gesagt, meine Stirnlappen verhielten sich anscheinend nicht anders, als das in meinem Alter von ihnen zu erwarten war. Die Stirn- oder Frontallappen steuern die Strukturierung von Informationen und Vorstellungen, die Entscheidungsfindung und Planung, den Umgang mit Zeit und verschiedene andere kognitiv anspruchsvolle, spezifisch menschliche Denkabläufe.[1]

Um zu verstehen, was da vor sich ging, musste ich auf der Ebene der Nervenzellen ansetzen. Am Massachusetts Institute of Technology durfte ich mir unter der geduldigen Anleitung eines Forschers ein Neuron unterm Elektronenmikroskop anschauen. Der Zellkörper mit dem rautenförmigen Umriss ähnelte ein wenig einem Seestern mit vielen Armen. Von jedem der Arme gingen Abzweigungen ab, die sogenannten Dendriten, die mit so zahlreichen Synapsen bestückt waren, dass ich mich an das üppige Blattwerk einer kalifornischen Eiche erinnert fühlte. Einer der Arme, das Axon, war deutlich länger als die anderen. Dieser dünne Fortsatz ist mit der sogenannten Markscheide ummantelt, einer Kette von langgezogenen Perlen, die aus Myelin bestehen, einem Gemisch fettähnlicher Stoffe. Er leitet elektrische Signale an die Dendriten anderer Neuronen weiter. Die Stirnlappen sind vollgepackt mit solchen langen, dünnen Axonen, die verschiedene Gehirnregionen miteinander verbinden. Wenn das Myelin zu zerfallen beginnt, lässt die Funktionsfähigkeit der Axone nach. Die Signale sind sozusagen nicht mehr auf dem Datenhighway unterwegs, sondern auf beschwerlichen Umgehungsstraßen. Und so kommt es, dass Informationen, die wir eigentlich jetzt sofort brauchen, erst mit einiger Verzögerung greifbar werden.

Ich schaute mir durch das Elektronenmikroskop eine Synapse an, den kompliziert strukturierten Zwischenraum zwischen zwei Nervenzellen. Wie Pac-Man in dem klassischen Videospiel springt der elektrochemische Impuls, der – vom Zellkörper eines Neurons kommend – am Axon entlanggeflitzt ist, über diese Lücke hinweg zum Dendriten eines anderen Neurons. Die Impulsübertragung funktioniert so, dass Neurotransmitter-Moleküle in die Lücke ausgeschüttet und dann vom Dendriten des zweiten Neurons aufgesogen werden. Wie schnell und präzise die Informationsübermittlung erfolgt, hängt weitgehend davon ab, wie viel Neurotransmitter verfügbar ist und wie viele Rezeptoren zur Verfügung stehen, um ihn aufzunehmen.

Die Frontallappen sind Sitz des Arbeitsgedächtnisses, das Informationen über kurze Zeitspannen speichern und verarbeiten kann, bis sie gegebenenfalls ins Langzeitgedächtnis überführt werden. Verglichen mit manchen Tierarten, etwa den Schimpansen, ist die Kapazität unseres Arbeitsgedächtnisses nicht besonders üppig. Man vermutet, dass der frühe *Homo sapiens* einen großen Teil seines Arbeitsgedächtnisses für die Herausbildung der Sprache abstellte.[2] Das mag uns als ein durchaus lohnender Tauschhandel erscheinen, solange uns nicht entfällt, was wir gerade sagen wollten. Wenn nämlich das Arbeitsgedächtnis beeinträchtigt ist, tun wir uns schwer damit, den roten Faden eines Gesprächs zu verfolgen, ein Argument schlüssig zu formulieren oder beispielsweise auch in Erinnerung zu behalten, was wir drei Sätze zuvor gerade gelesen haben. Die Gedanken fließen dann nicht mehr ungehindert dahin, sondern verlieren den Zusammenhalt. Die verstorbene Neurowissenschaftlerin Patricia Goldman-Rakic, die an der Yale University tätig war, beschrieb das

Arbeitsgedächtnis einmal als den »mentalen Klebstoff, der einen Gedanken über die Zeit hinweg von seinem Anfangs- bis zu seinem Endpunkt zusammenhält«.[3]

Solange die Stirnlappen auf der Höhe sind, analysieren sie schnell und effizient, was für die gerade zu bewältigende Aufgabe wichtig und was nebensächlich ist. Eine Art neuronaler Rausschmeißer filtert unwesentliche Informationen automatisch heraus. Irgendwann im mittleren Alter zieht er sich aber in eine Kaffeepause zurück, aus der er nicht mehr zurückkommt. Wir ertappen uns dann dabei, wie wir nicht über den Bericht nachdenken, den wir bald abgeben müssen, sondern darüber, was wir abends kochen sollen. Geistesabwesenheit wird für viele zum Dauerzustand. »Ich lebe nicht in der Gegenwart«, bekennt Louise, deren zwei Kinder noch in die Grundschule gehen. »Ich bin in Gedanken immer drei oder vier Schritte weiter und nicht da, wo ich eigentlich stehe. Ich bin nie wirklich auf das konzentriert, womit ich gerade zu tun habe.« Jede emotionale Ablenkung kann die Schaltkreise unseres Gehirns mit Beschlag belegen und unsere Aufmerksamkeit völlig absorbieren, selbst wenn wir uns im Klaren sind, dass das nicht sehr sinnvoll ist. Das eigentlich Wichtige erhält keine Priorität, weil das Gehirn ständig mit anderem ausgelastet ist.

Im mittleren Alter lässt sich das Gehirn nur zu leicht durch das aus dem Gleichgewicht bringen, was die Neurowissenschaftlerin Denise Parks »Hintergrundrauschen«[4] nennt – ganz gleich, ob die Störimpulse nun von außen kommen (Hundegebell oder lärmende Nachbarn) oder von innen (Grübeleien über den letzten Streit mit dem Ehepartner). In einer Studie untersuchte Parks, wie Menschen mittleren Alters im Vergleich mit Älteren eine alltägliche Gedächtnisaufgabe bewältigten, nämlich das Einnehmen eines Medikaments um 10 Uhr morgens. Zu ihrer Überraschung schnitten die Senioren erheblich besser ab. Sie erklärt das damit, dass für die Älteren das morgendliche Einnehmen der Tablette zu einem markanten Element des Tagesablaufs wurde, wohingegen die Jüngeren, deren Tagesablauf gewöhnlich unregelmäßiger ist, in ihrem Arbeitsgedächtnis mit so vielen verschiedenen Aufgaben herumjonglieren mussten, dass das Einnehmen des Medikaments leicht auf der Strecke blieb.

Könnte es auch eine Aufmerksamkeitsstörung sein?

Es ist nur allzu verständlich, wenn wir nach griffigen Vorstellungen suchen, um unsere Schusseligkeit und Zerstreutheit einordnen zu können. Dutzende meiner Interviewpartner sagten mir im Vertrauen, dass sie ganz genau wüssten, was mit ihnen nicht stimme: Sie litten unter einer Aufmerksamkeitsstörung. Da ich mich fragte, ob ich nicht auch selbst davon betroffen war, rief ich den Psychiater und Buchautor Edward M. Hallowell an, der in Sudbury, Massachusetts, praktiziert und seit 1981 mit der diagnostischen Abklärung von Aufmerksamkeitsdefizitstörungen befasst ist.[5] Als er mir vorschlug, in seine Praxis zu kommen, ergriff ich die Gelegenheit beim Schopf. Ich war sicher, dass er mir erklären konnte, warum meine Aufmerksamkeit in Tausende von Einzelteilen aufgesplittert schien.

Ich musste ein Lachen unterdrücken, als ich in Hallowells Sprechzimmer trat. Auf dem Boden lagerten, wie emporwachsende Stalagmiten, kleinere, mittlere und hohe Papierstapel – ein recht zuverlässiges Indiz dafür, dass jemand unter ADHS (Aufmerksamkeitsdefizit-/Hyperaktivitätsstörung) leidet. Hallowell glich, mit seinem rötlichen Gesicht und dem Silberhaar, dessen Ton sich fast mit dem Weiß des buntgestreiften Hemds deckte, dem jungen Ted Kennedy. Er stellte mir einige diagnostische Fragen: Wie war ich als Kind gewesen? Hatte ich gut stillsitzen können? Hatte ich mich konzentrieren können? »Ich war ein Bücherwurm«, antwortete ich, »eines der Kinder, die eine Taschenlampe unter die Bettdecke schmuggeln, um zu lesen, nachdem sie tagsüber schon Stunden mit Büchern zugebracht haben.« Im Ballett-unterricht oder beim Teamsport, wenn es viele Regeln zu lernen und zu beachten gab, machte ich keine gute Figur. Ich hatte Mühe, bei der Sache zu bleiben, die Abläufe zu erlernen und mich in die vorgesehene Rolle zu finden. In der Schule dagegen kam ich gut zurecht – die Regeln, die dort galten, waren mir rasch in Fleisch und Blut übergegangen. Er erkundigte sich nach meinen jetzigen Arbeitgewohnheiten. Schob ich Aufgaben oft vor mir her? Tat ich mich schwer damit, eine Sache in Angriff zu nehmen oder sie abzuschließen, bevor ich mich an die nächste machte? Das verneinte ich. Eigentlich war es genau andersherum: Ich neigte dazu, mich zu stark auf eine einzige Aufgabe zu fixieren, sobald ich mich einmal darauf eingelassen hatte. Ich war dann so schwer vom Kurs abzubringen wie ein Jagdhund, der hinter einem Hasen her ist.

Hallowell wollte wissen, wie es mir ging, wenn ich mich in einer angenehm entspannenden Umgebung befand, etwa in einem schön ausgestatteten Hotelzimmer oder auf einem Liegestuhl an einem stillen See. Verlangte es mich nach Abenteuer und Abwechslung? War ich der Typ, der eine Parasailing-Tour bucht oder gern mit dem Jet-Boot auf dem Wasser herumsaust – oder konnte ich still und zufrieden dasitzen und lesen? »Letzteres«, versicherte ich ihm. Mit einem guten Buch und einer gesicherten Zufuhr an leckerem Salat und Zitronenlimonade könne ich durchaus eine glückliche Woche auf einem Liegestuhl zubringen.

Nachdem er noch einige neurologische Aspekte abgefragt hatte – Wie war mein Gleichgewichtssinn? (ganz schlecht!) Konnte ich auf einem Bein stehen? (das bekam ich zum Entsetzen meiner Yoga-Lehrerin nie hin) –, zog er das Fazit, dass meine Symptome insgesamt nicht auf ADHS hinwiesen. Offenbar beeinträchtigten irgendwelche anderen Faktoren, die er aber nicht benennen könne, die Funktion meiner Frontallappen. Er könne nicht sagen, ob dabei pathologische Prozesse im Spiel seien. Allerdings sei bei mir nach seiner Einschätzung ein Syndrom massiv ausgeprägt, das im mittleren

Alter so häufig auftrete, dass er dafür die Bezeichnung »charakteristische Aufmerksamkeitsschwäche« (ADT – attention deficit trait) geprägt habe. Im Gegensatz zur ADHS, die den Betroffenen immer und überallhin begleitet, stellt die »charakteristische Aufmerksamkeitsschwäche« eine jeweils durch äußere Einflüsse ausgelöste Blockade der Stirnlappen dar.

Wenn ständig neue Anforderungen auf einen einprasseln, erklärte Hallowell, »wenn man zum sechsten Mal eine Entscheidung treffen soll, nachdem man zum fünften Mal, während man die neunte Informationslücke zu schließen versuchte, unterbrochen worden ist, und das an einem Tag, an dem man sich dreimal vergeblich bemüht hat, mit anderen eine Vereinbarung zu treffen, und dann auch noch auf dem Computermonitor die zwölfte Anfrage auftaucht, für die man sich einfach nicht zuständig fühlt«, dann rebelliere das Gehirn irgendwann gegen die Reizüberflutung. »Das ist einfach eine Reaktion auf die überdrehte Welt, in der wir leben, ein Überlebensmechanismus, den wir mobilisieren, wenn die Gesellschaft uns antreibt, das Tempo weiter und immer weiter zu erhöhen.«

Die Informationsflut meistern

Unter günstigen Umständen können die Frontallappen eines Menschen im mittleren Alter, wenn auch mit einiger Mühe, Schritt halten. Falls er allerdings in einer Epoche technologischer Umwälzungen lebt, stehen die Zeichen auf Überforderung. Die Evolution hat uns die durchaus zweckmäßige Tendenz mitgegeben, die Aufmerksamkeit auf Ereignisse zu konzentrieren, die unser Überleben gefährden könnten. Dagegen ist unser Gehirn nicht dafür ausgelegt, mit einer unaufhaltsamen Schwemme von Daten zurechtzukommen, die kunterbunt und ungefiltert auf uns eindringen und oft keine Kontextbezüge und keine klare hierarchische Ordnung erkennen lassen. Unsere Stirnlappen sind unzureichend für diese Überflutung gerüstet, so dass wir uns überfordert und ohnmächtig fühlen. Die als »Blue Man Group« auftretenden Schauspieler und Musiker schlagen dafür die Bezeichnung »Infobiologisches Unzulänglichkeitssyndrom« vor. Die Angst vor dieser Form der Unzulänglichkeit, schreibt David Shenk in seinem Buch *Datenmüll und Infosmog*, entsteht »durch den Wunsch [...], Informationen etwas schneller aufnehmen zu können als mit der Geschwindigkeit, die im Paläolithikum in der menschlichen DNS fest verdrahtet wurde.«[6]

Bei Überlastung der Frontallappen kommen die höheren Denkprozesse zum Erliegen. Wir mobilisieren einen starken Wahrnehmungsfilter und beginnen viele Dinge auszublenden, bei denen sich im Nachhinein manchmal herausstellt, dass wir sie besser hätten beachten sollen. Wir erfassen nicht mehr, welche Bedeutung die Informationen für uns eigentlich haben, und saugen die Daten einfach nur noch automatisch in uns auf. Shenk stellt fest, dass das unerbittliche Bombardement die Frontallappen lähmt und zu einer »Paralyse durch Analyse«[7] führt. Zu klaren Schlussfolgerungen zu gelangen ist unter diesen Umständen schwierig, denn es sind einfach zu viele Faktoren zu berücksichtigen. Für viele Situationen fehlt uns ein geeigneter Bezugsrahmen. Wir sind heutzutage Spezialisten, die sich in ihrer kleinen Domäne hervorragend auskennen. Was außerhalb geschieht, geht zu einem großen Teil an uns vorbei, so dass wir uns auf eine seltsame Weise abgeschnitten und nicht recht im Bilde fühlen.

Um uns zu schützen, versuchen wir, uns an ganz konkrete Aspekte zu halten, und neigen dazu, Zwischentöne und Schattierungen aus unserem Denken und Urteilen zu verbannen. Dadurch werden wir unfähig, zu erkennen, wie die Teile des großen Puzzles vor uns zusammenpassen. »Metaphorisch gesprochen verstopfen wir uns die Ohren, zwicken die Nase zu, setzen eine dunkle Sonnenbrille auf und ziehen einen gepolsterten Schutzanzug an«, schreibt Shenk.[8]

Diese Art von Schutzreaktion ist nichts Neues. Wann immer wir Menschen Techniken entwickeln, mit denen wir die

Grenzen der Wahrnehmung von Zeit und Raum verschieben, greifen Zerstreutheit und Vergesslichkeit um sich. Zwischen 1869 und 1876 wurde die Eisenbahn fertiggestellt, die den nordamerikanischen Kontinent durchquert, Alexander Graham Bell erfand das Telefon, und Thomas Alpha Edison entwickelte eine wesentlich verbesserte Glühbirne. In weniger als einem Jahrzehnt traten damit Neuerungen ein, die das Leben in dramatischer Weise veränderten. Damals wurde ein breites Spektrum neuer Beschwerdebilder beschrieben, die mit Geschwindigkeit und Zeit zu tun hatten, unter anderem die »Eisenbahn-« und die »Fahrstuhlkrankheit«. Am gängigsten war die Pauschaldiagnose »Neurasthenie« (Nervenschwäche). Eine Neurasthenie wurde, wie Michelle Stacey in ihrem Buch *The Fasting Girl* berichtet, auf eine »generalisierte Angst« zurückgeführt, »einen Zustand des Grauens oder der Besorgtheit, den oft ein Übermaß an Leistungsanforderungen und zeitlichen Belastungen oder eine Furcht vor der menschlichen Fähigkeit zur Selbstzerstörung ausgelöst hatte.«[9] Ein Hauptsymptom der Neurasthenie bestand in einem krankhaften Aufmerksamkeitsdefizit, das den Patienten in einem Zustand fortwährenden Abgelenktseins gefangen hielt.

Technische Neuerungen und die damit unweigerlich einhergehende Informationsflut lösen seit jeher zwiespältige Empfindungen aus. Als Vannevar Bush während des Zweiten Weltkriegs dem US-amerikanischen Amt für wissenschaftliche Forschung und Entwicklung vorstand, sann er über das Problem der Informationsüberlastung nach. Die Erfindung des neuen Aufzeichnungsmediums Mikrofilm inspirierte ihn zu einem Lösungsvorschlag. Im Juli 1945 veröffentlichte er in der Zeitschrift *Atlantic Monthly* einen Artikel mit dem Titel »Wie wir denken werden«. Er entwarf darin, wie David Shenk anmerkt, verblüffend präzise Prognosen zur Zukunft der Informationstechnologie: »Auf acht Seiten skizzierte Bush die prinzipielle Funktionsweise von Microfiche, Modem, Faxgerät, PC, Magnetplattenlaufwerk, sprachgesteuerter Textverarbeitung und, man staune, der Hypermedien. Er stellte sich den Schreibtisch der Zukunft – den er ›Memex‹ nannte – als Mikrobibliothek vor, die alle Videoaufzeichnungen und Texte speicherte, die ein Mensch in seinem Leben ansammeln konnte, wobei relevante Informationen auf der Stelle abgerufen und auf einen integrierten Bildschirm projiziert werden sollten.«[10]

Leider versteifte sich Bush auf das Medium Mikrofilm, das eher frustrierend ist als schnell oder gar interaktiv, wie Ihnen jeder bestätigen kann, der sich in den 1970er und 1980er Jahren an einem Mikrofiche-Sichtgerät durch endlose Seiten kurbeln musste. Als Bush 1974 starb, war das Memex noch immer eine extravagante Phantasie. Der Artikel im *Atlantic Monthly* gelangte aber in die Hände einer ausreichenden Zahl von Computeringenieuren, die sich unter anderem an der Aufgabe abmühten, Rechner zu konstruieren, die lediglich zimmergroß waren. Bush erlebte nicht mehr mit, wie sein Plan Wirklichkeit wurde. Heute aber haben wir die Möglichkeit, die über ein Menschenleben verfügbaren Informationen nahezu vollständig zu speichern.

Die rasante technische Entwicklung der jüngsten Zeit (denken wir nur daran, dass vor 15 Jahren das Internet die Sache einiger weniger Spezialisten war) führt zu Schocksymptomen, die durchaus Ähnlichkeiten mit den zu Thomas Edisons Zeiten beobachteten erkennen lassen. In seinem Buch *Slow life* schildert Carl Honoré die Herausforderung, vor der wir stehen, wie folgt: »Im *Don Quijote* schreibt Cervantes: ›Que no son todos los tiempos unos‹ – die Zeiten sind nicht alle eins. In unserer Rund-um-die-Uhr-Welt jedoch ist die Zeit gleichförmig geworden: Wir begleichen unsere Rechnungen am Samstag, kaufen sonntags ein, nehmen den Laptop mit ins Bett, arbeiten nachts und frühstücken den ganzen Tag über. Wir trotzen den Jahreszeiten, indem wir im Winter Erdbeeren aus Südafrika essen. Schokolade-Ostereier, die früher tatsächlich den Wochen um Ostern vorbehalten waren, gibt es mittlerweile schon im Januar.

Handys, [...] E-Mail und Internet – alles ist jederzeit verfügbar.«[11]

»Die Welt ist heute zu dicht auf einem drauf«, meint Lily, die als Büroleiterin arbeitet. »Irgendwann war es so weit, dass ich vier Anrufbeantworter, vier Telefonnummern und drei E-Mail-Adressen hatte, die ich im Blick behalten musste. Die Masse der Informationen ist zu groß. Obwohl das meiste davon unwichtig ist, muss ich es prüfen, um es dann aussortieren zu können. Diese ganzen Redensarten, mit denen wir aufgewachsen sind – ›eins nach dem anderen‹ oder ›das Wichtigste zuerst‹ –, sind obsolet geworden. Soweit ich das überblicke, kann man heute kaum mehr entscheiden, was denn ›das Wichtigste‹ wäre.«

Wir befinden uns in einem Schockzustand und sind hin-und hergerissen zwischen der Welt, in der wir groß geworden sind und die von einer herkömmlichen Zeitstruktur bestimmt war, und der Welt, in der wir heute leben, wo sämtliche zeitlichen Grenzen immer wieder verwischt werden. Der Historiker Robert Archibald bringt es auf den Punkt: »Dass die Welt sich wandelt, ist ein unwandelbares Gesetz. Wenn die Veränderungen um uns herum sich aber zu rasch vollziehen, geraten wir in Verwirrung, sind in der Gegenwart gefangen, empfinden uns als von unseren Mitmenschen abgeschnitten und müssen uns mit Beziehungen begnügen, die fragil, wurzellos und ungesichert sind.«[12]

Wir verarbeiten den Umbruch auf verschiedene Weise. Manche werden zu Kontrollfreaks und mühen sich damit ab, alles im Griff zu behalten und jeden einzelnen Informationsschnipsel, der sie erreicht, zu prüfen und einzuordnen. Andere hören auf zu kämpfen und kapitulieren vor der Flut. »Ich war todmüde«, erzählte mir jemand im Interview, »weil ich gerade von einer Geschäftsreise in Europa zurückkam. Von dem Taxiservice, der mich immer am Flughafen abholt, ließ sich aber niemand blicken. Als ich anrief, sagte der Fahrer, er habe mich vergessen, weil mein Auftrag in einem Papierstapel auf seinem Schreibtisch untergegangen sei. Als ich meinen Ärger kundtat und fragte, ob ich damit rechnen müsse, dass das wieder vorkommt, erwiderte der Fahrer: ›Ich bin auch nur ein Mensch.‹ Mein Verständnis hielt sich in diesem Augenblick allerdings in Grenzen.«

In unserer Gesellschaft wird heutzutage erwartet, dass wir uns »aufteilen« und in vielfacher Weise präsent sind. Wer sich dem verweigert und weder E-Mail noch ein Handy noch einen Anrufbeantworter hat, gilt nicht nur als Technikfeind, sondern wirkt auch wie ein schrulliger Egozentriker. Wenn wir die Schwelle zum mittleren Lebensalter in einer anderen Epoche überschritten hätten – sagen wir im Jahr 1953, als es für die US-Amerikaner etwas unerhört Neues war, dass sie zwischen einem halben Dutzend Fernsehkanälen wählen konnten –, würden wir vielleicht gar nicht registrieren, dass die Leistungsfähigkeit unserer Stirnlappen nachlässt. Heute aber befinden wir uns mitten in den Wirren einer technischen Revolution; wir ringen nach Atem und strampeln uns ab, um nicht unterzugehen. Man kommt sich vor, als wäre man von vorgestern, wenn man nicht bestrebt ist, immer und überall erreichbar zu sein, zumindest solange man wach ist. Dagegen zu wettern, wie sehr technische Gerätschaften unsere Existenz bestimmen, ist zwecklos, unsachlich und wahrscheinlich auch ein wenig heuchlerisch. Ich würde keine Sekunde lang abstreiten, dass es vermutlich besser um uns bestellt wäre, wenn wir nicht jederzeit auf fast jede beliebige Information zugreifen könnten. Bei mir beginnt es, das muss ich zugeben, im Maus-Finger zu zucken, wenn ich etwas wissen möchte und keine Möglichkeit habe, es auf der Stelle zu recherchieren. Wenn man mich von der Brust wegzerrt, die mich mit Informationen nährt, leide ich sehr rasch unter Datenentzug. Ich warte im Grunde sehnlich auf den »Google-Chip«, von dem ein Bekannter sprach, »das Silikon-Implantat, das sämtliche Google-Daten direkt in unser Gehirn einspeist.«

In der *New York Times* veröffentlichte Adam Bryant einen anrührenden Abschiedsbrief an seinen BlackBerry-Organizer, den er zurückgeben musste, als er das Unternehmen verließ, von dem er ihn gestellt bekommen hatte. Er hatte geglaubt, der BlackBerry würde seine Produktivität steigern, doch als er auf ihn verzichten musste, merkte er, dass das Gerät »wie ein schwarzes Loch meine Aufmerksamkeit aufgesaugt hatte«; es habe ihn Tag für Tag stundenlang in Beschlag genommen und selbst nachts nicht losgelassen. »Ich dachte, ich hätte dich im Griff«, schrieb Bryant, »aber in Wirklichkeit stand ich unter deiner Fuchtel.«[13]

Als Janes Hybrid-Handy mit E-Mail- und Kalenderfunktion plötzlich den Geist aufgab und wichtige Daten mit in den Abgrund riss, schimpfte sie über das Gerät, ärgerte sich aber auch über sich selbst, weil sie seit ein oder zwei Monaten keine Sicherung mehr angelegt hatte. »Ich fühlte mich, als hätte mich jemand hintergangen«, sagte sie. »Ich hatte dem Ding vertraut, und nun ließ es mich im Stich.« In den folgenden Tagen fiel ihr auf, dass ihr Leben ruhiger wurde. »Ich bin jetzt in der Lage, immer nur eine Sache zur selben Zeit zu erledigen«, stellte sie zufrieden fest. »Als das Gerät noch funktionierte, griff ich, sobald ich ein paar Minuten Zeit hatte, wie unter Zwang danach, um zu prüfen, ob neue Nachrichten eingegangen waren, um irgendetwas zu planen oder um Pläne, die ich schon gefasst hatte, wieder umzuwerfen.«

Ihre drei Kinder und ihr Mann waren böse auf sie, ebenso wie ihre Freundinnen. Selbst ihre Therapeutin wollte wissen, wann sie denn ein neues Gerät bekomme. Sie schien ihren kleinen Moment der Rebellion zu genießen: »Heutzutage nicht erreichbar zu sein kommt bei den anderen im Grunde an als ›Ihr könnt mich mal‹.«

Manche hegen den Verdacht, dass diese scheinbar unentbehrlichen Apparate als Katalysator für unsere kognitiven Schwierigkeiten wirken. »Wir machen uns zu sehr abhängig von den Möglichkeiten der Speicherung, die diese Technologie bietet«, glaubt Victor, ein Wirtschaftswissenschaftler. »Wenn das Gehirn aus der Übung kommt, weil es nicht mehr nach Informationen graben muss, gehen uns mit der Zeit vielleicht wesentliche Fähigkeiten verloren.« Laut einer neueren Studie der medizinischen Fakultät der Universität von Hokkaido ist dieser Verfall bereits bei 20- bis 40-Jährigen nachzuweisen, die auf ihren winzigen Bedienfeldern derart eifrig herumhantieren, dass man sie in Japan *oyayubizoku* nennt, den »Daumenstamm«.[14] Der Professor für Neurobiologie Toshiyuki Sawaguchi berichtet, dass etwa zehn der 40 untersuchten Personen »die Fähigkeit eingebüßt hatten, sich Neues zu merken, alte Informationen aus dem Gedächtnis abzurufen und zwischen wichtiger und unwichtiger Information zu unterscheiden.« Die Allgegenwart von elektronischen Organizern, Wahlwiederholungstasten, Rechtschreibprogrammen und Navigationsgeräten führt demnach dazu, dass die für Lernen und Erinnern zuständigen Gehirnregionen in geringerem Maße eingesetzt und folglich schwächer werden.

Manche Instrumente, die uns eigentlich helfen sollen, sind zu kompliziert oder stellen an das Gedächtnis zu hohe Anforderungen, als dass sie von Nutzen sein können. »Mein Telefon am Arbeitsplatz wurde mit einer hundertseitigen Bedienungsanleitung geliefert«, berichtet Victor. »Die gängigen elektronischen Gerätschaften bieten uns eine Vielzahl von Funktionen, deren Verwendung aber weder unmittelbar intuitiv nachvollziehbar noch standardisiert ist. Warum ist es beispielsweise nicht möglich, dass bei sämtlichen Anrufbeantwortern *S* für Speichern und *D* für Löschen (Delete) steht? Das ist ein Problem für mich, weil ich derzeit sechs Telefonnummern, drei Anrufbeantworter und fünf E-Mail-Konten habe.« Ich fragte Jeff Hawkins, den technischen Direktor der Firma Palm Inc., ob man denn die Tastencodes, die für die diversen Funktionen des Treo – der von Palm angebotenen Kombination aus Handy und elektronischem Organizer – zu drücken sind, nicht uns Kunden mittleren Alters zuliebe vereinheitlichen könnte. Er musste eingestehen, dass Personen in meiner Altersgruppe und darüber (zu der er im Übrigen selbst gehört) nun einmal nicht die Kernzielgruppe seines Unternehmens sind.[15] Die Bedienfelder sind so klein und die nur hin und wieder benötigten Operationen, durch die man verschiedene Funktionen miteinander verknüpfen kann, so komplex, dass nur solche Benutzer damit zurechtkommen, die sich im digitalen Universum ohnehin zu Hause fühlen. Ich sagte ihm, dass ich einen Treo besitze und immerhin die Grundfunktionen intus habe. Doch ich bin beim besten Willen nicht in der Lage, mir bei einem Telefonat auf dem Treo nebenher etwas zu notieren oder eine Telefonnummer ins Adressbuch einzugeben. Der Vertrag mit meinem Mobilfunkbetreiber ist bald abgelaufen, so dass ich Anspruch auf ein neues Gerät habe. Ich muss sagen, dass mir vor der anstehenden Umstellung schon jetzt graut.

Eine schwer zu durchbrechende Angewohnheit

»Die eigentliche Herausforderung des modernen Lebens«, schreibt der Psychiater Edward Hallowell, »besteht darin, dass wir die Fähigkeit entwickeln, innezuhalten und nachzudenken, um an einem bestimmten Punkt lange genug zu verweilen, bis wir das Wesentliche erfasst haben, ehe wir weitergehen. Andernfalls verschwimmt der Tag in einem Nebel, in dem man nichts von Bedeutung zustande bringt. […] Damit die Energie gebündelt werden kann, muss man in der Lage sein, eingehende Reize und ausgehende Impulse so lange abzubremsen, bis man einen komplexen Gedanken gebildet hat.«[16]

Leider ist ein endloser Strom von Unterbrechungen mittlerweile die Norm. Forscher an der University of California in Irvine unternahmen einen Versuch, die Zahl der Ablenkungen und Unterbrechungen zu bestimmen, die an Computerarbeitsplätzen in einem mittelgroßen Büro auftreten.[17] Ihre Vermutung war, dass die Angestellten etwa jede Viertelstunde in ihrer Konzentration gestört wurden. Die Störungen erfolgten aber im Durchschnitt alle drei Minuten; nur zwei Drittel der unterbrochenen Arbeiten wurden am selben Tag wieder aufgenommen. Eine andere Studie ergab, dass Unterbrechungen über zwei Stunden jedes Arbeitstages ausmachen, was für die US-Wirtschaft einen jährlichen Verlust von 588 Milliarden Dollar bedeute.[18] Einer der Teilnehmer an meiner Umfrage wies darauf hin, dass die Störungen manchmal auch schwere Fehler zur Folge haben. Weil man beispielsweise eine E-Mail ohne Aufwand an viele Adressaten zugleich schicken kann, verbreitet sich der Fehler unter Umständen wie ein Virus. Der falsch angegebene Besprechungstermin geht nicht nur an eine, sondern gleich an 20 Personen.

Unsere Gewohnheit, die Aufmerksamkeit automatisch aufzuspalten, ist schwer zu durchbrechen, selbst wenn sie uns bewusst ist. Der Zustand der Überreizung ist für uns so normal geworden, dass uns eine Vorgehensweise, die sich an die Rahmenbedingungen der neurologischen Funktionsweise des Menschen hält, quälend langsam vorkommt. Dem Unbehagen, das dieses Schneckentempo erzeugt, können wir durch Multitasking entgehen, doch das hat seinen Preis. Weil die Stirnlappen ablenkende Informationen immer schlechter ausblenden können, nimmt die Fehlerquote drastisch zu.

»Ich fühlte mich toll«, schrieb mir die Steueranwältin June, »wenn ich mindestens drei Dinge gleichzeitig tun konnte und alle gut hinbekam. Vor zwei, drei Jahren begann das Ganze aber zu bröckeln. Wenn ich telefonierte und gleichzeitig meine E-Mails las, begann ich unverständliche Sätze von mir zu geben. Ich konnte nicht die Wäsche zusammenlegen und gleichzeitig ein richtiges Gespräch mit meiner Tochter führen. Diese Fehlschläge waren zunächst nur enttäuschend, doch bald hatten sie auch verheerende Folgen und führten dazu, dass ich Fehler machte, Unterlagen verlegte und Chaos anrichtete. Man sollte denken, dass mich das dazu gebracht hätte, herunterzuschalten. Ich wusste aber keine andere Strategie. Solange sie funktioniert, empfindet man sich als äußerst tüchtig und kann jede Menge Dinge erledigen. Es war die einzige mir bekannte Methode, effizient zu arbeiten.«

Auch wesentlich Jüngere, die praktisch mit den Fingern auf der Computertastatur groß geworden sind, haben Mühe, wenn sie mehr als eine Sache zur selben Zeit tun sollen. Yuhong Jiang, Psychologin am Massachusetts Institute of Technology, untersuchte mittels bildgebender Verfahren, was im Gehirn von Collegestudenten vor sich ging, während sie versuchten, zwei relativ klar strukturierte Aufgaben gleichzeitig zu bearbeiten.[19] Auch nachdem sie eine halbe Stunde lang geübt hatten, bedeutete das Hin- und Herwechseln zwischen dem Erkennen von Formen und dem Erkennen von Farben und Buchstaben für diese fähigen jungen Leute noch immer eine starke kognitive Belastung. Den Hirnscan-Bildern war zu entnehmen, dass die Stirnlappen zwischen den Aufgaben gewissermaßen ein Nickerchen einlegten. Sie schalteten herunter, als warteten sie auf Anweisungen.

Studien, die David E. Meyer an der University of Michigan durchführte, ergaben, dass es für das Gehirn, außer bei weitgehend automatisierten Abläufen, zeitaufwendiger und ermüdender ist, zwischen Aufgaben hin- und herzuwechseln, als wenn es dieselben Aufgaben eine nach der anderen bearbeiten kann.[20] »Wenn beide Aufgaben strategisches Denken erfordern«, erläuterte Marcel Just, Psychologieprofessor an der Carnegie Mellon University, »hat man schlechte Karten. Das strategische Kontrollsystem des Gehirns ist nur sehr schwer parallel zu nutzen. Man muß sozusagen jedes Mal den Schreibtisch leerräumen, alles für das neue Projekt herrichten und dann wieder alles in den vorherigen Zustand versetzen. Man kann dem Gehirn nicht einfach eine weitere Aufgabe unterjubeln, die es im Hintergrund erledigen soll.«[21] Natürlich gebe es Ausnahmen. Auch wenn es einmal einen Fleck auf dem Tischtuch gebe, könne man beim Essen nebenher lesen. Theoretisch gesehen müsste man auch in der Lage sein, einen Topf umzurühren und dabei fernzusehen; ich habe allerdings bewiesen, dass auch das misslingen kann.

Ich gab das, was ich herausgefunden hatte, an June weiter, die Steueranwältin. »Ich beschloss, ein wenig zurückzustecken und nur noch zwei Dinge gleichzeitig zu erledigen«, berichtete sie mir. »Aber auch das ging schief. Schließlich wurde mir klar, dass ich auch einfach aufhören konnte, mich so abzumühen, und dass mir das guttäte. Anstatt mich also zum Multitasking anzustacheln, sage ich mir jetzt: ›Eins nach dem anderen. Schließ die eine Sache ab, ehe du die nächste anfängst – nein, mach die Post nicht auf, während du telefonierst und darauf wartest, dass der Computer hochfährt. Zeit ist kostbar, und es geht mir gegen den Strich, dass ich sie nicht mehrfach nutzen kann. Aber ich halte mir vor Augen, dass ich auf diese Weise viel weniger vermassele.«

Ineffizientes Multitasking ist heutzutage so gängig, dass wir vielleicht erst genauer hinschauen müssen, um uns darüber klar zu werden, wie unsinnig es ist. Junes Erfolgsgeschichte war für mich ein Ansporn, meine Vorgehensweise ganz bewusst zu verändern. Als ich das nächste Mal im Auto unterwegs war und eine Adresse suchte, verhielt ich mich nicht mehr, als wäre ich noch zwanzig. Ich legte das Handy weg und rührte den Joghurtbecher auf dem Beifahrersitz nicht an. Ich verbannte Osama bin Laden aus meinen Gedanken, zumindest einen Augenblick lang. Stattdessen konzentrierte ich mich ausschließlich auf die momentane Aufgabe und richtete meine gesamte Aufmerksamkeit auf elementare Dinge wie Straßennamen und winzige Hausnummern, wie sie in San Francisco oft über den Türen angebracht sind. Ich traf rechtzeitig und entspannt ein und notierte mir sogar, bevor ich das Parkhaus verließ, Platznummer und Stockwerk. »Eigentlich ist es so einfach«, dachte ich, als ich im Fahrstuhl den richtigen Knopf drückte und im richtigen Stockwerk ausstieg, »solange ich nicht so tue, als wäre ich jünger, als ich bin.«

4 Wenn der rote Faden plötzlich reißt

Warum Wörter und Gedanken ohne Vorwarnung plötzlich weg sind

Als die ausgefüllten Fragebogen nach und nach bei mir eintrafen, begann ich die darin berichteten Gedächtnisprobleme in Gruppen einzuteilen, so als hätte ich Schmetterlinge vor mir, die nach Arten zu klassifizieren waren. Ich erkannte ein »Welten-im-Zusammenstoß-Syndrom«, das zum Beispiel zuschlägt, wenn man zu spät merkt, dass man den Zahnarzttermin seines Kindes, zu dem man in einen Vorort fahren muss, auf dieselbe Stunde gelegt hat wie eine geschäftliche Besprechung mitten in der Stadt. Die »vorübergehende Raum-Zeit-Verschiebung« bewirkt, dass Sie zur falschen Zeit oder am falschen Ort erscheinen – oder beides. Beim »Wozu-bin-ich-hier-Syndrom« stehen Sie mit leeren Händen in der Tür und grübeln, was Sie eigentlich in diesem Raum wollten. Wenn Sie die Eispackung statt in den Kühlschrank in die Speisekammer räumen, ist das ein typischer Fall der »Falsches-Fach-Störung«. Die »Zum-Teufel-gerade-hatte-ich-es-doch-noch-in-der-Hand-Störung« äußert sich beispielsweise in panikartigem Suchen nach dem Scheck, den Sie gerade vor einer Minute mit der Post bekommen haben. Im »Welches-Kind-welches-Jahr-Dilemma« stecken Sie, wenn Sie in der Notaufnahme entscheiden sollen, ob Ihr Teenager-Sohn wirklich eine Tetanusimpfung braucht. Dann ist da noch das »Fremde-Planeten-Phänomen«: Sie und Ihre Schwester stellen entgeistert fest, dass Ihre Kindheitserinnerungen in wesentlichen Punkten völlig unterschiedlich sind.

Nichts geht mehr

Unter all diesen Fehlleistungen, die im mittleren Alter gang und gäbe sind, ist eine ganz besonders häufig: das quälende kognitive Versagen vor aller Augen, wenn Namen, Wörter oder Begriffe, die man gerade unbedingt braucht, partout nicht an die Oberfläche des Bewusstseins kommen wollen, sondern sich in dunklen Ecken verborgen halten. Ein renommierter Alzheimer-Forscher gestand mir, dass er bei jedem Kongress einer Person begegne, die einmal an seinem Weiterbildungsprogramm für Postgraduierte teilgenommen hat: »Vielleicht liegt das zehn Jahre zurück, vielleicht nur ein Jahr – insgesamt waren bei mir mindestens 200 Postdocs. Diese Person steuert dann unweigerlich auf mich zu. Natürlich kennt sie meinen Namen, und ich muss dann zu diesem kleinen Trick mit der Brille greifen und sie, ohne dass es auffällt, ein wenig auf der Nase abwärtsschieben, damit ich das Namensschild lesen kann.«

Blockaden dieser Art sind die bei weitem häufigsten Gedächtnisprobleme. Kent, der als Jurist bei einem Kreditkartenunternehmen tätig ist, gestand mir, dass er zwar vertraute Gesichter wiedererkennt und Bekannte anhand bestimmter Merkmale und Attribute identifizieren kann, aber oft nicht auf die Namen der Leute kommt, mit denen er seit eineinhalb Jahren tagtäglich zusammenarbeitet. Der Zeitschriftenredakteur Henry muss oft von seinem Schreibtisch aufstehen und auf das Namensschild schauen, das außen an der Arbeitsnische des jeweiligen Kollegen hängt, damit er seine E-Mail an die richtige Adresse schicken kann. »Wenn ich jemanden mit Namen begrüße, den ich nur ein- oder zweimal im Jahr sehe«, berichtet er, »liege ich mindestens in der Hälfte der Fälle daneben. Das scheint mit den Jahren immer schlimmer zu werden, also nicke ich den Leute nur noch zu.« Der Lektorin Gina fielen einmal die Namen der Gäste nicht mehr ein, die sie zum Abendessen bei sich eingeladen hatte; es war kein leichtes Unterfangen, sie einander vorzustellen.

Mir selbst passieren solche Dinge ständig. Die Gedächtnislücken, die sich plötzlich und unerwartet auftun, behindern mich sogar bei eingespielten alltäglichen Abläufen. Aus unerfindlichen Gründen weiß ich zum Beispiel den Namen des Elektrikers nicht mehr, so dass ich ihn nicht anrufen kann. Dabei war er schon unzählige Male in unserem Haus. Mir fällt das Passwort nicht mehr ein, mit dem ich mich in den Computer meiner Freundin June einloggen kann, um nach meinen E-Mails zu sehen. Ich habe sie schon so oft danach gefragt, dass es mir mittlerweile peinlich ist. Im denkbar ungelegensten Augenblick – während einer Geschäftsreise, wenn jede Minute kostbar ist – habe ich plötzlich meine Geheimzahl für den Geldautomaten vergessen. Oder ich weiß bei wohlvertrauten Wörtern mit einem Mal nicht mehr, wie man sie buchstabiert, oder das Quellengedächtnis – in dem gespeichert ist, wer was zu wem (und wo) gesagt hat – nimmt eine kurze Auszeit.

Wenn diese massive Eisentür in unserem Kopf donnernd zuschlägt, können wir nur geduldig warten, bis das Gedächtnis wieder bereit ist, seinen Dienst aufzunehmen. Karen, deren Beruf das Verfassen von Fördermittelanträgen ist, beschreibt das folgendermaßen: »In meinem Kopf breitet sich für einen Augenblick völlige Leere aus. Am häufigsten passiert mir das bei abstrakten Begriffen, für die einem nicht ohne Weiteres mehrere Synonyme einfallen. Ich sitze da und versuche, auf das Wort ›determinieren‹ zu kommen. Es würde perfekt passen, aber leider fällt es mir nicht ein, und mir kommt auch kein verwandtes Wort in den Sinn, das mir einen Ansatzpunkt für das Nachschlagen in einem Wörterbuch bieten könnte. Die Informationen dringen nicht zu mir durch – die Postzentrale hat ihren Dienst eingestellt.«

Der bekannte Psychologe und Gedächtnisexperte Daniel Schacter von der Harvard University führt Namens- und Wortblockaden darauf zurück, dass die Verknüpfung der visuellen und begrifflichen Repräsentationen (unseres Wissens über eine Person oder einen Gegenstand) mit den phonologischen Repräsentationen (dem Klang eines Wortes oder Namens) geschwächt ist. Wenn eine solche Verbindung nicht sehr solide ist oder vor kurzem bekräftigt wurde, wird sie brüchig, so dass wir für Aussetzer anfällig werden.[1]

In seinem wegweisenden Buch *Aussetzer – Wie wir vergessen und uns erinnern* referiert Schacter, dass 45 Sprachen das Wort »Zunge« verwenden, um die Blockade eines Sprachelements zu beschreiben, das kurz davor ist, ins Bewusstsein zu dringen. Die Cheyenne sagen *navonotootse'a*, »Ich habe es auf der Zunge verloren«. Das koreanische *Hyeu kkedu-te mam-dol-da* lässt sich mit »Es sprüht am Ende meiner Zunge« übersetzen. Diese Wortfindungsstörung ist jedenfalls, wie auch immer sie ausgedrückt wird, ein wenig quälend, »weil man unmittelbar vor dem ›Durchbruch‹ zu stehen glaubt – so, als müsse man im nächsten Augenblick niesen«.[2] Sobald man dann das Wort findet, das man verzweifelt abzurufen versucht hat, kehrt beträchtliche Erleichterung ein.

Studien haben ergeben, dass ältere Erwachsene im Vergleich zu jüngeren Menschen anstelle von Substantiven wie »das Sportcabrio« mehr stellvertretende Pronomen wie »es« verwenden.[3] Wir haben ein eigenes Vokabular entwickelt, um mit unseren Wortfindungsstörungen zurechtzukommen, schrieb William Safire in seiner Kolumne »Über Sprache« in der *New York Times*.[4] Neben den Allzweckwörtern »Dings«, »Dingens« oder »Dingsbums« behelfen wir uns mit Ausdrücken wie »das Teil«, »der Klapparatismus«, »das Zeug«, »Pipapo« und »der Soundso« oder auch mit Wendungen wie »das wie-heißt-es-noch-gleich«, »na, du weißt schon« oder »und so weiter und so fort«.

Um Wortfindungsstörungen zu vermeiden, so sagte Schacter mir im Interview, »müssen wir im Voraus aktiv werden. Bei einem Elternabend ist die Wahrscheinlichkeit groß, dass Sie Leute treffen, die Sie in letzter Zeit gar nicht oder nur selten gesehen haben, aber deren Namen Sie eigentlich kennen sollten. Das sind klassische Voraussetzungen für das Auftreten von Wortfindungsstörungen. Am besten schauen

Sie vorher, auch wenn Sie das einige Mühe kostet, die Namensliste der Personen durch, die an diesem Abend kommen werden. Denn wenn Sie erst dort sind und die Blockaden einsetzen, ist es zu spät.«[5]

Das Überwinden von Wortfindungsstörungen wird mit den Jahren immer schwieriger. Wenn wir früher nach einem Wort suchten (»Wie heißt noch einmal dieses dunkelviolette Gemüse mit der glatten Oberfläche?«), hatten wir in der Regel einen Sekundenbruchteil später die Antwort parat (»Aubergine«). Das alternde Gehirn aber wartet bei einer derartigen Anfrage mit einer Unmenge nicht angeforderter Daten auf, weil ihm der verlässliche neuronale Rausschmeißer abhanden gekommen ist, den ich im letzten Kapitel erwähnt habe. Das Abrufen eines Wortes misslingt also nicht deshalb, weil die betreffenden Erinnerungen verlorengegangen wären, sondern weil irrelevante Erinnerungen mobilisiert werden. Oft können Betroffene, so Schacter, »praktisch alles, was sie über eine Person wissen, abrufen […], nur ihren Namen nicht«, oder sich »an fast ihr gesamtes Wissen über ein Wort erinnern, nur nicht an die Bezeichnung selbst.«[6] Oft verfällt das Gehirn auf Wörter, die mit demselben Buchstaben beginnen, auf Bezeichnungen von Gegenständen, die dieselbe Farbe haben, oder aber (mein Lieblings-Störmanöver) auf Wörter mit derselben Silbenzahl. Das alles ist Sand im Getriebe. Der britische Psychologe James Reason nennt diese wenig hilfreichen Alternativangebote »garstige Schwestern«. Sie drängen sich uns auf und behindern uns bei der Suche nach dem gewünschten Begriff.[7] Leider neigen wir dazu, merkt Schacter an, uns an den »garstigen Schwestern« festzuhalten, weil sie uns das tröstliche Gefühl vermitteln, dem Zielwort und damit dem Ende der Wortfindungsbemühungen immerhin nahe zu sein. Mit zunehmendem Alter verblassen außerdem nicht nur die sich hartnäckig aufdrängenden Alternativen, sondern auch die über den Zielbegriff verfügbaren Informationen, so dass wir uns unsicherer sind als früher, welches Wort das richtige ist.

Greg, ein Hypothekenmakler, erzählte mir vor kurzem, dass ihm ein Wort, das ihm eigentlich wohlvertraut war, wiederholt nicht einfiel: »Ich wohne in einer Gegend, wo es viel Wald gibt und große Flächen, die man regelmäßig von Unkraut freiräumen muss. Man muss ständig den Besenginster ausreißen. Ich bin mittlerweile regelrecht besessen davon, sozusagen den Feind niederzuhalten. In den letzten Wochen musste ich zu meiner Bestürzung feststellen, dass mir der Name der Pflanze nicht einfällt, wenn meine Kinder fragen, wohin ich gehe! Diese Vergesslichkeit ist irritierend und beunruhigend, weil ich keine vernünftige Erklärung dafür finde, warum mir ein Wort für eine Sache entfällt, die in meinem Leben doch eine so große Rolle spielt.«

Wie finden wir die Wörter, die wir sagen wollen?

Der Weg von der Vorstellung eines Gegenstands (eiförmig, violett, mit glatter, glänzender Oberfläche und kleiner grüner Kappe) zu seiner Bezeichnung (Aubergine) führt über drei Verarbeitungsstufen.[8] Auf der ersten, der konzeptuellen Stufe, rufen wir Informationen über Gestalt, Farbe und Verwendungszweck auf. Dies erzeugt ein starkes Empfinden, dass uns das Wort vertraut ist – und uns auf der Zunge liegt. Innerhalb von Millisekunden fördern wir Erinnerungen zutage wie die an das Ambiente des libanesischen Restaurants, wo wir Baba Ghanoush gegessen haben, an die Farbe eines bevorzugten Textmarkers oder an die glatte Oberfläche eines Regenmantels aus Lackleder, den wir als Kind getragen haben. Von da aus schreiten wir fort zur nächsten Stufe der sogenannten Lemmata: Wir durchforsten unseren Wortschatz nach einem passenden Eintrag und verwerfen Einfälle, die die phonetischen Kriterien nur zum Teil erfüllen (Apfelsine? Oberbohne? Oberbiene?). Je älter wir werden, desto mehr Zeit nimmt das Aufspüren der phonetischen Einzelteile in Anspruch. Wenn alles gut geht, fügen wir die

Komponenten schließlich auf der Lexemebene richtig zusammen.[9] Falls dagegen auf einer dieser drei Ebenen Probleme auftreten, kommt es zur Blockade – oder uns kommt, was unter Umständen peinlich ist, ein mehr oder weniger ähnliches Wort über die Lippen.

Der Augenblick, in dem die Blockade sich auflöst, setzt eine Kettenreaktion in Gang, ganz gleich, ob wir nun nach einem Wort, einem Namen oder einem unterbrochenen Gedankengang gesucht haben. Victor, der Wirtschaftswissenschaftler, beschreibt diesen Moment so: »Das ist dann, als ob man eine Lawine lostritt. Man sucht und sucht, und mit einem Mal strömen die ganzen Informationen auf einen ein. Meistens geschieht das, nachdem man schon aufgegeben hatte. Wenn der Damm nun aber endlich bricht, wird man mit derart vielen Bildern und Vorstellungen bombardiert, dass man abgelenkt ist und die nächsten drei Dinge, die passieren, an einem vorbeigehen.«

Namensblockaden kommen am häufigsten im direkten sozialen Kontakt vor. Falls man in der Situation unter einer gewissen Anspannung steht, okkupiert sie einen beträchtlichen Teil des Arbeitsgedächtnisses, so dass von dessen ohnehin knappen Kapazitäten nur ein lächerlicher Rest für die Aufgabe übrigbleibt, sich an die Namen von Bekannten zu erinnern und Leute einander vorzustellen. »Mir passiert das ständig auf Partys, zu denen ich gehe, um Leute kennenzulernen«, bekennt June, die Steueranwältin. »Ich bin dermaßen damit beschäftigt, was ich sagen soll und ob ich anderen hinreichend interessant erscheine, dass ich mich zwar gerade noch selbst vorstellen kann, aber größte Mühe habe, wenn ich verschiedene Leute miteinander bekanntmachen soll.«

Sobald Ängste ins Spiel kommen, was in derartigen Situationen oft vorkommt, ist unsere Aufmerksamkeit ganz auf das Hier und Jetzt fixiert, und die Leistungsfähigkeit des Gedächtnisses lässt erheblich nach. Eine Hauptursache von Blockaden ist Zeitdruck. Er stört sowohl die Speicherung als auch den Abruf von Informationen. Deshalb können wir oft nicht klar denken, wenn ein wichtiger Abgabetermin unmittelbar bevorsteht oder wenn wir vor Publikum sprechen müssen. Die Zeitspanne, innerhalb deren eine Erinnerung (ich habe diese Frau bei Marthas Abendgesellschaft kennengelernt) ohne Weiteres abrufbar ist, um sie in einem neuen Kontext einzusetzen (ich soll die Frau jetzt, vier Monate später, Sarah vorstellen, die mir gegenübersteht), schrumpft mit steigendem Stresspegel. Römische Patrizier umgingen solche Situationen dadurch, dass sie stets einen *nomenclator* zur Seite hatten, einen aufmerksamen Sklaven, der seinem Herrn die Namen der ihm begegnenden Leute zu nennen hatte.[10]

Barbara Wallraff, Autorin des *Atlantic Monthly*, würde sich oft einen solchen Assistenten wünschen. Sie fragte ihre Leserschaft nach Bezeichnungen für den Moment, in dem man zwei Menschen einander vorstellen soll und einem plötzlich ihre Namen nicht mehr einfallen.[11] Zu den vorgeschlagenen Phantasiewörtern zählen »Vornuschelung«, »Wermnesie«, »Ausname-Situation« und »Nomenklausur«. Wenn jemand Leute einander vorstellt, ohne überhaupt irgendwelche Namen zu nennen, könnte man davon sprechen, dass er sie »einander vormogelt«. »Ausweichvorstellung« könnte man es nennen, wenn er sich dadurch aus der Affäre zieht, dass er andere die Namen aussprechen lässt. Die Komikerin und Talkshow-Moderatorin Joan Rivers sagt, sie habe sich zwei Methoden zurechtgelegt, wie sie mit Blockaden umgeht: »Ich lege der Person die Hand auf die Schulter, schaue drein, als ob ich mich konzentrieren würde, und sage: ›Ja, ich erinnere mich an Sie – aber wo war das nochmal, als wir uns gesehen haben?‹ Wenn das nicht funktioniert, sage ich zu ihr, dass sie zwanzig Jahre jünger aussieht, und frage sie, ob sie beim Schönheitschirurgen war.«[12]

Plötzliche Leere

Höchst beunruhigend ist auch eine weitere Form der Blockade, bei der uns ein ganzer Gedankengang, ehe wir ihn in Worte fassen können, plötzlich abhanden kommt. »Man bekommt das manchmal in Gesprächen mit«, bemerkte Karen, die Schreiberin von Fördermittelanträgen. »Ich nenne das den ›taumelnden Schmetterling‹. Jemand stockt plötzlich mitten im Satz: ›Und – ja ... äh, ich ... äh.‹ Man sieht es an den Augen. Sie haben plötzlich einen völligen Blackout.« Weil Wissenschaftler bislang keine Methode entwickelt haben, mit der sie die Gedanken eines Probanden garantiert abreißen lassen können (mein Vorschlag wäre, die Bedingungen nachzustellen, die um 6 Uhr abends üblicherweise in meiner Küche herrschen, wenn die Kinder am nächsten Tag Schule haben), hat noch keiner dieses verstörende Phänomen im Labor untersucht. (Übrigens besteht ein himmelweiter Unterschied zwischen dem, was Forscher im Labor untersuchen können – etwa der Fähigkeit, sich eine Abfolge zusammenhangloser Wörter zu merken –, und dem, was im Alltag von uns gefordert ist, wenn wir uns beispielsweise im Supermarkt zu erinnern versuchen, was wir einkaufen wollten. Ob die Laboraufgabe mit der Alltagsaufgabe überhaupt etwas zu tun hat, ist nicht gesichert, doch etwas Besseres hat die Forschung bislang nicht zu bieten.)

Wenn ein Gedankengang abreißt, ist offenbar ein massiver Störeinfluss im Spiel: Irgendetwas wirft uns aus dem Gleis – der Gesichtsausdruck des Chefs, ein übereifriger Kellner oder ein plötzlicher Einfall, den wir festhalten möchten –, und mit einem Mal ist alles weg. Bonnie, die als Spendenbeschafferin für politische Gruppen tätig ist, sprach vor einer großen Gruppe und hatte »mitten in der Rede einen völligen Blackout. Mir fiel kein einziges der Argumente mehr ein, die ich hatte vortragen wollen. In meinem Gehirn war nur Rauschen, so sehr ich mich auch anstrengte. Schließlich musste ich einfach abbrechen und jemanden bitten, an meiner Stelle fortzufahren.« Um einen Gedanken wiederzufinden, der im Nebel verschwunden ist, muss man mit List und Tücke vorgehen. Man tastet sich leise heran und arbeitet sich rückwärts bis zu der Stelle vor, wo irgendein Einfall plötzlich den Faden abreißen ließ.

Eine gesonderte und ziemlich befremdliche Form der Blockade ist, dass man in einer Umgebung, die man eigentlich gut kennt, völlig die Orientierung verliert. »Vor einigen Jahren«, schrieb mir Sean, der Spezialist für Informationstechnik, »fuhr ich mit dem Auto durch meine Heimatstadt, als ich plötzlich nicht mehr wusste, wo ich war, so als hätte man mich in einer völlig fremden Gegend abgesetzt. Wie hieß diese Straße? Wie weit war ich von meinem Haus weg? Wohin führte die Straße nach rechts oder die Straße nach links? Ich hatte keinen blassen Schimmer. Das hat wohl 20 Sekunden oder auch etwas länger gedauert, was ja eigentlich keine lange Zeit ist. Es ist aber eine Ewigkeit, wenn man die Orientierung verliert und weiß, dass die Straßen einem eigentlich vertraut sein müssten.«

Äh, kenne ich Sie?

Der Schriftsteller Arthur vertraute mir an, dass er sich Gesichter nicht merken kann.[13] (Er ist in guter Gesellschaft, denn mir geht es genauso.) »Wenn ich das jemandem erzähle, bekomme ich immer zu hören: ›Ja, ich habe auch ein ganz schlechtes Namensgedächtnis.‹ Ich erwidere dann: ›Du verstehst mich falsch. Ich erkenne Menschen nicht wieder, denen ich schon 50-mal begegnet bin.‹« Vor einer Party, zu der eine Lektorin erwartet wurde, mit der er seit Jahren zusammenarbeitete, packte ihn die Panik. »Ich hatte sie schon mehrmals getroffen, aber fast immer erledigen wir die Dinge telefonisch.« Er hatte keinerlei Erinnerung daran, wie sie aussah. »Ich kam zu der Party, schaute mich um und wusste nicht, ob sie da war. Ich fragte mich: Ist sie groß oder klein, dunkelhaarig oder blond? Nach einiger Zeit kam eine Frau auf mich zu und sprach mich an. Ich redete mit ihr und überlegte: Ist das meine Lektorin? Ich hatte nicht die leiseste Ahnung.«

Eine Managerin erzählte mir, dass sie am Tag vor einem Gala-Diner mit einem Mann, den sie als Kunden gewinnen wollte, ein einstündiges Gespräch im privaten Rahmen geführt hatte. Bei dem festlichen Ereignis jedoch ging sie, weil sie den Mann nicht wiedererkannte, an ihm vorbei, was er verständlicherweise so interpretierte, dass sie nichts mehr mit ihm zu tun haben wollte. Kim ist als Immobilienmaklerin in Milwaukee tätig und hat viele hundert Klienten, von denen sie manche nur alle paar Jahre trifft. Sie hat sich angewöhnt, scheinbar wildfremde Menschen, die mit ausgebreiteten Armen auf sie zukommen, herzlich an sich zu drücken. Victor, der Wirtschaftswissenschaftler, erlebte an einem Sonntag in den Bergen eine peinliche Szene, als er mit seiner Tochter beim Skifahren zu einer Mittagspause einkehrte und sich an einen Tisch zu einer Frau setzte, die ihm ganz fremd war. Sie aber wusste seinen Namen und erklärte, dass sie mehrere Jahre lang als Chefassistentin für ihn gearbeitet habe.

Dass ich mir Gesichter nicht merken kann – der Fachausdruck dafür lautet Prosopagnosie –, bekümmert mich. Ich erkenne die Gesichter von nur wenigen Prominenten, Schauspielern oder Politikern wieder und komme mir deswegen manchmal ignorant vor. Immerhin kann ich Familienmitglieder und sehr gute Freunde zuordnen, doch bei den meisten anderen Menschen tue ich mich schrecklich schwer. Einem Fest oder einer geschäftlichen Besprechung mit vielen Teilnehmern sehe ich mit einiger Nervosität entgegen: Wen werde ich übersehen? Wen werde ich kränken? Es ist zwar schon vorgekommen, dass ich eine Kassiererin aus dem Supermarkt grüßte, als ich sie in einer völlig anderen Umgebung wiedersah, doch ich habe es auch fertiggebracht, die Mutter eines der besten Freunde meiner Söhne wie Luft zu behandeln. Wenn ich mich manchmal sehr formell und umständlich benehme, liegt das daran, dass ich solche Gedächtnislücken zu kaschieren versuche. Ich beneide Schimpansen. Beim Wiedererkennen von Gesichtern schneiden sie besser ab als wir Menschen und sind uns insbesondere dann überlegen, wenn die Gesichter von oben nach unten gedreht dargeboten werden.

Wegen meines schlechten Gesichtergedächtnisses hatte ich jahrelang ein schlechtes Gewissen. Im Laufe meiner Recherchen fand ich aber heraus, dass ein anhaltendes Unvermögen, Gesichter wiederzuerkennen, entgegen meinen Befürchtungen nicht etwa darauf beruht, dass man in ungehörigem Maße mit sich selbst beschäftigt ist. Der Prosopagnosie liegen vielmehr neurologische Ursachen zugrunde. Man führt sie auf Anomalien, Verletzungen oder Beeinträchtigungen im rechten fusiformen Gyrus zurück, einer Furche der Großhirnrinde, die wahrscheinlich die für das Wahrnehmen und Einprägen von Gesichtern zuständigen neuronalen Systeme koordiniert.[14] Gestaltmuster von Gesichtern (unter anderem die Proportionen und relativen Distanzen von Augen, Nase und Mund oder die Haarfarbe) sind in einer anderen Region des Gehirns verankert als die kennzeichnenden Merkmale eines individuellen Gesichts (etwa der Ausdruck der Augen oder der Lippen).

Wer über die entsprechenden kognitiven Fähigkeiten verfügt, kann diese zwei Datenquellen zusammenführen und auf diese Weise Tausende von Gesichtern identifizieren. Bei einer Prosopagnosie ist das nicht möglich. Sie weist auf eine Hirnverletzung oder eine andere neurologische Schädigung hin. Ich versuchte mir das zu merken, denn ich wollte es bei meinem bevorstehenden Termin in der Gedächtnisklinik der University of California in Los Angeles ansprechen.

5 In die Röhre

Was ein Hirnscan zeigt (und was nicht)

Es geht das Gerücht, dass die Gesamtlänge der Flure im Neuropsychologischen Institut der University of California in Los Angeles die der Korridore im Pentagon übertrifft. Ich wanderte jedenfalls durch nicht enden wollende fensterlose Gänge und hielt Ausschau nach dem einen Fahrstuhl, mit dem man ins 8. Stockwerk kommt. Ich war sicher, dass das Institut der richtige Ort für mich war, um den ersten Schritt zu wagen und das Schlimmstmögliche auszuschließen. Mit Gary Smalls kundiger Hilfe wollte ich die quälende Angst bezwingen, dass meine Vergesslichkeit nicht auf normalen Alterungsprozessen beruhte, sondern ein frühes Symptom der Alzheimer-Krankheit war.

Der Psychiater Gary Small leitet an der UCLA sowohl das Zentrum für Altersforschung als auch die Gedächtnis-Klinik. Sein Buch *Gegen das große Vergessen: Ein ganzheitliches Gedächtnistraining*[1] trug ihm den Titel »Gedächtnispapst« ein und machte ihn zu einem begehrten Gastexperten des Frühstücksfernsehens. Alle zwei Jahre ein Buch zu veröffentlichen ist für ihn aber nur eine Nebenbeschäftigung. Seine eigentliche Arbeit ist die Weiterentwicklung bildgebender Verfahren, mit denen Ärzte, so hofft er, die Alzheimer-Krankheit bald schon Jahre vor dem Auftreten von Symptomen diagnostizieren können.

Bei einem Telefonat einige Wochen zuvor hatte ich Gary Small einiges zu meiner kognitiven Verfassung berichtet.[2] Ich hatte die Gedächtnistests in seinem Buch durchgearbeitet und hatte meine Ergebnisse in die entsprechende Tabelle eingetragen. »Meine Werte liegen in dem Bereich, wo Sie einem empfehlen, einen Arzt aufzusuchen«, sagte ich. »Da dachte ich, dass ich bei Ihnen sicher an der richtigen Adresse bin.«

Mein Anliegen war, herauszufinden, inwieweit ich mich als gefährdet zu betrachten hatte. Er erklärte mir, dass sein Team zu klären versucht, ob ein Nachlassen kognitiver Funktionen rein altersbedingt und somit normal ist oder ob es sich um die allerersten Anzeichen einer Alzheimer-Erkrankung und verwandter Demenzsyndrome handelt. Sein Labor ist führend in der Weiterentwicklung der Positronenemissionstomografie (PET), einer Hirnscan-Methode, bei der man mit Hilfe radioaktiv markierter Substanzen die Stoffwechselaktivität verschiedener Gehirnregionen beobachtet. Die Alzheimer-Krankheit, erläuterte Small, erzeugt in den Scheitel- und in den mittleren Schläfenlappen ein typisches abnormes Aktivitätsmuster, das einem im PET-Scan förmlich ins Auge springt. »Die Stoffwechselaktivität von Gehirnzellen verändert sich mit zunehmendem Alter sehr wenig, falls keine pathologischen Prozesse ablaufen und die Zellen schwächer werden oder absterben.«[3]

Small und seine Mitarbeiter kombinierten PET-Scans mit funktioneller Magnetresonanztomografie (fMRT), um die Zusammenhänge des Gehirnstoffwechsels mit der Blutzirkulation sowie mit Resultaten von neurologischen Untersuchungen und Bluttests zu erfassen, und konnten mit einer Trefferquote von 95 Prozent vorhersagen, ob innerhalb von drei Jahren bei einer Person Alzheimer-Symptome auftreten würden. Das größte Geschenk, sagte Small, das er einem Menschen machen könne, sei eine Bestätigung, dass sich keinerlei Krankheitsindizien ergeben hätten.

Ich fragte ihn, ob ich seiner Ansicht nach Grund zur Sorge hätte. Er fragte mich: »Ist es progredient, das heißt, nehmen die Beeinträchtigungen zu, die Sie an sich wahrnehmen?«[4]

Ich konnte nicht mit Sicherheit angeben, ob sich im letzten halben Jahr etwas Wesentliches verändert hatte. Wie alle Menschen in meinem Alter war ich geistig lange nicht mehr so beweglich wie mit dreißig, als ich noch ohne Weiteres

mehrere mentale Aufgaben nebeneinander bewältigen konnte. Vielleicht lag es nur am Älterwerden, vielleicht aber auch
nicht.

Ich müsse mich dafür wappnen, sagte Small, dass ich womöglich etwas herausfände, was ich eigentlich lieber nicht
wissen wolle. Falls ich die Voraussetzungen für die Teilnahme an einer seiner Studien erfüllte, werde er bei mir einen PET-Scan und eine MRT veranlassen. Im Angebot inbe-
griffen sei, dass die Untersuchungen von Wissenschaftlern
ausgewertet würden, die wohl mehr Hirnscans als irgendjemand sonst auf der Welt ausgewertet hätten. Der übliche
Marktpreis für diese Doppeluntersuchung hätte bei mindestens 3000 Dollar gelegen. Es war ein Angebot, zu dem ich
schlecht Nein sagen konnte.

Die Kluft zwischen Krankheitsverlauf und Diagnose

Es gibt zwei Formen der Alzheimer-Krankheit, die familiär
bedingte und die sporadische Form.[5] Wie sie miteinander
zusammenhängen, ist noch ungeklärt. Möglicherweise sind
sie auch, ähnlich wie der Jugend- und der Altersdiabetes,
zwei vollständig gesonderte Krankheitsbilder, die ähnliche
pathologische Veränderungen hervorrufen. Die familiär bedingte Form, auch als Alzheimer-Frühform bezeichnet, beruht auf vererbten Genmutationen, die schon ab dem Alter
von 30 oder 40 Jahren Symptome hervorrufen. Die Erkrankung schreitet rasch und unbarmherzig fort, ist aber glücklicherweise sehr selten und umfasst in den USA nur 5 Prozent der Alzheimer-Fälle.

Die sporadische Variante der Krankheit ist diejenige, die
uns mittlerweile nur allzu gut bekannt ist. Jenseits der 65 ist
jeder Zehnte von ihr betroffen, jenseits der 80 jeder Vierte
und jenseits der 85 fast jeder Zweite.[6] Als ich diese Statistik
las, ging ich davon aus, dass die sporadische Variante der
Alzheimer-Krankheit erst spät einsetzt, also im Alter.

Dann stieß ich auf Studien, denen zufolge die Alzheimer-Krankheit in Wirklichkeit schon in den mittleren Jahren beginnt, also Jahrzehnte, bevor der Gedächtnisschwund alltägliche Aktivitäten beeinträchtigt und schließlich verhindert.[7] Im Laufe meiner Recherchen lernte ich vier Menschen im mittleren Alter kennen, denen schon früh, als sie nach außen hin noch ganz und gar lebenstüchtig gewirkt hatten, klar wurde, dass irgendetwas nicht stimmte. Lange bevor jemand in ihrer Umgebung Verdacht schöpfte, wussten sie bereits, dass ihre geistigen Fähigkeiten sich in drastischer Weise veränderten. Der Chirurg Stuart begann mit 60 die Bezeichnungen für Knochen, Organe und Methoden zu vergessen, mit denen er bei der Arbeit täglich zu tun hatte. Bruce, ein Zivilrichter, musste zu seinem Entsetzen feststellen, dass er bei Urteilsverkündungen ganze Zeilen auszulassen begann. Joanna, einer 56-jährigen Anwältin für Familienrecht, entfielen Namen von Klienten und Einzelheiten von Fällen. Ralph, der 54-jährige Chefjurist eines großen Unternehmens der Unterhaltungsindustrie, mühte sich vergeblich ab, das Arbeitspensum, dem er über zwei Jahrzehnte lang gewachsen war, weiterhin zu bewältigen. Als diese Menschen sich wegen ihrer Gedächtnisprobleme zum ersten Mal untersuchen ließen, schnitten sie in dem neurologischen Test, den Ärzte üblicherweise für die Diagnose von Gedächtnisstörungen einsetzen, hervorragend ab.[8] Der Mini-Mental-Status-Test (MMST) besteht aus 30 Aufgaben, die die Bereiche Sprache, Orientierung, Rechnen, Aufmerksamkeit, Erinnerungsvermögen und räumliches Sehen abprüfen. Allerdings haben mehrere Studien gezeigt, dass der MMST nur dazu taugt, eine bereits manifeste Demenz zu erfassen.[9] Leider hält dies Hausärzte – und auch manche Neurologen – nicht davon ab, den Test Patienten vorzulegen, die über Gedächtnisstörungen klagen, aber ihrer Sinne durchaus noch mächtig sind.

Als diese ansonsten gesunden Patienten mittleren Alters im MMST tadellose Werte erzielten, führten ihre Ärzte die Symptome auf affektive Störungen zurück und verschrieben

Antidepressiva und Urlaub. Wertvolle Monate, in denen die Patienten von der Teilnahme an klinischen Studien mit neuen Alzheimer-Medikamenten oder von anderen Interventionen hätten profitieren können, verstrichen ungenutzt.

Als ich über diese vier Menschen im Laufe der Monate und Jahre immer mehr erfuhr, suchte ich nach Ähnlichkeiten zwischen ihnen. (Der Jurist starb mit 59, noch ehe ich ihn persönlich kennenlernen konnte. Seine Tochter erzählte mir seine Lebensgeschichte.) Sie entsprachen alle nicht dem klassischen Alzheimer-Profil, waren weder stark übergewichtig, zuckerkrank noch herzkrank und auch keine starken Trinker oder Raucher. Sie waren vielmehr in außerordentlich guter körperlicher Verfassung und sehr darum bemüht, das auch zu bleiben. Der Richter und der Chirurg nahmen regelmäßig an Marathonläufen teil und machten damit, als sie krank wurden, noch eine ganze Weile weiter. Die Anwältin für Familienrecht war eine passionierte Alleinseglerin; der Jurist hatte Langstreckenradfahren betrieben. Ich suchte nach einem verbindenden Element, einem Anhaltspunkt dafür, was ihnen zum Verhängnis geworden war. Anfangs wusste ich lediglich, dass sie ausgesprochen tüchtige und leistungsfähige Menschen waren, die in ihrem Berufsleben viele Jahre lang anhaltenden Stress und hohe geistige Anforderungen gemeistert hatten. Ich kannte viele Menschen mit diesen Qualitäten, und wenn ich es mir recht überlegte, durfte ich mich selbst zu ihnen rechnen. Mir wurde klar, dass die Vorstellung, wir wären im mittleren Alter vor geistigem Verfall noch hundertprozentig sicher, eine pure Illusion ist.

Die Untersuchung beginnt

In der Gedächtnisklinik an der UCLA empfing mich Andrea Kaplan, eine wissenschaftliche Mitarbeiterin Smalls, und bat mich, an einem kleinen runden Tisch im Empfangsbereich

Platz zu nehmen. Ich machte mich daran, einen dicken Stapel Formulare auszufüllen, ebenso wie eine andere Frau in den mittleren Jahren, die vermutlich eine Patientin der Klinik war. Wie beurteilte ich meine jetzige Gedächtnisleistung im Vergleich zu der vor einem Jahr? Ich fragte mich, wie man denn in diesem Punkt eine zutreffende Einschätzung von mir erwarten konnte, und gab einen lauten Seufzer von mir. Die Frau, die neben mir saß, blickte von ihren Formularen auf und lächelte mitfühlend.

Ich füllte einen psychologischen Fragebogen aus, auf dem ich angeben sollte, wie ich mich im Augenblick fühlte. War ich ruhig? Guter Laune? Angespannt? Ich kreuzte Letzteres an und überlegte, wie viele Menschen, die in diese Klinik kamen – wo man auf schlimmste Befunde gefasst sein musste –, es denn wohl schafften, völlige Gelassenheit zu bewahren. Auf einem anderen Blatt mit der Überschrift »Allgemeine Häufigkeit der Vergesslichkeit« sollte ich angeben, wie oft ich Namen, Gesichter und Termine vergaß, nicht mehr wusste, wo ich einen Gegenstand hingelegt hatte, oder bei einem Gespräch den Faden verlor. Wie oft war ich unsicher, ob ich einem anderen etwas schon einmal gesagt hatte oder nicht? Vergaß ich oft, was ich gerade einige Zeilen weiter oben gelesen hatte? War es mir schon passiert, dass ich etwas auf dem Herd vergaß oder mitten im Kochen die Zutaten eines Rezepts nicht mehr wusste? Nachdem ich angekreuzt hatte, dass all dies häufig vorkam, spähte ich hinüber auf das Blatt, das meine Nachbarin vor sich liegen hatte. Rasch deckte sie es mit dem Unterarm ab. Ich hätte ihr gern gesagt, dass ich keine Feindin, sondern eine Freundin war und mich im Namen von uns allen für Intervention Nummer 1 rüstete.

Ich schaute auf und sah Gary Small auf mich zukommen, drahtig, gepflegt, freundlich und um die fünfzig, in marineblauem Sakko und mit einer schicken Krawatte. Wir plauderten ein wenig, dann übergab er mich an seinen Stellvertreter Cody Wright, einen Psychiater, der derart jung aussah, dass ich mich fragte, ob er sich denn überhaupt vorstellen konnte, wie das ist, wenn man in die Küche kommt und vergessen hat, was man dort eigentlich wollte. Im Untersuchungsraum nahmen wir beide Platz, und er ging mit mir die Fragen des MMST durch, der seit der Veröffentlichung im Jahr 1975 zum diagnostischen Standardrepertoire gehört.

Er fragte mich, welches Datum, welchen Wochentag und welche Jahreszeit wir hatten, in welchem Bundesstaat, welcher Stadt, welchem Stadtviertel, welchem Gebäude und auf dem wievielten Stockwerk wir uns befanden. Dann nannte er drei Objekte – Straße, Banane, Hammer –, die ich mir merken sollte. Er würde sie später abfragen. Als er mich das Wort »world« rückwärts buchstabieren ließ, musste ich die Finger zu Hilfe nehmen – »d … l … o«. Dann forderte er mich auf, in Siebenerschritten von 100 rückwärts zu zählen, eine Aufgabe, die ich nur sehr stockend hinter mich brachte.

Woher wusste ich, wollte er wissen, dass mit meinem Gedächtnis etwas nicht in Ordnung war? Ich stimmte meine Litanei an und begann bei der Küche. Mehrere Male hatte ich die Flamme auf dem Gasherd viele Stunden lang brennen lassen. Ich hatte es fertiggebracht, die Pfeife und dann den Boden des Teekessels durchschmoren zu lassen, während ich E-Mails beantwortete. Einmal rief mich einer meiner Söhne nach oben, weil er ein wichtiges Schulbuch nicht finden konnte; ich rätselte, woher es denn so verbrannt roch, bis mir viel zu spät einfiel, dass ich gerade dabei gewesen war, Pfannkuchen zu backen.

Es war vorgekommen, dass ich das Haus durch die Garage verließ und die Haustür sperrangelweit offen stehen ließ. Als ich das Auto einmal abzuschließen vergaß, nutzten Einbrecher das aus; sie drückten auf die Fernbedienung des Garagentors, die an der Windschutzscheibe befestigt war, und räumten das erste Zimmer aus, auf das sie stießen, nämlich das Büro meines Mannes. Sie ließen seinen Laptop, seine Datensicherungslaufwerke und unseren Wandsafe mitgehen. Er ist ein geduldiger Mensch, doch brachte dieses Ereignis die Paarbeziehung nicht unbedingt weiter.

Wright blätterte die Fragebogen durch, die ich ausgefüllt hatte, und hielt bei dem Abschnitt über Schlaf inne. Ich hatte von oben bis unten überall »schlecht« angekreuzt, wobei dieser Ausdruck noch eine Untertreibung war. Als meine Kinder noch klein waren, so erklärte ich ihm, hatte ich gelernt, beim leisesten Geräusch aufzuwachen. Gut zehn Jahre später war ich immer noch sofort hellwach, wenn ich eine Taube auf dem Dach gurren oder meinen Mann schnauben hörte. Jede Woche wachte ich in vier oder fünf Nächten um 3 Uhr auf. Sobald ich die Augen einmal geöffnet hatte, fuhren die Gedanken Karussell. Falls ich noch einmal einschlief, war das nur ein Dösen für ein paar Minuten, bevor der Wecker klingelte. Nach einer solchen miesen Nacht fühlte ich mich zerschlagen, als hätte man mein Gehirn und meinen Körper über einen Sisalteppich geschleift.

»Die Sache mit dem Schlaf müssen Sie unbedingt in den Griff bekommen«, bemerkte Wright und machte sich Notizen. Er hätte mir ebenso gut sagen können, es sei unerlässlich, dass ich mir Flügel wachsen ließe. Ich hatte die verschiedensten Medikamente und Naturheilmittel durchprobiert. Melatonin half eine Woche lang. Stilnox funktionierte etwa drei Tage, dann war die Wirkung weg. Mit Trazodon – einem Antidepressivum, das in klinischen Studien als Nebenwirkung einen derart einschläfernden Effekt erkennen ließ, dass man es zum Schlafmittel umdeklarierte – schlummerte ich selig, war dann aber bis zum Mittag benommen und matt. Außerdem hatte ich eine Abneigung gegen Medikamente. Ich war lange Jahre stolz darauf gewesen, dass ich ohne sie auskam, und wollte selbst von Multivitamintabletten nichts wissen.

»Wie steht es um Ihren Orientierungssinn?«, fragte Wright und rieb sich das bartlose Kinn. Mein innerer Kompass sei entzwei, erwiderte ich. Früher war ich auf eigene Faust durch die ganze Welt gereist, doch wenn ich jetzt mit dem Auto unterwegs war, hatte ich Mühe, eine Karte zu lesen. Ich kam von Routen ab, die ich zuvor schon mehrere Male zurückgelegt hatte. Vergeblich wartete ich darauf, dass die mentale Landkarte vor meinem inneren Auge auftauchte, doch der Monitor blieb leer. Wenn Leute auf der Straße oder an der Tankstelle mir den Weg erklärten, hatte ich unmittelbar darauf beinahe alles schon wieder vergessen. Weil ich nicht imstande war, die Blickrichtung meiner mentalen Karte umzukehren, sobald ich einen Ort erreicht hatte, war der Rückweg mit Schwierigkeiten verbunden. »Früher habe ich mich über Leute wie mich lustig gemacht«, gestand ich Wright. »Ich hielt sie für Weicheier.«

Er schaute auf seine Armbanduhr. Wir sollten in einigen Minuten im Labor sein, hatten aber noch sechs Seiten vor uns. »Manische Episoden? Gab es auffällige Veränderungen in Ihrem Verhalten oder äußeren Erscheinungsbild? Nehmen Sie irgendwelche Medikamente?« Die Antwort war durchweg Nein. Er fragte, ob ich zur Panik neigte (manchmal ja, wenn ich zu spät dran war und die Orientierung verlor), wie hoch mein Energieniveau sei (für das Leben, das ich führte, viel zu niedrig), ob es Tränenausbrüche gebe (wie heißt es in einem bekannten Song: Ach, wer hat denn Zeit zu weinen …) und ob ich manchmal die Beherrschung verlöre (ja, gelegentlich ging ich an die Decke). Ob ich eine Schusswaffe besäße? Dachte ich manchmal an Suizid? Hatte ich je eine Schädelverletzung erlitten? »Nein«, sagte ich, »trifft alles nicht zu.«

Wir eilten durch die fensterlosen Gänge zum Labor, wo mir Eunah, eine freundliche junge Krankenschwester, ein Krankenhaushemd reichte und auf ein Krankenbett wies, auf das ich mich legen sollte. Sie schloss mich an ein EKG-Gerät an, schob mir einen Katheter in eine dicke grünliche Armvene und zapfte mir eine Ampulle Blut nach der anderen ab. Man wolle ein großes Blutbild machen und meine Kalzium-, Eisen-, Glukose- und Elektrolytwerte sowie die Funktion von Nieren, Leber und endokrinem System prüfen. Sollte eines der Resultate außerhalb des Normbereichs liegen, konnte das vielleicht erklären helfen, was mit meinem Gedächtnis nicht stimmte.

Im Scanner

Zehn Tage darauf bekam ich die Nachricht, dass meine Testergebnisse so weit in Ordnung waren. Nun konnte ich in Phase zwei eintreten. Andrea Kaplan, Smalls wissenschaftliche Mitarbeiterin, gab mir einen Termin für eine Positronenemissions- und eine Magnetresonanztomografie sowie mehrere neuropsychologische Tests. Normalerweise verteilte man diese Untersuchungen auf zwei oder drei Termine. Ich sollte das Ganze in sechs Stunden absolvieren, so dass ich am Abend noch das Flugzeug zurück nach Oakland nehmen konnte. Kaplan schärfte mir ein, auf jeden Fall pünktlich da zu sein: Der PET-Scanner wurde für fünf verschiedene Forschungsprojekte genutzt, weshalb das Reservieren eines Untersuchungstermins ein Verhandlungsgeschick erforderte, mit dem man es sicher auch bei den Vereinten Nationen weit gebracht hätte.

Drei Jahre zuvor hatte Joanna, die Familienanwältin, auf demselben gesprenkelten Linoleumboden gestanden, unter denselben Neonlampen und vor demselben riesigen, cremefarbenen PET-Scanner, auf dem die Aufschrift »Siemens ECAT« prangte. Mit 56 Jahren war sie kurz davor, zur Richterin ernannt zu werden. Die kleine Kanzlei, die sie 20 Jahre zuvor gegründet hatte, war so gut gelaufen, dass eine Partnerin mit eingestiegen war. Joanna hatte sich ein schönes Haus im Orange County leisten können und ein Boot, mit dem sie gern allein auf rauer See zur Insel Santa Catalina hinübersegelte. Sie besaß genügend Geld, um ihren zwei erwachsenen Kindern unter die Arme zu greifen, und liebte Theo, einen gutaussehenden, schlanken Mann mit funkelnden Augen, der 20 Jahre älter war als sie und den sie bei einem privaten Segeltörn an der türkischen Küste kennengelernt hatte.

Alles wäre in schönster Ordnung gewesen, wenn sie nicht die Sorge geplagt hätte, dass sie im Begriff war, den Verstand zu verlieren. Anfang 2000 fiel es ihr zunehmend schwer, sich an die Namen ihrer Klienten zu erinnern. Sie hatte

Mühe, sich juristische Grundprinzipien ins Bewusstsein zu rufen. Ihre Ärzte – ein Internist und zwei Neurologen – führten ihre Gedächtnisprobleme auf die Wechseljahre, Depressionen oder Stress zurück. Sie sei viel zu jung und geistig viel zu fit, als dass es sich um eine Alzheimer-Erkrankung handeln könne. Sie versuchten sie mit dem alten Spruch zu trösten, der in den 1970er Jahren in den Hörsälen der medizinischen Fakultäten anscheinend sehr oft zu hören war: »Unter Alzheimer leidet nicht, wer vergessen hat, wo er sein Auto geparkt hat, sondern wer nicht mehr weiß, dass er mit dem Auto gekommen ist.« Sie versicherten ihr, dass Alzheimer-Patienten die eigene Vergesslichkeit gar nicht mitbekämen. Dass Joanna sich Sorgen um ihr Gedächtnis mache, könne man daher als Beleg dafür werten, dass alles in Ordnung sei.

Die Neurologen verwiesen zur Begründung auf Joannas hervorragende Werte im MMST, der freilich, wie ich erwähnt habe, nur auf eine manifeste Demenz anspricht und keinerlei Hinweise auf Frühsymptome liefert. Sie hoffte inständig, dass die Ärzte recht hatten und ihre Gedächtnisprobleme wieder abklingen würden, doch stattdessen verschlimmerten sie sich. Als sie 2001 von den diagnostischen Erfolgen der University of California las, bemühte sie sich um einen Termin für eine Generaluntersuchung.

Normalerweise gingen die Untersuchungsergebnisse an den überweisenden Arzt, der sie dann dem Patienten mitteilte. Weil Joanna ohne Überweisung gekommen war, landeten sie direkt bei ihr selbst, auf dem Faxgerät ihres Büros. Oben auf der Seite stand: »Resultate stützen Diagnose eines Alzheimer-Syndroms.« Auf diese Weise erfuhren es ihre Geschäftspartnerin und ihre Angestellten zur selben Zeit wie Joanna. Sie hatte immer über eine robuste Gesundheit verfügt und war deshalb davon ausgegangen, dass sie bis über siebzig als Juristin tätig sein konnte. Nun aber sagte ihre Geschäftspartnerin, die seit 30 Jahren ihre beste Freundin war, dass niemand sich eine Anwältin mit Alzheimer nehmen würde, ganz gleich, ob sie selbst sich der Arbeit gewachsen fühle oder nicht. Joanna war gezwungen, aus der Kanzlei auszuscheiden. Sie hatte weder einen Ruhestandsplan noch eine Berufsunfähigkeits- oder Pflegeversicherung.

Der Tomografie-Techniker riss mich aus meinen Gedanken an Joanna. Im Gang warte eine lange Schlange von Patienten, wir müssten uns sputen. Er half mir auf die Scanner-liege, bat mich, mit dem Kopf in Richtung der Röhre zu rutschen, und schob mir ein Schaumstoffkissen unter die Knie. Die Liege hatte die Form einer Halbröhre, war steinhart und so schmal, dass ich gerade noch hineinpasste. Sorgfältig positionierte er meinen Kopf. Dann riss er mit elegantem Schwung von einer großen Klebebandrolle, wie man sie in jedem Haushaltswarenladen bekommt, ein langes Stück ab und fixierte damit meinen Schädel auf dem Kopfteil. »Das ist unsere Hightech-Methode«, scherzte er. »Wir haben alles Mögliche probiert, aber das hält einfach am besten.« Er justierte den Laser, richtete meinen Kopf im Fadenkreuz aus und drückte auf einen Knopf. Die Liege glitt Richtung Röhre, und mein Kopf tauchte in eine Welt ein, die beige und ohne feste Konturen war.

Das Surren und Gurgeln, das die Maschine von sich gab, empfand ich sogar als beruhigend. Ich wäre eingeschlafen, wenn ich nicht gewusst hätte, was als Nächstes kam – die Sache mit den Nadeln. Eine Krankenschwester legte mir in den einen Arm eine Kanüle, durch die ein leicht radio-aktives Glukose-Isotop ins Blut gelangte, das rasch die Blut-Hirn-Schranke überquerte. Der PET-Scan erfasste, wie rasch die Gehirnzellen Glukose aufnahmen, und erlaubte Rück-schlüsse darauf, wie effizient die Zellen arbeiteten und mit-einander kommunizierten.[10] In den anderen Arm – mit dem ich mir kurz darauf liebend gern die Nase gerieben hätte – wurde ein Katheter gelegt, durch den man im Abstand von jeweils 15 Minuten drei Blutproben entnehmen wollte. Die Proben kamen sofort im Labor in die Zentrifuge und wurden daraufhin analysiert, ob das Isotop, das eine kurze Halbwertszeit hatte, im vorgesehenen Tempo aus dem Blut absorbiert wurde.

Als der Techniker wieder hereinkam, holte er mich aus der Röhre, zog mir rasch das Klebeband vom Kopf ab und scheuchte mich förmlich vom Scannertisch herunter. Er bat um Verständnis: Sie brauchten den Scanner unverzüglich. Bei dem anderen PET-Gerät war eine Funktionsstörung aufgetreten, nachdem sie dem betreffenden Patienten das radioaktive Isotop bereits injiziert hatten. Ich schnappte mir meine Schuhe. Eine Doktorandin geleitete mich in die Cafeteria, wo sie geduldig wartete, während ich mir einen Vollkorn-Sandwich mit Putenfleisch und einer Extraportion Essiggurken kaufte. Dann eilten wir zurück in den achten Stock, wo mich die neuropsychologische Untersuchung erwartete.

Wortpaare und Quizfragen

Eine vollständige neuropsychologische Testbatterie nimmt zwei Tage in Anspruch und kann mehrere tausend Dollar kosten. Die Tests erfassen allgemeine kognitive Fähigkeiten, die Exekutivfunktionen des Gehirns, Sequenzierungsprozesse, Denk- und Problemlösestrategien, Aufmerksamkeit und Konzentration, Lernen und Gedächtnis, visuell-räumliche, motorische und Wahrnehmungsfertigkeiten sowie emotionale Verfassung und Persönlichkeit. Bei mir war nur eine Kurzversion vorgesehen, um sicherzustellen, dass nichts Wesentliches aus dem Lot war. Das Ganze sollte höchstens eine Dreiviertelstunde dauern.

»Sie essen besser etwas von dem Sandwich, bevor wir anfangen«, sagte die Doktorandin Claudia, die mir hinter dem Schreibtisch gegenübersaß und ihre Flipcharts bereitliegen hatte. Sobald ich den ersten Bissen im Mund hatte, las sie mir eine kurze Geschichte vor, einen Klassiker der neuropsychologischen Diagnostik, über eine Frau, die als Köchin in einem Restaurant arbeitet und Opfer eines Raubüberfalls wird. Kurz nachdem Claudia den Text vorgelesen hatte, forderte sie mich auf, von den zahlreichen Details, die er enthielt, so viele wie möglich zu wiederholen. Ich glaubte, ich hätte sehr konzentriert zugehört, doch in Wirklichkeit wusste ich kaum noch etwas. Das jagte mir einen fürchterlichen Schrecken ein. Eine gute Journalistin muss imstande sein, sich Einzelheiten genau zu merken. Was hatte es zu bedeuten, dass ich die Straße nicht mehr wusste, in der die Frau wohnte, ja nicht einmal mehr, wie die Frau hieß?

Es folgten weitere Aufgaben. Einige waren einfach: Die richtigen Definitionen von Wörtern anzugeben bereitete mir keine Mühe. Es fiel mir leicht, Alltagsgegenstände zu benennen, die ich auf Bildern gezeigt bekam. Bei einer Liste von Wortpaaren erwies sich meine Merkfähigkeit als »überragend«. Ich brauchte jedoch fünf Anläufe, bis ich sämtliche 15 Wörter einer Liste wiederholen konnte, die die Untersucherin mir vorlas. Sie zeigte mir eine abstrakte Zeichnung, die ein wenig an ein Schlachtschiff erinnerte, und bat mich, sie abzumalen, was mir ohne Weiteres gelang. Als sie die Zeichnung aber wegnahm und mich aufforderte, sie aus dem Gedächtnis zu reproduzieren, war ich völlig aufgeschmissen. Ebenfalls entmutigend war die an einem Computermonitor präsentierte Aufgabe, bei der ich in den Anordnungen verschiedener geometrischer Figuren eine zugrunde liegende »Regel« erkennen sollte. Ich kam nicht darauf und fühlte mich merkwürdig schwindlig und desorientiert. Ich merkte, dass ich dabei war, die Sache zu vermasseln.

Als ich Andrea Kaplan in der Tür stehen sah, atmete ich erleichtert auf. Ich sei kurz vorm Zusammenklappen, sagte ich ihr. Das sei kein Problem, erwiderte sie. Beim MRT, das mir bevorstand, müsse ich nur einfach still daliegen.

»Sie meinen das fMRT, ja?« Ich war sehr gespannt darauf, mein Gehirn in Aktion zu sehen.

Sie schüttelte traurig den Kopf. Die brandneue, dem neuesten Stand der Technik entsprechende Apparatur für funktionelle Magnetresonanztomografie, die man in eigens dafür gebauten Räumlichkeiten installiert hatte, war immer noch nicht in Betrieb. Physiker arbeiteten Tag und Nacht daran, doch sie waren noch nicht so weit. Dies sei eine herbe Enttäuschung; man sei gezwungen gewesen, den Ablauf mehrerer Forschungsprojekte in letzter Minute abzuändern. Für heute mussten wir mit der Maschine für MRT vorlieb nehmen. Ich würde also nur einen Blick auf die Strukturen, nicht aber auf die Funktionsabläufe meines Gehirns werfen können.

Verglichen mit dem PET-Scanner war der MRT-Apparat eine Luxussuite in einem Fünfsternehotel. Die Liege war gepolstert und mit einem Laken überzogen, der Raum war angenehm kühl und das Licht gedämpft. Der Techniker fragte, ob ich einen Schrittmacher oder irgendwelche anderen Metallteile im Körper hätte; die starke magnetische Anziehungskraft könne in diesem Fall Schlimmes anrichten. Ich sollte meinen ganzen Schmuck ablegen. Er half mir behutsam, auf die Liege zu klettern, reichte mir Ohrstöpsel und ließ mich dann rückwärts in die Röhre hineingleiten. Innen war ein Spiegel so angebracht, dass ich sehen konnte, wie der Techniker in seiner Kabine die Schalter bediente. Dann setzte der Krach ein – BUM BUM BUM BUM BUM, wie die vorwärtsdrängenden ersten Takte eines Heavy-Metal-Songs. Ich wartete auf eine Pause, doch sie kam nicht. Schließlich gab ich die Phantasie, ich würde Musik hören, auf und fand mich mit der Vorstellung ab, dass direkt neben mir ein unermüdlicher Zimmermann Nägel einschlug. Nach einer Weile schlief ich ein.

Eine Dreiviertelstunde später weckte mich der Techniker und fragte, ob ich mir mein Gehirn gern auf dem Computerbildschirm anschauen würde. Mit besitzergreifender Neugier blickte ich auf eine Mondlandschaft aus Spalten und Höhenzügen, dunklen Meeren und tiefen Tälern. Ich spürte eine ähnliche Faszination wie einst in der Schwangerschaft, als ich das erste Ultraschallbild von meinem Kind sah. »Da sind die Stirnlappen«, erklärte der Techniker, »und da die Hippokampi.« Er zeigte auf ein Paar sanft geschwungener halbmondförmiger Gebilde genau im Zentrum des Gehirns. Ich beugte mich näher zum Monitor hin. Ich blickte auf das, was mich zu der macht, die ich bin.

Zehn Tage später teilte mir Gary Small mit, dass keinerlei Anlass zur Sorge bestehe.[11] Ich hätte jede der Untersuchungen bestanden. Das Resultat des PET-Scans war einwandfrei und zeigte ein symmetrisches und unauffälliges Verteilungsmuster des Glukose-Isotops. Im MRT waren keine Anzeichen für Zellschwund in den Furchen (den Sulci) oder den Windungen (den Gyri) meines Gehirns festzustellen. Die Ventrikel – die kleinen, mit Gehirn-Rückenmarks-Flüssigkeit gefüllten Hohlräume – wiesen genau die richtige Größe auf. Es gab bei mir keinerlei Hinweise auf eine Alzheimer-Erkrankung. Meine Prognose war günstig, auch wenn es nur für die nächsten drei Jahre eine gewisse Garantie gab. Doch vermutlich, sagte Small, sei ich noch wesentlich länger vor einer Demenzerkrankung sicher. Ich sei eine geeignete Kandidatin für eines seiner aktuellen Forschungsprojekte, ein zweiwöchiges Gedächtnisstärkungs-Programm. Die bisherigen Ergebnisse seien fabelhaft. Das Sprachgedächtnis eines Teilnehmers sei doppelt so leistungsfähig wie zuvor. Er hoffe, dass ich mitmachen würde.

»Aber was ist mit der neuropsychologischen Untersuchung?«, fragte ich und dachte an jenes elende Gefühl völligen Versagens zurück. Er wählte seine Worte mit Bedacht: Ich hätte eine ganze Reihe von Tests durchlaufen. Wenn man den Mittelwert aus den Ergebnissen bildete, lag ich innerhalb des für mein Alter und meinen Bildungsstand gültigen Normalbereichs. Das klang gut, dachte ich in diesem Augenblick, und war mit der Auskunft zufrieden.

»Mir fällt ein Stein vom Herzen«, sagte ich zu Small.

»So geht es hier vielen«, meinte er bescheiden.

Gesagt zu bekommen, dass ich mir für die nächsten drei Jahre keinerlei Sorgen zu machen brauchte, tat gut. Ich verließ das Universitätsgelände beschwingten Schrittes. Im Lauf der folgenden Monate dämmerte mir aber allmählich, dass noch viele Fragen zu klären blieben. Mit den modernen bildgebenden Verfahren kann man zwar pathologische Veränderungen im Gehirn eines Alzheimer-Patienten aufspüren, die schon so weit fortgeschritten sind, dass sie mit deutlich erkennbaren Symptomen einhergehen, doch die allerersten Stadien – die einsetzende Ablagerung von Proteinen – schlagen sich im Hirnscan nicht nieder. Die unzähligen weiteren Faktoren, die im mittleren Alter zur Entstehung kognitiver Defizite beitragen, blieben in Smalls Erklärungsmodell unberücksichtigt.

Es war Zeit, mich zur nächsten Station aufzumachen.

6 Gehirnnahrung

Nachschub für das Gehirn in den mittleren Jahren: essenzielle Fettsäuren, Omega-3-Fettsäuren, Vitamine, Nahrungsergänzungsmittel und Glukose

Ich hatte mich in viele Studien vertieft, um herauszufinden, ob es denn vielleicht doch sinnvoll wäre, jeden Morgen eine Handvoll Vitaminpillen zu schlucken. Manche von diesen Tabletten und Kapseln täten mir vermutlich gut – aber welche? In dem Teil Nordkaliforniens, wo ich lebe, gibt es Vitaminläden und ganzheitliche Apotheken, deren Regale voll sind mit angeblich »gedächtnis- und konzentrationsfördernden« Produkten. Diese Behauptungen sind freilich wissenschaftlich nicht belegt, und die Produkte unterliegen nicht der gleichen Kontrolle wie Medikamente. »Ich nehme jede Menge Vitamine und trinke grünen Tee, aber es hilft alles nichts«, klagt der Filmproduzent Ryan. Wer keine Herzbeschwerden hat und dies darauf zurückführt, dass er Präparate mit Antioxidantien einnimmt, wirft sein Geld in Wirklichkeit vielleicht zum Fenster hinaus. Denn bei den meisten Antioxidantien – wie etwa Vitamin E, Vitamin C und Beta-Karotin – ist, wenn sie als Nahrungsergänzungsmittel verabreicht werden, keine Schutzwirkung nachzuweisen.[1] Man kann mit ziemlicher Sicherheit davon ausgehen, dass Antioxidantien nur dann freie Radikale einfangen (was ihre Hauptaufgabe ist), wenn man sie in der »Originalversion« zu sich nimmt – in Obst und Gemüse. Warum das so ist, wissen wir noch nicht genau. Forscher vermuten, dass in Form von Nahrungsergänzungsmitteln vorliegende Antioxidantien zu rasch verdaut und absorbiert werden. Wenn wir dagegen Obst und

Gemüse essen, halten die Ballaststoffe die Antioxidantien länger im Verdauungssystem verfügbar und maximieren damit die erwünschten Effekte.

Aufbaukost fürs Gehirn

Während meiner Schwangerschaften hatte ich mich dem ungeborenen Kind zuliebe gezwungen, jeden Tag eine riesige Vitamintablette hinunterzuwürgen. Ansonsten aber mied ich Vitaminpräparate. Dann las ich von Carl Cotmans Studie mit älteren Beagles. Cotman, Leiter des Forschungsinstituts für Alterungsprozesse des Gehirns und Demenz an der University of California in Irvine, führte seit vielen Jahren Untersuchungen mit diesen Spürhunden durch.[2] Das Nachlassen ihres Gedächtnisses, erklärte er, weise enge Entsprechungen zur Symptomatik der Alzheimer-Krankheit auf. Er teilte Beagles, deren Alltag so gestaltet war, dass er viele Anregungen zur Aktivität enthielt (soziale Interaktionen, täglich neu hinzukommendes Spielzeug), in zwei Gruppen auf: Die eine bekam übliches Hundefutter und außerdem Nahrungsmittel, die reich an Vitaminen und Antioxidantien sind (Tomaten, Karottengranulat, Fruchtfleisch von Zitrusfrüchten und Spinatflocken), die andere nur das Hundefutter. Die ergänzte Kost war mit Vitamin E und C angereichert sowie mit zwei weiteren Substanzen, nämlich Alpha-Liponsäure und Acetyl-L-Carnitin. Den Hunden wurden Lernaufgaben gestellt, die mit der Zeit immer schwieriger wurden. Von den Hunden mit ergänzter Kost bewältigten drei Viertel die gesamte Serie von Aufgaben. Die Hunde der Kontrollgruppe, die nur das übliche Hundefutter bekamen, waren größtenteils überfordert. »Es ist grundsätzlich möglich, das Lern- und Erinnerungsvermögen dieser älteren Tiere so weit zu steigern, dass sie komplexeren Aufgaben gewachsen sind und weniger Fehler machen«, stellte Cotman fest. Bei den Hunden hatten sich Alterungsprozesse nicht nur verlangsamt, sondern sich sogar umzukehren begonnen.

Falls das bei älteren Beagles so gut klappte, war es vielleicht einen Versuch wert. Ich nahm Gary Smalls Einladung an und meldete mich für die Humanvariante von Cotmans Beagle-Studie an, also für das erwähnte zweiwöchige Gedächtnisstärkungs-Programm, das Aufschluss darüber geben sollte, ob eine verbesserte Ernährung, mehr Bewegung, Stressreduktion und Gedächtnistraining zu einer raschen Steigerung der kognitiven Leistungsfähigkeit führen können.

Ich fuhr wieder nach Los Angeles, wo ich am Zentrum für Altersforschung der UCLA einen Termin bei Deborah Dorsey hatte, einer staatlich geprüften Krankenschwester.[3] Sie empfing mich recht förmlich und legte eine dicke blaue Mappe vor mir auf den Tisch. Zwei Wochen lang, sagte sie, würde ich nach dem Diktat dieses Leitfadens leben. Ich dürfe mir nichts vormachen: Da ich zwei Söhne zu versorgen und ein Buch zu schreiben hätte, komme eine anstrengende Zeit auf mich zu.

Wir sprachen kurz über meinen Speiseplan. Ich wusste, dass ich weit von den fünf bis neun Portionen Obst und Gemüse entfernt war, die von vielen Expertengremien empfohlen werden, obwohl wir mehr als die Hälfte unseres Lebensmittelbudgets für frisches Obst und Gemüse ausgaben. Ich könne mir auch nicht vorstellen, sagte ich zu ihr, wie irgendjemand es auf so viele Portionen bringen solle.

Das Programm würde mir helfen, erwiderte sie, mich zu orientieren. Ich würde Proteine und Kohlenhydrate in einem ausgewogenen Verhältnis zu mir nehmen sowie ausreichende Mengen von Antioxidantien und essenziellen Fettsäuren. Ich würde jeden Tag ein Multivitaminpräparat mit 400 Mikrogramm Folsäure sowie zusätzlich 400 IE (internationale Einheiten) Vitamin E, 1000 Milligramm Vitamin C (500 am Morgen, 500 am Abend) sowie 1000 Milligramm eines Präparats mit Omega-3-Fettsäuren in Form von Fischöl einnehmen. Einen großen Teil meiner Zeit würde ich mit Schälmesser und Schneidebrett und am Herd zubringen, um die erforderlichen drei Mahlzeiten und drei Zwischenmahlzeiten zuzubereiten.

Sie blätterte die blaue Mappe durch und schlug sie bei der Einkaufsliste auf, die vier Seiten lang war. Ein kurzer Blick auf den Plan der ersten Woche machte mir klar, dass ich früher aufstehen musste als gewohnt – wie hätte ich es sonst schaffen sollen, das Omelette mit gehacktem Gemüse, einem Eigelb und zwei Eiweißen zuzubereiten? Beim Frühstück und Mittagessen sollte ich erheblich mehr Protein zu mir nehmen, als ich gewohnt war. Proteine bewirken eine langsamere und regelmäßigere Versorgung des Körpers mit Glukose als Obst und Gemüse und sind daher eine wichtige Langzeit-Energiequelle. Auch die Zwischenmahlzeiten erforderten einige Zubereitungszeit. Ich sollte mir jedes Mal, bevor ich das Haus verließ, einen verschließbaren Beutel mit kleingeschnittenem, rohem Gemüse richten; außerdem musste ich mir eine Methode überlegen, wie ich eine Tasse Bouillon zweckmäßigerweise transportieren konnte. Die Ernährung war freilich nicht der einzige Aspekt des Gedächtnisstärkungs-Programms. Es gab außerdem Bewegungsübungen, für jeden Tag andere, und ich sollte das Gehirn mit dem Einprägen von Wortpaaren und Gesichtern sowie mit Denksportaufgaben und Rätseln trainieren, vor denen mir, ehrlich gesagt, schon bange war.

Gegen Ende der ersten Woche mit Gary Smalls Gedächtnisstärkungs-Programm fiel es mir plötzlich wie Schuppen von den Augen. Die meiste Zeit meines Erwachsenenlebens hatte ich meine Neuronen ausgehungert. Seit ich Anfang zwanzig war, nahm ich den ganzen Morgen, bis der Kopf schließlich leer war wie eine ausgepresste Zitrone, nichts als eine Tasse Tee zu mir. Ich wartete mit dem Mittagsimbiss, bis ich so benebelt war, dass ich gerade noch zum Kühlschrank fand. Dann kehrte ich an den Schreibtisch zurück, arbeitete weiter und verzehrte nebenher meinen Lunch. Das Abendessen, das ich als meine verdiente Belohnung für die vorangegangenen Entbehrungen betrachtete, fiel dann üppig aus. Normalerweise holte ich mir einen Nachschlag.

Ich hatte meinem Gehirn unsinnigerweise Glukose vorenthalten, seinen wichtigsten Treibstoff. Mein Mittagsimbiss, gewöhnlich ein Salat, enthielt sehr wenig Gehirnnahrung; Blattsalat besteht, so gesund er auch sein mag, vor allem aus Ballaststoffen, die der Körper unverdaut ausscheidet. Die Benommenheit, die mit Hunger einhergeht, hat ihren Ursprung auf der Zellebene: Wenn nicht genügend Glukose zugeführt wird, fehlt es den Mitochondrien, die man oft als Kraftwerke der Zelle bezeichnet, an Brennstoff, den sie in Energie umsetzen können, und die Stoffwechselrate des Organismus sinkt um 15 bis 20 Prozent ab.

In der Jugend reicht ein Käsebrötchen, um den Blutzuckerspiegel wieder nach oben zu bringen, doch im mittleren Alter macht ein Glukosemangel dem Gehirn mehr zu schaffen, und es dauert länger, bis seine Funktionstüchtigkeit wieder vollständig hergestellt ist.[4] Weil es vom Blutzuckerspiegel abhängt, wie zuverlässig Neuronen Azetylcholin ausschütten – den Botenstoff, der beim Lernen und Erinnern vorwiegend zum Einsatz kommt –, fällt es Ihnen wahrscheinlich recht schwer, sich an Informationen zu erinnern, die Sie sich mit leerem Magen zu merken versucht haben.[5]

Durch die drei Haupt- und drei Zwischenmahlzeiten pro Tag, die das Gedächtnisstärkungs-Programm vorschrieb, schien mein Kopf sogleich besser zu funktionieren. Ich nahm nicht nur mehr mageres Eiweiß als sonst zu mir, sondern auch mehr komplexe Kohlenhydrate, unter anderem in Form von Haferschrot, Naturreis, Vollkornnudeln, Gerste, Bulgur, Weizenkörnern und Hirse. Die Aufspaltung dieser Kohlenhydrate verläuft relativ langsam, so dass die Abgabe der dabei entstehenden Glukosemoleküle ins Blut sich über einen längeren Zeitraum hinzieht. Kohlenhydrate setzen sich vollständig aus Zuckermolekülen zusammen. Einfache Kohlenhydrate – die rasch aufgespalten werden und ein Gefühl der Mattigkeit erzeugen – bestehen aus nur ein oder zwei Zuckermolekülen. In komplexen Kohlenhydraten können viele hundert einfache Zuckermoleküle verkettet sein.[6] Im Magen spalten Verdauungsenzyme die komplexen Kohlenhydrate in einzelne Glukosemoleküle auf, die klein genug sind, um die

Darmwand passieren zu können. Überschüssige Glukose, für die der Körper gerade keine Verwendung hat, speichert er als Glykogen und greift dann in physiologisch belastenden Situationen darauf zurück.

Das Gehirn keinen Rost ansetzen lassen

Während ich bei Gary Smalls Gedächtnisstärkungs-Programm mitmachte, aß ich so viel Obst und Gemüse, dass ich die erwähnten Empfehlungen von Expertengremien wohl tatsächlich umsetzte. Auf diese Weise, versicherte mir Deborah Dorsey, führte ich dem Körper viele Antioxidantien zu. Ich hatte den Begriff natürlich schon gehört, wusste aber wie die meisten nicht so recht, warum Antioxidantien für das Gehirn so wichtig sind.

Ich rief James Joseph an, den Leiter des neurowissenschaftlichen Labors am Zentrum für menschliche Ernährung der Tufts University.[7] Seine Studie mit Ratten, die acht Wochen lang mit Heidelbeerextrakt gefüttert worden waren, hatte weltweit Schlagzeilen gemacht.[8] Der sogenannte oxidative Stress ging bei ihnen deutlich zurück, während Erinnerungs- und Konzentrationsfähigkeit sich verbesserten. (Diese leitet man bei Ratten daraus ab, wie geschickt sie sich in einem Labyrinth anstellen, an dessen Ziel eine Belohnung in Form von Futter wartet.)

Ich fragte Joseph, wie die Ergebnisse zu erklären seien. »Freie Radikale«, antwortete er, »sind besonders reaktionsfreudige Sauerstoffmoleküle, die in grundlegenden Stoffwechselprozessen entstehen.« Sie versuchen Elektronen von anderen Molekülen einzufangen und an sich zu binden. Dazu ist ihnen jedes Molekül in ihrer Nähe recht, ob es sich nun um Fette, Proteine oder gar die DNA handelt. Derartige Prozesse laufen im Körper ständig ab. In der Jugend können unsere Gene den Schaden noch recht gut ausbessern. Im mittleren Alter aber lässt ihre Effizienz nach;

wir geraten unter oxidativen Stress und setzen sozusagen innerlich Rost an.

Ernährungswissenschaftler propagieren seit langem den »Regenbogen auf dem Teller«. Nach ihrer Auffassung enthält Obst und Gemüse mit kräftigen Farben die meisten Antioxidantien. Laut neueren Untersuchungen sind allerdings auch mehrere Obst- und Gemüsesorten, die in eher unscheinbaren Farben daherkommen, ausgezeichnete Quellen für Antioxidantien, unter anderem Zwiebeln, Artischocken und die mehligkochenden Idahokartoffeln.[9] Gewürze wie Zimt und Kurkuma (ein wesentlicher Bestandteil von Currymischungen) nehmen in einer Liste antioxidativ wirkender Lebensmittel, die das *Journal of Agriculture and Food Chemistry* aufgestellt hat, die obersten fünf Ränge ein. Studien haben ergeben, dass in Indien, wo die Menschen große Mengen von Curry essen, der Anteil der Bevölkerung, der unter der Alzheimer-Krankheit leidet, im Vergleich zu den USA nur knapp ein Viertel so hoch ist. Dies legt den Schluss nahe, dass derartige Gewürze – sowie eine fleischlose Kost mit viel Fisch und Gemüse – vorteilhafte Wirkungen ausüben.[10] Erdnüsse (direkt aus der Schale, mitsamt dem rosafarbenen Häutchen), Pekannüsse und Mandeln enthalten ebenfalls wirksame Antioxidantien.[11] Rotwein, Traubensaft und Granatapfelsaft werden wegen ihrer Schutzwirkung gepriesen, ebenso wie grüner und schwarzer Tee und Bitterschokolade. Vor kurzem wurden auch Äpfel und Apfelsaft wegen ihrer antioxidativen Eigenschaften in höchsten Tönen gelobt.[12] Der Slogan »Esst Obst, und ihr bleibt gesund« scheint auf Äpfel in besonderem Maße zuzutreffen. Mäuse, denen man Äpfel ins Futter mischte, schnitten in einem Labyrinth-Test besser ab als andere und wiesen einen erhöhten Spiegel des Neurotransmitters Azetylcholin auf, der für Lernen und Gedächtnis von entscheidender Bedeutung ist. Entsprechende Studien mit Menschen werden bald folgen. Forscher gehen aber davon aus, dass mit zweimal einem Viertelliter Apfelsaft beziehungsweise zwei oder drei Äpfeln am Tag der gewünschte Effekt zu erzielen ist.

Warum wir essenzielle Fettsäuren brauchen

Im Zuge des zweiwöchigen Gedächtnisstärkungs-Programms nahm ich auch mehr essenzielle Fettsäuren als sonst zu mir, insbesondere Omega-3-Fettsäuren. Der menschliche Körper benötigt unter anderem die Omega-3-Fettsäuren DHA und EPA.[13] DHA ist von besonderer Bedeutung, weil diese Fettsäure das perfekte Rohmaterial für den Aufbau der Membranen von Gehirnzellen darstellt. Etwa 40 Prozent der US-Amerikaner im mittleren Alter nehmen zu wenig essenzielle Fettsäuren auf, ohne die Neuronen nicht optimal funktionieren können. Essenzielle Fettsäuren liefern die Grundstoffe für den Aufbau von Myelin, der in Kapitel 3 erwähnten Fettsubstanz, die das Axon einer Nervenzelle ummantelt. Auch die Zellmembran, die für die strukturelle Geschlossenheit eines Neurons sorgt, besteht aus essenziellen Fettsäuren. Sie machen die Membran flexibel und durchlässig, so dass die Zelle eintreffende Signale besser aufnehmen kann.[14] Laut neueren Studien fördern sie außerdem die Produktion eines »Nervennährstoffs«, des »brain-derived neurotrophic factor« (BDNF), der das Wachstum neuer Zellen fördert.[15]

Ich hatte geglaubt, ich könne meinen Bedarf an essenziellen Fettsäuren zum Beispiel dadurch decken, dass ich einmal in der Woche ein Lachssteak von etwa 100 Gramm verzehrte. In Wirklichkeit wäre dafür aber die zwei- oder dreifache Menge von fettreichem Kaltwasserfisch notwendig.

Weitere Quellen von essenziellen Fettsäuren sind Mandeln, Pekannüsse, Sojabohnen, Leinsamen und Avocados, auch wenn der Körper sie daraus nicht so gut absorbieren kann wie aus Meeresfrüchten. Fischölpräparate, einst als hervorragende Möglichkeit gepriesen, die Zufuhr von essenziellen Fettsäuren zu erhöhen, sind mittlerweile in Verruf geraten, weil sie zum Teil gefährliche Mengen von Methylquecksilber enthielten. Da essenzielle Fettsäuren als so gesund gelten, gibt es Bestrebungen, sie bestimmten Nahrungsmitteln zuzusetzen, in denen sie nicht vorkommen, etwa Eiern, Sojamilch und Brot.[16] Laut einem neueren Bericht der University of Pittsburgh arbeiten Wissenschaftler daran, transgene Schweine zu züchten, deren Fleisch reich an essenziellen Fettsäuren sein soll. Man müsste freilich fünf angereicherte Eier, die jeweils 190 Milligramm essenzielle Fettsäuren enthalten, oder 24 mittelgroße Scheiben angereichertes Brot essen, um auf die Werte zu kommen, die etwa 100 Gramm Lachsfilet entsprechen.[17]

Früher bestanden die Fette, die man zu sich nahm, größtenteils aus essenziellen Fettsäuren, die in Grundnahrungsmitteln wie Fisch oder Nüssen enthalten waren. In der zweiten Hälfte des 20. Jahrhunderts begannen sich industriell verarbeitete Lebensmittel mehr und mehr durchzusetzen. Mit ihnen hielten Trans-Fettsäuren in die Ernährung und damit auch in unsere Körperzellen Einzug. Öle und Fette mit Trans-Fettsäuren wurden sehr gern verwendet, weil sie verhindern, dass Lebensmittel ranzig werden, und man diese daher länger lagern kann. Man kann Öle mit Trans-Fettsäuren mehrmals erhitzen und wieder abkühlen lassen. Aus diesem Grund verwenden Fastfood-Restaurants sie bevorzugt für das Braten und Frittieren. Essenzielle Fettsäuren machen die Zellmembran flexibel, weil ihre Molekularstruktur eine natürliche Krümmung aufweist.[18] Die Moleküle von Trans-Fettsäuren sind dagegen gerader, schmaler und starrer. Wenn unsere Nahrung mehr Trans- als essenzielle Fettsäuren enthält, beginnen die Trans-Fettsäuren sich an die für essenzielle Fettsäuren vorgesehenen Stellen zu setzen. Weil die steiferen Trans-Fettsäuren sich für die biochemischen Prozesse der Weiterleitung von Nervenimpulsen weniger gut eignen als die essenziellen Fettsäuren, lässt das Tempo der Informationsverarbeitung allmählich nach. Trans-Fettsäuren können den Stoffwechsel von essenziellen Fettsäuren stören und überdies zu einer Insulinresistenz führen, die ein unter Menschen mittleren Alters weitverbreitetes Problem ist. Die gute Nachricht ist jedoch, dass die Membranen Ihrer Neuronen sich erholen, wenn Sie mehr essenzielle Fettsäuren und entsprechend weniger oder gar keine Trans-Fettsäuren zu sich nehmen.[19]

Solange ich an Gary Smalls zweiwöchigem Gedächtnis-stärkungs-Programm teilnahm, war meine Ernährungsweise vorbildlich. Ich ertrug die Blicke meiner Söhne und meines Mannes, wenn ich mich wieder mit einer Schale Naturreis an den Tisch setzte oder Gemüse servierte, das ohne den sonst üblichen Klecks Butter zubereitet war. Wir wussten alle, dass das bald ein Ende hatte, und sei es auch nur, weil ich in meinem Alltag auf Dauer nicht die Zeit und Energie erübrigen konnte, die das ständige Einkaufen, das Kleinschnippeln und das Einpacken und Transportieren der Zwischenmahlzeiten erforderten. Keiner von uns vieren ist ein ausgesprochener Fastfood-Liebhaber, aber ich muss die Möglichkeit haben, nach einem turbulenten Tag an einem nicht weniger chaotischen Abend einfach eine tiefgefrorene Lasagne in den Ofen zu schieben und das als ein halbwegs vernünftiges Abendessen gelten zu lassen.

7 Aerobics für den Kopf

Von öde bis süchtig machend: Methoden, um die Neuronen auf Trab zu halten

So taktvoll wie nur möglich wies ich Gary Small darauf hin, dass seine Denksportaufgaben meiner Meinung nach wohl für ältere Leute im Ruhestand brauchbar waren, bei denen aber, die noch in den turbulenten mittleren Jahren steckten, mit ziemlicher Sicherheit Unmut hervorrufen mussten. An jedem der 14 Tage des Gedächtnisstärkungs-Programms hatte ich morgens und abends je fünf bis zehn Minuten auf irgendeine Aufgabe wie das Memorieren von Wortpaar-Listen oder das Lösen eines Bilderrätsels verwendet. Meine Gedanken schweiften dabei stets ab, ganz gleich, wie sehr ich mich zu konzentrieren versuchte. Keine Aufgabe in der blauen Mappe war anregend genug, um meine Aufmerksamkeit zu fesseln – nicht, wenn Arbeit auf mich wartete und ich beispielsweise noch nicht wusste, wie das Problem zu lösen war, dass ich am Nachmittag eigentlich an zwei Orten gleichzeitig hätte sein müssen. Ich gab mir redliche Mühe, mich auf die Rätsel mit ihren Kästchen und Pfeilen, Zahlenfolgen und umzugruppierenden Buchstaben zu konzentrieren. Doch wie so viele im mittleren Alter hatte ich die Fähigkeit verloren, Ablenkungen auszublenden.

Bei einer Nachbesprechung am Zentrum für Altersforschung der UCLA bemerkte ich zu Deborah Dorsey, ich sei mit den Denksportaufgaben so schlecht zurechtgekommen, dass ich befürchtete, die Studienresultate zu verzerren.[1] Anstatt mich zu beschwichtigen, zog sie eine Augenbraue hoch: »Ja, manche haben damit ihre Schwierigkeiten, meine Liebe.« Zu meiner Frage, ob sie damit die Leute meine, die diese Art Denksport in Rage brachte, wollte sie sich nicht äußern.

Smalls Merkstrategien sagten mir mehr zu. Er fasste sie in der Formel »Genau hinschauen, Schnappschuss machen, verknüpfen« zusammen. Wenn man sich die Zeit dafür nimmt, alles, was man sich merken möchte, an ein Vorstellungsbild zu koppeln, so seine These, gelingt es einem besser, die Informationen abzuspeichern und sie sich auf Dauer einzuprägen. Wenn man also jemanden kennenlernt, der Frank und mit Nachnamen Fischer heißt, muss man sich nur einen Mann vorstellen, der angelt und dabei ein Frankfurter Würstchen als Köder benutzt, und schon ist einem der Name für immer ins Gedächtnis gebrannt. Ich probierte die Methode aus, als Freunde zu meinem jährlichen Barbecue am Unabhängigkeitstag Verwandte mitbrachten, die bei ihnen zu Besuch waren. Da mein Gesichtergedächtnis miserabel ist, sah ich schon peinliche Verwicklungen auf mich zukommen. Wie sollte ich es fertigbringen, dieses nette Paar allen 50 Verwandten und Freunden in meinem Garten vorzustellen? Hilfreich war, dass die Namen der beiden mit demselben Buchstaben anfingen: Hillary und Howard. **H**illary zeichnete sich dadurch aus, dass sie **H**umorvoll war, und der **H**aarlose **H**oward **H**ielt sich immer dicht bei **H**illary. Mit solchen Stabreimen prägte ich mir ihre Namen ein. Munter stellte ich Hillary und Howard den ganzen Abend lang anderen Gästen vor, wobei ich nur hin und wieder zur »Ausweichvorstellung« Zuflucht nahm und die anderen, was sie nicht sonderlich überraschte, ihre Namen selbst nennen ließ. Ich kam mir wie eine brillante Gastgeberin vor.

Gary Small gab mir den Rat, dass ich mit derselben »Genau hinschauen – Schnappschuss machen – verknüpfen«-Taktik auch mehrere Vorstellungsbilder miteinander verbinden und mir auf diese Weise lange Listen von Erledigungen merken könne. Wenn ich also an einem Samstagmorgen Kleidung aus der Reinigung abholen, zur Bank gehen und Milch einkaufen musste, konnte ich mir ein groteskes Bild zusammenbasteln und mir beispielsweise einen Milchkrug vorstellen, der den blauen Blazer meines Mannes anhatte, und aus der Brusttasche einen Scheck herausschauen lassen.

Es gebe da aber ein Problem, entgegnete ich. Ich konnte mich nicht erinnern, wann die Samstagsliste schon einmal so kurz gewesen war. Am Samstag zuvor hatte sie Folgendes umfasst: ein Fußballturnier und ein Basketball-Probespiel, Snacks für die Spieler, neue Boxershorts, Reservierungen fürs Abendessen, Deodorant, Sonnenschutzcreme, Schnorchelmaske, Briefmarken, tanken, ein Geburtstagsgeschenk besorgen. Selbst ihm, gab Small zu, würde es nicht leicht fallen, sich dafür ein Bild zusammenzustellen. Die Strategie eigne sich vielleicht besser für Leute, deren Kinder schon groß und aus dem Haus waren. Er hatte selbst zwei Kinder und eine berufstätige Frau und musste eingestehen, dass ihm selten Zeit dafür blieb, sich ein einprägsames Bild zurechtzulegen.

Dennoch beschloss ich, einen Versuch zu starten. Für die Grundschul-Abschlussparty meines Sohnes brauchte ich einen großen Beutel Eiswürfel, Knabberbrezeln und Kartoffelchips, eine Packung Salsasoße und sechs Avocados. So weit war alles noch überschaubar. Ich musste aber außerdem meine Slingpumps, die ich für eine Reise nach New York brauchte, zum Schuhmacher bringen und meine Freundin Flo anrufen, die sich darum kümmerte, ein Essen mit unserer alten College-Clique zu organisieren. Ich begann mir also ein Bild zusammenzufügen. Vor meinem geistigen Auge ließ ich Flo, die ich schon im Voraus um Entschuldigung bat, auf dem Rücksitz meines Autos Platz nehmen, mit einem Beutel Eis unter den Füßen. Mit den Avocados jonglierte sie, den Plastikbottich mit der Salsasoße trug sie als Hut und die Schuhe, die ich schrumpfen ließ, als Ohrringe. Zuerst wusste ich nicht, was ich mit den Chips und den Brezeln anfangen sollte, doch dann nahm ich sie aus den Tüten und machte einen Pullover daraus – ein wenig überdreht, ja, aber bei einer Dinnerparty in Manhattan hätte sie mit so etwas ohne Weiteres aufkreuzen können. Mit diesem Bild im Kopf fuhr ich zum Supermarkt und zum Schuhmacher und erledigte sämtliche Dinge, ohne ins Stocken zu kommen. Nicht einmal den Anruf bei Flo vergaß ich. Ich war sehr angetan. Doch ich fürchte, ich bin beim Einprägen allzu kreativ vorgegangen. Denn ich sehe Flo noch immer hinten im Wagen mit den Füßen auf einem Beutel mit Eiswürfeln sitzen. Ich habe es nie geschafft, einen anderen an ihre Stelle zu setzen, etwa meinen Bruder – er wartet noch immer auf meinen Rückruf. Die »aufgebrezelte« Flo wird wohl für immer den Rücksitz meines Wagens okkupieren.

Viele der unzähligen Mnemotechniken gibt es schon seit der Antike, doch mein Mann stützt sich auf eine, die zweifellos neuzeitlich ist. Er wuchs in New York City auf und prägte sich in den 1960er und 1970er Jahren die Nummern auf den Trikots von New Yorker Sportlern ein. Wenn man ihn bittet, sich eine Telefonnummer zu merken, ruft er sich die Spieler in Erinnerung, die für ihn mit dieser Ziffernkombination assoziiert sind. Um sich die Nummer 458883 einzuprägen, stellt er im Geiste die Footballspieler Homer Jones, Aaron Thomas und George Sauer jun. nebeneinander. »Natürlich darf ich nicht die Spieler vergessen, die ich den Zahlen zugeordnet habe«, räumt er ein. Mit Hilfe dieses Systems eignet er sich Telefon- und Hausnummern sowie die Zahlenkombinationen von Spindschlössern an. Es ist aber ganz offensichtlich nicht geeignet, sich zu merken, dass ich am zweiten Dienstag jedes Monats zu meiner Lesegruppe gehe.

»In kontrollierten Laborexperimenten hat sich eindeutig erwiesen«, schreibt Daniel Schacter in *Aussetzer*, »dass auch ganz normale Menschen ihr Gedächtnis für Wortlisten, Namen und anderes Material durch visuelle Mnemotechniken erheblich verbessern können. Dabei gibt es allerdings ein Problem. Viele visuelle Vorstellungstechniken sind sehr kompliziert und setzen voraus, daß man sich beträchtliche kognitive Ressourcen aneignet, weshalb es schwer ist, sie spontan zu verwenden. Wenn Sie zum ersten Mal bizarre Vorstellungsbilder und Geschichten erfinden, um neue Informationen zu enkodieren, mag das spannend und unterhaltsam sein. Doch die Notwendigkeit, immer neue Vorstellungsbilder zu erfinden, kann schließlich so mühsam werden, dass viele diese Methode ganz aufgeben.«[2]

Alle fünf Sinne benutzen

Lawrence Katz, Professor für Neurobiologie an der Duke University in Durham, North Carolina, teilt Schacters Skepsis gegenüber Mnemotechniken und anderen »Tricks«, die das Erinnerungsvermögen verbessern helfen sollen.[3] In seinem Buch *Neurobics – fit im Kopf* stellt er seine eigene Herangehensweise vor. »Ich habe sämtliche Bücher über das Gedächtnis gesichtet, die es so gibt«, erklärte er mir im Gespräch. »Alle legen das Hauptgewicht auf denselben Punkt – das Erlernen mnemotechnischer Regeln. Leider kann ich mir aber diese Regeln nie merken. Man muss dafür hochkomplexe Gedankenverbindungen herstellen.«

Katz nimmt an, dass Erinnerungs- und Konzentrationsvermögen unter der sich seit etwa 20 Jahren verstärkenden Tendenz leiden, von einigen unserer Körpersinne immer weniger Gebrauch zu machen. Die Welt ist ein Flachbild geworden, das uns auf Computermonitoren und Fernsehschirmen präsentiert wird. »Sämtliche Fernsehsendungen und Kinofilme zielen heute darauf ab, unsere Aufmerksamkeitsmechanismen in Beschlag zu nehmen. Wir entwickeln eine massive Aufmerksamkeitsstörung, weil diese Stimulation direkt auf die primitiven Reaktionsmuster unseres Gehirns zugreift. Ich nenne das die Pornografierung der normalen Sinneswahrnehmung. Sie lässt das wirkliche Leben im Vergleich dazu blass und kümmerlich erscheinen, und deshalb ziehen wir viel Aufmerksamkeit von ihm ab. Das Gehirn gewöhnt sich an die Dauerberieselung und schottet sich dagegen ab. Und wenn es sogar all diese lauten, dramatischen

Dinge ausblendet, ist es kein Wunder, dass es über unschein-barere Dinge einfach hinweggeht.«

Katz gab auch zu bedenken, dass »die Gerüche aus dieser Welt verschwinden. Man weiß nicht mehr, wie sich irgend-etwas anfühlt oder wie es schmeckt. Heute ist alles visuell. Denken Sie an einen Supermarkt. Dort hat nichts einen Eigen-geruch. Wir mögen Gerüche nicht. Man soll den Fisch oder das Hähnchen allein anhand dessen auswählen, was man sieht. Man soll nicht einmal das Gemüse in die Hand nehmen, um es zu befühlen und daran zu schnüffeln. Das gilt als un-gehörig. Man bekommt also bestimmte Qualitäten wie Ober-flächenbeschaffenheit, Geruch und Festigkeit kaum mehr mit. Wir leiden unter Reizentzug. Das hängt mit der Allgegenwart von Internet-, Fernseh- und Kinobildern zusammen. Wir sind mit Bildern derart übersättigt, dass wir nicht mehr darauf ach-ten, wie etwas riecht, klingt oder sich anfühlt.«

Der Mensch ist nicht dafür gemacht, unterstrich Katz, die Welt nur über Augen und Ohren wahrzunehmen. »Diese zwei Instrumente reichen nicht aus, um alles in adäquater Weise abzuspeichern und zu verarbeiten. Sie sind überfor-dert, wenn sie das alles allein leisten sollen.« Sein Ansatz war mir sympathisch: Wir lassen besser die Finger von Mne-motechniken und Denksportaufgaben und unternehmen stattdessen ernsthafte Anstrengungen, den Alltag wieder mit vielfältigen Sinneserfahrungen zu füllen. Man kann bei-spielsweise statt im Supermarkt auf dem Bauernmarkt ein-kaufen, wo das Anfassen und Beriechen der Ware akzeptiert ist. Man kann im Garten arbeiten und dabei bewusst die Ge-rüche des Erdreichs und der sich zersetzenden Pflanzen wahrnehmen. Für manche könnte es schon ein großer Schritt sein, in einer lauen Sommernacht die Klimaanlage im Auto abzustellen und stattdessen mit offenem Fenster zu fahren. Man kann auch eine eigene Pastasoße fabrizieren, anstatt nur die aus dem Glas ein wenig aufzupeppen.

In seinem Buch schlägt Katz vor, einmal zu versuchen, die eigene Haustür mit geschlossenen oder, noch besser, mit verbundenen Augen zu finden.[4] Ich hatte meine Bedenken: Wahrscheinlich würde ich über eine Tasche mit Baseball-schlägern stolpern oder über die Turnschuhe, die immer wie zwei träge Pekinesen auf der Fußmatte herumliegen. Eines Morgens jedoch, als die Kinder in der Schule, mein Mann bei der Arbeit und nur noch die Hunde im Haus waren, nahm ich meinen ganzen Mut zusammen und probierte es aus. Inständig hoffend, dass mich kein Nachbar beobachtete, band ich mir ein Halstuch um den Kopf und stieg dann aus dem Auto aus. Vorsichtig ließ ich mich vom Fahrersitz auf die asphaltierte Einfahrt gleiten. Es ging tiefer hinunter, als ich erwartet hatte. Ich schlurfte ein paar Schritte bis zum erhöhten Rand der Rasenfläche hinüber, fand die erste Steinplatte des Gartenwegs und arbeitete mich zum Gartentor vor. Ich entriegle es mehrmals täglich, doch jetzt hatte ich meine liebe Not damit. Ehe ich es schließlich schaffte, landete meine Hand in einem dichten Spinnennetz. Ich schlüpfte durch das Tor und versuchte, es wieder zu verriegeln, damit die Hunde nicht hinauskonnten, gab aber nach mehreren Anläufen auf. Nach einem kurzen Tête-à-tête mit einem Rosenbusch fand ich die Steinstufe, die auf die Veranda hinaufführt, und tappte zur Eingangstür. Ich fischte meinen dicken Schlüsselbund aus der Handtasche und versuchte mich an Form und Oberfläche des Haustürschlüssels zu erinnern. Um das Schloss zu finden, musste ich erst auf die Knie gehen und mit der Hand am glatten Rand der Tür entlangfahren, bis ich das metallene Türschild und dann das Schlüsselloch fand. Eine weitere Minute verstrich, bis ich endlich den richtigen Schlüssel ins Schloss schob. Ich öffnete die Tür – und stolperte über die Schwelle, deren Existenz mir entfallen war.

Ich war sicher, dass ich jede Menge neuer Synapsen aufgebaut hatte, in denen nun auf neu erschlossenen Bahnen Informationen von einem Neuron zum anderen fließen konnten. »Die reale Welt ist das beste Übungsfeld für das Gehirn«, bekräftigte Katz, als ich ihm von meinen Erfahrungen berichtete. »Reale Aktivitäten in der realen Welt regen das Gehirn auf eine Weise an, die mit Simulationen unmöglich zu erreichen ist.«[5]

Als ich ihm erzählte, wie oft ich das Druckerpapier fürs Büro zu Hause vergaß, gab er mir einen weiteren Tipp, der sich als äußerst nützlich erweisen sollte: »Wenn Sie Ihre Sachen für den Tag zusammenpacken und sich ins Büro aufmachen, sollten Sie sich nicht einfach sagen: ›Hm, ich muss an das Druckerpapier denken.‹ Stellen Sie sich vor, wie sich das Papier anfühlt, wie es schwer in Ihren Händen liegt, wie spitz die Ecken sind, und malen Sie sich aus, wie Sie ins Auto einsteigen.«[6] Ich folgte seinen Instruktionen und stellte mir vor, wie ich den schweren Packen Papier in meiner braunen Ledertasche und das Ziehen des Riemens an der Schulter spürte. Ich sah mein Handy, das ich gern auf der Küchentheke liegen lasse, vorn in der Handtasche stecken, und imaginierte das Gewicht (und den Geruch) der Tasche mit Sportsachen, die mein Sohn für den Tennisunterricht nach der Schule brauchte. Wundersamerweise ließ ich diesmal nichts zu Hause liegen.

Die Plastizität des Gehirns steigern

Im Internet werden immer mehr Programme angeboten, die der Stärkung des Gedächtnisses dienen sollen. Ich zögerte aber, mich mit ihnen zu beschäftigen, denn ich sitze ohnehin schon den lieben langen Tag vor einem Computermonitor und konnte mir nicht vorstellen, was mich dazu verlocken sollte, noch mehr Zeit davor zu verbringen. Michael Merzenich, ein für seine innovativen Ideen bekannter Professor am Keck Center for Integrated Neurosciences der University of California in San Francisco (er hat das Chochlea-Implantat erfunden, ein künstliches Innenohr, mit dessen Hilfe ertaubte Menschen Sprache teilweise wieder hören und verstehen können), beschrieb mir im Gespräch ein Computerprogramm namens HiFi, das er entwickelt hat. Es trainiert die Hör- und Sprachsysteme des Gehirns und setzt laut Merzenich an den Ursachen, die dem Nachlassen kognitiver Fähigkeiten zugrunde liegen, und nicht nur an den Symptomen an.[7]

Ein zentraler Bezugspunkt der Arbeit Merzenichs ist die Plastizität des Gehirns: Es bleibt das ganze Leben über imstande, seine Struktur und seine Funktionen zu verändern. Das menschliche Gehirn umfasst etwa 100 Milliarden Neuronen, von denen jedes im Durchschnitt über 1000 Verbindungen zu anderen Neuronen verfügt, was eine Summe von 100 Billionen Verbindungen ergibt.[8] Plastizität ist, so erklärte mir Randy Buckner, Neurowissenschaftler am Howard-Hughes-Institut für medizinische Forschung, die Fähigkeit des Gehirns, sich durch das Herstellen neuer Verschaltungen zwischen Neuronen selbst umzubauen. »Diese Reorganisation erfolgt mit Hilfe von Mechanismen wie der sogenannten Aussprossung von Axonen, bei der unbeschädigte Nervenfasern neue Nervenendigungen und neue Verbindungen zu anderen Nervenzellen ausbilden, so dass neue Nervenbahnen entstehen und neue Lernprozesse möglich werden.«[9]

Dank ihrer ausgedehnten synaptischen Verschaltungen sind Neuronengruppen nicht auf eine bestimmte Funktion festgelegt.[10] Wenn aufgrund von Alterungsprozessen eine Gehirnregion – sagen wir, der rechte Stirnlappen – nicht mehr besonders effizient arbeitet, können Neuronen in anderen Regionen herangezogen werden, um die Schwäche auszugleichen. Manchmal geschieht das von ganz allein, aber meistens ist Übung erforderlich, um den Neuronen eine neue Rolle zuzuweisen. Das menschliche Gehirn ist zudem nicht nur auf die Neuronen angewiesen, die am Lebensbeginn entstanden sind. Die Bestände werden fortwährend ergänzt.[11] Das ganze Leben hindurch entstehen im Prozess der Neurogenese neue Nervenzellen, die in die vorhandenen Schaltkreise integriert werden. (Wir wissen erst seit etwa einem Jahrzehnt, dass diese Neubildung von Neuronen möglich ist; zuvor nahm man an, dass Neuronen zu keiner Art von

Reproduktion fähig sind.) Geistige Übung, Bewegung und die Interaktion mit anderen regen den Aufbau neuer Nervenzellen an, und zwar vor allem im halbmondförmigen Hippokampus, der viele Aspekte von Lernen und Gedächtnis steuert.[12]

»Der Grund, warum das Gedächtnis im mittleren Alter nachlässt«, begann Merzenich, während wir uns in einem Besprechungsraum von der Größe eines Wandschranks niederließen, »ist nicht, dass uns tatsächlich kognitive Fähigkeiten verloren gehen – wir sind genauso intelligent, wie wir immer waren. Es liegt vielmehr daran, dass die Signalqualität abnimmt. Das ist, wie wenn man Nachrichten im Autoradio hört und dann in eine Schlucht hineinfährt; die Informationen sind eigentlich alle da, aber der Empfang ist so schlecht, dass man nichts mehr von den Nachrichten mitbekommt.«[13]

Das Problem der meisten Gedächtnistrainings-Programme sei, dass man ein völlig intaktes Gedächtnis brauche, um sie zu bewältigen, und intakte Stirnlappen, um das Gelernte umzusetzen. Auch die Ohren müssen vollkommen funktionstüchtig sein. Vergesslichkeit wird oft durch eine unbehandelte Hörminderung mitverursacht.[14] Ältere Erwachsene mit leichten bis mittelschweren Hörproblemen müssen unter Umständen so viel kognitive Energie für das Hören und Verstehen aufwenden, dass sie zu wenig Kapazitäten übrig haben, um das Gehörte in angemessener Weise zu verarbeiten und abzuspeichern, und es sich später nicht wieder abrufen lässt. Die sogenannte Altersschwerhörigkeit stellt sich ein, wenn die Hörschnecke des Innenohrs, die ankommende Schallwellen in elektrische Impulse umsetzt, im Laufe der Zeit schadhaft wird.

Wenn ein Trainingsprogramm auf Fähigkeiten aufbaut, die bei einem Probanden stark nachlassen, wird er früher oder später aufgeben, weil er das Gefühl hat, dass er auf keinen grünen Zweig kommt. Die Aufgaben sind dann einfach zu schwierig. Die Firma Posit Science geht mit ihrem Trainingsprogramm einen anderen Weg, so Merzenich. Das Bearbeitungstempo ist zunächst langsam; der Schwierigkeitsgrad steigert sich automatisch, wenn man mindestens 80 Prozent richtige Antworten gibt. Die Wissenschaftler des Unternehmens arbeiten an Programmen, die die geistige Gesundheit im Alter in fünf großen Bereichen fördern sollen: Verarbeitung von Hörreizen (Hören und Kommunizieren), Verarbeitung von visuellen Reizen (Sehen), Exekutivfunktionen des Gehirns und verknüpfendes Denken (Problemlösung), Bewegungssteuerung (Handgeschicklichkeit) und Verarbeitungsprozesse im Vestibularapparat (Gleichgewichtssinn). Der Schwerpunkt dieses Gehirnfitness-Programms liegt derzeit auf Hören und Kommunizieren. Die Software kostet 495 Dollar.[15]

»Eines tun wir ganz bewusst nicht«, fuhr Merzenich fort. »Wir halten niemanden dazu an, seine Merkfähigkeit zu trainieren. Das wäre Zeitverschwendung. Denn wenn die Speicherung fehlerhaft verläuft, hat es wenig Sinn, der Person zu empfehlen, sich mehr Mühe zu geben. Ich finde alle diese Kompensationsstrategien, die da angepriesen werden, ganz grässlich – diese Rezepte à la: ›Es macht nichts, wenn Ihr Gedächtnis schlecht ist – schreiben Sie sich doch einfach einen Zettel.‹ Das führt dazu, dass das Selbstvertrauen immer mehr schwindet.«

Merzenich hat neben seiner Professur die wissenschaftliche Leitung der Firma Posit Science inne, die HiFi entwickelt hat. Das Programm wurde mit knapp 100 Erwachsenen zwischen 63 und 94 Jahren über einen Zeitraum von acht Wochen erprobt.[16] Die Teilnehmer, die bis zum Ende dabei blieben, erzielten bei der neurokognitiven Untersuchung – im Vergleich zum Beginn der Studie – Werte, die einem um zehn oder mehr Jahre geringerem Alter entsprachen.

Das war ein enormer Sprung, stellte ich anerkennend fest. Wäre der auch bei Menschen im mittleren Alter vorstellbar? Merzenich berichtete mir von einem 52-jährigen Generaldirektor im Ruhestand, der das Gehirnfitness-Training durchlaufen hatte. »Er hatte sehr viel Geld verdient und war dann einige Jahre lang nicht mehr berufstätig. Als er zu mir kam, sagte er: ›Mike, ich habe das Gefühl, es geht bergab mit mir. Ich traue mir nichts mehr zu.‹ Wir führten die neuropsychologische Testbatterie mit ihm durch und stellten fest, dass er in seiner Altersgruppe im 85. Perzentil lag, was angesichts seiner Lebensgeschichte weniger ist, als man erwarten würde.« (Ein Perzentil gibt an, wie viel Prozent der Individuen einer Gruppe unter oder über einem bestimmten Wert liegen.) »Wir trainierten ihn. Am Ende hatte er sich statistisch gesehen um mehr als eine Standardabweichung gesteigert, bis zum 98. Perzentil. Sechs Wochen nach Abschluss des Programms war er Generaldirektor eines neuen Startup-Unternehmens. Wir führen das durchaus auf unsere Bemühungen zurück, denn sie haben ganz sicher Effekte ausgelöst, die über das hinausgingen, was die Testbatterie erfassen kann.«

HiFi enthält viele computeranimierte Elemente. Es hat starke Ähnlichkeit mit der *Sesamstraße*, nur stellen die Figuren ältere Leute dar. (Ich fand schließlich heraus, warum das so ist: Lloyd Morrisett, einer der Schöpfer der *Sesamstraße*, gehört dem Vorstand von Posit an.) Bei jeder der jeweils einstündigen Sitzungen soll man Töne identifizieren und gesprochene Worte zuordnen – und sich am besten auch über die animierten Figuren amüsieren. Diese größtenteils schrulligen Senioren sollen wahrscheinlich davon ablenken, dass es eigentlich um weniger unterhaltsame Dinge geht, nämlich darum (so zumindest die Aufgabe in der Anfangsphase des Programms), aufsteigende und absteigende Töne genau wahrzunehmen. In dem Spiel »Hinab oder hinauf?«, bei dem man entscheiden soll, ob ein Ton höher oder tiefer wird, schnitt ich frappierend schlecht ab. Verlief dieser vogelartige Piepston nun nach oben oder nach unten? Meistens konnte ich das nicht unterscheiden. Andere Spiele waren eine akustische Variante des Kinderkartenspiels Memory, bei der man Übereinstimmungen zwischen Klängen erkennen musste, und das Spiel Sound Replay, bei dem man Abfolgen von Silben rekonstruieren soll, die zunächst in langsamem Tempo, mit der Zeit aber erheblich schneller präsentiert werden.[17] Insgesamt lief das Ganze freilich quälend langsam ab – jede Trainingssitzung schien eine Ewigkeit zu dauern. Mir wurde rasch langweilig, und die albernen Scherze, die die Figuren auf dem Monitor trieben, gingen mir auf die Nerven.

Dieses Programm war, mit Michael Merzenich an der Spitze des Unternehmens und einem Beteiligungskapital von 23 Millionen Dollar, das absolute Spitzenprodukt. Ich hatte einige meiner älteren Nachbarn davon sprechen hören, unter ihnen einen Mann, der schon oft Scrabble-Meisterschaften gewonnen hatte. Menschen ab 70 oder 80 sprangen also offenbar darauf an, doch meiner Ansicht nach war es zu zeitaufwendig und kostspielig, als dass es bei Teilnehmern mittleren Alters hätte Anklang finden können. Ich fragte Merzenich, ob er diese riesige Zielgruppe im Blick habe. Ja, das Unternehmen arbeite an einem neuen web-basierten Programm für Menschen in den mittleren Jahren. Vorgesehen war, dass man sich individuell zugeschnittene Übungen herunterladen konnte, ähnlich wie Musik von iTunes, um sich an einem beliebigen Ort mit ihnen zu beschäftigen, etwa während einer Reise im Hotelzimmer. Ich schlug vor, Posit Science solle die Übungen doch so programmieren, dass man sie auch bei Fitnessübungen machen konnte, etwa mittels eines an einem Hometrainer befestigten Sensorbildschirms.

Den eigenen Rekord brechen

Für ein Gehirntraining, bei dem ich mich alt fühlte, hätte ich mich nie begeistern können. Der entscheidende Faktor bei meiner Suche nach einem Übungsprogramm war letztlich also, wie ich mich selbst gern sehen wollte.

Ein Hinweis in einem Artikel des Online-Magazins *Slate* führte mich auf die Website www.mybraintrainer.com. Bruce

Friedman, ein 54-jähriger Unternehmer in Los Angeles, hatte erreicht, worum sich andere vergeblich bemühten. Dem Chef des Internetdienstes MyBrainTrainer war es gelungen, nicht nur die Zielgruppe der Babyboomer-Generation anzusprechen, sondern auch die Generation X (deren älteste Vertreter 45 Jahre alt waren) sowie wesentlich jüngere Leute, die beispielsweise ihr Jura- oder Medizinstudium noch vor sich hatten.[18] Nichts auf der Website vermittelte mir das Gefühl, ich sei auf dem absteigenden Ast oder hätte mit Defiziten zu kämpfen: Hier bekamen clevere Leute Hilfe, um noch cleverer zu werden. Irgendwie schafft es MyBrainTrainer, abgekürzt MBT, dass man sich stets jung und hip vorkommt, ganz gleich, wie schlecht die eigenen Leistungen sind.

Friedman nannte MyBrainTrainer »das erste Fitnesscenter für den Geist«. Es ist eine Art Zirkeltraining, das aus neun Arten von Gehirnübungen besteht. Die Aufgaben laufen in rasantem Tempo ab und erfassen Reflexe, Wahrnehmungsmuster, Wendigkeit der mentalen Verarbeitung, analytische Fertigkeiten, Konzentrationsvermögen, Erkennen von visuellen Reizen, Gedächtniskapazität und Wortschatz. Alle Übungen sind kurz, schnell und fordernd. Man kann seine Ergebnisse unter unzähligen Aspekten aufschlüsseln lassen. Friedman kennt sich mit Statistik aus und gehört vermutlich zu den Leuten, denen es Spaß macht, Wettquoten oder die Schlagdurchschnitte von Baseballspielern herunterzurasseln. Dieses Faible hat er für die Website nutzbar gemacht. Sämtliche webbasierten Gedächtnistrainings sehen die Option vor, dass man den eigenen Bestwert zu überbieten versucht, doch Friedman, der um die Macht des Konkurrenzgeistes weiß, hat MyBrainTrainer so aufgebaut, dass man nicht nur gegen sich selbst antreten kann, sondern auch gegen andere in der gleichen Altersgruppe oder aus demselben Berufsfeld. Mit 9,95 Dollar ist man drei Monate dabei. Bis dahin sind viele so angefixt, dass sie nicht im Traum daran denken würden, mit MBT aufzuhören.

Auf meine Bitte hin stellte Friedman den Kontakt zu

einem MBT-Aficionado her, dem 43-jährigen Bill McGlynn, der als Rettungsassistent einer Unfallstation arbeitete und MyBrainTrainer seit zwei Jahren nutzte. »Ich hatte das Gefühl, dass mein Denken sich immer mehr verlangsamte«, schrieb McGlynn mir in einer E-Mail. »Das gefiel mir nicht. Ich hatte den Verdacht, dass ich es mit einer Art Aufmerksamkeitsdefizitstörung zu tun hatte. Manchmal war ich sehr kreativ und produktiv und innovativ, aber manchmal verlor ich auch völlig den Überblick und war nicht imstande, auf die Details zu achten.« Im Privatleben sei Zerstreutheit lästig, auf der Notfallstation aber ein Risikofaktor.[19]

McGlynn war überzeugt, dass sich in den zwei Jahren, seit er sich mit MyBrainTrainer beschäftigte, seine Konzentration verbessert hatte. »Es ist toll, dass ich dabei Fortschritte rückgemeldet bekomme, denn dann kann ich die ganzen Fehler, die ich im Lauf eines Tages mache, leichter akzeptieren und bin nicht übertrieben selbstkritisch.« Mit dem Wissen, dass seine Punktwerte nach oben kletterten, könne er die Stimme zum Schweigen bringen, die besorgt frage: »Wo wird das enden?« Er habe die ruhige Gewissheit, dass es nicht bergab mit ihm gehe. »Ich kann genau sehen, dass ich in den meisten Bereichen gut bin und in denen, die mir nach wie vor schwerfallen, Fortschritte mache.« Durch das Üben mit MyBrainTrainer falle es ihm leichter, sich mit neuen Entwicklungen der Medizintechnik vertraut zu machen, was seinen Wert als Fachkraft steigere.

Er warnte allerdings vor dem Suchtpotenzial von MBT. »Am Anfang habe ich sehr viel Zeit damit verbracht, an fünf bis sieben Abenden pro Woche ein oder zwei Stunden.« Nach zwei Monaten reduzierte er seine MBT-Zeit und spielte meistens nur noch eine halbe Stunde am Tag. Schließlich waren es nur noch drei viertelstündige Sitzungen in der Woche. Nach der Geburt seiner kleinen Tochter versuchte er, einhändig zu spielen, während er sie auf dem Arm hatte. »Ich habe es sogar mit den Zehen probiert«, bekannte er, »aber das war ein Flop.«

In den vorangegangenen Monaten hatte er nur noch in Kaffeepausen bei der Arbeit gespielt. Zwischen zwei Notfällen nahm er sich dann eine Spielrunde vor, die aus sieben aufeinander folgenden, in einer Viertelstunde zu bewältigenden Aufgaben besteht.[20] »In gewisser Weise ist das ein Opfer, weil meine Arbeitsbedingungen sehr stressig sind. Ich merke aber, wie das Spielen meinen Adrenalinpegel hochtreibt und mich zugleich entspannt. Durch die sofortige Einstufung – ich weiß, wo genau ich in dieser Minute gerade stehe – bleibe ich am Ball. Das ist ein starker Ansporn.«

Ich probierte MyBrainTrainer aus, und diesmal kann ich wirklich Positives berichten. Das Programm gefiel mir ausnehmend gut. Dieser Moment des Wettkampfs, den ich mir mitten in einem turbulenten Tag gönnen konnte, war genau das Richtige für mich. Nach dem Nervenkitzel, den ich dabei erlebte, kam ich mir vor, als hätte ich einen Espresso getrunken. Meine Leistungen waren, darauf war Verlass, dürftig – eine Schildkröte hätte mit meiner Reaktionszeit wohl ohne Weiteres mithalten können. Doch meine Lage war nicht hoffnungslos. Ich spürte es. Und ich sah es mit eigenen Augen jedes Mal, wenn mein Spielergebnis um ein oder sogar zwei Punkte besser wurde.

Ich sah mir auch noch weitere Produkte an. Der japanische Spielehersteller Nintendo hatte eine riesige Zielgruppe im Blick, als er das Spiel »Brain Age« (in Deutschland angeboten unter dem Titel »Dr. Kawashimas Gehirn-Jogging«) für die tragbare Spielekonsole DS auf den Markt brachte.[21] Das Spiel kostete umgerechnet etwa 25 Euro (wobei natürlich noch die 250 Euro Startkosten für die Spielkonsole hinzukamen) und fand bei Japanern mittleren Alters großen Anklang. Die Firma setzte 5 Millionen davon ab und brachte rasch ein weiteres Spiel namens »Big Brain Academy« heraus. Laut Angaben von Nintendos Marketingabteilung wurden die Spiele von dem japanischen Neurowissenschaftler Dr. Kawashima konzipiert. Im Spiel selbst taucht immer wieder sein Bild auf, das hektisch auf und ab tanzt, während er –

so meine Vermutung – skurrile englische Übersetzungen japanischer Sprichwörter vorträgt. Nach meinem Eindruck sind diese Spiele eher hip als hilfreich. Inwieweit man mit dem Sensorbildschirm zurechtkommt, hängt nicht zuletzt davon ab, wie gut der Nintendo DS das, was Sie mit einem Eingabestift aus Plastik darauf schreiben, zu entziffern vermag oder wie gut das eingebaute Spracherkennungsprogramm Ihre Antworten erfasst. Außerdem konzentrieren sich die Übungsaufgaben von »Brain Age« fast ausschließlich auf die Steigerung der Verarbeitungsgeschwindigkeit. Nach der ersten Spielrunde bekommt fast jeder die beunruhigende Mitteilung, sein Gehirn sei mindestens 20 Jahre älter als er selbst. Nintendo weiß aber, wie viel die Angehörigen der Babyboomer-Generation für unmittelbare Bedürfnisbefriedigung übrig haben. Wer es mit etwas Übung bald schafft, die Lösungen von 20 einfachen Rechenaufgaben im Handumdrehen anzugeben oder lange Wortlisten zu memorieren und zu reproduzieren, der mag das Gefühl bekommen, dass der Prozess der Besserung rasch voranschreitet. Nach einigen weiteren Trainingsdurchläufen erhält er dann die frohe Botschaft: Ihr Gehirn ist jetzt jünger, als Ihr Körper eigentlich ist. Ich habe meine Zweifel an der diagnostischen Präzision von »Brain Age« und vermute, dass sein Aufgabenspektrum viel zu eng ist, als dass eine derartige Aussage sinnvoll wäre. Es ist aber leicht zu bedienen und immer rasch zur Hand. Ich finde es durchaus sinnvoll, ein paar Übungen durchzuspielen, wenn ich auf der Post in einer quälend langen Schlange warte.

Mit MyBrainTrainer hatte ich meine Intervention Nummer 2 gefunden, die meinem trägen Gehirn auf die Sprünge half, wenn auch nur für jeweils einige Minuten. Unterdessen trieb mich zunehmend eine neue Frage um: Welche Vorgänge liefen da eigentlich in meinem Gehirn ab, die diese Neuronen mittleren Alters derart ermatten ließen? Ich nahm einen weiteren Anlauf, mich in die Strukturen meines Gehirns und die biochemischen Vorgänge darin hineinzudenken.

8 Im Säurebad

Ein durch chronischen Stress erhöhter Cortisonspiegel tut dem Hippokampus nicht gut

Wir wir bereits gesehen haben, gründen die meisten kognitiven Probleme des mittleren Alters in Defiziten des Arbeitsgedächtnisses und der Aufmerksamkeit. In dieser Lebensphase kann es aber auch zu einem »echten« Verlust von Erinnerungen kommen, das heißt von Informationen, bei denen wir uns eigentlich sicher sind, wir hätten sie fest in unseren Stirnlappen verankert. »Manchmal bin ich so aufmerksam, wie es mir nur möglich ist«, berichtete Jeanette, eine in der Forschung tätige Wissenschaftlerin. »Ich konzentriere mich ganz intensiv und lasse mir genügend Zeit, damit sich die Dinge einprägen können – und nachher weiß ich sie trotzdem nicht mehr.«[1] Ursache dafür ist eine Funktionsstörung im überlasteten Hippokampus, der Gehirnregion, die für Lernen und Erinnern ganz besonders wichtig ist.

Der Hippokampus liegt ungefähr hinter dem Ohr, tief im Inneren des Schläfenlappens. Er ist ein hochempfindliches Gebilde und spielt für die Speicherung von Informationen und Erfahrungen eine wesentliche Rolle. Er stellt Bezüge her und ordnet Informationen in Kontexte ein, so dass wir uns beispielsweise erinnern können, was zuerst geschah und was darauf folgte.[2] Mit seiner Hilfe orientieren wir uns in Zeit und Raum und aktualisieren fortwährend unsere Koordinaten. Als Sean, der Spezialist für Informationstechnik, sich in seiner Heimatstadt plötzlich nicht mehr auskannte, beruhte das vermutlich auf einer Fehlfunktion des Hippokampus. Diesem kommt bei der bewussten und willentlichen Erinnerung an Gelerntes eine Schlüsselstellung zu.

Nicht jede Form von Stress schadet dem Gedächtnis. Stress

in Maßen schärft sogar die Konturen der Erinnerung. Ein gelegentliches Hochschnellen des Stressniveaus kann eine neuroprotektive Wirkung haben – als eine Art Hausputz, bei dem falsch gefaltete Proteine und andere Abfallprodukte zusammengekehrt und aus den Nervenzellen herausgeschafft werden.[3]

Von der Art, wie Ihr Körper auf das Auf und Ab des Lebens reagiert – seinem »Stressreaktions-System« –, hängt es ab, ob Ihre beiden Hippokampi gesund und stark bleiben oder schrumpfen wie Pfirsiche an der Sonne. Wir sagen oft, wir seien »im Stress«, doch echter Stress ist etwas anderes, als wenn der Stadtbus, in dem Sie zu Ihrem Zahnarzttermin unterwegs sind, im Stau steckenbleibt. Gemäß der wissenschaftlichen Stressdefinition muss die Ursache der Belastung unvorhergesehen, unvorhersehbar und neuartig sein und außerhalb unserer Kontrollmöglichkeiten liegen.[4] Beispiele sind ein plötzlicher Todesfall in der Familie, das heißt ein uns persönlich betreffender Schicksalsschlag, oder ein Erdbeben, also ein Naturereignis, dem wir ohnmächtig ausgeliefert sind. Der Stress kann auch von Ereignissen ausgehen, die den Charakter einer umfassenden Katastrophe haben, etwa von Terrorakten wie denen des 11. September 2001.

Eigentlich wäre alles in bester Ordnung, wenn der Stress nur kurz anhielte – wenn man, wie der Neurowissenschaftler Robert Sapolsky von der Stanford University das beschreibt, »drei Minuten lang das blanke Entsetzen erlebt, während man in der Savanne um sein Leben rennt, und dann entweder davongekommen ist oder dran glauben musste.«[5] Stattdessen leben aber viele in einem Zustand chronisch gesteigerter Wachsamkeit und Anspannung und sind von dem Empfinden durchdrungen, jeden Moment könne ohne Vorwarnung ein Unheil über sie hereinbrechen. Das Gehirn entscheidet sich dafür, eine Stressreaktion in Gang zu setzen, ob nun tatsächlich eine unmittelbare Gefahr droht oder nicht, und lässt die Reaktion dann weiterlaufen. Bruce McEwen, Neuroendokrinologe an der Rockefeller University in New York

126

City, bemerkte dazu im Gespräch mit mir: »Der menschliche Geist hat eine solche Macht, und die Verknüpfung zwischen Wahrnehmung und physiologischer Reaktion ist so eng, dass wir die Kampf-oder-Flucht-Reaktion einfach nur dadurch in Gang setzen können, dass wir uns in der Vorstellung in eine bedrohliche Situation hineinversetzen.«[6]

Die Physiologie der Stressreaktion

Wenn Ihr Körper in den Schnellgang schaltet und wochen-, monate- oder sogar jahrelang auf Hochtouren läuft, leidet darunter der Hippokampus. Die Stressreaktion ist eigentlich ein Versuch des Körpers, die Dinge im Gleichgewicht zu halten und Sauerstoffzufuhr, Blutzuckerspiegel, pH-Wert und Temperatur genau richtig gegeneinander auszubalancieren. Sie beginnt in der Amygdala, einer kleinen, tief im Zentrum des Gehirns angesiedelten mandelförmigen Struktur, die über viele lange, mit Myelin ummantelte Axone mit dem Hippokampus und anderen Regionen verschaltet ist. Wenn in der Amygdala ein Signal eintrifft, dass Grund zur Angst besteht – ob nun vor einem Anpfiff des Vorgesetzten oder den Schulzeugnissen der Kinder –, aktiviert sie die HPA-Achse, ein Verbundsystem, das Hypothalamus, Hypophyse und Nebennierenrinden umfasst. In der Folge kommt es zu einer massiven Ausschüttung von Hormonen und zum ersten Adrenalinstoß, der die Wachsamkeit steigert und das Erinnerungsvermögen schärft.

Nach kurzer Zeit schütten die Nebennierenrinden eine zweite Welle von Stresshormonen aus, die sogenannten Glucocorticoide. Das wichtigste Glucocorticoid beim Menschen ist das Cortisol, ein aus Cholesterin gebildetes Steroidhormon. Um Brennstoff für die bevorstehenden Anstrengungen – die Kampf-oder-Flucht-Reaktion – bereitzustellen, wandelt Cortisol Kohlenhydrate, die in Form von Glykogen gespeichert sind, in Glukose um und pumpt diese in den

Blutkreislauf, damit das Herz und andere Muskeln so viel Glukose und Sauerstoff wie möglich zur Verfügung haben. Etwa eine halbe Stunde nach Einleitung der Stressreaktion bekommt die HPA-Achse normalerweise ein Signal vom Hippokampus, dass alles wieder in Ordnung ist und die Operation abgeblasen werden kann. Falls aber der Hippokampus zu stark gehandicapt ist, um ein Signal zu senden, bleiben sozusagen alle Mann an Deck, und es entwickelt sich nun eine wirklich problematische Situation. Wenn Cortisol im Spiel ist, kann Glukose ihre Funktion nicht sonderlich gut erfüllen, weil Cortisol Insulin davon abhält, in die Zelle einzuströmen. Wenn bei einem Menschen die Cortisolproduktion ständig auf Hochtouren läuft, entwickelt sich häufig eine Vorstufe des Diabetes, die sogenannte Insulinresistenz oder Glukoseintoleranz.

Die Neuronen des Hippokampus können bereits Schaden nehmen, wenn der Cortisolspiegel über mehrere Tage hinweg erhöht ist.[7] (Andere Hormone sind im Körper mit fortschreitendem Alter in geringerem Umfang vorhanden. Von Cortisol aber ist stets mehr als genug verfügbar.[8]) Bruce McEwen stellte fest, dass bei Ratten Stress, der drei Wochen lang anhielt (er bestand in geringfügigen Einschränkungen der Bewegungsfreiheit im Käfig), dazu führte, das Zellen im Hippokampus schrumpften und ihre Form veränderten.[9] Die Dendriten, die normalerweise ähnlich wie dichtes Blattwerk rundherum aus dem Zellkörper sprießen, lichteten sich. Die Synapsen an den Spitzen der Dendriten begannen auszutrocknen, was bedeutete, dass weniger synaptische Verknüpfungen und damit weniger Möglichkeiten zur Informationsübermittlung verfügbar waren, was sich in einer leichten bis mittelschweren Beeinträchtigung des Gedächtnisses niederschlug. Ein hoher Cortisolspiegel führt auch dazu, dass deutlich weniger neue Gehirnzellen gebildet werden. Eine mögliche Erklärung dafür ist, dass ein überhöhter Cortisolspiegel die Produktion des Nervennährstoffes BDNF bremst, der als eine Art Dünger für neue dendritische Verzweigungen und

Zellen dient.[10] Ohne dieses Molekül, das Nervenzellen anregt, zu wachsen und neue Verschaltungen zu bilden, geht dem Hippokampus rasch der Nachschub aus, und er kann seine absterbenden Zellen und Synapsen nicht mehr ersetzen. Wenn seine Neuronen verkümmern oder in großer Zahl untergehen, beginnt der Hippokampus zu schrumpfen, was die in ihm ablaufenden Prozesse der kognitiven Verarbeitung massiv beeinträchtigt.

Die Erzeugung von BDNF wird von einem bestimmten Gen gesteuert. Unglücklicherweise hat jeder Dritte von uns eine schadhafte Variante des Gens geerbt. BDNF verklumpt in diesem Fall innerhalb des Zellkörpers und kann nicht zur Synapse transportiert werden, so dass das neuronale Netzwerk weniger üppig ausfällt und weniger leistungsfähig ist. Wenn jemand sagt, das schlechte Gedächtnis habe er von seinem Vater, könnte dies die Ursache sein.

Sobald die Stressreaktion heruntergefahren wird, setzt die Produktion von BDNF wieder ein, und die Regeneration von Nervenzellen kommt wieder in Schwung. »Die Verkümmerung ist reversibel«, erläuterte Bruce McEwen, »wenn der Stress bald vorüber ist. Monate- und jahrelang anhaltender Stress dagegen kann vielen Neuronen im Hippokampus den Garaus machen.«[11]

Wie Gedächtnisstörungen und Depressionen zusammenhängen

Wenn ein Patient über das Nachlassen seines Gedächtnisses klagt, regt sich bei Ärzten und Psychologen rasch der Verdacht, dass eine klinische Depression dahinterstecken könnte. Diese Vermutung ist durchaus nachvollziehbar, denn es fällt uns sicherlich schwerer, dem Beachtung zu schenken, was um uns herum vor sich geht, wenn der graue Schleier der Melancholie über uns liegt. In Wirklichkeit sind die Zusammenhänge aber weit komplexer. Neue Studien machen deutlich, dass Gedächtnisstörungen nicht einzig und allein auf einer Depression beruhen können, ganz gleich, was Ihr Therapeut denkt. Ein mögliches Erklärungsmodell ist, dass am Beginn der Ursachenkette ein erhöhter Cortisolspiegel steht, der zu einer stressbedingten Hemmung der Produktion von BDNF führt und den Aufbau neuer Nervenzellen sowie das Wachstum von Dendriten und Axonen hemmt, bis das Gehirn schließlich in eine ernste Krise gerät. Die Funktionstüchtigkeit des Hippokampus nimmt ab, und es entwickelt sich eine klinische Depression. Je länger die Depression dauert, desto wahrscheinlicher ist es, dass der Hippokampus schrumpft. Bei Patienten mit einer jahrelang anhaltenden starken Depression war in einer Studie das Volumen des Hippokampus um 10 bis 20 Prozent geringer als bei einer statistisch sorgfältig parallelisierten Kontrollgruppe.[12] Essenzielle Fettsäuren können übrigens viel dazu beitragen, dem hemmenden Einfluss, den Cortisol auf die Neubildung von Nervenzellen ausübt, entgegenzuwirken. In Ländern wie Taiwan und Japan, wo man viel ölhaltigen Fisch isst, treten depressive Störungen 60-mal seltener auf als in den USA und Deutschland, wo Fisch vergleichsweise selten auf den Tisch kommt.[13]

Je länger ich mich mit diesen Zusammenhängen beschäftigte, desto plausibler erschien es mir, dass eine Schädigung des Hippokampus Symptome einer klinischen Depression hervorrufen kann. Wenn der Hippokampus in seiner Funktion beeinträchtigt ist, können wir die Ereignisse in unserem Leben nicht mehr in Kontexte einordnen und sie nach ihrer Bedeutsamkeit gewichten. Es geschieht dann nur allzu leicht, dass sich ein Dunstschleier über unsere Existenz legt. Der Hippokampus lässt uns wissen, wer wir sind und warum wir so sind, wie wir sind. Eine Minderung seiner Funktionsfähigkeit kann unser Identitätsempfinden unterminieren.

Neue Studien weisen darauf hin, dass sich die Schädigungen des Hippokampus im Laufe wiederholter depressiver Phasen aufsummieren; wenn die Depression nicht oder zu spät behandelt wird, bleiben einige Aspekte der kognitiven Beeinträchtigungen bestehen.[14] Ein sofortiger Einsatz von Antidepressiva scheint den Hippokampus zu schützen. Antidepressiva wie Sertralin und Fluoxetin, die die Wiederaufnahme des Neurotransmitters Serotonin an der Synapse hemmen (SSRIs), regen das Gehirn an, wieder die Produktion von BDNF aufzunehmen. (Antidepressiva sind für die Behandlung schwerer depressiver Störungen zwar von unschätzbarem Wert, aber keineswegs harmlos. Insbesondere die Einnahme über einen längeren Zeitraum kann zu verschiedenen Formen kognitiver Beeinträchtigungen führen.) »Der Grund, warum SSRIs erst nach etwa einem Monat anschlagen und die Depressionssymptome zu lindern beginnen«, schreibt Fred Gage – die Entdeckung, dass im Gehirn das ganze Leben über neue Neuronen entstehen, verdanken wir seinem Team am Salk-Institut für Biologische Studien im kalifornischen La Jolla –, »liegt darin, dass neugebildete Zellen eben so lange brauchen, […] um auszureifen, ihre Dendriten wachsen zu lassen und sie in die bestehenden neuronalen Schaltkreise einzugliedern.«[15] Damit hat sich die hochspekulative, wissenschaftlich nie belegte Hypothese erledigt, die Wirkung der SSRIs beruhe darauf, dass sie den Serotoninspiegel anhöben. Neue Ansätze der Depressionsbehandlung werden sich wahrscheinlich auf Medikamente stützen, die wesentlich früher in die Ursachenkette eingreifen, zum Beispiel dadurch, dass sie die HPA-Achse umprogrammieren und die Produktion von Cortisol bremsen, bevor es im Hippokampus derartigen Schaden anrichten kann. Forscher sind zur Zeit damit befasst, die Möglichkeiten von Medikamenten auszuloten, die den Cortisolspiegel beeinflussen und bei der Behandlung affektiver Störungen vielleicht bald schon an die Stelle von Antidepressiva treten.

Eine posttraumatische Belastungsstörung (PTBS) kann sich auf den Hippokampus und damit auf das Gedächtnis verheerend auswirken.[16] 8 Prozent aller Menschen sind irgendwann in ihrem Leben von einer PTBS betroffen. Zu den

Symptomen zählen: sich aufdrängende Erinnerungen, Alpträume, Flashbacks (Wiedererleben traumatisierender Erfahrungen), Schreckhaftigkeit, erhöhte Wachheit, gestörtes Sozialverhalten, Gedächtnis- und Konzentrationsstörungen. »Bei Patienten, die unter einer posttraumatischen Belastungsstörung leiden«, schreibt J. Douglas Bremner, Leiter des Positronenemissionstomografie-Zentrums an der Emory University in Atlanta, »ist der Angstalarm im Grunde genommen die ganze Zeit ›angeschaltet‹, so dass sie nicht zu den feinen Unterscheidungen imstande sind, anhand derer sie erkennen könnten, wann in ihrer Umgebung eine wirklich ernste Bedrohung auftritt«.[17] Bei einer PTBS nehmen die Zellen des Hippokampus mit der Zeit durch den überhöhten Cortisolspiegel Schaden; der Hippokampus schrumpft, und die kognitiven Fähigkeiten lassen nach. Bremner stellte in einer neuropsychologischen Studie mit PTBS-Patienten fest, dass ihre Punktwerte in verschiedenen Tests im Durchschnitt 40 Prozent unter den Normalwerten lagen.[18]

Die Rolle der Eltern-Kind-Bindung

Als ich zu Beginn meiner Recherchen meinen Fragebogen ausarbeitete, kam ich nicht auf den Gedanken, auch Fragen zur Kindheit zu stellen. Viele Teilnehmer an meiner Umfrage machten dazu aber von sich aus Angaben. Je mehr belastende Einflüsse es in der Kindheit gegeben hatte, desto größer war offenbar die Wahrscheinlichkeit, dass die Betreffenden im Erwachsenenalter mit kognitiven Problemen zu kämpfen hatten. Personen, die in ihrem jetzigen Leben zweifellos großem Stress ausgesetzt, aber behütet und geborgen aufgewachsen waren, schrieben beispielsweise, dass Stress sie »wacher« mache oder ihnen helfe, »Dinge erledigt zu bekommen«. Andere, die unter raueren Umständen groß geworden waren, gaben an, dass Stress sie »umhaue«, dass sie dann »ein Brett vor dem Kopf« hätten und »neben der Spur«

seien; sie fänden es immer schwieriger, »damit zurechtzukommen, dass ich unter Druck totale Mattscheibe habe«.

Von den Befragten, die eine schwierige Kindheit hinter
sich hatten, berichteten viele, dass sie Schwierigkeiten hätten, Kontexte zu erfassen und zu erkennen, was an erster
Stelle komme und was geringere Priorität habe. Ihre Erinnerungen nicht nur an die Kindheit, sondern auch an neuere Ereignisse in ihrem Leben waren verschwommen und vage.
Ihre räumlichen Wahrnehmungsfähigkeiten und ihr Orientierungsvermögen waren schwach ausgeprägt. An all diesen
Funktionen ist der Hippokampus beteiligt. Dagegen spiegeln
Störungen der Aufmerksamkeit Veränderungen in den Stirnlappen wider. Natürlich gab es Ausnahmen, aber im Großen
und Ganzen schienen die Funktionen des Hippokampus umso
mehr beeinträchtigt zu sein, je belastender die Umstände von
Geburt und früher Kindheit waren.

Anna, von Beruf Bildhauerin, schrieb mir: »Es wäre keine
Übertreibung festzustellen, dass ich fast keine Erinnerungen
an meine Kindheit habe. Vor dem Alter von zehn ist da nur
gähnende Leere, und danach gibt es nur Schnipsel. Ich kann
mich in meinen Erinnerungen nicht selbst sehen – es sind
allenfalls Bilder wie aus einem Super-8-Film, in denen nur
ganz kurz aufblitzt, wer ich war. Sie fühlen sich nicht vollständig an und haben keinen emotionalen Gehalt. Ich bin
kaum in ihnen enthalten.«

In solchen Fällen hatte es, wie ich feststellte, regelmäßig
eine erhebliche Störung in der Beziehung zwischen Mutter
und Kind gegeben – eine psychische oder körperliche Krankheit, zum Beispiel auch Alkoholismus oder Depression, oder
einfach eine tiefgreifende Ambivalenz gegenüber der Mutterrolle. Wäre meine begabte, ehrgeizige Mutter ein Jahrzehnt später zur Welt gekommen, dann hätte sie sich wohl
darüber klarwerden können, dass sie eigentlich die Möglichkeit hatte, das Kinderkriegen aufzuschieben oder sich vielleicht auch für Karriere statt Familie zu entscheiden. Mit 24
empfand sie die Aufgabe, für mich, ein anstrengendes, oft

unter Koliken leidendes Baby, zu sorgen, als Überforderung. Aus Bemerkungen, die sie im Lauf der Jahre fallen ließ – und aus ihrem Staunen über die Begeisterung, mit der ich mich meinen eigenen Babys widmete –, konnte ich erschließen, dass es für sie damals eine sehr schwierige Zeit war. Hatte sich das auf meine kognitiven Fähigkeiten ausgewirkt?

Daniel Siegel, niedergelassener Psychiater und Leiter des Center for Human Development an der University of California, Los Angeles, hat sich die meiste Zeit seines Berufslebens damit beschäftigt, Bindungsbeziehungen zwischen Müttern und ihren Kindern zu untersuchen. Wenn Mütter, so stellt er fest, gegenüber ihrem Baby emotional abweisend oder distanziert, wenig einfühlsam, gleichgültig oder auch desorganisiert und desorientiert sind, wächst das Kind zu einem Erwachsenen heran, dem »begriffliche Ankerpunkte« fehlen, »die den Zugriff auf das Gedächtnis und somit auch flüssiges Erzählen und die Fähigkeit zur Selbstreflexion ermöglichen.«[19]

Ich rief Siegel an und fragte, ob ich mit zwei Portionen Salat zu ihm in sein Büro im Westen von Los Angeles kommen dürfe, um im Gespräch mit ihm zu klären, ob ich ihn denn richtig verstanden hätte.[20] Seine Theorie kam mir, gelinde gesagt, nicht sonderlich mütterfreundlich vor. Wir saßen an einem großen runden Tisch. Durch eine große Fensterfront blickte man auf die Hügel von Brentwood und bis hinüber nach Bel Air.

Nach Siegels Schätzung haben nur 55 bis 65 Prozent aller Kinder das Glück, eine »sichere Bindungsbeziehung« zu erleben. »Bindungsbeziehungen sind wahrscheinlich das zentrale Fundament, auf dem Geist und Psyche sich entwickeln. Die Muster der Gehirnfunktionen werden, so glaube ich, durch diese Beziehung geformt. Wenn ein Säugling mit dem unlösbaren Problem konfrontiert ist, dass der Elternteil, der ihn eigentlich beschützen soll, ein verängstigtes, dissoziiertes oder desorientiertes Verhalten an den Tag legt, übt diese Erfahrung auf die kognitive Verfassung des Kindes zwangsläufig einen desorganisierenden Effekt aus.«

»Woran merken Sie«, fragte ich ihn, »ob sie einen Patienten vor sich haben, dessen Mutter auf der emotionalen Ebene, wie Sie das nennen, vermeidend oder ambivalent war?«

»Das Hauptindiz«, erwiderte er, »besteht darin, dass er sich an seine Kindheit nicht erinnern kann. Er lebt sein Leben, ohne irgendein inneres Bild von der Vergangenheit zu haben. Als Erwachsene können sich diese Menschen einfach nicht an Ereignisse in ihrem Leben erinnern, die für sie selbst bedeutsam waren, insbesondere was Beziehungen zu anderen Menschen angeht. Ihre Erinnerungen sind schwach oder gar nicht vorhanden, und ihr Identitätsempfinden besitzt keine Tiefe.«

Die emotionale Vermeidung oder Ambivalenz von Müttern kann viele Formen annehmen, doch dass sie ihr Kind körperlich misshandeln, kommt nur selten vor; dies würde mehr innere Beteiligung verlangen, als sie aufbringen können. Oft gründet die Vermeidung oder Ambivalenz in einer problematischen Familiensituation; das Unvermögen der Mutter, eine emotionale Bindung zum Kind aufzubauen, kann zum Beispiel daher rühren, dass ihr Partner alkoholabhängig ist.

»Durch emotionale Bindung«, erklärte Siegel, »entsteht eine zwischenmenschliche Beziehung, die dem unreifen Gehirn [des Kindes] hilft, sich auf ein reifes Gehirn [das der Mutter] zu stützen, um die in ihm selbst ablaufenden Prozesse zu strukturieren.« Kinder, denen es verwehrt ist, sich ein reifes Gehirn zunutze zu machen, haben später Mühe, Informationen in Kontexte einzuordnen, und mühen sich ständig daran ab, die Splitter ihres Lebens zu einem Ganzen zusammenzufügen. Siegel hat in Studien festgestellt, dass diese Kinder im Alter von zehn Jahren »in ihrem spontanen autobiografischen Erzählen« – in der Geschichte ihres Lebens, wie sie sich ihnen darstellt – »eine charakteristische Dürftigkeit des Inhalts erkennen lassen«. Bei vielen Babys, die eine sichere Bindungsbeziehung entbehren müssen, ist der Cortisolspiegel erhöht. Die Stressreaktion setzt also früh ein, wird zu einem dauerhaften Kennzeichen des Stoffwechsels und hemmt die Funktionsfähigkeit des Hippokampus. Ein unversehrter Hippokampus, betonte Siegel, sei eine staunenswerte Zeitmaschine, mit der wir rückwärts und vorwärts durch unser Leben reisen. Wird der Hippokampus aber, insbesondere in jungen Jahren, mit Cortisol überschwemmt, kann er nicht dazu beitragen, adäquate Vorstellungen von den Konsequenzen eines Ereignisses oder einer Handlung, von zu erwartenden zeitlichen und logischen Abfolgen und von der typischen Form, die eine bevorstehende Erfahrung wahrscheinlich annehmen wird, zu entwickeln.

»Manchmal aber«, sagte Siegel sanft, »wenn jemand über diese belastenden Bindungsmuster spricht, kommt etwas in Bewegung, und es beginnen sich Lösungen für die kognitiven Probleme und die Probleme mit zwischenmenschlicher Intimität abzuzeichnen.«

Am liebsten hätte ich ihn gefragt, ob er nicht vielleicht weitere 50 Minuten Zeit für mich hätte, und zwar auf der Stelle.

9 Mehr Östrogen, bitte

Könnte eine Hormontherapie Ihren Neuronen auf die Sprünge helfen?

»Alle Leute, die mich kennen, sind überzeugt, dass in dem Moment, als ich 52 wurde, eine Aufmerksamkeitsdefizitstörung bei mir ausgebrochen ist!«, klagte Peggy, eine Fachberaterin. Ihr war freilich klar, dass das Einsetzen einer solchen Störung aus heiterem Himmel sehr unwahrscheinlich war. »Ich habe große Schwierigkeiten, mich zu konzentrieren, und nur wenn der Druck sehr groß ist, schaffe ich es, mich in eine Sache wirklich reinzuknien. Ich kann mir aber nicht merken, was ich lese oder was mir jemand erzählt.« Peggy vermutete, dass die Menopause etwas damit zu tun haben könnte, obwohl sie bei ihr »in einer Dreiviertelstunde vorüber war, ohne dass ich irgendwelche besonderen Symptome bemerkt hätte.«

Als ich zu ihr sagte, dass ihre Neuronen wahrscheinlich um Östrogennachschub bettelten, war sie schockiert. Wie viele andere Frauen hatte sie eine Hormonersatztherapie (HET) abgelehnt, weil sie diese für gefährlich und – nach allem, was sie darüber in Zeitschriften gelesen hatte – für vermutlich unnütz hielt.

Es hat lange gedauert, bis man der Rolle, die das Hormon Östrogen im Gehirn spielt, die nötige Beachtung schenkte. Mit den modernen bildgebenden Verfahren können Wissenschaftler den Stoffwechsel des Gehirns wesentlich genauer untersuchen, als das bislang möglich war. Ein ausreichend hoher Östrogenspiegel ist eine unabdingbare Voraussetzung dafür, dass Neuronen den Neurotransmitter Azetylcholin, der für das optimale Funktionieren von Hippokampus und Stirnlappen entscheidend ist, angemessen nutzen können.[1]

Östrogen erhöht auch das Tempo der Neurogenese, unterstützt Neuronen dabei, neue Synapsen und dendritische Verschaltungen zu bilden, und hilft auf diese Weise, den Schaden zu begrenzen, den im mittleren Alter ein Überangebot an Cortisol anrichten kann.[2] Das Hormon trägt, wie sich gezeigt hat, in beträchtlichem Maße dazu bei, dem Wüten von Beta-Amyloid Einhalt zu gebieten. Dies ist das Protein, das im Zuge der Alzheimer-Krankheit die für die Nervenzellen fatalen Plaques oder Ablagerungen bildet.[3] Östrogen trägt auch zum Schutz der Gehirnzellen vor zerstörerischen Oxidationsprozessen bei[4] und regt den Glukosestoffwechsel und die Blutzirkulation im Gehirn an.[5] Neuere Forschungsbefunde lassen vermuten, dass es auch das Schrumpfen der grauen Substanz verlangsamt; dabei handelt es sich um die dunkleren Gewebeabschnitte des Gehirns, die größtenteils aus den für die Informationsverarbeitung entscheidenden Zellkörpern der Neuronen bestehen.[6] In den Industriestaaten fällt heutzutage, da die durchschnittliche Lebenserwartung stark gestiegen ist, fast ein Drittel des gesamten Lebens einer Frau in die Zeit nach der Menopause.[7] Deshalb ist die Bedeutung von Östrogen kaum zu überschätzen.

Der Neurowissenschaftler Robert Sapolsky erklärte mir im Gespräch: »Die Beweislage in der Fachliteratur ist erdrückend: Östrogen ist von entscheidender Bedeutung, denn es verhindert, dass Neuronen funktionsunfähig werden und absterben.«[8] Bei Tests zur Sprachgewandtheit (eine der Aufgaben war zum Beispiel, so viele Zootiere wie möglich zu nennen) lagen die Resultate bei Frauen, die nach den Wechseljahren Östrogen einnahmen, um eine halbe bis ganze Standardabweichung über denen von Frauen ohne HET.[9] Dieser Unterschied ist zwar nicht riesig, aber doch so bedeutsam, dass viele Frauen ihn registrieren.

Alarmierende Forschungsergebnisse

»Aber hat denn nicht diese große Studie vor ein paar Jahren ergeben, dass eine Östrogenbehandlung rundum gefährlich ist?«, fragte Peggy und zog besorgt die Stirn in Falten. Sie meinte die »Women's Health Initiative« (WHI), eine umfangreiche prospektive Studie mit 16 000 Frauen, in der seit den frühen 1990er Jahren Nutzen und Risiken der Hormontherapie untersucht wurden.[10] Unter anderem ging man der Frage nach, ob eine langfristige Kombinationsbehandlung mit Prempro (konjugierte Östrogene und Progesteron) und Premarin (aus dem Harn trächtiger Stuten gewonnenes Östrogen) bei Frauen eine vorbeugende Wirkung gegen koronare Herzkrankheit hat.[11]

Ab 2002 machte die WHI-Studie mehrere Jahre lang nur Negativschlagzeilen.[12] Bestimmte Teile der Medikamentenversuche wurden abgebrochen, weil die Resultate auf ein leicht erhöhtes Risiko von Brustkrebs, Schlaganfall und Blutgerinnungsstörungen hindeuteten. Das Risiko einer Herzerkrankung war bei den Teilnehmerinnen nicht vermindert, während sich das Risiko einer Demenz im Vergleich zu Kontrollgruppen als doppelt so hoch erwies.

Verständlicherweise drängten Ärzte ihre Patientinnen, entsprechende Medikamente sofort abzusetzen. In den ersten acht Monaten des Jahres 2002, bevor die Studienergebnisse allgemein bekannt waren, wurden in den USA 45,2 Millionen Rezepte für eine Hormonersatztherapie ausgestellt. Im selben Zeitraum des Jahres 2005 waren es nur noch 24,7 Millionen. Fast über Nacht war aus einer allgemein anerkannten Behandlungsform eine gefährliche Methode von zweifelhaftem Nutzen geworden. Falls ein Arzt überhaupt noch eine HET verordnete, so erklärte die Food and Drug Administration, die für Medikamente zuständige Bundesbehörde, solle er sie in der niedrigstmöglichen Dosis und für die kürzestmögliche Zeit verschreiben.[13]

Eine Weile lang leuchtete mir diese Argumentation, ebenso wie den meisten Frauen, die ich kannte, durchaus ein. Mit den Symptomen der Wechseljahre würden wir auch so zurechtkommen; wir würden die Zähne zusammenbeißen und uns von Hitzewallungen und Stimmungsschwankungen nicht unterkriegen lassen. »Ich lege mir derzeit einen großen Vorrat von diesen reizenden Hemdchen mit integriertem BH zu«, witzelte eine durchtrainierte Bekannte. »Wenn es sein muss, arbeite ich als Stripperin.«

Weniger gelassen reagierten Frauen, die mitten in den Wechseljahren lernen mussten, ohne die Medikamente auszukommen. Jill versorgte ihre kranke Mutter und die vor kurzem adoptierten sechsjährigen Zwillinge, als die WHI-Ergebnisse wie eine Bombe einschlugen: »Mein Arzt sagte mir, ich solle die HET beenden, und das habe ich dann auch gemacht. Ich spürte sofort, wie mein Stoffwechsel sich veränderte. Jeden Tag hatte ich Hitzewallungen und anderthalb Jahre lang Schlafstörungen. Ich stand völlig neben mir.«

Jill stellte ebenso wie viele andere Frauen fest, dass sie Wortfindungsstörungen hatte. Auch ihre Fähigkeiten der räumlichen Orientierung hatten nachgelassen, so dass sie von der »Falsches-Fach-Störung« geplagt wurde, die ich in Kapitel 4 beschrieben habe. Sie suchte oft Auto und Haus nach ihrem Handy ab (eigentlich war sie sich sicher gewesen, dass sie es in die Handtasche gesteckt hatte), bis sie es schließlich in ihrer Aktentasche fand.

Sie war auch vom »Wozu-bin-ich-hier-Syndrom« befallen: Manchmal ging sie die Treppe hinauf, stand dann im Wandschrank des Schlafzimmers und wusste nicht mehr, was sie hier eigentlich holen wollte. Wahrscheinlich litt ihr Hippokampus, der für die räumliche und zeitliche Orientierung und das Herstellen von Zusammenhängen zuständig ist, unter Östrogenmangel.

»Es war ein richtiges Wechselbad«, seufzte Lucy, Marketingleiterin einer Einzelhandelsfirma. »An einem Tag lief alles glatt. Ich musste kaum in den Kalender schauen. Am nächsten Tag aber hatte ich mit allen möglichen Wechseljahre-Symptomen zu kämpfen. Die schlimmsten Aussetzer betrafen Gedächtnis und Konzentration. Es wurde so schlimm, dass ich Mühe hatte, meine Arbeit richtig zu machen. Ich wusste nicht mehr, was jemand zu mir gesagt oder was ich gelesen hatte. Mir fielen nicht einmal mehr die Namen von Leuten ein, deren Vorgesetzte ich seit Monaten war.« Eine angesehene Professorin für kognitive Neurowissenschaft berichtete: »Mir kam es wirklich so vor, als wäre mein Gedächtnis kaputtgegangen. Die Veränderungen jagten mir eine derartige Angst ein, dass ich dachte, ich sollte mich besser untersuchen lassen. Aber natürlich kannte ich alle einschlägigen Experten in der Stadt. Also nahm ich mir vor, einen zu suchen, der in einer etwa eine Autostunde entfernten Stadt praktizierte. Bevor ich aber irgendetwas unternahm, begannen meine Freundinnen über dieselben Defizite zu jammern, und ich dachte: ›Gott sei Dank, vielleicht ist es doch nichts Krankhaftes.‹«

Jane Gross schilderte in der *New York Times*, wie sie kurz nach Veröffentlichung der WHI-Studie von der Hormonersatztherapie loszukommen versuchte.[14] Sie trauerte um das, was ihr verloren ging. »Fragen Sie irgendeine beliebige Frau, die schwierige Wechseljahre durchmacht, ob sie glaubt, dass die auf dem Dachboden eingeschlossene Mrs. Rochester in Charlotte Brontës Roman *Jane Eyre* tatsächlich wahnsinnig ist. Die Antwort ist wahrscheinlich ein entschiedenes Nein. Als ich in letzter Zeit vergeblich versuchte, vom Östrogen loszukommen, dachte ich oft an die arme Mrs. Rochester, die in einem Zeitalter vor der Hormontherapie lebte. Vermutlich war sie genau wie ich zermürbt von zu vielen schlaflosen Nächten, beunruhigt durch Herzrasen, für das keinerlei Ursache zu erkennen war, und außerstande, sich auf die einfachsten Aufgaben zu konzentrieren oder einen Satz von Anfang bis Ende zu lesen.«

Hitzewallungen gehen oft mit kognitiven Problemen einher, die manchmal allerdings auch separat auftreten. Eine Verkaufsleiterin berichtete mir, dass sie tags zuvor ihren

Assistenten beauftragt hatte, für den nächsten Morgen um 9 Uhr eine Besprechung mit dem gesamten Personal einzuberufen. Alle hatten anwesend zu sein. Als sie mit ein oder zwei Minuten Verspätung im Konferenzraum eintraf und in ein Dutzend verschlafene Gesichter blickte, wusste sie nicht mehr, worum es bei der Besprechung gehen sollte. »Ich war am Boden zerstört«, schreibt sie. »Ich spürte, wie die Hitze in mir aufstieg und die Poren sich öffneten. Unter dem Vorwand, ich müsste noch Unterlagen holen, sauste ich zurück in mein Büro. Sobald ich auf meinen Schreibtisch blickte, wusste ich wieder, welches Thema ich eigentlich besprechen wollte.«

Mir fiel auf, dass nicht wenige Frauen ihren Beruf, in dem sie bisher über lange Jahre erfolgreich waren, an den Nagel hängten, nachdem sie die Fünfzig überschritten hatten. Manche von ihnen wollten zweifellos ganz einfach dem täglichen Trott entkommen. Andere aber schienen das Gefühl zu haben, dass sie dem Ganzen kognitiv nicht mehr gewachsen waren. Im hiesigen Starbucks traf ich zufällig die Managerin wieder, die Vorgesetzte von 400 Mitarbeitern war und mir im Jahr zuvor versichert hatte, ihr Gedächtnis funktioniere nach wie vor tadellos. In der Zwischenzeit hatte sie das Angebot abgelehnt, ihren Vertrag zu verlängern. Sie habe genug gehabt. Als wir aufbrachen, blieb sie plötzlich stehen und sah völlig verwirrt aus: »Äh, ich habe anscheinend das Bananenbrot vergessen.« Ich zeigte auf die Starbucks-Tüte, die an ihrem Ellbogen baumelte. Sie schlug sich mit der Hand auf die Stirn und blickte niedergeschlagen drein.

Die richtigen Testverfahren wählen

Die Neurologin Gayatri Devi, die seit langem die Wirkungsweise des Östrogens im Gehirn untersucht, leitet die New Yorker Gedächtnisklinik.[15] Zu ihr kommen oft berufstätige Frauen in den Wechseljahren, die den Verdacht haben, dass sich bei ihnen die ersten Anzeichen einer Alzheimer-Erkrankung bemerkbar machen. »Solche Frauen wenden sich ständig an mich«, sagte sie in einem Telefoninterview zu mir, »Zeitschriftenredakteurinnen, Frauen, die multinationale Unternehmen leiten – äußerst fähige und hochqualifizierte Frauen, fast alle zwischen Mitte vierzig und Anfang fünfzig. Was mit ihnen geschieht, trifft sie auf einer Ebene, wo sie es definitiv nicht brauchen können. Sie ringen im Konferenzzimmer plötzlich um Worte oder haben keinen blassen Schimmer, was gerade gesagt wurde. Das ist äußerst beunruhigend. Und es ist demütigend, dies in einer Phase erleben zu müssen, wo sie wirklich auf dem Höhepunkt ihrer Karriere angelangt sind. Diese Frauen sind es gewohnt, wie ein Rennwagen loszupreschen – in sechs Sekunden von Null auf Hundert. Dann, aus heiterem Himmel, brauchen sie plötzlich eine Minute dafür. Oder sie kommen manchmal überhaupt nicht auf Touren. Wenn wir diese Frauen testen, stellen wir fest, dass sie bei den sprachlichen Fähigkeiten in einem sehr hohen Perzentil liegen, während ihr Arbeitsgedächtnis sehr schwach ist.«

Für frühere Generationen, so vermutet Devi, waren diese kognitiven Veränderungen im mittleren Alter wahrscheinlich weniger problematisch. »Die Arten von Fertigkeiten, die eine Hausfrau mittleren Alters nach der Menopause brauchte – kochen, den Haushalt führen, Enkel versorgen –, blieben intakt. Was aber nachlässt, sind Fähigkeiten, die sehr rasches Denken voraussetzen – eben die Art von Fertigkeiten, die man im Berufsleben braucht. Die bittere Ironie dabei ist: Eine Frau, die in ihrem Berufsleben bis dahin geistig besonders aktiv und beweglich war, ist es in der Regel kaum gewohnt, sich auf Merkhilfen zu stützen. Wenn sie immer ein ausgezeichnetes Gedächtnis und fast alle wichtigen Informationen auswendig parat hatte, musste sie nie besonders gut organisiert sein, weil ihr Gehirn mit den Anforderungen auch so zu Rande kam. Sobald die Wendigkeit aber nicht mehr da ist, bricht diese selbstverständliche Struktur zusammen.«[16]

Man hat in vielen Studien nachgewiesen, dass eine Hormonersatztherapie mit Östrogen nach der Menopause die kognitive Leistungsfähigkeit verstärkt. Bislang ist allerdings nicht ausreichend geklärt, wie sich die Gehirnfunktionen in den Jahren unmittelbar vor und nach der Menopause, der sogenannten Perimenopause, entwickeln. In mehreren Studien mit Frauen in dieser Lebensphase stellte man mit neuropsychologischen Tests fest, dass bestimmte Aspekte des Gedächtnisses völlig intakt blieben und sich in manchen Fällen sogar eine Verbesserung erkennen ließ.[17] Ein Forscherteam an der Universitätsklinik der University of Rochester ging diesem erstaunlichen Ergebnis auf den Grund und untersuchte 24 Frauen in der Menopause mit einer neuropsychologischen Testbatterie.[18] Fazit war, dass die Frauen sich ihre Gedächtnisprobleme keineswegs einbildeten: Ihre Fähigkeit zur Verarbeitung neuer Informationen ließ eindeutige Defizite erkennen.

Für Gayatri Devi waren diese Ergebnisse keine Überraschung. Ihre Patientinnen durchlaufen gewöhnlich eine vollständige neuropsychologische Testbatterie, die oft eklatante Defizite ans Licht bringt. »Mir ist seit Jahren klar«, bemerkte sie, »dass Forscher oft die falschen Tests einsetzen, meistens den MMST, der viel zu einfach ist. Um die Folgen des Versiegens von Östrogen zu erkennen, muss man den Frauen Aufgaben stellen, die sie an ihre Grenzen bringen. Und man muss ebendie Fertigkeiten erfassen, die betroffen sind.«[19]

Bei Östrogen kommt es aufs genaue Alter an

»Die Resultate dieser WHI-Studie«, sagte Grace, eine akademisch ausgebildete Krankenschwester, »haben mir einen fürchterlichen Schrecken eingejagt. Als ich sie gelesen hatte, rief ich sofort jede Bekannte an, die gerade in den Wechseljahren war, und sogar einige ältere Frauen, bei denen möglicherweise noch eine HET lief, und empfahl ihnen, ihren Arzt anzurufen und zu überlegen, wie sie die Medikamente am besten absetzen könnten.«

Damals war das eine durchaus vernünftige Reaktion. Ebenso wie viele andere im Gesundheitswesen Tätige hatte Grace aber nur ein unvollständiges Bild von der WHI-Studie.

Das Durchschnittsalter der 16 000 Frauen, die an der WHI-Studie teilnahmen, lag bei 63,5 Jahren und damit gut ein Jahrzehnt über dem der Frauen, die sich gewöhnlich einer HET unterziehen. Wie ich weiter oben schon angedeutet habe, wollte man herausfinden, ob die von dem Pharmaunternehmen Wyeth angebotenen HET-Medikamente dauerhaften Schutz gegen Herz-Kreislauf-Erkrankungen boten. In einer WHI-Teilstudie befasste man sich mit dem Thema Gedächtnis und ging der Hypothese nach, dass eine HET vorbeugend gegen Alzheimer wirke.[20] Die in dieser Teilstudie untersuchten Frauen waren sogar noch älter, nämlich zwischen 65 und 79. (Die Forscher entschieden sich für diese Altersgruppe weit jenseits der Menopause vor allem deshalb, weil sie rascher zu Resultaten gelangen würden, als wenn sie hätten warten müssen, bis eine jüngere Gruppe ein entsprechendes Alter erreichte.)

Ich hätte nicht im Sitzungssaal des Aufsichtsrats von Wyeth sein wollen, als die ersten WHI-Resultate eintrafen. Ein Wissenschaftler, der damals dabei war, erzählte mir, dass das Entsetzen mit Händen zu greifen war – niemand im Unternehmen war auf derart ungünstige Resultate gefasst gewesen. Die prospektive Doppelblindstudie genügte mit ihrer sehr hohen Zahl von Probandinnen und einer Placebo-Kontrollgruppe höchsten forschungsmethodischen Ansprüchen. Die Forscher hatten Monate gebraucht, um alles durchzurechnen.

Die meisten Teilnehmerinnen der Haupt- und der Teilstudie hatten, wie erwähnt, die Menopause schon lange hinter sich und waren wesentlich älter als die Frauen, die sich gewöhnlich einer HET unterziehen. Zu Beginn der Studie war mehr als die Hälfte der Teilnehmerinnen wegen Bluthochdrucks in

Behandlung, 11 Prozent waren Diabetikerinnen und über ein Fünftel übergewichtig.[21] Demnach war das Risiko für Herz-Kreislauf-Erkrankungen und für Durchblutungsstörungen des Gehirns bei vielen von ihnen hoch; dies wirkte sich zweifellos, ganz unabhängig von der Hormonbehandlung, auf ihre kognitive Leistungsfähigkeit aus. Die WHI-Resultate waren zwar erschreckend, doch eigentlich war es unwahrscheinlich, dass man sie auf jüngere Frauen übertragen konnte, die in der Zeit der Menopause mit einer HET begannen.

Nach und nach erkannte man, dass der Effekt einer Hormontherapie entscheidend vom gewählten Zeitpunkt abhing. Eine Hypothese besagt, dass die Behandlung nur innerhalb eines »Zeitfensters« erfolgversprechend ist und Östrogen nur in dieser Lebensphase seine neuroprotektive Wirkung entfalten kann.[22] Das Fenster öffnet sich demnach etwa mit Beginn der Perimenopause Ende vierzig und schließt sich ein oder zwei Jahre, nachdem die Eierstöcke die Arbeit eingestellt haben. Falls die Östrogentherapie zu spät begonnen wird – also geraume Zeit nach der Menopause –, kann sie, anstatt eine Schutzwirkung zu entfalten, Schaden anrichten und das Nachlassen mentaler Fähigkeiten noch verstärken. Die spät einsetzende Behandlung mit Östrogen hemmt vermutlich die Produktion von BDNF und damit die Neubildung von Nervenzellen.

Es ist durchaus denkbar, dass sich in den Ergebnissen der WHI-Studie nicht nur die Effekte von Östrogen niederschlagen, sondern mindestens ebenso sehr die toxischen Wirkungen des in Prempro enthaltenen synthetischen Progesterons. Vor drei Jahrzehnten ergaben Studien, dass bei Frauen nach der Menopause, denen die Gebärmutter nicht operativ entfernt worden war, eine Hormontherapie mit Östrogen Gebärmuttertumoren auslösen konnte. Deshalb verordneten Ärzte ergänzend Progesteron – vorwiegend in Form von Prempro –, wodurch die Hormonersatztherapie deutlich sicherer wurde. Leider hat Prempro seine eigenen Nebenwirkungen. Es kann einen sedierenden Effekt haben, die Stimmung dämpfen und die Aktivität des Neurotransmitters Azetylcholin verringern.[23] In einer Studie der Rice University in Houston schnitten Frauen, die nach der Menopause sowohl Progesteron als auch Östrogen einnahmen, in Kognitionstests weit schlechter ab als andere, die nur Östrogen zuführten.[24]

Da Ärzten zunehmend bewusst wird, dass bestimmte Auswahlkriterien der WHI-Studie recht realitätsfern waren, schlagen sie Patientinnen, die durch Hitzewallungen, Schlafstörungen und Stimmungsschwankungen stark beeinträchtigt sind, mittlerweile wieder häufiger eine Hormonersatztherapie vor. »Ich habe alle möglichen anderen Mittelchen ausprobiert«, schreibt Lucy, die aus der HET sofort ausstieg, als die WHI-Studie herauskam. »Die fliegende Hitze und die Schlafstörungen waren einfach unerträglich, und die Gedächtnis- und Konzentrationsstörungen wurden schlimmer. Seit ich nun wieder in die HET eingestiegen bin – diesmal verwende ich Östrogenpflaster –, habe ich wieder viel mehr das Gefühl, dass ich so bin, wie ich vor der Menopause war. Ich bin in meinem Denken und Handeln viel klarer. Ich denke, jede muss diese Entscheidung selbst treffen, so wie alle Entscheidungen, die mit dem eigenen Körper zu tun haben.«

Anfang 2006 verfolgte ich mit, wie die Gesundheitsexperten allmählich von dem Standpunkt abrückten, dass eine Hormonersatztherapie möglichst zu meiden sei. Eine neue Welle von Studien machte deutlich, dass alles vom richtigen Timing abhängt. Eine dieser Studien ergab, dass Frauen, die nach der Menopause lange an einem Östrogenmangel leiden, mit größerer Wahrscheinlichkeit an Arteriosklerose erkranken. Diese Verengung, Verhärtung und Verstopfung der großen Arterien und der mittelgroßen Blutgefäße des Körpers drosselt die Blutzufuhr zum Gehirn, was eine Schwächung der Neuronen nach sich zieht, und kann auch zu Schlaganfällen und Herzinfarkten führen.[25]

Nach wie vor kontraindiziert ist eine Hormonersatztherapie bei Frauen, die eine Prädisposition zu Brustkrebs, der Bildung von Blutgerinnseln, Schlaganfall oder Herzerkrankungen aufweisen. Für die anderen gibt es keine derart eindeutigen Krite-rien. Wenn wir uns wie Lucy und Jill für die HET entscheiden, können wir das in dem Bewusstsein tun, dass das nicht nur die Hitzewallungen lindern, sondern auch unserem Gehirn und unseren Arterien guttun wird.

Da ich an der Schwelle zu den Fünfzigern stand, begann sich das Zeitfenster für mich gerade zu öffnen. Ich hatte eine Entscheidung zu treffen.

10 Das verwundbare Gehirn

Die Spätfolgen unbeachtet gebliebener Gehirntraumata

Ich musste ein wenig warten, doch schließlich trafen die Befunde der neuropsychologischen Untersuchung, die ich in Los Angeles an der University of California durchlaufen hatte, bei mir ein. Ich wusste ja schon, dass meine Diagnose »für die Altersgruppe normale Beeinträchtigung von Gedächtnisfunktionen« lautete. Als ich aber den Umschlag öffnete, war mir sofort klar, dass die Sache etwas komplizierter war, als es zunächst den Anschein gehabt hatte. Einige meiner Werte, und zwar bei den Tests zu sprachlichen Fähigkeiten, waren sehr hoch. Andere – fünf, um genau zu sein – fielen in eine Kategorie, die mit »unterhalb des altersadäquaten Bereichs« bezeichnet war. Ich fragte mich – gut, ich gebe zu, die Frage ließ mich nicht mehr los: Was hatte das zu bedeuten? Wie kam es, dass ich hier offenbar ganz am untersten Ende gelandet war?

Ich rief Gary Small an und fragte ihn gereizt, wie er nur habe behaupten können, meine Leistungen lägen »innerhalb des für mein Alter und meinen Bildungsgrad gültigen Normalbereichs«.[1] Das sei ganz einfach, antwortete er: Meine hohen und niedrigen Punktwerte neutralisierten sich. Wenn man den Durchschnitt nehme, lag ich genau in der Mitte und war laut den methodischen Vorgaben des Forschungsprojekts eine geeignete Kandidatin für das zweiwöchige Gedächtnisstärkungs-Programm. Im »Normbereich« zu liegen sei nicht dasselbe wie »Normalität«. »Sie müssen sich den Unterschied zwischen einer klinischen Untersuchung und solchen methodischen Vorgaben klarmachen. Wenn Sie zu einem niedergelassenen Arzt gehen, ist das etwas ganz anderes.«

Eben das war mir aber nicht klar gewesen: Ich hatte erwartet, an der UCLA alles zu erfahren, was es über meine Beschwerden zu wissen gab. Wie sich nun zeigte, war dem nicht so. Small meinte, angesichts der eklatanten Kontraste, die mein Testprofil aufweise, sei es wohl sinnvoll, mich von einem Psychologen untersuchen zu lassen, der darauf spezialisiert sei, den Ursachen kognitiver Schwachstellen auf den Grund zu gehen. »Das könnte Ihnen helfen, Ihre Stärken und Schwächen besser zu verstehen, damit Sie weiterhin die für Sie optimalen Leistungen erbringen können.« Ich beschloss, ihn nicht weiter zu löchern und mich anderswo nach Antworten umzuschauen.

Eine komplette neuropsychologische Testbatterie

Einige Tage nach diesem Gespräch erhielt ich einen Anruf von einem Mann, der einige Tage zuvor bei einer Abendgesellschaft neben mir gesessen hatte. Ein Kollege von ihm, ein Neuropsychologe, erforscht die kognitiven Probleme, die bei leistungsfähigen Menschen im mittleren Alter und in späteren Lebensphasen auftreten. Ich sagte zu meinem Tischnachbarn, er könne meine Telefonnummer gern an seinen Kollegen weitergeben.

Bald darauf rief mich Jonathan Canick an.[2] Er stellte sich als klinischer Neuropsychologe vor. Zu seinen Spezialgebieten gehörte die diagnostische Beurteilung von hochintelligenten Menschen, deren Defizite in den üblichen Kognitionstests selten ans Licht kommen. Er hatte im Laufe der Jahre eine Batterie von Tests darauf abgestimmt, feine Nuancen von Dysfunktionen herauszufiltern. Mit Hilfe von Google hatte er recherchiert, auf welches College ich gegangen war, und vieles über mein Berufsleben der vergangenen 25 Jahre in Erfahrung gebracht. Er bat mich, ihm meine Untersuchungsergebnisse von der UCLA vorzulesen, mitsamt den drei »überragenden« und den fünf »unterhalb des altersadäquaten Bereichs« liegenden Punktwerten. Bei den meisten Erwachsenen, erläuterte er, bewegen sich bei solchen Testverfahren die Unterschiede zwischen Untertests in der Größenordnung von 10 Prozent, zwischen einer halben und einer ganzen Standardabweichung. Wie es aussah, betrug die Spanne bei mir mehr als drei Standardabweichungen. Das sei, vorsichtig ausgedrückt, recht ungewöhnlich. Er überlege, ob meine Testwerte auf normale Alterungsprozesse zurückzuführen seien.

»Ich liege aber doch im Normbereich«, wandte ich ein.

»So steht es hier.«

Er sagte mir frei heraus, was er über Smalls methodische Vorgaben und seine Tests dachte. »Sie sind an der UCLA vermutlich sehr gründlich untersucht worden, mit der besten Technik, die es dafür auf der Welt gibt, aber soweit ich sehen kann, hat man dort den Kern der Sache völlig verfehlt. Ein durchschnittliches Testergebnis ist nur bei einem durchschnittlichen Menschen als durchschnittlich zu werten.« Doch bei jemandem, der einmal als überdurchschnittlich oder überragend einzustufen gewesen sei, erklärte Canick, sei ein durchschnittliches Ergebnis ein Indiz dafür, dass irgendetwas nicht stimmt. Wenn ein Einstein 20 IQ-Punkte einbüße, könne er immer noch weit »übernormale« Leistungen erbringen, werde aber selbst merken, dass sich etwas verändert habe. »In vielen Bereichen, in denen Sie Schwierigkeiten haben, sind üblicherweise keine Veränderungen zu erkennen, bevor man die Sechzig oder Siebzig überschreitet. Es ist völliger Unsinn, hier von normalen altersbedingten Einbußen zu sprechen. Bei Ihrem Bildungs- und Berufsweg und angesichts des für Sie eigentlich typischen Leistungsniveaus ist das, was bei Ihnen vor sich geht, alles andere als normal.«

Ich war, das muss ich zugeben, ziemlich bestürzt. Denn ich hatte mich an die Vorstellung gewöhnt, dass meine kognitiven Fehlleistungen zwar ärgerlich, aber völlig üblich und meinem Alter angemessen waren. Canick behauptete nun etwas völlig anderes. Beklommen faxte ich ihm meine Testergebnisse von der UCLA und vereinbarte für die folgende Woche einen Termin mit ihm am California Pacific Medical Center, wo er als leitender Neuropsychologe arbeitet.[3] Vor mir lag Intervention Nummer 3.

Als wir Platz genommen hatten, zog er ein Blatt von dem Papierberg auf seinem Schreibtisch und skizzierte eine Gauß'sche Glockenkurve, die im Prinzip wie ein großes, auf dem Kopf stehendes U aussieht. Er teilte sie in der Mitte mit einem senkrechten Strich. »Alles auf oder in der Nähe dieser Linie«, erläuterte er, »ist durchschnittlich.« Dann zeichnete er die Werte meiner UCLA-Tests ein. Einige lagen dicht beieinander in der Mitte. Ein paar lagen ganz weit rechts, im Bereich der überragenden Leistungen. Dann wechselte er zur linken Seite des Blattes hinüber, in den Bereich der niedrigen Werte, und zeichnete einige weitere Punkte ein. »Dieser letzte müsste eigentlich außerhalb des Blatts liegen, aber wir setzen ihn jetzt mal hier an den Rand.«

Als die Skizze fertig war, lehnte er sich im Schreibtischstuhl zurück und streckte die Beine aus. »Die Werte decken die ganze Palette ab, vom 25. bis zum 98. Perzentil. Mit anderen Worten, wir haben hier eine Kombination aus eindrucksvollen Fähigkeiten und unglaublichen Mankos vor uns.« Er vermute, dass mit meinem Gedächtnis, das er als die Fähigkeit definierte, fest abgespeicherte Informationen abzurufen, alles in Ordnung sei. »Ich wette, Ihr Gedächtnis ist Spitzenklasse. Was Ihnen Probleme macht, hat wohl eher mit Arbeitsgedächtnis und Aufmerksamkeit zu tun. Wenn etwas an Ihnen vorbeigeht und Sie es gar nicht erst erfassen, werden Sie es später auch nicht abrufen können, weil es für Sie nicht existiert.«

Während der folgenden zwei Tage unterzog mich Canick einem insgesamt sieben Stunden langen kognitiven Belastungstest. Zahlen, Buchstaben, Wörter, Figuren prasselten ohne Unterlass auf mich ein. Er gönnte mir keine Ruhepause, denn er wollte mich ermüden, bis ich nicht mehr imstande war, meine Defizite zu kompensieren. Das gelang ihm auch. Mit jeder halben Stunde wurden meine Leistungen schlechter. »Bleiben Sie dran«, sagte er, wenn meine Kraft und meine Aufmerksamkeit merklich nachließen. »Gehen Sie an Ihre Grenzen.« Er bearbeitete mein Gehirn wie ein Trainer, der die Schwachpunkte eines Athleten herauszukitzeln versucht.

Nach dem Lunch hatte er einen Stapel Papier auf dem Schoß liegen und teilte mir einige vorläufige Ergebnisse mit. Bei unserem Telefonat, so müsse er einräumen, habe er angenommen, dass meine Probleme mit den Wechseljahren zusammenhingen. Jetzt sehe er das anders.

»Was ist es denn dann?«, fragte ich. »Eine Angststörung?«

»Ganz sicher nicht«, erwiderte er. »Soweit ich das bislang sehen konnte, werden Sie nur dann panisch und ängstlich, wenn Ihr Gehirn blockiert. Sie sind plötzlich aus unerfindlichen Gründen von allem abgeschnitten, was Sie wissen, und das ist zweifellos verstörend.«

Er ging die Ergebnisse der Tests durch, die er an diesem Morgen mit mir durchgeführt hatte. Er hatte mir auf einer Art Daumenkino einige Dutzend schwarzweiße Porträtfotos gezeigt. Einige Minuten später führte er mir, in einem ähnlichen kleinen Buch, dieselben Fotos und einige weitere vor, die zuvor nicht dabei waren. Ich sollte ihm angeben, welche Gesichter ich bereits gesehen hatte. Ich konnte es nicht sagen – mit verbundenen Augen wäre meine Trefferquote sicher nicht schlechter ausgefallen. An diesen Gesichtern kam mir nichts bekannt vor. Hier wiederholte sich für mich im Grunde eine vertraute Situation: Alle um mich herum konnten, wenn sie die Gesichter von Prominenten sahen, sofort sagen, um wen es sich handelte, nur ich nicht. In ähnliche Verlegenheit brachte mich ein Test, bei dem ich Punkte entsprechend einer aufsteigenden Reihe von Buchstaben und Ziffern verbinden sollte: Ich kam mit der Abfolge durcheinander und musste einige Schritte zurückgehen, um neu anzusetzen. Ich war auch nicht imstande, eine kurze

Serie von Zahlen, die Canick mir vorsagte, in umgekehrter Reihenfolge zu wiederholen.

Jeder einzelne Test gab ihm Aufschluss über die Funktionsfähigkeit eines bestimmten Gehirnteils. In meinem Fall war es offenbar so, dass Stirnlappen und rechter Schläfenlappen sich nur mit Mühe dazu aufraffen konnten, tätig zu werden. Ich verarbeitete Informationen wesentlich langsamer, als er erwartet hatte, was darauf hindeutete, dass der synaptischen Signalübermittlung irgendwelche Hindernisse im Weg standen.

»Bislang ist das nur eine Hypothese«, resümierte er, »aber Ihre Symptome und Ihre Testergebnisse sind in meinen Augen der deutliche neuronale Fingerabdruck einer Hirnschädigung der Art, die durch eine Serie geringfügiger traumatischer Hirnverletzungen entsteht.«

»Nein, das glaube ich nicht«, entgegnete ich. Ich war überzeugt, dass er sich irrte. »Mir ist es nicht ein einziges Mal passiert, dass ich bewusstlos wurde.«

Harte Schale, weicher Kern

Canick erklärte mir, dass eine Gehirnerschütterung nicht immer zum Bewusstseinsverlust oder gar zu einem Erinnerungsverlust führt. Bei einer leichten Gehirnerschütterung fühlt man sich »benommen« oder »sieht Sternchen«, bleibt aber bei Bewusstsein. Als Ursache reicht schon eine abrupte Beschleunigung oder Abbremsung des Kopfes aus. Eine derartige Bewegung geht oft mit einer Rotation des Gehirns innerhalb des Schädels einher. Der Schädel setzt sich aus acht verschiedenen Knochen zusammen, die am präfrontalen Kortex und an den Stirnlappen gezackt sind und scharfkantige Vorsprünge aufweisen. Wenn das Gehirn, das in etwa die Konsistenz weicher Butter hat, auf diese Vorsprünge auftrifft, können kleine Blutgefäße reißen. Dadurch tritt Blut in die Schädelhöhle ein, die sich im Gegensatz zu anderen Teilen des Körpers nicht weiten kann. In der Myelinscheide der Nervenfasern bilden sich mikroskopisch kleine Risse, aus denen Lipide austreten; es kommt zu Schwellungen und zur Entstehung von Narbengewebe. Die eigentliche Schädigung erfolgt dann Wochen oder Monate später, wenn der betreffende Vorfall oft längst vergessen ist: Lädierte Axone sterben allmählich ab und leiten Impulse immer schlechter weiter, so dass die Fähigkeit zur effizienten Informationsverarbeitung abnimmt.

Weil diese Prozesse nicht auf der zellulären oder strukturellen, sondern auf der molekularen Ebene ablaufen, sind sie mittels PET- und MRT-Scan nicht aufzudecken. Mit neueren Techniken – insbesondere mit der Diffusions-Tensor-Bildgebung, bei der man die Diffusionsbewegung von Wassermolekülen in Körpergewebe misst, also zum Beispiel in den Axonen der Neuronen[4] – kann man Nervenbahnen im Gehirn abbilden und analysieren und darin Strukturanomalien feststellen.[5] Bislang befinden sich diese Techniken aber noch im Versuchsstadium. Ich musste mich also mit dem zufriedengeben, was Canick mir mitteilte.

Er erklärte mir, dass das Ausmaß der Schädigung bei einer ersten Hirnverletzung gering sein mag, bei einer zweiten Verletzung aber exponentiell anwachsen kann. Das »second impact syndrome« (Syndrom des zweiten Schädel-Hirn-Traumas) tritt bei Sportlern häufig auf und kann zu einer gefährlichen Drucksteigerung in der Schädelhöhle und dadurch zu Dauerschäden führen.

Eine neue Sichtweise von leichten traumatischen Hirnverletzungen

Bis vor einem Jahrzehnt nahmen Wissenschaftler an, dass geringfügige traumatische Hirnverletzungen – bei denen die Patienten das Bewusstsein nicht verlieren und keine strukturelle Schädigung eintritt – folgenlos bleiben. Man ging davon aus, dass die Patienten sich rasch und vollständig erholen. Wer nach einem oder zwei Monaten noch über Symptome klagte, geriet rasch in den Verdacht, ein Simulant zu sein, der es zum Beispiel auf eine Schadenersatzklage anlege. Umfangreiche Forschungsarbeiten am Schädeltrauma-Zentrum der University of Pennsylvania, die vorwiegend an Nagetieren durchgeführt wurden, haben diese Vorstellungen widerlegt. Zum einen kann eine sogenannte leichte traumatische Hirnverletzung zu kognitiven Defiziten führen, die erst nach Monaten oder Jahren zutage treten.[6] Zum andern stellte sich heraus, dass eine Serie von geringfügigen Hirntraumata die Entwicklung der Alzheimer-Krankheit dadurch beschleunigt, dass sie die durch freie Radikale angerichteten Schäden verstärkt (freie Radikale stürzen sich auf die unverhoffte Beute der Lipide, die sich aus dem Myelinmantel ramponierter Axone lösen); außerdem wird die Bildung von Beta-Amyloid-Ablagerungen vorangetrieben, so dass Neuronen des Hippokampus rascher absterben. (Nach einer Studie von 2005 ist das Risiko von ehemaligen Spielern der US-amerikanischen Football-Liga, an Alzheimer zu erkranken, gegenüber gleichaltrigen Männern um 36 Prozent erhöht.)[7]

Ja, ich hatte mir in meinem Leben den Kopf schon recht oft angestoßen, sagte ich zu Canick. Bei sportlichen Aktivitäten trug ich stets einen Schutzhelm, doch ich hatte verschiedene Reitunfälle und Zusammenstöße beim Eislaufen und Radfahren hinter mir, nach denen ich eine Zeitlang benommen gewesen war. Ich betrachtete das immer als ganz normale Folge des Schocks, den ein solcher Zwischenfall auslöst. Ich war jahrelang recht draufgängerisch Ski gefahren, ohne mir je einen Knochen zu brechen, hatte aber nach vielen Stürzen, wenn ich da im Schnee lag und mich für das mühevolle Aufsammeln meiner über den ganzen Hang verstreuten Siebensachen rüstete, Sternchen gesehen. Dann war da noch die Sache mit der Koordination: Ich bin 1,78 Meter groß und kann wie ein schlaksiger Teenager nicht immer so genau ausmachen, wo ich selbst aufhöre und wo der Rest der Welt anfängt. Schon manches Mal bin ich mit der Stirn gegen einen niedrigen Türsturz oder einen Ast geprallt, der sich knapp oberhalb meines Gesichtsfeldes befand.

Als ich mit etwa neun Jahren einmal im Keller spielte, kam meinem jüngeren Bruder, einem flachsblonden, von den Freuden der Fliehkraft berauschten Wirbelwind, die aufregende Idee, er könne sich mit einem waagerecht ausgestreckten alten Besenstiel in den Händen im Kreis drehen. Leider stand ich im Weg. Der Schlag holte mich von den Beinen. In den folgenden drei Wochen erstrahlten Augenpartie und Stirn nacheinander in allen Farben des Regenbogens. Als mir diese Begebenheit wieder einfiel, holte ich den Besen aus dem Schrank und ging hinaus auf unseren Zufahrtsweg. Ich begann mich immer schneller zu drehen. Mit Physik habe ich mich zwar nie näher beschäftigt, aber auch wenn ich in Rechnung stellte, dass meine Arme länger waren als damals die meines Bruders und somit die Geschwindigkeit der Besenspitze jetzt durch den größeren Radius höher war, musste der Schlag, der meinen Kinderschädel getroffen hatte, eine enorme Wucht gehabt haben. In den Jahren danach litt ich oft unter lähmenden Kopfschmerzen, die für psychosomatisch bedingt gehalten wurden. Mir war dabei übel, und ich war bleich und mit kaltem Schweiß bedeckt. Außerdem hatte ich häufig Nasenbluten, aber nicht von der Art, die bei meinen Kindern gelegentlich auftritt und bei der man dann sagt: »Leg den Kopf zurück – hier hast du ein Taschentuch.« Vielmehr kam, ohne erkennbaren Anlass, aus der Nase ein wahrer Schwall hervorgeschossen, und die Blutung war schwer zu stillen. Ich stieß auf eine Studie, nach der ein Schlag gegen die Stirn bei kleinen Kindern langfristige Folgen nach sich ziehen kann: Eine frühe Verletzung der Stirnregionen des Gehirns, deren Entwicklung sich bis in die ersten Jahre des Erwachsenenalters erstreckt, kann die Entstehung von Neuronen und die Entwicklung der schützenden Myelinschicht behindern.

Ich hatte, so musste ich Jonathan Canick gestehen, nicht allzu gut auf meinen Kopf achtgegeben. Mit einem Helm, hatte ich geglaubt, sei ich immer auf der sicheren Seite; das Gehirn werde sich schon von allein wieder erholen.

Leichte traumatische Hirnverletzungen, erläuterte Canick, kämen viel häufiger vor, als die meisten Menschen glauben. Laut einer Studie seien jedes Jahr 1,1 Millionen US-Amerikaner davon betroffen.[8] Die Dunkelziffer ist aber zweifellos viel höher, sagte Canick, weil die meisten Menschen, die solche »kleinen« Unfälle haben, nicht in die Notambulanz oder zum Arzt gehen. Sie legen sich zu Hause mit einem Eisbeutel auf dem Kopf aufs Sofa. Wenn die Schwellung zurückgeht, meinen sie, es sei wieder alles in Ordnung mit ihnen. Man kann unmöglich sagen, wie viele Erwachsene, die ihre Gedächtnisprobleme dem Älterwerden zuschreiben, in Wirklichkeit unter den Spätfolgen früher Hirnverletzungen leiden.

Tests, die einen zum Weinen bringen können

Am zweiten Tag der Testbatterie fuhr Jonathan Canick die schweren Geschütze auf. Ich sollte so viele Wörter wie möglich nennen, die mit C anfangen. Zunächst kamen sehr schnell 20 Wörter eines nach dem anderen, dann versiegte die Quelle, und ich verstummte. (Übrigens gibt es im Englischen jede Menge unanständige Wörter mit C. Mir kam jedes einzelne davon in den Sinn, aber ich sprach keines aus.) »Angefangen haben Sie im 99. Perzentil«, kommentierte Canick, »und am Ende sind Sie im ersten gelandet.« Es handle sich hierbei um ein bei Hirnverletzungen häufiges Phänomen, die sogenannte »proaktive Hemmung«. Unter Druck arbeitet das Gehirn nicht mehr wie vorher weiter, sondern blockiert.

Weitere Tests zeigten, dass ich über ein ausgezeichnetes Sprachverständnis verfügte. Dagegen war das Arbeitsgedächtnis, in dem wir mehrere Gedanken parallel zueinander präsent halten und bearbeiten können, deutlich beeinträchtigt. Meine visuell-räumlichen Fertigkeiten waren ganz einfach miserabel.

Am Ende des Paced Audio Serial Addition Test (PASAT), der Personen mit Hirnverletzungen von denen abgrenzen soll, die einfach nicht mathematisch denken können, war ich den Tränen nahe. Zunächst kam mir das Ganze recht einfach vor. Eine Stimme vom Band liest in Abständen von drei Sekunden 61 einstellige Zahlen vor. Die Aufgabe besteht darin, zwei aufeinanderfolgende Zahlen zu addieren, die Summe zu nennen, dann die zweite dieser Zahlen zu nehmen und mit der nächsten in der Serie zu addieren, und so weiter. Bei mir sah das recht bald so aus, dass ich die Zahl rief, die ich hinzuaddieren musste, die Summe nur flüsterte und mich verzweifelt bemühte, auf sämtliche Ebenen gleichzeitig zu achten. Ich muss gewirkt haben, als wäre ich nicht mehr bei Trost. Die Zahlenreihe wollte kein Ende nehmen, und schließlich gab ich auf.

»Ich komme nicht mehr mit«, sagte ich. »Ich bleibe hier einfach sitzen, bis es vorbei ist.«

Canick erklärte, dass ein unversehrtes Gehirn einige Sekunden braucht, um das Muster der Aufgabe zu erfassen, sich dann darauf einspielt und eine mit der Zeit ansteigende Leistung zeigt. Bei mir war es so, dass ich zunächst den doppelten Durchschnittswert meiner Alters- und Bildungsgruppe erzielt hatte, um dann am Ende in den Bereich abzusinken, der auf eine starke Beeinträchtigung hindeutete.

»Das vermittelt ein sehr klares Bild davon, wer Sie sind. In Ihnen stecken zwei Menschen. Der eine ist äußerst intelligent, der andere bestenfalls Durchschnitt. Zwischen diesen beiden Ebenen fahren Sie ständig im Fahrstuhl auf und ab. Sie haben keinerlei Anhaltspunkte, anhand deren Sie voraussagen könnten, wie Sie wohl mit einer bestimmten kognitiven Aufgabe zurechtkommen werden. Wenn die kognitiven Anforderungen steigen, kommt es zu einem krassen, unverhältnismäßigen starken Leistungsabfall, und Sie können immer weniger Informationen abrufen.«

»Ich will nicht zwei Menschen sein!«, sagte ich.

»Das ist aber gut so! Denn wenn Sie nur einer wären, dann wären Sie hoffnungslos gehandicapt. Wie es aussieht, können Sie sich Ihre Intelligenz und Ihre vorhandenen Fähigkeiten zunutze machen, um die Defizite auszugleichen.«

Aber wie solle das gehen, fragte ich.

Ein durch Traumata beeinträchtigtes Gehirn ermüde wesentlich schneller, betonte Canick. »Man muss sich bei Dingen, die einem vorher leichtfielen, viel mehr anstrengen. Alles, was vorher automatisch ablief, muss man jetzt sozusagen von Hand steuern. Die Fähigkeit zur komplexen Aufmerksamkeit – wenn eine Aufgabe viele Einzelaspekte umfasst – oder zur geteilten Aufmerksamkeit – wenn man parallel zueinander auf mehrere Aufgaben achten muss – ist bei Ihnen sehr begrenzt. Sobald wir Ihre Konzentration wirklich fordern, fällt Ihre Leistung um zwei oder drei Standardabweichungen ab.«

War er sicher, absolut sicher, dass das alles nicht auf Stress oder Angst zurückzuführen war?

»An Ihrer Stelle würde ich die psychologischen Deutungen aus dem Spiel lassen. Ich würde vorschlagen, sämtliche Vorstellungen, dass Ihre Schwierigkeiten psychisch bedingt seien, ad acta zu legen. Sie haben mehrere leichte traumatische Hirnverletzungen hinter sich, und deshalb ist es nicht verwunderlich, dass es Ihnen jetzt so geht.«

Er wies mich auf eine Eigenart von mir hin. »Sie stellen sehr hohe Erwartungen an sich selbst. Und wenn Sie befürchten, dass Sie ihnen nicht genügen können, sind Sie selbst Ihre ärgste Feindin – Ihre selbstkritische Haltung wirft Sie dann noch mehr aus der Bahn.« In diesem Punkt hatte er mich wirklich durchschaut. Er gab mir zu bedenken, dass mehrere meiner bevorzugten Lebensstrategien – bis tief in den Abend hinein zu arbeiten und mich selbst unerbittlich voranzutreiben – zu Erschöpfung, zum Nachlassen meiner

Produktivität und schließlich zu weiteren kognitiven Beeinträchtigungen führen würden. Die mentale Erschöpfbarkeit werde immer ein wunder Punkt bei mir bleiben. Ich solle einplanen, dass ich in meinem weiteren Berufsleben eine Unterstützung durch fähige und aufmerksame Assistentinnen brauchte. Sie sollten nicht nur über hervorragendes Organisationsgeschick verfügen, sondern auch imstande sein, zu erraten, was in mir vorging, damit sie mich auffangen konnten, ehe ich von einer kognitiven Klippe stürzte.

In den Monaten nach der Untersuchung bei Jonathan Canick sah ich überall Hirnverletzungen lauern. Meine Söhne spotteten, mir wäre es wohl am liebsten, sie würden sich auf dem Wohnzimmersofa anschnallen und einen Helm tragen. Ich erzählte sämtlichen Eltern, die ich traf, vor allem wenn ihre Kinder Football spielten, was ich herausgefunden hatte: Mehr als 20 Prozent der leichten traumatischen Hirnverletzungen beruhen auf Sportunfällen.[9] Viele, wenn nicht gar die meisten Sportunfälle gehen aber in keine Statistik ein. Neben der hiesigen Junior High School liegt ein Skaterplatz, wo Kinder die akrobatischen Kunststücke bewundern können, die unser 13-jähriger Lokalmatador auf dem Trickrad vorführt. Er ist wirklich sehr begabt, muss ich zugeben, hebt bis zu 3 Meter hoch ab, macht Überschläge und wirbelt sein Rad herum, als wäre es leicht und handlich wie ein Tischtennisschläger. Seine Eltern, habe ich mir sagen lassen, sind beide Ärzte, aber sein Kopf ist völlig ungeschützt. Die anderen Kinder, unter ihnen einer meiner Söhne (außer wenn ich ihn gerade ertappt habe), lassen die Riemen ihrer Helme gern lose herunterbaumeln, weil das cool aussieht. Ich fürchte, es ist nur eine Frage der Zeit, bis dort die Rettungssanitäter angerast kommen und das Leben eines Kindes eine abrupte Wendung nimmt.

Jane Brody schrieb in der *New York Times*, dass in jeder Spielsaison einer von fünf Highschool-Footballspielern eine Gehirnerschütterung erleide.[10] In den meisten Fällen ist es nicht das erste Schädeltrauma, so dass die Gefahr steigt, dass es zu einem Second-impact-Syndrom kommt und sich anhaltende kognitive Beeinträchtigungen entwickeln. Bei einer Kurzuntersuchung an der Seitenauslinie lassen sich die weniger offensichtlichen Effekte einer Gehirnerschütterung nicht präzise einschätzen.[11] Highschool-Sportler erholen sich von Gehirnerschütterungen langsamer als Spieler der National Football League und lassen bei Tests zu Reaktionszeit, Konzentration und Gedächtnis länger anhaltende Defizite erkennen. Nach einer neueren Studie weisen starke Kopfschmerzen, die bei einem Highschool-Sportler nach einer Gehirnerschütterung – unter Umständen erst eine Woche später – auftreten, darauf hin, dass das Gehirn sich nicht vollständig erholt hat und das Risiko eines Second-impact-Syndroms hoch ist. Bis vor kurzem waren sich nur wenige Trainer von Highschool-Teams (und praktisch kein Trainer von jüngeren Teams) darüber im Klaren, dass sie einen Spieler, der »k. o. gegangen ist« oder angibt, dass er »Sternchen sieht« oder dass ihm schwummrig ist, nicht mehr einsetzen dürfen, auch wenn er völlig wiederhergestellt scheint und darauf brennt, wieder ins Spiel einzugreifen. Mark Lovell, Leiter der Abteilung für neuropsychologische Tests bei der National Football League sowie des Fachbereichs Sportmedizin an der University of Pittsburgh, hat eine computergesteuerte neurokognitive Testbatterie entwickelt, die jetzt auch für Highschool-Sportteams verfügbar ist. Sportler können sie vor der Saison eigenständig durchführen und die Resultate abspeichern, damit man sie später gegebenenfalls als Vergleichswerte heranziehen kann.[12]

Es gibt bislang nur sehr wenige Forschungsarbeiten dazu, wie bei leichten traumatischen Hirnverletzungen eine optimale Rehabilitation aussehen sollte. Laut einer neueren Studie der britischen University of Cambridge könnten dieselben Medikamente, die man in den Frühstadien der Alzheimer-Krankheit einsetzt, auch bei der Behandlung leichter traumatischer Hirnverletzungen von Nutzen sein. Es handelt sich um Cholinesterase-Hemmer, die die verfügbare Menge des Neurotransmitters Azetylcholin erhöhen.[13] Man entwickelt derzeit auch einen Test, der zelluläre Abfallprodukte – Bruchstücke von Nervenfasern, die in der Gehirn-Rückenmarks-Flüssigkeit eines gesunden Menschen nichts zu suchen haben – aufspüren und schon früh Hinweise darauf liefern soll, wie gravierend die Hirnverletzungen sind.[14]

Eine neue therapeutische Option

Als ich mich wieder bei Jonathan Canick meldete, sagte er, er habe zwar davon gehört, dass man Hirnverletzungen mit Cholinesterase-Hemmern behandle, halte aber in meinem Fall den Einsatz von Psychostimulanzien für erfolgversprechender. Bei mehreren seiner Patienten, die unter leichten traumatischen Hirnverletzungen litten, hätten diese Medikamente sehr gut angeschlagen. Eine von ihnen, eine intelligente, erfolgreiche Frau Ende dreißig, hatte ein Jahr, bevor er sie erstmals untersuchte, einen schweren Autounfall gehabt. Ihre Werte in den neuropsychologischen Tests lagen um das 70. Perzentil herum. Es schien wenig Aussicht auf eine weitergehende Erholung zu geben. Nachdem sie einige Monate lang ein Stimulans genommen hatte, nämlich Ritalin, testete Canick sie erneut. Ihre Werte verbesserten sich um fast eine ganze Standardabweichung und lagen nun im 90. Perzentil.

Ich wusste, dass Kinder, bei denen eine Aufmerksamkeitsdefizitstörung diagnostiziert wird, oft Ritalin und Adderall verschrieben bekommen. Canicks Vorschlag widerstrebte mir. Ich hatte eine große Abneigung gegen Medikamente, und das sagte ich ihm auch. Einmal hatte ich eine Nacht auf der Notfallstation verbracht, nachdem ich Theophyllin eingenommen hatte, ein gängiges Asthmamittel. Mein Herz klopfte so heftig, dass ich das Gefühl hatte, es würde mir den Brustkorb sprengen. Ich befürchtete also, dass mir etwas Ähnliches drohte, wenn ich ein Stimulans einnahm, und dass ich, als Vorstadtmutter auf Speed, mit rotgeränderten Augen die ganze Nacht im Haus herumtigern und nicht zur Ruhe kommen würde. Das war eine wenig verlockende Vorstellung. Mir missfiel auch der Gedanke, dass ich die Unterstützung durch synthetische Substanzen brauchte, um mein Leben zu bewältigen. Ich würde ohne sie klarkommen, sagte ich mir. Auf Medikamente zu setzen wäre ein wenig wie Schummeln.

Die Entscheidung liege bei mir, sagte Canick. Er habe freilich erlebt, dass Patienten, bei denen sich lange Zeit nichts bewegte, mit einem Stimulans enorme Fortschritte zu verzeichnen hatten. Wenn ich wolle, könne er mich an einen versierten jungen Psychopharmakologen überweisen, der dann prüfen konnte, ob ich für diese Art von Therapie eine geeignete Kandidatin sei. Ich wolle es mir überlegen, antwortete ich.

11 Kosmetische Neurologie

Die vielfältigen und verlockenden Möglichkeiten, unsere kognitive Leistungsfähigkeit mit pharmazeutischer Hilfe zu steigern

Als ich in der Apotheke in der Schlange stand, mit einem Rezept für einen »Schnellmacher«, was völlig legal war, nagten die Zweifel an mir. Eine Woche zuvor hatte ich den Psychopharmakologen aufgesucht, den Canick mir empfohlen hatte. Eine Stunde lang stellte er mir recht transparente Fragen zu meinem Gefühlsleben. Hatte es bei mir manische Episoden gegeben? War ich je selbstmordgefährdet gewesen? Er maß meinen Blutdruck, der wie immer erfreulich niedrig war. Welche Medikamente nahm ich ein? Hatte sich bei mir je eine Sucht entwickelt? Ich verneinte. Kaffee trank ich nicht, weil das Koffein mich ins Schleudern brachte. Im Grunde hegte ich gegen die Wirkungen, die die meisten Medikamente und Drogen bei mir auslösten, eine tiefe Abneigung. Nach einer kleinen Unterleibsoperation hatte ich einmal eine einzige Tablette des Schmerzmittels Percodan genommen; mir drehte sich alles, und ich saß drei Stunden lang wartend herum, bis es vorbei war. Den Rest der Packung warf ich in den Müll.

Der Psychopharmakologe teilte Canicks Ansicht, dass ich eine geeignete Kandidatin für Adderall sei. Das war vielleicht genau das richtige Mittel, um meine trägen Neuronen auf Trab zu bringen. Bei fast allen, die das Medikament einnahmen, stellte sich das subjektive Gefühl ein, mehr Energie zur Verfügung zu haben und leistungsfähiger zu sein. Bei Menschen aber, die bestimmte, mit den Stirnlappen zusammenhängende Aufmerksamkeitsdefizite aufwiesen – diese konnten auf einer ADHS (Aufmerksamkeitsdefizit-/Hyperaktivitätsstörung), aber auch auf Hirnverletzungen beruhen –, waren darüber hinaus in neuropsychologischen Tests messbare Verbesserungen zu erkennen, insbesondere in den Bereichen Arbeitsgedächtnis, Verarbeitungsgeschwindigkeit, mentale Repräsentation von Zusammenhängen, Problemlösen und strukturierendes Denken.[1]

Die Verkäuferin reichte mir mein Adderall XR (XR steht für extended release, verzögerte Wirkstoffabgabe) in einer kleinen weißen Tüte, in die sie ein Blatt mit Produktinformationen gesteckt hatte, das mich auf das Suchtpotenzial des Medikaments hinwies. Die Einnahme über einen längeren Zeitraum hinweg, hieß es da, könne zu massiver psychischer oder körperlicher Abhängigkeit führen. Ich fragte mich erneut, was um alles in der Welt ich da eigentlich tat. Mich schauderte, wenn ich an all die Schriftsteller dachte, die durch ihre Abhängigkeit von Amphetaminen Höllenqualen ausgestanden hatten. Ich hielt Intervention Nummer 4 in Händen – sie machte mir Angst.

Ich rief mir in Erinnerung, dass das nun nicht gerade eine wagemutige Pioniertat war: Im Jahr 2005 wurden in den USA knapp 1,7 Millionen Erwachsene zwischen 20 und 64 Jahren und 3,3 Millionen Kinder mit Psychostimulanzien wie Adderall behandelt.[2] Die Zahl der Erwachsenen war gegenüber dem Vorjahr um 19 Prozent hochgeschnellt. Diese statistischen Angaben überraschten mich nicht. In den Monaten meiner Recherche hatten mich sehr viele Menschen gefragt, ob es denn nicht eine Pille gegen ihre kognitiven Probleme gebe oder ob eine auf den Markt kommen werde, »bevor es zu spät für mich ist«.

Mein Versuch mit Adderall

Am Morgen nach dem Gang in die Apotheke saß ich in meinem Büro und ließ eine in zwei Blautönen gehaltene kleine Kapsel auf die Handfläche gleiten. Ich betrachtete sie argwöhnisch. Meinen Mann hatte ich vorgewarnt, dass ich es Jean-Paul Sartre gleichtun würde (der täglich Aufputschmittel nahm, um schreiben zu können).[3] Er sollte zwei Stunden später bei mir vorbeischauen, um sich zu vergewissern, dass ich nicht dabei war durchzudrehen. Ich holte mir ein Glas Wasser und würgte die Kapsel hinunter. Der versierte junge Psychopharmakologe hatte mir versichert, dass ich bei einer derart niedrigen Dosis von nur 10 Milligramm – die ein Kinderarzt zum Beispiel einem Zehnjährigen mit ADHS verschreiben würde[4] – gar keine direkte Wirkung spüren würde. Nach einer Viertelstunde war mir klar, dass er sich geirrt hatte.

Da ich schon viele komplizierte Grafiken zu den Informationsübertragungsvorgängen im Nervensystem studiert hatte, konnte ich mir in etwa vorstellen, was sich jetzt in meinem Gehirn abspielte. Weil das Medikament die Wiederaufnahme von Dopamin und Norepinephrin blockiert und außerdem die Ausschüttung von Dopamin anregt, sind im synaptischen Spalt größere Mengen der beiden Neurotransmitter verfügbar als gewöhnlich. Die Rezeptoren auf den Oberflächen der Neuronen nehmen diese Beute gern in Empfang, öffnen Ionenkanäle in der Zellmembran und verständigen die DNA im Zellkern, dass sie Anweisungen zur Herstellung verschiedener Proteine erteilen soll, mit denen Signale an nachgeordnete Zellen übermittelt werden. Das Resultat war bei mir eine offenbar extreme Steigerung der Konzentration und der Fähigkeit, ablenkende Reize auszublenden. Jedes Objekt in meinem Gesichtsfeld – die Armlehne meines Bürosessels, mein Teebecher, der große silberfarbene Einschaltknopf meines Laptops – erschien mir plötzlich so fesselnd, als hätte ich den Hope-Diamanten vor mir. Ich kam mir unglaublich aufmerksam vor.

In den ersten Tagen gab es einige kritische Momente. Manchmal war ich mit den Nerven völlig am Ende und konnte mir angesichts des Durcheinanders, das in mir zu herrschen schien, nicht vorstellen, wie sich in meinem Denkvermögen jemals etwas zum Positiven verändern sollte. Gegen Ende der Woche merkte ich aber, dass irgendetwas in Bewegung kam. Die Zahnräder in meinem Gehirn begannen ineinanderzugreifen. Eins begann sich zum anderen zu fügen. Mit der Arbeit kam ich prächtig voran. Ich konnte mit mehreren parallelen Informationssträngen herumhantieren und die Sätze in einem Manuskript hin- und herschieben, ohne dass hinterher eine Handvoll Wörter übrigblieb, die nirgendwohin zu passen schienen. Ich stürmte in Rekordzeit durch den Supermarkt, ohne etwas zu vergessen, das ich hatte kaufen wollen. In Geschäften, in denen ich es bis dahin kaum ausgehalten hatte – etwa im Elektronik-Discounter oder beim Videoverleih –, konnte ich das visuelle und akustische Trommelfeuer jetzt bis zu einer Viertelstunde lang ertragen.

Am erfreulichsten war, dass ich zum ersten Mal seit über zehn Jahren über so etwas wie eine mentale Gesamtkarte der Realität zu verfügen schien. Ich wusste, dass das dem zusätzlichen Dopamin in den Stirnlappen zu verdanken war. Plötzlich gab es in meinem Gehirn wieder eine Stelle, an der die Fäden der verschiedenen Exekutivfunktionen zusammenliefen. Diese Verwandlung erschien mir als zu frappierend, als dass sie einem Placebo-Effekt zuzuschreiben war, doch ich wollte erst einmal abwarten.

Jonathan Canick hielt ich über meine Fortschritte auf dem Laufenden. Er bat mich, zu einigen weiteren Tests zu ihm zu kommen. Ich wusste, dass seine Erwartungen hoch waren, und befürchtete, ihn zu enttäuschen. An einem strahlend sonnigen Nachmittag betrat ich seine Praxis. Mir fiel auf, dass ich nicht so schläfrig war wie beim letzten Termin. Vielmehr war ich ein wenig aufgekratzt und saß ganz vorn auf der Stuhlkante, bereit für jede Herausforderung, vor die er mich stellen würde. Als Erstes machten wir uns an das Daumenkino mit den Porträtfotos, um von Neuem das Wiedererkennen von Gesichtern zu prüfen. Diesmal lag alles klar auf der Hand. Bei der zweiten Runde wusste ich ganz genau, welches Gesicht ich zuvor gesehen hatte und welches nicht. Das war eine merkwürdige Erfahrung, etwa wie wenn ich morgens aufwachen und im Spiegel einen völlig anderen Menschen erblicken würde als den, den ich am Abend zuvor darin sah.

Bei der nächsten Testaufgabe, die hohe Anforderungen an das Arbeitsgedächtnis stellte, hörte ich jeweils eine Folge von Zahlen, die ich dann in umgekehrter Reihenfolge wiedergeben musste. Bei der ersten Untersuchung war ich an dieser Aufgabe verzweifelt. Diesmal hatte ich keine Mühe damit. Ich sagte vier Zahlen rückwärts auf, dann fünf, dann sechs, dann sieben, dann acht. Ich wusste genau, wie ich vorzugehen hatte. Ich stellte mir bildlich vor, wie jede der Zahlen in ihren Schlitz glitt, etwa so wie sich Rennpferde in ihre Startboxen schieben. Dann kam meine Lieblingsaufgabe: möglichst viele Wörter nennen, die mit dem Buchstaben C anfangen. Mein Wortschatz war erheblich größer geworden. Ich begann zu kichern, doch Canicks Miene blieb unbewegt.

Bei einer mathematisch-sprachlichen Aufgabe zeigte sich, dass mein Arbeitsgedächtnis imstande war, Zahlen und Objekte – zum Beispiel sechs Doughnuts, vier Äpfel, drei Bananen und ihre Besitzer Jim, Joan und John – so lange präsent zu halten, dass ich spätere Fragen dazu richtig beantworten konnte. Ich wünschte mir, ich wäre wieder in der fünften Klasse, damit ich mit diesem Kunststück angeben könnte. Meine Frontallappen hatten, nach einer sehr langen Auszeit, wieder ihren Dienst aufgenommen.

Am Ende der Sitzung teilte Canick mir mit, dass ich mich beim Wiedererkennen von Gesichtern vom 19. Perzentil, das heißt von weit unterdurchschnittlichen Werten, ins 93. Perzentil gesteigert hatte. Beim Wiederholen von Zahlenfolgen in umgekehrter Reihenfolge hatte ich einen ähnlichen Sprung geschafft, vom 50. ins 90. Perzentil meiner Altersgruppe. Canick strahlte. Das war genau die Art von Resultaten, die er sich erhofft hatte: »Ich glaube, dass Sie sich noch weiter steigern werden, wenn Sie diesen Erfolg nutzen, um darauf weitere Erfolge aufzubauen.«

Ich umarmte ihn herzlich und dankte ihm dafür, dass er mein Gedächtnis wiederhergestellt hatte. »Ihrem Gedächtnis hat nie etwas gefehlt«, betonte er. »Was sich verbessert hat, sind Ihre Aufmerksamkeit und Ihre Konzentration, so dass Sie jetzt mit mehreren parallelen Strängen von eingehenden Daten zurechtkommen.«

Meine Geschichte hätte hier vielleicht damit enden können, dass ich meine Rettung in einem kleinen, in zwei Blautönen gehaltenen Dragee fand. Doch etwas störte mich. Nach einem Monat mit Adderall, als meine wiedergewonnenen kognitiven Fertigkeiten sich allmählich nicht mehr wie ein neues Partykleid, sondern wie ein Paar bequeme, verlässliche Schuhe anfühlten, musste ich feststellen, dass in meinem Alltag etwas Wichtiges fehlte. Ich arbeitete wie besessen, empfand mich aber als abgeschnitten von einer gewissen menschlichen Normalität. Ich hatte nie Hunger, was für jemanden, der einige Kilo abnehmen möchte, von Vorteil sein mag, doch ich magerte zusehends ab. Bestimmte Annehmlichkeiten wie etwa die, mich hin und wieder ziellos durch meine mentale Innenwelt treiben zu lassen, waren mir jetzt verschlossen, weil ich ständig unter Strom stand. Ich rief Edward Hallowell an, den Psychiater, der auf ADHS spezialisiert ist (und selbst an der Störung leidet), um ihn zu fragen, ob viele seiner Patienten diese beunruhigende Erfahrung machten.

Er bestätigte, dass es einigen ähnlich ging wie mir. Oft gehe es darum, die Dosis genau einzustellen. Ich fragte ihn, ob er die Medikamente selbst nehme. »Um Himmels willen, nein«, antwortete er. »Stimulanzien machen mich überwach. Ich trinke einfach nur Kaffee.« Dass er von Medikamenten, die er vielen Patienten verschrieb, selbst Abstand nahm, fand ich einigermaßen kurios.

Ich begann kleine Adderall-Pausen einzulegen, damit ich mich zum Beispiel an einem Sonntag im örtlichen Schwimmbad auf einer Sonnenliege ausstrecken und meinen Jungs zuschauen konnte, wie sie in möglichst freakigen

Posen vom Sprungbrett hopsten. Mir kam allmählich der Verdacht, dass ich einen etwas angejahrten Motor auf Geschwindigkeiten hochtrieb, die zu einem Gefährt mit niedrigerem Kilometerstand besser gepasst hätten, und dass das nicht ohne Folgen bleiben würde. Weil Adderall in mir nie die Euphorie ausgelöst hatte, die manche Leute dazu bringt, die Dosis solcher Medikamente immer weiter steigern zu wollen, machte ich mir keine Sorgen, ich könnte körperlich abhängig werden. Allerdings fragte ich mich, ob ich nicht in eine psychische Abhängigkeit hineinrutschen könnte. Wenn die Wirkung von Adderall etwa um 5 Uhr nachmittags abebbte, ging meine Stimmung in den Keller. Ich war dann zugleich erschöpft und angespannt und außerdem oft griesgrämig. Meine Söhne gaben mir zu verstehen, mir sei mein Sinn für Humor abhanden gekommen und die Stelle der Mutter, die ihnen lieber gewesen sei, habe ein übereifriger Roboter eingenommen.

Aber wie sich zeigte, hatte sich meine Persönlichkeit nicht verändert. Am Ende des Tages war ich leider auf Entzug. Da sich mein Gehirn an die Extraportionen Dopamin und Norepinephrin gewöhnt hatte, wurde es missmutig, wenn es ohne sie auskommen musste. In der Fachliteratur gab es verstreute Hinweise darauf, dass diese Verdrießlichkeit schließlich zum Dauerzustand werden könnte. Meine Dopamin-Rezeptoren würden möglicherweise auf die normalen Mengen des Neurotransmitters nicht mehr ansprechen, was die Funktion meiner Frontallappen weiter beeinträchtigen musste.

Auf der Suche nach Alternativen

Gab es Möglichkeiten, meine Konzentration zu verbessern, die weniger risikobehaftet und erschöpfend waren? Ich hatte vielversprechende Studien zu Modafinil gelesen, einem aufmerksamkeitssteigernden Medikament, das in den USA unter dem Namen Provigil verkauft wird (deutscher Handelsname:

Vigil). In den USA war es 1998 für die Behandlung der Narkolepsie zugelassen worden.[5] Diese genetisch bedingte Störung des Nervensystems bricht aus, so nehmen Wissenschaftler an, wenn bestimmte Proteine, die sogenannten Orexine, die von einer kleinen Gruppe von Nervenzellen im Hypothalamus gebildet werden, im Zuge einer Autoimmunreaktion zerstört werden. Narkoleptiker leiden unter einem unbezwinglichen Schlafbedürfnis. Es kann ihnen in jeder Situation passieren, dass sie plötzlich einschlafen. Sie können deshalb die meisten Berufe nicht ausüben und dürfen nicht Auto fahren. Im Jahr 2004 wurde Provigil auch für die Behandlung eines exzessiven Schlafdrangs am Tage trotz ausreichender Schlafdauer zugelassen,[6] der für Störungsbilder wie die obstruktive Schlafapnoe und das Schichtarbeit-Syndrom kennzeichnend ist. Anders als Adderall und Ritalin gab es bei Provigil keinen Hinweis darauf, dass es abhängig oder süchtig machen kann.[7] Wissenschaftler hatten herausgefunden, dass Provigil im Gegensatz zu Adderall und anderen Psychostimulanzien nicht an den Bahnen des Nervensystems ansetzt, die mit Dopamin arbeiten.

Sie wussten also, was Provigil nicht tut, aber keiner konnte genau angeben, warum es die Aufmerksamkeit steigert – auch Jeffry Vaught nicht, der die Abteilung Forschung und Entwicklung beim Provigil-Hersteller Cephalon leitet: »Das ist gar nichts Ungewöhnliches. Es gibt viele Medikamente, deren Wirkmechanismus nicht bekannt ist – zum Beispiel Lithium oder Paracetamol.« Diese Wissenslücke schien ihn nicht im mindesten zu beunruhigen. Wenn niemand herausbekam, wie Provigil wirkte, hatte Cephalon gute Chancen, seine Führungsposition auf einem riesigen und weitgehend noch unerschlossenen Markt zu behaupten. Als ich darauf verwies, dass verschiedene Wissenschaftler doch durchaus Erklärungsansätze für die Wirkung von Provigil vorgestellt hätten, lachte er leise in sich hinein. »Sie sagen, sie wüssten, wie es funktioniert. Ich garantiere Ihnen, sie irren sich.«[8]

Wenn man Provigil einnimmt, ist das in gewisser Weise

nicht viel anders, als wenn man Kaffee trinkt. Allerdings ist die Wirkstoffzufuhr so kalibriert, dass man über den ganzen Tag verteilt die ideale Menge aufnimmt.[9] »Es gibt im Gehirn zwei Aktivationssysteme«, erklärte Vaught, »die in gesonderten Regionen angesiedelt sind. Das eine – an dem Provigil ansetzt – ist hochselektiv und bewirkt eine ruhige, aufmerksame Wachheit. Das andere – an dem Koffein, Kokain und Amphetamine ansetzen – ist leider mit vielen weiteren Funktionen verkettet, so dass man den Appetit verliert, Schlafstörungen bekommt und getrieben und nervös ist.« Bei Provigil, sagte Vaught, trete diese Nervosität nicht auf. Es löse auch keine Euphorie aus, so dass man sich weniger Sorgen machen müsse, man könne davon abhängig werden. Es gebe auch keine Hinweise auf ein Entzugssyndrom. Man könne Provigil dann nehmen, wenn man es brauche, und es von einem Tag auf den anderen absetzen.

Barbara Sahakian und Danielle Turner von der britischen University of Cambridge, die mit an der Spitze der Forschung zur Optimierung kognitiver Funktionen stehen, verabreichten in einer Studie gesunden Freiwilligen Modafinil (das ist der in Provigil enthaltene Wirkstoff) und stellten eine stabile Verbesserung des Arbeitsgedächtnisses fest.[10] Sie prüften die Planungsfähigkeiten ihrer Versuchspersonen mit der »Turm-von-London-Aufgabe«, bei der man farbige Kugeln, die auf drei senkrechten Stäben angeordnet sind, in einer minimalen Anzahl von Zügen von einer Ausgangskonfiguration in eine Zielkonfiguration umschichten muss. Wenn die Versuchspersonen Modafinil eingenommen hatten, verfügten sie mit einem Mal über gesteigerte Planungs- und Entscheidungsfähigkeiten und ein besseres sprachliches und visuelles Gedächtnis; es war im Wesentlichen eine Steigerung sämtlicher kognitiver Fähigkeiten eingetreten, auf die wir im Alltag angewiesen sind.

Das Medikament schien auch die Impulsivität zu mindern. »Die Personen reflektieren mehr«, sagte Danielle Turner mir im Interview, »und es passiert weniger leicht, dass sie agieren, ohne zuvor genau hingeschaut zu haben. Das erhöht die Chancen, dass die Antworten, die sie geben, richtig sind.«[11] Impulsivität gründet in einem Unvermögen des Gehirns, die Zügel kurz zu halten und Verhaltensweisen zu hemmen. Ablenkbarkeit lässt sich als ein Anzeichen von Impulsivität auffassen, das die Unfähigkeit des Gehirns widerspiegelt, eine Aufsplitterung der Aufmerksamkeit zu meiden. Deshalb liegt der Gedanke durchaus nahe, dass Provigil der Art von kognitiver Trägheit, die auf vielen von uns lastet, ein Ende machen könnte.

Beim nächsten monatlichen Kontrolltermin eröffnete ich dem Psychopharmakologen, dass ich von Adderall genug hatte. Meine Recherchen hatten mich zu der Überzeugung gebracht, dass Provigil einen Versuch wert war. Leider hatten weder er noch Jonathan Canick je von Provigil gehört. Wegen seiner sehr speziellen Indikationen – Narkolepsie und exzessive Tagesschläfrigkeit – erwähnen Pharmavertreter das Medikament nie, wenn sie niedergelassene Ärzte aufsuchen. Es wird in der Regel von Neurologen oder Schlafmedizinern verschrieben. Deshalb war es für mich an der Zeit, zur nächsten Station aufzubrechen.

Vor meinem ersten Termin mit Anthony Chen, einem Forschungsstipendiaten für kognitive Neurowissenschaften und neurologische Rehabilitation an der University of California in San Francisco, schickte ich ihm meine neuropsychologischen Befunde zu.[12] Als ich zu ihm kam, hatte er sie von vorn bis hinten durchgelesen, was keine Kleinigkeit war – es handelte sich um 37 einzeilig beschriebene Seiten. Ich erzählte ihm, dass mein Gehirn mit Adderall wesentlich besser funktioniert habe, dass mir aber die Nebenwirkungen Sorge bereiteten. Vielleicht sei es eine Frage der Dosierung, antwortete er, aber da ich mit 10 Milligramm bereits die absolute Mindestdosis nähme, vermute er, dass ich Stimulanzien einfach nicht vertrüge.

Es gebe Alternativen. Ich wartete darauf, dass er Provigil

nennen würde, was aber nicht geschah. Wie schon mehrere Ärzte vor ihm wies er darauf hin, dass das Nachlassen meines Gedächtnisses wahrscheinlich von meinen Schlafstörungen herrühre. Das sei ein Problem, das ich angehen müsse. Das unvermeidliche Thema Schlafmittel war glücklicherweise rasch abgehakt. Ich hob hervor, dass es doch vor allem darum gehen müsse, meine kognitiven Fähigkeiten zu unterstützen und sie nicht noch weiter durch Sedativa zu beeinträchtigen, die mich nach meiner Erfahrung viel zu sehr benebelten.

Er empfahl mir eindringlich, es stattdessen mit einer auf Achtsamkeit gerichteten Stressreduktionstherapie zu versuchen. Sie bestehe im Wesentlichen aus Meditationsübungen, die das Schwergewicht auf Entspannung legen und von der spirituellen Ebene absehen. Er glaube außerdem, dass es für mich an der Zeit sei, mich einmal in einem Schlaflabor untersuchen zu lassen, wo man mit den Mitteln der Polysomnografie sämtliche physiologischen Aspekte meines Schlafes erfassen könne. Ich könne mich an die Stanford University wenden, wo es eine ausgezeichnete schlafmedizinische Abteilung gebe.

Ich sei bereit, sagte ich, mich auf beide Methoden einzulassen. An der Stanford University hatte ich mich sogar schon erkundigt. Dann brachte ich Provigil zur Sprache. Ich berichtete Chen, dass das Medikament nach allem, was ich in Fachzeitschriften gelesen hatte, vermutlich mein Arbeitsgedächtnis und meine Aufmerksamkeit verbessern konnte. Wie er aus Jonathan Canicks neuropsychologischem Bericht ersehen könne, hänge der größte Teil meiner Probleme mit diesen beiden Bereichen zusammen. Das Medikament würde meiner Tagesschläfrigkeit entgegenwirken, so dass ich vielleicht nachts durchschlafen könne. Falls Chen irritiert war, weil ich ihn mit Informationen überschüttete, dann ließ er sich nichts dergleichen anmerken.

Er teilte meine Einschätzung, dass ich von Provigil möglicherweise profitieren würde. Vorher müsse ich aber das

Adderall absetzen und einen ganzen Monat pausieren. Er schärfte mir ein, dass ich das Adderall langsam »ausschleichen« müsse, um Entzugssymptome zu vermeiden.

Wie sich herausstellte, war das Absetzen von Adderall kein Kinderspiel, obwohl ich die Dosis sehr langsam herunterschraubte. In der ersten Woche musste ich die Zähne zusammenbeißen, als mein Gehirn nach Dopamin und Norepinephrin schrie. Es revanchierte sich damit, dass es sich wie ein übermüdetes, widerspenstiges Kleinkind aufführte, das man im Supermarkt in den Einkaufswagen gesetzt hat und das nun sämtliche Artikel aus diesem hinausbefördert. Das »Welten-im-Zusammenstoß-Syndrom« ergriff Besitz von mir. Wenn mir die vielen verschiedenen Anforderungen meines Berufs- und Privatlebens über den Kopf wuchsen, kam es zu Störfällen. Eines Tages segelte ein gerade aufgeschlagenes Ei weit an der Pfanne vorbei und wäre auf dem Boden aufgeschlagen, wenn es nicht auf dem kleineren der beiden Hunde gelandet wäre, von dem der größere die Delikatesse sogleich mit Begeisterung abschleckte. Falls es irgendeinen Trost gab, dann nur den, dass bestimmt bessere Tage vor mir lagen.

Als mein Körper das Adderall losgeworden war, hatte ich das Gefühl, dass meine Intuition besser funktionierte und dass ich kreativer war. War es möglich, dass Medikamente wie Adderall und Provigil nicht nur die Impulsivität hemmen, sondern auch dem Aspekt der Kognition Fesseln anlegen, der uns befähigt, Vorstellungen auf unerwartete und wundersame Weise miteinander zu verschmelzen? Für Menschen, die sich vor allem auf logische Denkmuster stützen, bei denen ein Schritt folgerichtig an den anderen anschließt, mag die Einschränkung sogar hilfreich sein. Aber was ist mit Menschen wie mir, die ihre Brötchen im Grund genommen mittels ihrer Impulsivität verdienen und auf plötzliche, sich ihnen aufdrängende Gedankensprünge angewiesen sind? Was wäre uns nicht alles verloren gegangen, wenn Leonardo da Vinci, der zweifellos unter einem Aufmerksamkeitsdefizit litt, sein frei assoziierendes Gehirn unter Kontrolle gebracht hätte!

Fünf Wochen darauf fuhr ich mit meinem Rezept für Provigil zur Apotheke. Ich wollte einen Versuch wagen. Der Apotheker zog die Stirn in Falten, als er das Rezept durch seine Lesebrille studierte, und verkündete, sie hätten das Medikament nicht vorrätig. Es zu besorgen würde mindestens eine Woche dauern. Sieben Tage später trat ich vor den Abholschalter und bekam ein braunes Fläschchen mit weißen, rechteckigen Pillen ausgehändigt.

Der Einstieg war nicht ganz einfach. Die Dosis war extrem vorsichtig gewählt – 100 Milligramm, die Hälfte dessen, was man üblicherweise bei Narkolepsie verordnet –, doch nach einer halben Stunde fühlte ich mich völlig überdreht, als hätte ich zehn Tassen Kaffee getrunken. Am nächsten Morgen machte ich es besser. Ich brauchte nur eine halbe Tablette, die ich etwa um 10 Uhr einnahm, nachdem mein Gehirn schon einige Stunden Arbeit bewältigt hatte und zu stottern und zu qualmen anfing wie ein Motor, dem der Treibstoff ausgeht. Nach einigen Monaten fing ich an, die andere Hälfte der Tablette kurz nach dem Mittagessen einzunehmen, und blieb dadurch in Schwung, bis mein Pensum erledigt war. Erstmals seit vielen Jahren konnte ich acht oder neun Stunden am Tag mit dem Gefühl arbeiten, dass die meiste Zeit auch wirklich etwas dabei herauskam. Ich will nicht verschweigen, dass zwischen meinem »Schatz, ich bin wieder da« und dem Moment, in dem ich in die Federn kroch, nicht mehr viel mit mir anzufangen war. Es handelte sich aber, anders als bei Adderall, nicht um Entzugssymptome, sondern um eine wohlbegründete geistige Erschöpfung.

Adderall und Provigil waren schwer zu vergleichen. Was die Eindämmung meiner Ablenkbarkeit anging, kamen mir beide ähnlich effizient vor. Ich sprühte zwar nicht vor Einfällen wie mit Adderall, aber auch das Provigil schien mein Arbeitsgedächtnis zu stärken. Mein visuell-räumliches Gedächtnis, das sich unter Adderall enorm verbessert hatte, war so schlecht wie eh und je, was mich nicht weiter verwunderte: Kognitionsaspekte wie das räumliche Arbeitsgedächtnis, die nur auf Dopamin ansprechen, kann Provigil nicht beeinflussen, weil es nicht über die dopaminergen Bahnen des Nervensystems wirkt.

Ich suchte noch einmal Jonathan Canick auf, weil ich wissen sollte, wie ich nun bei denselben Tests abschneiden würde. Er war genauso neugierig wie ich, inwieweit das Medikament mir helfen konnte. Als er mich bei der ersten Untersuchung aufgefordert hatte, innerhalb einer Minute so viele Tiere wie möglich zu nennen, war ich im 38. Perzentil gelandet, mit Adderall dann im 80. Perzentil. Mit Provigil rutschte ich ins 50. Perzentil zurück. Ähnlich erging es mir beim Wiedererkennen von Gesichtern (weil ich diese etwas dümmlich aussehenden Männer schon zweimal gesehen hatte, nahm ich an, dass ich die Aufgabe nun beim dritten Mal mit links schaffen würde): Ohne Medikamente hatte ich im 19., mit Adderall im 93. Perzentil gelegen. Mit Provigil war ich fast wieder am Ausgangspunkt angelangt, im 27. Perzentil.

Ich war verblüfft. Vielleicht war der Einfluss von Provigil so subtil, dass er in derartigen Tests nicht ans Licht kam. Tatsache war, dass ich in vielen Stunden des Tages eine ungekannte Klarheit erlebte, eine ruhige Wachheit, die ich sehr schätzte. Bei einem kleinen Spiel, das ich »Synonymwettrennen« nannte, überlegte ich einen Augenblick lang, was der passende Alternativausdruck für ein Wort sein könnte, und drückte dann die Taste, die mich direkt zu der Website Thesaurus.com führt. Wenn ich auf das gewünschte Wort kam, bevor die Liste mit Synonymen auf dem Monitor erschien, hatte ich gewonnen. An Tagen, an denen ich genug geschlafen hatte und Provigil in meinem Blut zirkulierte, sammelte ich jede Menge Punkte. Die Leiterin meiner Gymnastikgruppe merkte an, ich würde mich neuerdings viel mehr im Einklang mit den anderen bewegen. Eines Abends saß meine Lesegruppe sprachlos staunend da, als ich, lange nachdem die Wirkung des Provigil eigentlich schon abgeklungen war, die Namen von einem halben Dutzend Figuren in Zadie Smiths Roman *Von der Schönheit* herunterrasselte. Es hatte sich ganz offensichtlich etwas verändert.

Cephalons Jahresbericht entnahm ich, dass ich – vorausgesetzt, die Zahl der Narkoleptiker auf der Welt war nicht unversehens in die Höhe geschnellt – nicht die Einzige mit Konzentrationsproblemen war, die Provigils Vorzüge zu schätzen wusste. Der Umsatz von Provigil war zwischen 2002 und 2005 um 51 Prozent auf 439 Millionen Dollar gestiegen.[13] Damit blieb er zwar deutlich hinter den 1,16 Milliarden Umsatz zurück, die 2005 mit Adderall erzielt wurden.[14] Aber es war nicht zu übersehen, dass das Interesse an Provigil innerhalb eines halben Jahres enorm gestiegen war. Nach der Einschätzung von Barbara Sahakian und Danielle Turner, den bereits erwähnten Forscherinnen von der University of Cambridge, würde man Provigil bald nicht mehr in erster Linie als ein Mittel gegen Narkolepsie sehen, sondern als einen Vorboten einer neuen Klasse von Substanzen, die auf die an Gedächtnis- und Aufmerksamkeitsprozessen beteiligten Moleküle Einfluss nehmen.[15] Im Frühling 2006 trat allerdings eine für Provigil ungünstige Wende ein. Cephalon hatte angesichts der ausgezeichneten Ergebnisse der klinischen Studien den Antrag gestellt, die Indikation des Medikaments auf die Behandlung von ADHS ausweiten zu dürfen. Mittlerweile wurde aber viel über die möglichen Risiken von Ritalin und Adderall diskutiert. Der Zeitpunkt für die Einführung eines neuen ADHS-Medikaments war ungünstig. Als dann bei Cephalons klinischer Studie ein ernstes Problem auftrat – bei einem der 933 teilnehmenden Kinder entwickelte sich ein Stevens-Johnson-Syndrom, eine unter Umständen lebensbedrohliche Hauterkrankung, die mit dem Medikament aber höchstwahrscheinlich nicht in Zusammenhang stand –, wurde der Antrag auf Erweiterung der Indikation abgelehnt. Das Unternehmen gab seine

Pläne auf, Provigil in absehbarer Zeit als ADHS-Mittel auf den Markt zu bringen.[16]

Medikamente in der Pipeline

Derzeit befinden sich etwa 40 Medikamente, die der kognitiven Leistungssteigerung dienen sollen, in der Phase der klinischen Erprobung am Menschen.[17] Alle zielen auf die Förderung von Wachheit, Aufmerksamkeit, Gedächtnis und Entscheidungs- und Planungsfähigkeiten. »Die Vorstellung von einer kognitiven Optimierung, die im Dienst eines individuellen Lebensentwurfs stehen soll, wird meiner Meinung nach die Gesellschaft verändern«, sagt Martha Farah, die das Zentrum für kognitive Neurowissenschaften an der University of Pennsylvania leitet und zu diesem Thema viel publiziert hat. »Die Medikamente, die die Leute derzeit schon nutzen, um ihre Aufmerksamkeit zu steigern, haben nicht zu vernachlässigende Nebenwirkungen, und doch nehmen viele sie ein. Wenn man diesen Trend in die Zukunft extrapoliert, kann man prognostizieren, dass solche Substanzen in zehn Jahren sehr weit verbreitet sein werden. Um meine Rente aufzubessern, würde ich mein Geld definitiv in die entsprechenden Aktien investieren.« Mindestens ein Dutzend Biotechnologie-Unternehmen arbeitet fieberhaft daran, Medikamente zu entwickeln, durch die ein altersbedingtes Nachlassen kognitiver Fähigkeiten irgendwann der Vergangenheit angehören könnte. Diese Unternehmen versuchen abzuschätzen, wo für sie die großen Märkte der Zukunft liegen könnten – und mit ihnen die Pharmakonzerne, die darauf lauern, ihnen die vielversprechendsten Substanzen sogleich abzukaufen, um sie dann selbst weiterentwickeln zu können. Laut Harry M. Tracy, Autor des Newsletters *Neuroinvestment*, wird das Unternehmen, das ein gesundheitlich unbedenkliches kognitionsunterstützendes Mittel entwickelt, damit Milliarden umsetzen.[18] Biotech-Firmen arbeiten mit Hochdruck daran, sämtliche am

Aufbau von Erinnerungen beteiligten Gene zu bestimmen. Man will Substanzen finden, die modulierend ins Gedächtnis eingreifen können, indem sie mit Proteinen interagieren, die von diesen Genen gebildet werden.[19] Die meisten der Medikamente gehören zu einer von zwei Kategorien: Sie erhöhen entweder die verfügbare Menge von Neurotransmittern, die dem Erinnerungsaufbau zugrunde liegen, oder blockieren Substanzen, die dem Prozess in die Quere kommen.

Die meisten Medikamente, die derzeit in der Entwicklung sind, setzen an den Genen an, die Nervenzellen in die Lage versetzen, Elemente aus dem Arbeitsgedächtnis ins Langzeitgedächtnis zu verlagern. Sie greifen in eine komplexe biochemische Reaktionskette ein, die Veränderungen in der Stärke und Struktur von synaptischen Verbindungen zwischen Neuronen hervorruft. Dieser Prozess erzeugt dauerhafte Verschaltungen zwischen Nervenzellen und ist entscheidend für die Konsolidierung von Erinnerungen. Cortex Pharmaceuticals entwickelt derzeit eine Variante des synthetischen Neurowirkstoffs Ampakin, welche die Produktion des »Nervennährstoffes« BDNF anregen soll (ich habe BDNF an anderer Stelle als eine Art Dünger für neue dendritische Verzweigungen und Zellen beschrieben). Eine neuere Studie ergab, dass bei Ratten, denen man das Ampakin verabreicht hatte, im Hippokampus-Gewebe doppelt so viel BDNF vorhanden war wie bei einer Kontrollgruppe. Der BDNF-Pegel war viele Stunden, nachdem das Medikament nicht mehr im Körper der Tiere nachweisbar war, noch immer erhöht.[20] Bei Menschen mittleren Alters misslingt die Konsolidierung von Erinnerungen zuweilen, doch wie wir gesehen haben, hängen ihre wesentlichen Probleme mit Aufmerksamkeit und Arbeitsgedächtnis zusammen.[21] Laut Amy Arnsten, Neurobiologin an der Yale University, dürften viele Substanzen, die derzeit in der Entwicklung sind, das Arbeitsgedächtnis sogar noch weiter einschränken und tragen jedenfalls nichts dazu bei, Aufmerksamkeit und Konzentration zu stärken. Ein einzelnes Medikament wird also wohl nicht ausreichen, um die verschiedenen Aspekte eines nachlassenden Gedächtnisses anzusprechen.[22]

Eric Wasserman, Chef der Abteilung für Gehirnstimulation am US-Institut für neurologische Erkrankungen und Schlaganfall, hat einen völlig anderen Ansatz für die Steigerung kognitiver Funktionen entwickelt.[23] Er fand heraus, dass man mit transkranieller Gleichstromreizung, bei der schwache Ströme durch das Gehirn geleitet werden, die sprachlichen und motorischen Fähigkeiten sowie das Lern- und Erinnerungsvermögen bei gesunden Menschen steigern kann. Die Stimulation wirkt in etwa so, sagt Wasserman, »als würde man einem relativ eng umschriebenen Teil des Gehirns Kaffee einflößen«.[24] Beim Aufzählen von Wörtern mit einem bestimmten Anfangsbuchstaben stieg die Leistung durch eine elektrische Reizung des linken Stirnlappens um 20 Prozent.

Die Stromstärke beträgt nur zwischen 1 und 2 Milliampere.[25] Wasserman rechnet damit, dass man in absehbarer Zeit »ein Gerät von der Größe eines mp3-Players« kaufen kann, der sich in eine Mütze einsetzen lässt. »Wenn man es anschaltet, ist man leistungsfähiger. Wenn man es abschaltet, kehrt man zum vorherigen Zustand zurück.«

Die Aussicht, dass man kognitive Fähigkeiten bald künstlich steigern kann, wirft ethische Fragen auf. Francis Fukuyama fordert in seinem Buch *Das Ende des Menschen*, dass die Politik der Forschung hier Grenzen setzen soll. »Der ursprüngliche Zweck der ärztlichen Kunst besteht schließlich darin, Kranke zu heilen, nicht aber Gesunde zu Göttern zu machen.«[26] Ich selbst bin freilich gar nicht darauf aus, gottähnliche Fähigkeiten zu entfalten. Ich wäre schon zufrieden, wenn ich mir in vollkommener Klarheit den Gesichtsausdruck in Erinnerung rufen könnte, mit dem mein jüngerer Sohn in den Garten gestürmt kam, um mir mitzuteilen, dass ihm gerade eine Zweiliterflasche mit Ahornsirup auf den Küchenboden gefallen war.

Die Debatte ist zu vielschichtig, als dass ich sie hier im Einzelnen referieren könnte, doch sie wirft gewichtige Fragen auf. Ist es wirklich wünschenswert, dass wir uns irgendwann Fähigkeiten kaufen können, die unsere naturgegebenen in den Schatten stellen? Aber ist es andererseits nicht geboten, Möglichkeiten zur Stützung von Gedächtnis und Aufmerksamkeit zu entwickeln, weil in naher Zukunft wohl recht viele Menschen ein Alter von 120 Jahren erreichen? Werden leistungssteigernde Substanzen zu einer Aufspaltung der Gesellschaft in kognitiv Begünstigte und kognitive Habenichtse führen? Werden Menschen gezwungen sein, Mittel zur kognitiven Leistungssteigerung einzunehmen, um im unerbittlichen Wettbewerb einer Welt, die keine Ruhepausen kennt, bestehen zu können? »Sobald eine zuverlässige und effiziente Methode der Gedächtnisstärkung verfügbar ist, werden die Menschen unter Zugzwang geraten«, äußerte Martha Farah im Gespräch mit mir. »Sie kommen dann vielleicht gar nicht mehr darum herum, so ein Mittel zu nehmen, damit sie nicht bei der Bewerbung um Arbeitsplätze oder in schulischen Konkurrenzsituationen den Kürzeren ziehen.«[27] Wird man von einem Piloten, einem Fluglotsen oder einem Busfahrer – also von Menschen, die Verantwortung für das Leben Hunderter oder Tausender Menschen übernehmen – eines Tages verlangen, dass sie solche Medikamente einnehmen? Die zumindest in meinen Augen interessanteste Frage lautet freilich: Könnte es sein, dass wir in ein sehr sinnreich aufgebautes System des Vergessens hineinpfuschen und uns am Ende selbst zu Reservoirs nutzloser Informationen machen, so dass wir den Wald vor lauter Bäumen nicht mehr sehen?

Als ich über diese Fragen nachdachte, mischte sich mein pragmatisches Selbst immer wieder ein und meinte, ich solle mir doch bitte keine Illusionen machen. Warum, so kann man sich fragen, hat die Evolution dem Menschen kein viel größeres Arbeitsgedächtnis und keine lückenlose Erinnerung beschert?[28] Das menschliche Gehirn beansprucht bereits, in Form von Glukose, einen riesigen Anteil der Energie, die dem Körper zur Verfügung steht. In einigen Jahrtausenden wird es vielleicht noch größer sein und sich noch mehr von den Energievorräten angeeignet haben, die unsere Vorfahren für schwere körperliche Arbeit benötigten. Für uns, die wir an Schreibtischen sitzen und auf Monitore starren, sind die Zeiten, in denen es ums nackte Überleben ging, jedenfalls Geschichte. Sobald es also kognitionsunterstützende Substanzen geben wird, die gesundheitlich relativ unbedenklich sind (sagen wir, so unbedenklich wie Adderall), werden Menschen mittleren Alters, die darauf eingestellt sind, ein langes, aktives und geistig forderndes Leben zu führen, und Angst davor haben, womöglich jahrzehntelang auf die Hilfe anderer angewiesen zu sein, ganz bestimmt einen Weg finden, ihren Arzneischrank mit solchen Mitteln zu bestücken.

12 Meditation und Neurofeedback

An den Stellschrauben drehen:
Wie eine Optimierung der Gehirnwellen
die Aufmerksamkeit verbessern kann

Anthony Chen hatte mir, ehe er mir Provigil verschrieb, die Teilnahme an einem achtwöchigen Kurs empfohlen, in dem »Achtsamkeitsmeditation« praktiziert wurde. Ihm werde wohler sein, sagte er, wenn ich einen solchen Versuch unternähme, einige grundlegende Aspekte der Art, wie ich mit mir und meinem Leben umginge, zu verändern. Leider musste ich feststellen, dass ich mit dem Meditieren größte Schwierigkeiten hatte. Entweder schlief ich dabei ein, oder meine Aufmerksamkeit schweifte ab.

Jemand gab mir den Tipp, dass mir die Methode des Neurofeedback weiterhelfen könnte. So kam ich an Marvin Sams, einen offenherzigen Texaner, der auf die Verwendung der Elektroenzephalographie im klinischen Bereich und in der Forschung spezialisiert ist. Zehn Jahre zuvor hatte Sams die Electro-Cap entwickelt, eine badekappenähnliche Haube aus Elastan, in der an den passenden Stellen Elektroden eingenäht sind. Dieses Utensil verdrängte rasch die unbequeme improvisierte Variante aus Gummibändern, Metallelementen und Wattebäuschen. Nach einigen Jahren verkaufte er das Unternehmen und eröffnete in Dallas das »Sams-Zentrum für optimale Leistung«, um sich wieder seiner bevorzugten Tätigkeit zuzuwenden, der Behandlung von Patienten.

Als ich mit ihm telefonierte,[1] fand ich seinen nasalen texanischen Akzent und seine Neigung, mich mit »Ma'am« anzusprechen, recht sympathisch. Psychologen sollten, so meinte er, die Finger von Neurofeedback lassen. Das sei eine hochtechnische Angelegenheit, für die man umfassende

185

Kenntnisse der EEG-Methodik benötige. In den vergangenen 20 Jahren habe es in diesem Bereich zwar verschiedenste Neuerungen gegeben, und mittlerweile sei leicht zu bedienende Hardware erhältlich, mit der sich jeder Laie sein eigenes kleines EEG-Labor einrichten könne. EEG-Neurofeedback sei aber kein Verfahren, das man sich in einer einjährigen Ausbildung oder gar in einem Wochenendkurs aneignen könne. »Wir haben es mit dem Gehirn zu tun, dem komplexesten System im bekannten Universum, doch es gibt viele Leute, die daran herumfriemeln, ohne zu wissen, was sie da tun. Das ist, wie wenn man einen 16-Jährigen einen Ferrari reparieren lässt ... Ich würde gern herausfinden, wie Ihr Gehirn arbeitet. Wenn ich mich lange genug mit ihm unterhalten habe, werde ich das ganz genau wissen.« Er sehe seine Rolle darin, die Arbeitsweise des Gehirns zu korrigieren und zu optimieren. »Mir geht es um Funktionstüchtigkeit, um die Frage von Effizienz und Ineffizienz.«[2]

Ich traf Vorbereitungen, um nach Dallas zu fliegen und bei Sams meine Intervention Nummer 5 zu beginnen. Ein wenig kam es mir so vor, als wolle ich meinen Motor überholen und meine Stoßdämpfer ersetzen lassen. Ich würde eine Woche bleiben und jeden Tag zwei Neurofeedback-Sitzungen absolvieren. Nach einer Pause von einer Woche sollte ich erneut hinfliegen, um dasselbe Programm noch einmal zu durchlaufen. Es würden zwei strapaziöse Wochen für mich, kündigte Sams an. Manchmal würde ich mich völlig erschlagen fühlen, manchmal auch unangenehm überaktiv – oder aber, ein Lieblingsausdruck von Sams, »ausgelaugt und aufgekratzt« zur selben Zeit. Die meisten seiner Patienten, die von außerhalb kamen, mieteten sich in den nahegelegenen Bradford Suites ein. Ich würde früh aufstehen, vormittags arbeiten, mich nach dem Lunch zu Sams' Praxis aufmachen und etwa um halb fünf zurückkommen, um noch eine Weile weiterzuarbeiten. Wir vereinbarten, dass ich Anfang Januar anreisen solle, wenn eine vierköpfige Familie aus Australien, nachdem er ihr Nervensystem auf Vordermann gebracht habe, bereit zum Heimflug sei. Bis dahin blieb meinem Körper gerade genügend Zeit, um das Provigil loszuwerden.[3] Darauf hatte Marvin Sams bestanden: Er wollte sichergehen, dass er die Stimme meines Gehirns laut und deutlich vernehmen konnte.

Sams war ein ansprechend kräftiger Mann in den mittleren Jahren in Jackett und Krawatte, mit einem herzhaften Lachen und höflichen Umgangsformen. Er neigte zu Vergleichen, die mit texanischem Football zu tun hatten, was bei den einheimischen Anhängern der Dallas Cowboys sicher besser ankam als bei mir. Sein Assistent setzte mir eine Electro-Cap auf und verkabelte mich für die Aufzeichnung eines 13-kanaligen EEGs. Sams erklärte, er werde sich meine Gehirnwellen anschauen und sie dann mit Daten vergleichen, die insgesamt 45 Jahren Aufzeichnungszeit entsprachen, um zu prüfen, wo mein Gehirn von der Norm abwich. Mit diesen Informationen werde er sich dann daranmachen, das Problem zu korrigieren.

»Einen Moment noch«, warf ich ein. »Was ist, wenn Sie mich ›optimieren‹ und ich am Ende dann so normal bin, dass ich meinen Beruf nicht mehr ausüben kann?«

Er kannte den Einwand natürlich. »Ich habe nicht vor, Ihren kreativen Funken zu ersticken. Vertrauen Sie mir. Es wird Ihnen hinterher leichter fallen, ihn nutzbringend einzusetzen.«

IVA und TOVA, die ersten beiden Tests, waren laut Sams »das härteste Video der Welt«. Als er mir beschrieb, was ich zu tun hatte, klang das kinderleicht: Ich würde Einsen und Zweien auf dem Monitor aufblinken sehen. Zugleich würde ich eine Stimme die jeweilige Zahl aussprechen hören. Wenn ich eine Eins sah, sollte ich die Maustaste drücken, nicht aber, wenn ich eine Zwei sah. Innerhalb einer Viertelstunde würden mir 125 akustische und 125 visuelle Reize präsentiert werden, die 38 Variablen der Impulskontrolle und der Aufmerksamkeit abprüften. Ich merkte sofort, dass ich anscheinend recht wenig Kontrolle über meine Reaktionen hatte.

Mein Mausfinger hatte seinen eigenen Willen. Ich begann zu ächzen. Als es vorbei war, knipste Sams das Licht an und klopfte mir mitfühlend auf die Schulter. Der Drucker spuckte meine Resultate aus: Die Arbeitsdiagnose lautete auf eine Aufmerksamkeitsdefizit-/Hyperaktivitätsstörung, die zumindest teilweise auf eine erhebliche Traumatisierung des rechten Stirnhirns zurückging.

»Woher, um alles in der Welt, soll die Maschine das wissen?«, fragte ich.

»Das steht alles hier drin«, sagte er und wedelte mit zwei dicht bedruckten Blättern. Ich warf einen Blick auf die Kolonnen unvertrauter Ausdrücke in winzig kleiner Schrift – »absolute Amplitude«, »relative Leistungsdichte«, »komprimierte Spektraldarstellung« – und beschloss, mir einfach nur seine Interpretation anzuhören.

Meine visuelle Aufmerksamkeit war nur geringfügig, meine akustische Aufmerksamkeit dagegen massiv beeinträchtigt. Mit der Hörwahrnehmung an sich sei alles in Ordnung, versicherte mir Sams. Bei einem reinen Hörtest würde ich sicher gut abschneiden. Das Problem liege in der Verarbeitung der Reize und sei ohne einen Test wie den IVA nur äußerst schwer aufzuspüren. Was er sehe, lege die Vermutung nahe, dass das Verarbeiten sprachlicher Informationen bei mir sehr lange dauere. Wahrscheinlich hätte ich einen Großteil der Zeit keine Ahnung, was die Leute eigentlich zu mir sagten. Außerdem weise mein eigenwilliger Mausfinger auf eine mangelhafte Impulskontrolle des Gehirns hin: Ich wusste, dass ich bei der Zwei nicht klicken sollte, und tat es trotzdem.

Nach einigen weiteren Tests setzten wir uns an einen kleinen runden Tisch in einer Ecke des Trainingsraums. Sams zog ein Fazit. Mein Gehirn stecke mehr oder weniger in Alpha-Wellen fest, die überall zu registrieren seien, auch in Regionen, wo ich mit Theta- und Beta-Wellen besser fahren würde. Das sei nicht weiter verwunderlich: Menschen mit ADHS und Hirnverletzungen wiesen in den Stirnlappen oft exzessive Alpha-Anteile auf, die mit Konzentrations- und Erinnerungsschwierigkeiten einhergingen. Durch die vielen Alpha-Wellen sei mein Gehirn in einem unklaren Zwischenzustand gefangen, in dem es schlaff und teilnahmslos sei und sich weder richtig anstrenge noch schlafe. In den hinteren Gehirnteilen und in den Stirnlappen hätte ich außerdem zu viele Delta-Wellen, die man normalerweise dem Tiefschlaf zuordne, und außerdem einige Theta-Anteile, die ein Zeichen für Ineffizienz der mentalen Prozesse seien.

Er habe den starken Eindruck, dass ich die meiste Zeit in einem schläfrigen Zustand feststeckte und dass es mich viel Anstrengung koste, den Motor auf Touren zu bringen. Er vermute, dass ich mich in eine fieberhafte Anspannung hineinsteigern müsse, um mich selbst über diese Schwelle zu hieven. An meinem Gesichtsausdruck merkte er wohl, dass er ins Schwarze getroffen hatte.

»Und was ist mit den Gamma-Wellen?«, warf ich ein. »Die braucht man doch, um in einen meditativen Zustand zu kommen.«

»Haben Sie vor, die nächsten dreißig Jahre in einer Höhle sitzend zu verbringen? Denn das wäre der einzig vernünftige Grund für Sie, sich in einen meditativen Zustand versetzen zu wollen. Gamma-Wellen haben nichts mit Leistungssteigerung zu tun. Wenn Sie wollen, dass die Post abgeht, dürfen Sie nicht auf Gamma-Wellen setzen. Ich bezweifle sehr, dass Gamma-Wellen das sind, was Sie brauchen. Wenn Sie das richtige Neurofeedback bekommen, brauchen Sie keine Meditation.«

Ich war aber nach Dallas gekommen, entgegnete ich, damit ich hinterher besser meditieren konnte. Sams meinte darauf, ich solle mir keine Sorgen machen. Mein Gehirn habe ein Trainingsprogramm vor sich, mit dem er es in Form bringen werde. Er werde ihm beibringen, rege und aktiv zu sein, anstatt in Alpha-Rhythmen dahinzudümpeln. Mit einem höheren Anteil an Beta-Wellen würden mein Denkvermögen und meine Energie zunehmen, so dass ich mich besser auf eine Aufgabe einstellen und konzentrieren könne. Das werde er dadurch erreichen, dass er meine Neuronen mit verschiedenen Tönen bearbeite, während ich auf einem uralten, nur noch von Klebeband zusammengehaltenen Game Boy Tetris spielte. Meine Skepsis hätte kaum größer sein können, wenn die Behandlung darin bestanden hätte, dass ich in fremden Zungen reden oder nackt um ein Lagerfeuer tanzen sollte.

Sams erklärte, dass sich hinter dem Spiel Tetris eine äußerst komplexe Aufgabenstellung verberge. Man müsse die auf dem Monitor herabsinkenden Puzzleteile in der Vorstellung hin- und herdrehen und die Daumen ständig in Bewegung halten, und dabei seien Gedächtnis, strategisches Denken, Planung und Konzentration in hohem Maße gefordert.

In den zehn Behandlungstagen spielte ich dermaßen viel Tetris, dass ich nicht nur im Schlaf, sondern auch beim Autofahren geometrische Figuren herabfallen und einrasten sah. Ein erfahrener Tetris-Spieler sammelt in einem Durchgang mindestens 25 000 Punkte.[4] Als ich zu spielen anfing, war ich selbst nach meinen eigenen Maßstäben erstaunlich schlecht. Meine Punktwerte bewegten sich um die 90 herum. Während ich spielte, hatte Sams auf dem Computermonitor mein EEG vor sich. Ich war so sehr auf das konzentriert, was da zwischen meinen Daumen geschah, dass ich auf Sams kaum achtete. Anfangs schnitt ich immer Spiel um Spiel sehr schlecht ab, bis mir plötzlich der Durchbruch zu dreistelligen Punktwerten gelang. Einige Minuten später rackerte ich mich dann ab, um bis zum Spielende zumindest 60 Punkte zusammenzubekommen. Ich merkte zwar, dass Sams den kleinen Nintendo-Bildschirm vor mir im Auge behielt, begriff den Grund aber erst nach mehreren Tagen: Durch das Manipulieren von Frequenzen gab er meinem Gehirn Hinweise, wie es seine Leistung verbessern konnte. Er konnte meine Leistung nach Belieben steigern oder abnehmen lassen.

Wenn ich Sams' Büro am späten Nachmittag verließ und mich zu den Bradford Suites schleppte, war ich wie gerädert, und ein Weiterarbeiten war deshalb völlig undenkbar. Ich war gerade noch fähig, mein Abendessen in die Mikrowelle zu schieben und mir komplett schwachsinnige Fernsehshows anzuschauen. Nachts bekam ich noch weniger Schlaf als sonst. »Das kommt vor«, bemerkte Sams. »Wenn wir das Gehirn endlich aus dem Schongang holen und auf Betriebstemperatur hochfahren, neigt es dazu, eine Weile lang Kapriolen zu schlagen.«

Am Ende des zehntägigen Trainings führte Marvin Sams noch einmal dieselben Tests mit mir durch wie zu Beginn. Ich beschloss, diesmal eher auf Genauigkeit als auf Geschwindigkeit zu achten. Während des IVA- und des TOVA-Tests bemühte ich mich, meinen Mausfinger unter Kontrolle zu halten. Ich klickte nur, wenn ich absolut sicher war, dass ich eine Eins sah und hörte. Laut den Ergebnisblättern, die der Drucker ausspuckte, hatten sich meine Werte in beiden Tests stark verbessert; sie lagen nun überall im Normalbereich – außer bei der akustischen Aufmerksamkeit. Doch auch hier hatte ich mich gesteigert: Die Werte zeigten nur noch eine leichte Beeinträchtigung an. Sams sagte, die Resultate wiesen nun nicht mehr auf eine Aufmerksamkeitsdefizit-/Hyperaktivitätsstörung hin, doch ich müsse Vorsicht walten lassen. Nach zwei Wochen Intensivtraining herrsche in meinem Gehirn ein großes Durcheinander. Wo ich wirklich stünde, würden wir erst erfahren, wenn ich dem Gehirn zwei Wochen Zeit gelassen hatte, sich neu einzupendeln. Mit sechs bis zehn weiteren Sitzungen sei eine erhebliche weitere Verbesserung zu erreichen. Wir müssten jetzt im Grunde auf halber Strecke aufhören.

Draußen warte das Auto, sagte ich, das mich zum Flughafen bringen sollte. Weitere Sitzungen seien mir derzeit nicht möglich. Das sei kein Problem, antwortete Sams. Wir könnten die Sache zu Ende bringen, wenn ich das nächste Mal nach Texas käme. Ich versprach, darüber nachzudenken – vielleicht würde ich im Frühling zur Blüte der Texaslupinen wiederkommen, für die diese Gegend bekannt ist.

Als ich wieder zu Hause in Kalifornien war, beobachtete ich mich, um zu erkennen, ob sich irgendetwas verändert hatte. Nach einem Ausflug von insgesamt zehn Tagen erwarteten mich unter anderem ein klebriger Küchenboden, der dringend geputzt werden musste, und zwei Kinder, die dringend neue Hosen brauchten, weil ihnen alle alten zu klein geworden waren. Wie würde ich zurechtkommen? War ich beim Pfannkuchenbacken konzentrierter? War mein aktiver Wortschatz größer? Ich glaubte, einen mentalen Elan zu spüren, wie ich ihn zuvor durch die Stimulanzien erlebt hatte. Vielleicht war das ja nur ein Placebo-Effekt, aber er war mir hochwillkommen. Ich nahm das Provigil aus der Handtasche und verwahrte es im Arzneischrank. Vielleicht brauchte ich es ja irgendwann wieder, aber fürs Erste war ich zufrieden.

Als Sams mich anrief, um zu fragen, wie es mir ging, antwortete ich, dass ich für jeden kleinen Fortschritt dankbar sei. Sobald mein Zeitplan es erlaube, würde ich wieder nach Texas kommen. Unterdessen war die Zeit gekommen, mein großes Thema anzugehen – Schlaf.

13 Schlafen kann ich, wenn ich tot bin

Wer zu wenig schläft, bleibt unter seinen Möglichkeiten

»Ich sehne mich nach Schlaf. Er ist mir kostbar. Aber ich bekomme es einfach nicht hin, genug zu schlafen«, bekannte Kevin, der früher einmal neun Stunden am Stück zu schlummern pflegte. »Ich schlafe mit den Jahren immer schlechter. Typisch ist leider, dass ich nachts zwei Stunden wachliege, von drei bis fünf. Zum Glück gibt es ja rund um die Uhr die *CNN Headline News*.«

Wahrscheinlich haben Sie wie Kevin schon selbst festgestellt, dass Sie nicht mehr so lange und lange nicht mehr so gut schlafen wie vor 20 Jahren. Die durchschnittliche Schlafzeit sinkt mit jedem Lebensjahrzehnt um 27 Minuten.[1] Wenn Sie also mit Anfang zwanzig im Schnitt sieben Stunden geschlafen haben, sind Sie mit fünfzig vermutlich bei etwa fünfeinhalb Stunden angelangt. In den USA wurden im Jahr 2006 etwa 42 Millionen Rezepte für Schlafmittel ausgestellt und damit fast 60 Prozent mehr als im Jahr 2000. Auf diesem Markt werden jährlich derzeit 2,1 Milliarden Dollar umgesetzt.[2] Für die Altersgruppe der 44- bis 54-Jährigen stieg die Zahl der Verschreibungen von Schlafmitteln im selben Zeitraum um 62 Prozent.[3] Die Zahlen scheinen zu belegen, dass ein großer Teil der Bevölkerung Probleme mit dem Schlafen hat.

Neuere Studien lassen vermuten, dass die Schlafdauer im mittleren Alter abnimmt, weil wir empfindlicher auf schlafstörende Effekte von Stresshormonen reagieren.[4] Nach einem Adrenalinstoß (wir schrecken zum Beispiel hoch, weil um Mitternacht das Telefon klingelt) tritt eine leichte Erhöhung des Cortisolspiegels ein, die sich bei 20-Jährigen meist rasch wieder legt, uns Ältere aber lange wachhält. Wenn andere Hormone, die den Stoffwechsel rasch wieder ins Gleichgewicht bringen können (unter anderem Östrogen und Testosteron), in geringeren Mengen verfügbar sind als früher, gewinnt das Cortisol die Oberhand.

Nach herkömmlicher Auffassung braucht man mit zunehmendem Alter immer weniger Schlaf. Das stimmt aber nicht: Das Gehirn gerät in Bedrängnis, wenn es nicht acht oder annähernd acht Stunden Schlaf bekommt. Schlafmangel beeinträchtigt Konzentrationsfähigkeit, räumliches Lernen, Verarbeitungsgeschwindigkeit und -genauigkeit, Arbeitsgedächtnis und Reaktionszeit – kurzum, er untergräbt sämtliche kognitiven Fähigkeiten.

»Eine Nacht, in der man kein Auge zutut, wirkt in simulierten Fahrtests genauso beeinträchtigend wie ein Alkoholpegel, der an der Fahrtüchtigkeitsgrenze liegt«, schreibt Mark Mahowald, Professor für Neurologie an der University of Minnesota.[5] Man muss aber nicht unbedingt die ganze Nacht wachliegen, um sich so zu verhalten, als hätte man einen im Tee: Man braucht nur zwei oder drei Abende hintereinander spät ins Bett zu gehen, obwohl man morgens früh aus den Federn muss (vielleicht weil der Termin für die Fertigstellung eines wichtigen Auftrags näher rückt), und stellt sich an, als hätte man drei Whiskys intus. »Wenn ich müde bin«, berichtete George, Mathematiklehrer an einer Highschool, »habe ich nicht die Geistesgegenwart, um gleichzeitig den Unterrichtsstoff und den Wissensstand der Schüler im Auge zu behalten. Ich verliere entweder den Faden bei der Vermittlung des Stoffes, oder mir gerät aus dem Blick, was die Schüler aufzunehmen imstande sind. Mir ist klar geworden, dass es oft besser ist, nicht die halbe Nacht aufzubleiben, um Tests zu korrigieren, sondern stattdessen ausgeschlafen vor die Klasse zu treten.«

Erwachsene schlafen heute unter der Woche im Durchschnitt 6,9 Stunden pro Nacht, am Wochenende eine Stunde mehr. Das sind etwa 20 Prozent weniger als das Schlafpensum im Jahr 1900.[6] Es gibt heute wesentlich mehr Anlässe als früher, lange aufzubleiben. Neben den Sirenengesängen des Internet sind das beispielsweise in den USA die langen Öffnungszeiten von Baumärkten, Supermärkten oder Fitness-Studios. In den Apple-Läden in Manhattan kann man rund um die Uhr seinen Computer reparieren lassen oder sich einen neuen iPod kaufen. Wir lassen uns nur zu gern verlocken, unseren Tag-Nacht-Rhythmus zu ignorieren, damit wir mehr erledigt bekommen und mehr Zeit haben, uns zu amüsieren. In einer Studie der National Sleep Foundation gaben zwei Drittel der Befragten an, dass ihre Konzentration oft durch Schläfrigkeit beeinträchtigt sei und dass die Qualität ihrer Arbeit nach ihrer Schätzung dann um 30 Prozent sinke.[7]

Tagesschläfrigkeit ist so weit verbreitet, dass viele sie als selbstverständlich hinnehmen. David Dinges, der die Abteilung Schlaf und Chronobiologie an der University of Pennsylvania leitet, hält das für einen Fehler: »Es treten Mikroschlaf-Phasen auf, die alles andere als normal sind.« Jedes Mal, wenn Sie sich nach einem Abschweifen der Aufmerksamkeit zu bewusster Konzentration anhalten und den Autopiloten abstellen müssen, ist das Gehirn zuvor dem unbezähmbaren Drang verfallen, den Körper durch Schlaf wieder ins Gleichgewicht zu bringen. »Die Leute legen sich alle möglichen Erklärungen zurecht«, konstatiert Dinges. »Sie führen ihre Schläfrigkeit darauf zurück, dass sie gerade gegessen haben, dass das Licht gedämpft, die Raumtemperatur zu hoch oder dass ihnen langweilig ist. Das stimmt aber alles nicht. Sie dämmern weg, weil sie ein Schlafdefizit mit sich herumschleppen, das der Körper unbedingt beheben will.«[8]

Ein Nickerchen ist zwar nicht dasselbe, als wenn man mehrere richtige Schlafzyklen durchläuft, doch hilft es zweifellos, wieder präsenter zu sein.[9] In verschiedenen Studien hat man nachgewiesen, dass sich neu Gelerntes durch einen anschließenden Kurzschlaf deutlich besser einprägt. In einer Studie des Salk-Instituts für biologische Forschung in La Jolla meisterten Versuchspersonen, die ein Nickerchen einlegten, ein Computerspiel um 50 Prozent schneller als andere, die ununterbrochen wach blieben. In Japan ist man vom Nutzen des Kurzschlafs so überzeugt, dass das Ministerium für Gesundheit, Arbeit und Soziales vor kurzem zur Förderung von Gesundheit und Arbeitsleistung ein 20- bis 30-minütiges Nickerchen vor 3 Uhr nachmittags empfahl. Vielleicht ist das Mittagsschläfchen ja tatsächlich eine Bedingung der Effizienz: Am weitesten verbreitet ist es in Deutschland, wo einer von fünf dreimal in der Woche ein Nickerchen einlegt. Am erholsamsten wirkt ein Schläfchen von weniger als einer halben Stunde. Wer es auf über eine Stunde ausdehnt, wird vielleicht eher in den von der Siesta geprägten Tagesrhythmus der Spanier verfallen und dann bis 3 Uhr nachts aufbleiben.

Wenn der Körper mehr als einen oder zwei Tage lang zu wenig Schlaf bekommt, ist das für ihn eine Notfallsituation, ganz gleich, ob das Schlafmanko dem Wunsch entspringt, die aktive Zeit des Tages zu verlängern, oder durch Schlafstörungen entsteht. Er aktiviert die HPA-Achse, setzt damit eine Stressreaktion in Gang und kurbelt die Versorgung des Herzens und der anderen Muskeln mit Glukose an, die aber zu Lasten des Gehirns geht.[10] Die Neuronen des Hippokampus schalten unter Stress in den Überlebensmodus um. Sie hören auf, den Nervennährstoff BDNF zu erzeugen, so dass erheblich weniger neue Nervenzellen gebildet werden. Unter Schlafentzug spricht der Körper weniger auf Insulin an, so dass das Risiko von Bluthochdruck, Übergewicht, Diabetes und Gedächtnisdefiziten ansteigt.

Die Schlafstörungen des mittleren Alters

Für mich und andere, die unter Schlafstörungen leiden, klang das alles recht bedrohlich. Weil viele von uns oft »die ganze Nacht« wachlagen, unterhielten wir uns einmal sogar darüber, ob man nicht eine Art Schalttafel für den Nachttisch konstruieren könnte, auf der Lämpchen anzeigen, wer von den anderen gerade hellwach und bereit zu einem Plausch ist. In einer Umfrage der National Sleep Foundation gaben 63 Prozent der Amerikanerinnen und 54 Prozent der Amerikaner an, dass sie zumindest an einigen Tagen in der Woche unter Schlafstörungen litten; 15 Prozent der Bevölkerung berichteten von chronischen Schlafstörungen.[11] »Warum kann mein Gehirn nicht wie früher einfach ins Land der Träume entschweben?«, fragt sich die freie Journalistin Melissa, die seit Anfang der Vierzig so ziemlich jede Nacht um vier aufwacht. »Warum nur fühlt es sich zum Eingreifen verpflichtet?«

»Im Gehirn gibt es zweifellos eine kleine Ecke, die auf beklemmende Sorgen und Ängste spezialisiert ist«, erklärte mir Robert Stickgold, Schlafforscher an der medizinischen Fakultät der Harvard University, im Interview. »Was hofft das Gehirn zu erreichen, wenn es immer wieder dieselbe fruchtlose Schleife durchläuft? Es kommt dabei jedenfalls nie auch nur einen Schritt weiter, und wenn man sich morgens aus dem Bett quält, hat einen das Kreisen der Gedanken mehrere Stunden Schlaf gekostet.«[12] Nach seiner Auffassung kommt diese ausweglose Situation zustande, weil im Halbschlaf der präfrontale Kortex inaktiv ist und nützliche Fähigkeiten wie schlussfolgerndes Denken und Entscheidungsfindung abgeschaltet sind.

Um in den REM-Schlaf einzutauchen (REM: Rapid Eye Movement), müssen wir zuvor vier Schlafstufen durchlaufen haben, die Wissenschaftler unter der nicht sonderlich phantasievollen Bezeichnung »Non-REM-Schlaf« zusammenfassen. Wenn unser Schlaf insgesamt normal strukturiert ist, durchlaufen wir den anderhalb- bis zweistündigen Zyklus aus Non-

REM- und anschließendem REM-Schlaf jede Nacht vier- bis sechsmal.[13] Wird der Zyklus an irgendeiner Stelle unterbrochen – Sie wachen beispielsweise auf, weil Ihre Frau Sie ans Schienbein tritt oder weil Ihr überhöhter Cortisolspiegel Sie hochschrecken lässt –, müssen Sie ihn vorn vorn beginnen. Wenn wir für fünf Zyklen jeweils ungefähr 100 Minuten ansetzen, kommen wir auf insgesamt 500 Minuten. Die müssen wir nur noch durch 60 teilen, um zu erkennen, warum wir um die acht Stunden Schlaf pro Nacht brauchen.

Die Stufen 3 und 4 des Non-REM-Schlafs nennt man auch »langwelligen Schlaf« oder »Delta-Wellen-Schlaf«. Im langwelligen Schlaf kann das Gehirn den riesigen Wirrwarr der Informationen aufarbeiten, die tagsüber auf es eingeströmt sind.[14] Er hilft dem Hippokampus, Erinnerungen an Ereignisse – etwa an Atmosphäre und Einzelheiten eines Gesprächs mit Ihrem Chef – zu festigen und in Kontexte einzuordnen. Außerdem ist der langwellige Schlaf für die Konsolidierung prozeduraler Erinnerungen besonders wichtig (wie loggen Sie sich im Einzelnen in jene Datenbank ein, und wie ist zu verfahren, wenn Sie einmal drin sind?). Weil das Gehirn im langwelligen Schlaf sämtliche Geschehnisse des Tages durchforsten und darin nach interessanten Querverbindungen suchen kann, steigert er die Kreativität.

Daher ist es höchst bedenklich, dass der langwellige Schlaf im frühen Erwachsenenalter noch fast 20 Prozent des Schlafes ausmacht, im mittleren Alter aber nur noch gut 3 Prozent.[15] Laut einer Studie der University of Chicago haben die meisten Männer mit 45 die Fähigkeit, in langwelligen Schlaf zu fallen, vollkommen eingebüßt. Man vermutet, dass das Nachlassen der kognitiven Fähigkeiten, das wir Mitte vierzig erleben, in erster Linie auf dieses Schwinden des langwelligen Schlafs zurückzuführen ist. Der Spiegel von Schilddrüsen- und Wachstumshormonen, die während des langwelligen Schlafs ausgeschüttet werden, sinkt dementsprechend ab.

Niemand kann genau sagen, warum der langwellige Schlaf verloren geht, doch eines ist sicher: Alle hätten ihn gern wieder. Derzeit arbeiten mehrere Pharmaunternehmen an Medikamenten, die uns den langwelligen Schlaf zurückgeben sollen. Diese nächste Generation von Schlafmitteln wird einem nicht helfen, schneller einzuschlafen oder länger zu schlafen, sondern ganz einfach die Schlafqualität dadurch verbessern, dass der Anteil des langwelligen Schlafs wieder auf etwa 20 Prozent angehoben wird.[16] Theoretisch könnte man wohl mit weniger Schlaf auskommen, falls dieser von wesentlich höherer Qualität wäre – für manche vielbeschäftigte Zeitgenossen sicher eine verlockende Aussicht.

Der REM-Schlaf setzt ein, wenn der Cortisolspiegel seinen niedrigsten Stand erreicht. Falls Ihr Cortisolspiegel freilich die ganze Nacht über erhöht ist, anstatt erst in den frühen Morgenstunden im Zuge des normalen physiologischen Aufwachprozesses wieder anzusteigen, ist Ihnen nur wenig REM-Schlaf vergönnt. Sie fühlen sich morgens nicht erholt und sind kognitiv gesehen kaum weitergekommen. Der REM-Schlaf ist die Putzkolonne, die sich daran macht, den Abfall wegzuräumen, nachdem der langwellige Schlaf seinen Auftritt hatte.[17] Im REM-Schlaf prüft das Gehirn das gerade verarbeitete Material und entscheidet, was es behalten und was es über Bord werfen soll. Wenn wenig oder kein langwelliger Schlaf vorausging, können der Putzkolonne schreckliche Fehler unterlaufen, etwa dass sie die für den nächsten Tag sorgfältig vorbereitete Rede in den Müllcontainer stopft. Der REM-Schlaf ist wichtig für das Wiedererkennen von Mustern und Strukturen. Deshalb ist Ihre Fähigkeit zur Kartierung der mentalen Landschaft beeinträchtigt, wenn Sie zu wenig REM-Schlaf bekommen, und Sie verlieren sowohl im wörtlichen als auch im übertragenen Sinn die Orientierung. Der REM-Schlaf hilft auch bei der Entscheidungsfindung, wahrscheinlich weil das Gehirn viele tagsüber aufgenommene Informationen erst weiterverarbeiten und integrieren kann, wenn nachts Ruhe eingekehrt ist.

In Gabriel García Márquez' Roman *Hundert Jahre Einsamkeit* wird das kolumbianische Dorf Macondo von Schlaflosigkeit heimgesucht, durch die alle Bewohner nach und nach alles vergessen, auch Namen und Verwendungszweck der alltäglichsten Dinge. Sie müssen schließlich alles »mit einem tintenfeuchten Dorn« beschriften und hängen sogar der Kuh ein Schild um den Hals: »Das ist die Kuh, die man jeden Morgen melken muss, damit sie Milch gibt, und die Milch muss man aufkochen, um sie mit Kaffee zu mischen und damit Milchkaffee zu machen.«[18]

Mir kam es oft so vor, als müsse ich bald anfangen, mir eigene Schilder zu schreiben, bevor es zu spät war. Meine Schlafstörungen schienen wie eine klassisch konditionierte Reaktion zu funktionieren: Die leisesten Geräusche und die geringfügigsten Veränderungen in meiner Umgebung genügten, um mich aufzuwecken. Wenn die Jalousie gegen den Fensterrahmen schlug oder meine Nachbarn spät von einer Festivität nach Hause kamen und die Scheinwerfer ihres Autos kurz ins Schlafzimmer hereinleuchteten, war ich sofort wach und konnte meistens nicht mehr einschlafen. Es war schwer zu glauben, dass ich in Manhattan im 15. Stock eines Wohnblocks an der 72. Straße, wo die ganze Nacht Feuerwehrautos mit Sirengeheul vorbeidonnerten, jahrelang selig hatte schlafen können.

Jede Woche lag ich in mehreren Nächten von 3 bis 5 Uhr morgens wach und wartete auf das Klingeln des Weckers. Manchmal stand ich auch auf und setzte mich zum Lesen hin oder schaltete den Computer an, weil ich dachte, dass ich die Zeit genauso gut nutzbringend verwenden und irgendetwas arbeiten konnte. Mein Verhältnis zum Schlaf war von Argwohn geprägt. Ich wusste nie, wann er oder ob er überhaupt kommen würde. Wenn ich nicht genug schlief, konnte ich nicht arbeiten, und ich musste doch arbeiten. Der Schlaf war wie ein Geliebter, der mich neckte. Er kam und ging, wie es ihm beliebte, und brachte mir Geschenke mit, an denen ich mich manchmal freuen durfte, die er mir manchmal aber auch wieder wegnahm. Ich musste, wie mir das schon mehrere Ärzte empfohlen hatten, unbedingt »die Sache mit dem Schlaf in den Griff bekommen«.

Es war nun freilich nicht so, als hätte ich nicht schon alles Mögliche versucht. Ich hatte es mit Entspannungsbädern und warmer Milch probiert, mit kräftigendem Yoga, das für mich aber zu stimulierend war, und mit Meditation, die aber, weil ich meistens einfach einschlief, im Großen und Ganzen nur den Effekt eines Nickerchens hatte. Ich hatte Melatonin, Baldrian und L-Tryptophan genommen, die bei mir aber nur drei bis fünf Stunden lang wirkten. Nach drei Tagen versagten sie bereits völlig, so dass ich angespannt im Bett dalag und eine höchst unangenehme Nebenwirkung von Schlafmitteln zu spüren bekam, nämlich die Verstärkung der Schlafstörungen, gegen die man sie eingesetzt hat. Schlafmittel eignen sich hervorragend für jemanden, der ein- oder zweimal im Monat leichte Einschlafschwierigkeiten hat. Chronische Schlafstörungen sind dagegen etwas ganz anderes; man muss daher das jeweilige Medikament, um den gewünschten Effekt zu erzielen, jeden Abend einnehmen. Medikamente konnten für mich keine Dauerlösung sein, selbst wenn die Sedativa zeitweilig geholfen haben mochten.

Kürzer schlafen, um länger zu schlafen

Ich vereinbarte einen Termin bei Tracy Kuo, einer Psychologin am Zentrum für Schlafstörungen der Stanford University, die auf Verhaltensmedizin des Schlafes spezialisiert ist.[19] Die Schlafforschung wurde vor fast vier Jahrzehnten von Wissenschaftlern der Stanford University begründet, während Kuos Disziplin, die Schlafpsychologie, noch im Anfangsstadium steckt. Die Psychologin kam im Jahr 2000 nach ihrer Promotion nach Stanford, direkt aus Richard Bootzins Labor an der University of Arizona.

Bootzin, Professor für Psychologie und Psychiatrie am

Arizona Sleep Center, und seine Kollegen betrachten chronische Schlafstörungen als ein rund um die Uhr bestehendes physiologisches Problem mit einer starken psychischen Komponente. Bootzin beobachtete, dass an Schlaflosigkeit leidende Menschen zur Schlafenszeit nicht müde, sondern unruhig werden. Adrenalin- und Cortisolspiegel schnellen in die Höhe. Der Puls beschleunigt sich. Er nannte dies »konditionierte Überaktivierung«. Es helfe wenig, diese Menschen zu einer »vernünftigen« Zeit ins Bett zu schicken, damit sie genug Schlaf bekämen. Mehr Stunden in der Horizontale seien das Letzte, was sie brauchten. Bootzin und seine Mitarbeiter (unter ihnen Tracy Kuo) sehen die Lösung stattdessen in einer Begrenzung der Schlafzeit. Die im Bett verbrachte Zeit wird drastisch verringert, bis das homöostatische, auf Wiederherstellung des körperlichen Gleichgewichts drängende Schlafbedürfnis übermächtig wird und sich dann, vielleicht zum ersten Mal seit Jahren, ein normaler Schlaf-Wach-Rhythmus einpendelt. In Bootzins Labor wurden die Prinzipien der kognitiven Verhaltenstherapie bei Insomnie (KVT-I) entwickelt. Kuo nahm sie mit nach Stanford und hat sie seitdem weiterentwickelt und verfeinert.

Die kognitive Verhaltenstherapie (KVT) wird unter anderem zur Behandlung von Zwangsstörungen und vielen verschiedenen Angststörungen eingesetzt. Das Grundprinzip ist recht einfach: Verändere das Verhalten, aus dem die Störung besteht (unterbinde beispielsweise das ständige Händewaschen oder Betätigen von Lichtschaltern), und die Störung verschwindet.[20]

Die KVT-I ist ein sehr strenges Verfahren, weshalb die Patientin oder der Patient hochmotiviert sein muss. Eine Studie zur KVT-I ergab, dass 30 Prozent der Patienten während der ersten Wochen aus den betreffenden Therapieprogrammen ausstiegen.[21] Die Gründe dafür liegen auf der Hand. Am Anfang wird die Zeit, in der man schlafen darf, oft auf ein absolutes Mindestmaß herabgesetzt – auf etwa 200 Minuten, also etwas über drei Stunden. Sobald man dann tatsächlich 90

Prozent dieser Zeit schlafend verbringt, darf man die Zeit-spanne in Viertelstundenschritten ausweiten. Theoretisch kann man eine KVT-I auch auf eigene Faust durchführen. Man stellt einen Zeitplan auf, an den man sich dann strikt halten muss. Ich wusste freilich, dass ich es nur schaffen würde, wenn mich die ganze Zeit jemand mit größtem Nach-druck anspornte.

Nach wenigen Minuten wusste ich, dass Tracy Kuo die Richtige dafür war. Ich hatte zuvor mit einigen ihrer Patienten gesprochen, die sie »die Göttin des Schlafs« genannt hatten, weshalb ich vor meinem geistigen Auge eine hochgewach-sene, würdevoll auftretende und (passenderweise) in ein Bett-tuch gehüllte Dame sah. Stattdessen hatte ich eine heitere, umsichtige junge Frau mit ausdrucksstarker Mimik und brei-tem Lächeln vor mir, die ich mir ohne Weiteres als Cheer-leaderin mit einem pastellfarbenen Pompon in jeder Hand vor-stellen konnte. Ich hatte die Frau gefunden, die mich anfeuern konnte, und war bereit für meine Intervention Nummer 6.

Einige Tage vor meinem Termin bei Kuo hatte ich eine ih-rer Patientinnen interviewt, die 54-jährige Maureen.[22] Kuo hatte mich gewarnt, ich würde hinterher das Gefühl haben, als hätte ich eine dieser Fernseh-Dauerwerbesendungen ge-sehen. Die KVT-I funktioniere nicht immer so glatt. Mau-reen sei für die harte Arbeit extrem motiviert gewesen. Ich solle mir diese Erfolgsgeschichte aber ruhig anhören.

Zwei Jahre zuvor war Maureens Ehemann mit 50 Jahren an Leberkrebs gestorben. Nach der Diagnose waren ihm nur noch wenige Monate geblieben. Kurz darauf starben ihre Mutter und ihr Vater. Maureen wurde von massiven Schlaf-störungen heimgesucht: »Ich hatte einfach vergessen, wie man schläft. Dabei musste ich für einen Sohn im Teenager-alter sorgen und war als Pharmavertreterin den ganzen Tag mit dem Auto unterwegs. Ich hatte wirklich Angst, dass ich in einen Unfall verwickelt werde. Doch ich konnte es mir nicht leisten, dass mir irgendetwas zustieß. Ich durfte mich nicht unterkriegen lassen.«

Sie hatte mehrere Beinahe-Unfälle hinter sich, als sie Tracy Kuo aufsuchte. »Mir unterliefen einfach unglaubliche Fehler. Ich vergaß Berichte, die mein Chef haben wollte. Ich verlegte Akten, die er mir gab. Eines Tages parkte ich das Auto und steuerte auf den Supermarkt zu, als eine Frau hinter mir hergerannt kam und mir sagte, dass die Tür meines Wagens sperrangelweit offenstand und meine Handtasche auf dem Sitz lag.«

Drei Monate lang ging Maureen jede Woche zu einer privaten Behandlungssitzung bei Tracy Kuo. Bis dahin war sie um 9 Uhr abends zu Bett gegangen und hatte die ganze Nacht an die Decke gestarrt, um dann um sieben aufzustehen. Kuo ließ ihr nur noch 300 Minuten, sprich fünf Stunden Bettzeit.

Als Erstes müsse sie lernen, hatte ihr Kuo erklärt, ihren Schlaf zu schützen. »Das ist schwieriger, als man denkt«, sagte Maureen, »vor allem wenn Sie einen Sohn haben, der gern nachts um viertel vor zwölf in Ihr Schlafzimmer kommt, um Ihnen zu erzählen, dass er in der Mathearbeit eine Fünf geschrieben hat. Es kostete mich einige Überwindung, zu sagen: ›Gute Nacht, ich kann jetzt nicht mit dir darüber reden‹, zumal es ja anscheinend typisch für Teenager ist, dass sie nur um Mitternacht bereit sind, mit einem zu reden.«

Bei Maureen war die KVT-I ein voller Erfolg. Innerhalb weniger Monate schlief sie nachts sieben Stunden durch. Die kognitiven Symptome legten sich. »Es war, als wäre ich in einen Jungbrunnen gestiegen. Ich fühlte mich großartig, viel lebendiger und geistesgegenwärtiger. Das Schlafen ist jetzt ein Genuss. Zuvor war ich an einem Punkt angekommen, wo mir davor graute, ins Bett zu gehen, weil ich darauf gefasst sein musste, dass ich wieder mitten in der Nacht aufwachte und über all diese Dinge zu grübeln anfing. Jetzt freue ich mich aufs Schlafengehen. Das ist besser als ein Stück Schokoladenkuchen.« Sie hatte jetzt so viel Energie, dass sie regelmäßig ins Fitness-Studio ging, Gesangsunterricht nahm und Klavier spielte. Zu zwei Produkten ihrer Firma musste sie eine siebenstündige Schulung mitmachen und eine Fülle von neuen Informationen aufnehmen. »Im Abschlusstest erreichte ich 98 Prozent der möglichen Punkte. Ohne die KVT-I hätte ich den ganzen Tag und die ganze Nacht unter schrecklichem Stress gestanden. Ich wäre völlig kaputt gewesen.«

Kuo hatte recht behalten: Ich fühlte mich tatsächlich ein wenig, als hätte ich mir ein sehr eingängiges Infomercial angeschaut.

»Es ist wichtig, Hoffnung zu vermitteln«, sagte Kuo, als wir den Gang entlang zu ihrem Büro gingen. »Die Patienten, die zu mir kommen, haben im Lauf der Jahre viele Ärzte aufgesucht. Sie sind entmutigt und sehr erschöpft. Ich will ihnen klarmachen, dass ihnen geholfen werden kann.«

Die meisten ihrer Patienten sind zwischen 45 und 50 Jahren alt und entsprechen dem, wie sie es ausdrückt, »klassischen Silicon-Valley-Profil«. Ihr Lebensrhythmus ist ausgesprochen unregelmäßig; die Zeiten, zu denen sie ins Bett gehen und aufstehen, schwanken ständig. »Es gibt keinen festen Zeitplan, keine Struktur außer der, die von Arbeit, Familie und sozialen Kontakten diktiert wird. Zeit ist für sie immer nur eine begrenzte Ressource. Sie sehen die Zeit des Schlafs als einen Vorrat, aus dem sie sich etwas ausborgen können, und glauben, sie könnten das Defizit dann irgendwann wieder ausgleichen. Sie trainieren sich im Grunde die Fähigkeit zu schlafen ab.«

Viele Patienten, die Kuo aufsuchen, leiden schon seit zehn Jahren unter Schlafstörungen. Pflanzliche Mittel helfen, so wie bei mir, seit langem nicht mehr. Die meisten haben es längere Zeit mit stärkeren Mitteln probiert, mit Benzodiazepinen wie Xanax und Tavor, verschiedenen Antidepressiva wie den nicht zu den Benzodiazepinen gehörenden Beruhigungsmitteln Ambien und Sonata oder auch mit antipsychotisch wirksamen Medikamenten wie Zyprexa und Neurontin. »Wenn Sie zu einem Arzt gehen«, sagte Kuo, »und über Schlafstörungen klagen, überlegt er vermutlich, welches Medikament er Ihnen am besten verschreiben soll. Damit kennt er sich aus. An mich wenden sich Patienten, wenn kein Mittel mehr hilft oder wenn sie den benebelten Zustand nicht mehr ertragen, in den diese Medikamente einen versetzen. Oft sind sie mit Medikamenten vollgepumpt, wenn sie zu mir kommen, und brauchen erst einmal Zeit, um sie abzusetzen.«

Die meisten Menschen seien imstande, zu einem natürlichen Schlaf-Wach-Rhythmus zurückzufinden. »Als Erstes müssen Sie lernen, Ihre Hubschrauber auf den Boden zu holen.« Es dauerte ein wenig, bis meinem müden Gehirn dämmerte, was dieser Vergleich zu bedeuten hatte: Wenn ich zu Bett ging, nutzte ich die Ruhezeit als eine Gelegenheit, in meinen Gedanken verschiedene beunruhigende Möglichkeiten durchzuspielen. Die Gedanken-Hubschrauber kreisten hoch über meinem Kopf und machten einen Höllenradau. »Solange diese Hubschrauber in der Luft sind, können Sie nicht einschlafen. Sie müssen sie landen lassen.«

Schlaf sei ein Zustand, der sich automatisch einstelle. Sobald man anfange, die Aufmerksamkeit darauf zu richten, entstehe eine problematische Situation. Man versuche dann, einen nichtbewussten Zustand über das Bewusstsein zu steuern; diese zwei Ebenen seien dem Wesen nach unvereinbar. Um einschlafen und lange genug schlafen zu können, müsse man aufhören, die Situation kontrollieren und überwachen zu wollen, und die Beklemmung und Frustration hinter sich lassen, die sich nach mehreren schlafgestörten Nächten aufgestaut haben. »All dies sind Aspekte des sogenannten Aktivationsmusters und mit Schlaf unvereinbar. Wer einzuschlafen ›versucht‹, erreicht genau das Gegenteil. Es hat keinen Sinn, jemandem zu sagen: ›Hör auf, nachzudenken.‹ Ein Geist, der Probleme wälzt, kann aber nicht in Schlaf sinken.«

Kuo stellte fest, dass mein Schlaf höchst ineffizient und zu kurz sei. Aber ich sei für ihn nun nicht mehr länger selbst zuständig; sie nehme mir die Verantwortung dafür ab. Sie legte meine Schlafenszeit auf halb zwölf fest, was für mich extrem spät war, und wies mich an, den Wecker auf exakt sechs Stunden danach zu stellen. In einem Schlaftagebuch sollte ich protokollieren, wie viele Stunden ich wach und wie viele ich schlafend verbrachte. Sobald ich sechs Stunden am Stück schlafen könne, dürfe ich eine Viertelstunde früher ins Bett. Am Ende, versprach Kuo, würde ich acht Stunden durchschlafen.

Die eigentliche Herausforderung sei aber die Gestaltung der Zeit vor dem Schlafengehen. Ich müsse meinem Körper Hinweise geben, damit er in den Ruhemodus finde. Um 10 Uhr 15 solle ich anfangen, »herunterzuschalten«, und das Licht so weit wie möglich dimmen, so dass Lesen gerade noch möglich sei. Wenn ich mich auch nur einen Moment lang hellem Licht aussetzte – etwa beim Gang ins Bad –, würde das die hochempfindliche Uhr meines Körpers verstellen und ihm signalisieren, es wäre schon Morgen.

»Sie müssen lernen, Ihren Schlaf zu schützen«, sagte Kuo. »Freilich werden Sie feststellen müssen, dass in Ihrer Familie niemand davon begeistert ist.«

Sie hatte natürlich recht. Ich kam mir vor, als zettelte ich eine Revolution an, als ich am ersten Abend alle aus dem Schlafzimmer verbannte (auch meinen Mann, weil der Monitor seines Laptops zu hell strahlte). Mein älterer Sohn konnte es nicht fassen, dass ich mich weigerte, ihm beim Lernen für seine Spanisch-Abschlussprüfung zu helfen. Der jüngere, der nach dem Junioren-Baseball spät nach Hause gekommen und seitdem mit Hausaufgaben beschäftigt gewesen war, wies verstimmt darauf hin, dass er mich den ganzen Tag nicht gesehen habe. Wie Kuo vorausgesagt hatte, war es keine leichte Sache, meinen Schlaf zu schützen.

Ich genoss diese Zeit für mich allerdings sehr. Ich konnte in Ruhe in einer Hausfrauenzeitschrift lesen und mich ausführlich über die neuesten Möglichkeiten informieren, das Badezimmer übersichtlicher einzurichten, ohne dass ich ein schlechtes Gewissen haben musste, weil das nicht meine übliche Bettlektüre war. Die stets anregende *New York Times* hatte Kuo auf die schwarze Liste gesetzt. Die wirklich schwierige Phase kam, wenn ich etwa zehn Minuten lang gelesen hatte. Die Augenlider sanken tiefer und tiefer. Ich durfte mich aber erst etwa eine Stunde später ins Bett legen. Zwei Wochen lang war das eine echte Tortur. Ich stand auf und ging in dem abgedunkelten Zimmer herum. Wenn die vereinbarte Schlafenszeit kam und ich mich hinlegen durfte, war ich innerhalb von Sekunden eingeschlafen.

Nach einigen Wochen konnte ich mich darauf verlassen, dass ich regelmäßig fünfeinhalb Stunden schlief. Das war aber zu wenig, und ich fühlte mich die meiste Zeit wie gerädert. Manchmal nickte ich um 9 Uhr morgens vor dem Computer ein. Mit Kuos Billigung holte ich das Provigil aus dem Arzneischrank hervor, um gegen diese zweifellos exzessive Tagesschläfrigkeit anzugehen. Ich sei nun so weit, sagte Kuo, dass ich die Schlafzeit ausdehnen könne. Als ich den Wecker aber so stellte, dass mir sechseinhalb Stunden zum Schlafen blieben, erlebte ich einen Rückschlag. Ich begann wieder mitten in der Nacht aufzuwachen. In diesem Fall sollte ich aufstehen und etwas noch weniger Anregendes als die Hausfrauenzeitschrift lesen, bis ich ausreichend schläfrig war. In manchen Nächten dauerte das zwei Stunden.

Als Kuo bei unserem dritten Termin mein Schlaftagebuch durchging, konnte ich an ihrem Gesicht ablesen, dass etwas nicht stimmte.[23] »Sie brauchen mehr Schlaf«, sagte sie. »Mit nur sechs Stunden werden Sie über Ihre kognitiven Probleme nicht hinwegkommen. Und wenn Sie jetzt wieder anfangen, mitten in der Nacht aufzuwachen, sind wir bald wieder da, wo wir angefangen haben.«

Sie vermute, dass etwas anderes im Spiel sei, das den Schlaf störe, sobald ich die Marke von sechs Stunden überschritte. Im mittleren Alter, erläuterte sie, litten 4 Prozent der Männer und 2 Prozent der Frauen unter obstruktiver Schlafapnoe (Atemstillstand durch Versperren der Atemwege). Sie schnarchen laut, verstummen immer wieder bis zu zehn Sekunden lang (weil sie zu atmen aufhören), schnappen dann nach Luft und schnarchen weiter.[24] Ich würde aber nicht dem typischen Profil dieser Patienten entsprechen. Sie seien fast alle übergewichtig oder zumindest pausbäckig mit großem Halsumfang.[25] Ich dagegen war schlank und schmalwangig wie eh und je. Es gab auch keine Rückmeldungen über Schnarchgeräusche, die von meiner Seite des Bettes kamen.

Auch bei schlanken, langhalsigen Frauen wie mir, die nicht schnarchen, könne jedoch das »Widerstandssyndrom der oberen Atemwege« (upper airway resistance syndrome) auftreten, sagte Kuo. Laut einer finnischen Studie seien derartige Probleme bei 17 Prozent der Frauen festzustellen. Die meisten dieser Frauen hätten bestimmte körperliche Merkmale gemeinsam: einen sehr schlanken Hals, einen weit nach oben gewölbten Gaumen und ein kleines dreieckiges Kinn. Bei vielen werde ein chronisches Erschöpfungssyndrom diagnostiziert, während das eigentliche Problem im Aufwachen durch nächtlichen Sauerstoffmangel liege.[26] Die Kernsymptome deckten sich mit denen der obstruktiven Schlafapnoe: exzessive Tagesschläfrigkeit, Mangel an Energie und Entschlusskraft sowie Konzentrations- und Gedächtnisprobleme, die auf einer Kombination aus Sauerstoffmangel und fast völligem Ausbleiben des REM-Schlafs beruhten.

Kuo legte mir nahe, mich am Zentrum für Schlafstörungen der Stanford University einer Schlafuntersuchung zu unterziehen. Ich würde um 7 Uhr abends ins Schlaflabor kommen, wo man mir Elektroden an Kopfhaut und Körper kleben und Kabel durch Ärmel und Hosenbeine meines Schlafanzugs ziehen würde. Man würde sämtliche physiologischen Aspekte meines Schlafs analysieren. Falls ich tatsächlich Probleme mit dem Atmen hatte, würden die Experten sie, so dezent sie auch sein mochten, mit Hilfe ihrer polysomnografischen Gerätschaften aufdecken können. Sie würden meine Schlafmuster genau unter die Lupe nehmen. Und falls sich herausstellen sollte, dass Atemwegsprobleme vorhanden waren, gab es Möglichkeiten, sie zu behandeln.

Die Schlafuntersuchung sei der folgerichtige nächste Schritt, sagte sie. Die Entscheidung liege bei mir. Falls ich mich aber nicht darauf einließe, bestehe die Gefahr, dass ich weiterhin unter der durch den Schlafmangel hervorgerufenen Belastung zu leiden hätte. Ich dürfe mir auf keinen Fall vormachen, dass sechs Stunden Schlaf für irgendeinen Menschen ausreichend seien. Mir war klar, dass ich »die Sache mit dem Schlaf« noch nicht im Griff hatte. Durch die Fortschritte, die ich bereits hatte erzielen können, war mir aber noch deutlicher geworden, wie wichtig dieser Punkt war. Es würde noch einige Zeit dauern, bis ich ihn bewältigt hatte.

14 Ursachen, an die man nicht unbedingt denkt

Zusammenhänge zwischen kognitiver Leistungsschwäche und häufigen Gesundheitsproblemen des mittleren Alters

Es ist weithin bekannt, dass Erkrankungen wie Diabetes, Hauttuberkulose, Parkinson, multiple Sklerose, Epilepsie und das Cushing-Syndrom oft mit kognitiven Störungen einhergehen. Es gibt aber noch viele weitere gesundheitliche Probleme, die mit Gedächtnis- und Aufmerksamkeitsdefiziten verbunden sind. Möglicherweise erklärt Ihnen der Arzt, es handle sich nur um ein altersbedingtes Nachlassen kognitiver Fähigkeiten, oder vermutet gar eine beginnende Alzheimer-Erkrankung, wenn in Wirklichkeit etwas völlig anderes in Ihrem Körper vor sich geht.

Amy Tan, Autorin der Romane *Töchter des Himmels* und *Die Frau des Feuergottes*, litt fast fünf Jahre lang an Lyme-Borreliose, bis endlich ein Hämatologe, der auf Krankheiten spezialisiert ist, die durch Zecken übertragen werden, die Ursache ihrer kognitiven Probleme aufdeckte.[1] Ihr Internist und mehrere Neurologen standen bis dahin vor einem Rätsel. Bei einer Magnetresonanztomografie entdeckte man in den Stirn- und mittleren Schläfenlappen des Gehirns 15 Gewebeveränderungen. Ihr Vater, ihre Schwester und ihr Bruder waren an Gehirntumoren gestorben, und ihre kurz zuvor verstorbene Mutter hatte an Alzheimer gelitten. Die Ärzte gingen wie Tan selbst davon aus, dass sie Opfer einer bislang nicht bestimmbaren Demenzerkrankung war. »Sie lähmte mein Denken, und ich konnte nicht mehr schreiben. Ich hatte vier Jahre lang wirklich keine Ahnung, was mit mir geschah. [...] Wenn man diesen Terroristen im Körper hat, ist man machtlos.«

Sie hatte nie die sogenannte Wanderröte an sich bemerkt, einen Ausschlag, der ein frühes Symptom der Borreliose ist. Auch an grippeähnliche Symptome, wie sie für die Infektion typisch sind, kann sie sich nicht erinnern. Sie glaubte, dass sie nie mehr würde arbeiten können, welches Leiden auch immer von ihrem Körper und ihrem Geist Besitz ergriffen haben mochte. (Sie irrte sich: Bald darauf veröffentlichte sie *Die andere Seite des Himmels: Gedanken über das Leben*, eine Sammlung von Essays. In einem davon berichtet sie von ihrer Zeit mit der Borreliose.) Ihr Mann beobachtete, wie ihr Denken sich verwirrte; sie wurde schwächer und schwächer, bis er sie fast rundum versorgen musste. Schließlich stieß Tan im Internet auf Angaben zu den neurologischen Symptomen des Borreliose-Spätstadiums und fand den Weg zu dem in San Francisco tätigen Hämatologen Raphael Stricker. Eine langwierige Behandlung mit Antibiotika behob viele Symptome, doch die neurologischen Defizite werden vermutlich bestehen bleiben. Wäre die Infektion frühzeitig diagnostiziert und behandelt worden, hätten sich die Defizite erst gar nicht eingestellt.

Genauso quälend und mindestens genauso schwierig zu diagnostizieren ist das chronische Erschöpfungssyndrom. Symptome sind unter anderem lähmende Erschöpfung, Schwindel, leichtes Fieber, starke Schlafstörungen, Muskelschmerzen und Benommenheit. Wissenschaftler haben vor kurzem einen möglichen Auslöser dieser bislang nur wenig erforschten (und oft mit Hypochondrie oder einer Depression verwechselten) Erkrankung gefunden, von der in den USA fast eine Million Menschen betroffen sind und die sich oft im Gefolge einer Virusinfektion entwickelt.[2] Im Frühling 2006 erschien eine bahnbrechende Studie der staatlichen Behörde Centers for Disease Control and Prevention (CDC) zum chronischen Erschöpfungssyndrom. Die Forscher beschrieben genetische Abweichungen, die sich auf Immunsystem und sympathisches Nervensystem auswirken, darunter leichte Anomalien in Genen, welche die HPA-Achse regulieren. Sie vertreten die These, dass das chronische Erschöpfungssyndrom eine genetisch verankerte Überreaktion auf geringfügigen körperlichen oder psychischen Stress ist. Man erwartet, dass in drei bis fünf Jahren ein diagnostischer Test und entsprechende Behandlungsmöglichkeiten verfügbar sein werden.

Natürlich haben Fehldiagnosen oder Lücken im medizinischen Wissensstand nicht immer derart gravierende Folgen. Dennoch ist es oft gut, zu wissen, womit man es zu tun hat. Ich möchte dafür zwei Beispiele anführen: Nach Bypass-Operationen unter Einsatz einer Herz-Lungen-Maschine treten bei einem Fünftel der Patienten wohlbekannte Komplikationen auf, nämlich kognitive Funktionsstörungen, die für ein halbes bis ein ganzes Jahr anhalten.[3] Leider sagt das den Patienten aber keiner. »Weder mein Kardiologe noch der Chirurg haben das mir gegenüber jemals erwähnt«, berichtete Justin, Anwalt für eine Non-Profit-Organisation, der eine Dreifach-Bypass-Operation hinter sich hatte. »Anscheinend interessiert sie nicht so recht, was im Gehirn geschieht – das hat für sie sehr geringe Priorität. Die Benommenheit – ich hatte einfach Mattscheibe – hielt so lange an, dass nicht klar war, ob ich meiner Arbeit weiter nachgehen konnte. Wir dachten schon, ich hätte Alzheimer. Ich wäre besser zurechtgekommen, wenn mich jemand eingeweiht hätte.«

Bei einer transienten (das heißt vorübergehenden) globalen Amnesie – sie tritt im Jahr bei weniger als 25 von 100 000 Menschen auf – weiß man nicht mehr, was in den letzten sechs bis zwölf Stunden geschehen ist, und kann Neues nicht im Gedächtnis speichern.[4] Ein möglicher Auslöser ist, dass der Betreffende allzu eifrig das Valsalva-Manöver ausgeführt hat (bei dem man, zum Zweck des Druckausgleichs, kräftig auszuatmen versucht, während man sich die Nase zuhält und den Mund verschließt). Auch ein starker Einsatz des Beckens beim Sex, beim Schneeschippen oder bei der

Darmentleerung kann einen Druck auf die Blutgefäße des Gehirns erzeugen, der die Schläfenlappen vorübergehend von der Blutzufuhr abschneidet. Die unmittelbar vorausgehenden und nachfolgenden Stunden sind dann aus dem Gedächtnis gelöscht. Unter Umständen erstreckt sich die Amnesie auch über ganze Tage, Wochen oder Monate in die Vergangenheit zurück.

Subklinische Schilddrüsenunterfunktion

Manchmal stellt sich das, was man am Anfang vermutet hatte, am Ende doch noch als richtig heraus. Einige Jahre bevor ich den Plan zu diesem Buch fasste, bald nachdem wir nach Nordkalifornien gezogen waren, grübelte ich darüber nach, was wohl mit mir los war. Ich war 42 Jahre alt. Ich war so müde und mager, dass man hätte denken können, ich hätte die Umzugskartons allein die ganze Strecke am Highway 5 entlang getragen. Das blonde Haar war plötzlich silbrig und matt geworden, und die ehemals dichten Augenbrauen dünnten aus. Die Haut war schuppig und juckte oft. Mir war kalt, und die Gelenke taten mir weh. Ich hatte ein Kribbeln in Händen und Füßen. Das Verdauungssystem funktionierte nur noch schleppend. Ich schlief schlecht und hatte auf fast nichts Appetit außer auf Sushi, insbesondere das mit Thunfisch. Meine Gedächtnisprobleme waren noch im Anfangsstadium, verstärkten sich aber zusehends.

Ich glaubte zu wissen, was mir fehlte. Bei meiner Mutter und meiner Schwester hatte sich in einer jeweils anderen Lebensphase eine Fehlfunktion der Schilddrüse entwickelt. Vermutlich traf es nun auch mich. Ich vereinbarte einen Termin bei einer hiesigen Endokrinologin. Sie behandelte vorwiegend Diabetiker und nahm sich für die einzelnen Patienten wenig Zeit. Ihre Termine waren im Zehnminutentakt gestaffelt.

In einen blauen Papiersarong gehüllt wartete ich lange fröstelnd in einem Untersuchungszimmer, bis die Ärztin schließlich hereinkam. Sie trat einen Schritt zurück und sah mich lange an. Dann machte sie eine Bemerkung, die ich sicher nie vergessen werde: »Ja, es stimmt, Sie sehen nicht wie eine 42-Jährige aus, sondern eher wie Mitte fünfzig.« Was sagte sie da? Mir stiegen die Tränen in die Augen. »Oh, Sie haben nah ans Wasser gebaut«, stellte sie fest. »Vielleicht würde Ihnen ein Antidepressivum helfen.« Sie ordnete ein Blutbild an, mit einer kompletten Kontrolle der Schilddrüsen- und Geschlechtshormone, stellte ein Rezept für Prozac aus und sagte, ich solle in zwei Wochen wiederkommen.

Beim nächsten Termin hatte sie gute Neuigkeiten für mich: Die Testwerte seien in Ordnung. Der Spiegel des Thyreoidea-stimulierenden Hormons (TSH) liege mit einem ausgezeichneten Wert von 3,8 im Normalbereich. Sie sei sicher, dass mir das Prozac guttun werde. Ich verschwieg, dass ich es in den Müll geworfen hatte, weil ich das »Ist-mir-doch-egal«-Gefühl, das es bei mir erzeugte, schrecklich fand. In den folgenden sechs Jahren zog ich nie mehr in Betracht, dass mit meiner Schilddrüse etwas nicht stimmen könnte. Stattdessen drehte ich, um die Wurzel meiner kognitiven Schwierigkeiten zu finden, jeden anderen Stein um.

Man bezeichnet die Schilddrüsenunterfunktion gern als »großen Imitator«, weil sie die Gestalt vieler Symptome und Krankheitsbilder annehmen kann. Sie kann sich unter anderem in Erschöpfung äußern, in Depressionen, Frieren, Verstopfung, Hautproblemen, Kopfschmerzen, prämenstruellem Syndrom, Menstruationsbeschwerden, Wassereinlagerung, Gewichtsverlust oder -zunahme, Angst- oder Panikattacken, Gedächtnis- und Konzentrationsschwäche, Muskel- und Gelenkschmerzen oder Dämpfung des sexuellen Verlangens. Bei Frauen tritt eine Schilddrüsenunterfunktion zehnmal so häufig auf wie bei Männern; sie entwickelt sich in Lebensphasen, in denen sich der Spiegel der Geschlechtshormone verändert, also insbesondere in Schwangerschaft und Menopause. Eine Schilddrüsenunterfunktion tritt ein, wenn die winzige, am Halsansatz liegende Drüse, die die Form eines

Schmetterlings hat, nicht mehr genügend Hormone produziert, um ihre Arbeit tun zu können – und ihre Stellenbeschreibung ist lang.

Die Schilddrüse ist, stark vereinfacht gesagt, eine Art Gaspedal für jedes Organ und jede Zelle.[5] Die Schilddrüsenhormone sind an der Regulierung von Vorgängen in fast jeder Zelle des Körpers, auch in denen des Gehirns, beteiligt. Zu ihren wichtigsten Funktionen gehört die Steuerung des Zellstoffwechsels und des Tempos, in dem eine Zelle Sauerstoff umsetzt und Energie erzeugt. Bei einer Schilddrüsenunterfunktion sind viele Funktionen des Körpers verlangsamt, darunter auch solche des Gehirns. Vom Spiegel der Schilddrüsenhormone hängt es ab, wie wir Kohlenhydrate und Proteine verarbeiten und Fett speichern. Er nimmt Einfluss auf die Verwertung von Vitaminen, die Funktion der Mitochondrien, auf Verdauung, Tätigkeit der Muskeln und Nerven, Durchblutung und Sauerstoffumsatz, Hormonausschüttung und Prozesse der Fortpflanzung.

Man vermutet, dass TSH bei der Verarbeitung und Speicherung von Erinnerungen im Hippokampus eine Rolle spielt;[6] wenn nicht genügend TSH vorhanden ist oder der Körper es nicht richtig verwerten kann, sind kognitive Beeinträchtigungen die Folge. Eine mögliche Erklärung dafür ist, dass eine Schilddrüsenunterfunktion den Stoffwechsel bremst und auf diese Weise die Durchblutung von Hippokampus und Stirnlappen mindert. Schilddrüsenhormone wirken auf das Tempo des Zellwachstums im Gehirn sowie auf die Übermittlungsgeschwindigkeit synaptischer Impulse ein.

Ein Mangel an Schilddrüsenhormonen beruht darauf, dass TSH entweder nicht in ausreichender Menge von der Schilddrüse produziert oder von den Blutzellen nicht richtig genutzt werden kann.[7] In den USA sind schätzungsweise 13 Millionen Menschen davon betroffen, vielleicht auch wesentlich mehr. Unter Endokrinologen, für die die Behandlung von Schilddrüsenerkrankungen einen Großteil ihrer Arbeit ausmacht, herrscht große Uneinigkeit darüber, welcher TSH-Spiegel als normal zu betrachten ist und ab welchem Grenzwert eine behandlungsbedürftige Dysfunktion vorliegt. Analyselabors setzen den Normalbereich des TSH-Spiegels im Allgemeinen bei Werten zwischen 0,4 und 4,5 an. Allerdings haben 95 Prozent der US-Amerikaner einen TSH-Spiegel unter 2,5, was bedeuten könnte, dass ein Wert von 4,5 viel zu hoch angesetzt ist – und dass mein Wert von 3,8 zumindest in einem problematischen Grenzbereich lag. Manche Ärzte, unter ihnen Leonard Wartoffsky, Professor an der Georgetown University, tragen immer mehr Indizien dafür zusammen, dass ein TSH-Spiegel über 2,5 abnorm und behandlungsbedürftig ist.[8] Eine entsprechende Neudefinition des Normbereichs würde den Bevölkerungsanteil, bei dem eine Schilddrüsenunterfunktion zu diagnostizieren ist, von 5 auf 20 Prozent hochschnellen lassen.[9] Allerdings halten viele Ärzte ein Absenken der TSH-Normwerte für überflüssig, weil außer Abbott Laboratories niemand davon profitieren würde. Dieses Unternehmen stellt das Medikament Synthroid (Wirkstoff: L-Thyroxin) her, das bei Schilddrüsenunterfunktion am häufigsten verschrieben wird.

Hinschauen und hinhören

An Richard Shames geriet ich mehr oder weniger durch Zufall, als ich zum Thema Schilddrüsenunterfunktion recherchierte. In seinen Büchern über Schilddrüsen- und Hormonstörungen[10] teilte er Erkenntnisse mit, die mir bahnbrechend vorkamen. Er sprach von der Tyrannei der TSH-Werte; diese Art von Diagnostik gehe an der Sache vorbei und hindere Ärzte daran, wichtige Symptome zu erkennen. Diesmal musste ich nicht durch das halbe Land reisen. Es stellte sich heraus, dass Shames' Praxis nur 15 Autominuten von meinem Haus entfernt lag.

Shames hat eine Wissenschaft (und eine Kunst) daraus gemacht, individuelle Behandlungspläne für Patienten zu entwickeln, deren Symptome unabhängig von Laborwerten auf ein Ungleichgewicht der Schilddrüsenfunktion hindeuten. Er und eine wachsende Zahl von Schilddrüsenspezialisten glauben, dass man nicht nach den Laborwerten gehen kann und dass die einzig angemessene diagnostische Methode darin besteht, sich den Patienten genau anzuschauen und ihm zuzuhören.

In meinem Fall dauerte das über eine Stunde.[11] Er war derart präsent und fokussiert, dass ich mich fragte, ob er Achtsamkeitsmeditation praktizierte. Er war es offenbar gewohnt, Menschen, die seit Jahren herauszufinden versuchten, was mit ihnen nicht stimmte, seine ungeteilte Aufmerksamkeit zuzuwenden. Er hatte nichts Selbstbezogenes oder Überhebliches an sich. Nach einer halben Stunde war mir klar, dass die Endokrinologin, die mir erklärt hatte, mein TSH-Spiegel liege im Normbereich und mit meiner Schilddrüse sei alles in Ordnung, von Tuten und Blasen keine Ahnung hatte. Ich steuerte auf Intervention Nummer 7 zu.

»Sie hatte es direkt vor ihrer Nase«, sagte er, als er die dicke Patientenakte durchblätterte, die ich von der Praxis der Endokrinologin angefordert hatte. »Sie hat es genau beschrieben: sich lichtendes Haar, kalte Hände und Füße, niedriger Blutdruck, Gedächtnis- und Konzentrationsprobleme, Schlafstörungen.« Er schüttelte den Kopf. »Und dann ignorierte sie die eigene Diagnose, weil sie die Laborwerte sah.« Was Shames sagte, rüttelte mich auf. Er sah mich aufmerksam an.

»Irgendwelche Atembeschwerden?« Ich sagte ihm, dass ich selbst mit einfachen Aerobic-Übungen große Mühe hatte. Kilometerlange Wanderungen waren kein Problem, doch nach einigen Minuten auf einem Laufband hechelte ich wie ein Hund.

»Lufthunger« – das Gefühl, dass man einfach nicht genug Luft in die Lungen bekommt – ist ein häufiges Symptom der Schilddrüsenunterfunktion. Shames nahm eine körperliche Untersuchung vor, hörte Herz und Lungen ab und prüfte meine Reflexe, die alles andere als dynamisch waren. Er ordnete eine lange Reihe von Einzeltests an, die weit über den üblichen Blutstatus hinausging. Er ließ nicht nur eine Bestimmung des TSH-Spiegels, sondern auch einen TRH-Test durchführen (TRH: thyreotropin-releasing hormone). Das sei, als würde man sich direkt an den Geschäftsführer wenden, in diesem Fall an die Hypophyse, die der Schilddrüse befehle, was sie zu tun hat. Ein weiterer Test zielte auf Thyreoidea-Peroxidase-Antikörper (TPO-AK), die die Synthese von Schilddrüsenhormonen behindern. Diese Testwerte würden höchstwahrscheinlich alle im Normalbereich liegen. Er vermute aber, dass ich unter einer subklinischen Schilddrüsenunterfunktion litt. »Labortests sind nicht die Heilige Schrift. Weil man im Gesundheitswesen zu sparen versucht, indem man Standardmethoden vorschreibt, und weil Ärzte möglichst viele Patienten durch ihre Praxis schleusen und außerdem Schadenersatzklagen vermeiden wollen, haben Laborwerte eine Bedeutung bekommen, die ihnen nicht zusteht. Viel wichtiger ist es, genau auf die Symptome zu schauen.« In meiner Schilddrüse konnte er Knoten ertasten, die aber, wie er versicherte, nichts Ungewöhnliches seien. Weil er sehen wollte, ob dort drinnen nicht irgendetwas Problematisches vor sich ging, ordnete er eine Ultraschalluntersuchung an.

Ich fragte ihn, was er über meine Gedächtnisstörungen denke. Eine Verlangsamung von Gehirnfunktionen, antwortete er, sei ein sehr häufiges frühes Indiz der Schilddrüsenunterfunktion, das allen anderen Symptomen vorausgehe, weshalb Patienten nie einen Zusammenhang herstellten. Typisch seien Wortfindungsstörungen. »Man fühlt sich nicht mehr so präsent, nicht mehr so rege. Vielleicht liegt es daran, dass nicht genügend Sauerstoff ins Gehirn gelangt, oder daran, dass die Proteinsynthese im Hippokampus nicht im richtigen Tempo abläuft.« Die genauen Zusammenhänge zu ermitteln überlasse er der Forschung. Er selbst sehe seine Aufgabe einstweilen darin, Menschen dabei zu helfen, wieder ins richtige Gleis zu kommen. »Ich bekomme ja immer wieder mit, wie schrecklich zermürbend das für die Leute ist. Sie sagen mir, dass sie ihren Schwung verloren haben. Wenn die Behandlung anschlägt, ist der Elan glücklicherweise eins der ersten Dinge, die zurückkommen.«

Ich erzählte ihm von meinen Erfahrungen mit kognitionssteigernden Medikamenten; Adderall und Provigil hätten mich davon überzeugt, dass ich eigentlich noch immer genug auf dem Kasten hätte. Ich hatte nur zu einem Teil meiner Fähigkeiten keinen Zugang mehr. Wir vereinbarten, dass wir in die Behandlung der Schilddrüsenstörung einsteigen und erst einmal abwarten wollten, wie sich die Dinge entwickelten. In der Zwischenzeit solle ich das Provigil im Arzneischrank lassen.

Die meisten Ärzte, sagte Shames, verschreiben nur synthetisches T4 (L-Thyroxin), das von der Leber in T3 umgewandelt wird.[12] Bei manchen Menschen funktioniert diese Umwandlung allerdings nicht, ganz gleich, wie viel T4 man zuführt. Ein häufiges Indiz dafür ist anhaltende Benommenheit. Shames vermutete, dass ich zu dieser Gruppe gehörte. Wenn dann die Resultate der Bluttests eingetroffen seien, solle ich anfangen, eine winzige Dosis T3 (in Form des Medikaments Cytomel) einzunehmen. In den folgenden Wochen solle ich die Dosis allmählich steigern und dann wieder zu ihm kommen. Bis dahin werde sich herausstellen, ob mir das Mittel helfen könne. Die Laborwerte würden bald eintreffen, noch vor Ende des Monats. »Wenn Sie für das Cytomel keinen Bedarf haben, wird es eine Überstimulation hervorrufen. Dann müssen wir an einer anderen Stelle weitersuchen.« Als ich mich an der Rezeption abmeldete, schaute er mich lange an: »Ich habe den Eindruck, dass Ihr Motor nicht auf allen Zylindern läuft. Er kommt nicht so recht auf Touren. Ich denke, das können wir ändern.«

Wie Shames vermutet hatte, lag mein TSH-Wert im »Normalbereich«, und zwar immer noch bei etwa 3,8. Ich begann das Cytomel in der kleinsten Dosis zu nehmen, die erhältlich war. Die 5 Milligramm lösten keine Überstimulation aus; ich fühlte mich sogar ausgesprochen ruhig und gelassen. Wie vereinbart verdoppelte ich die Dosis nach einigen Tagen auf 10 Milligramm. Ich war nicht überdreht. Meinem Körper behagte das T3 offenbar.

Beim nächsten Termin[13] konnte ich Richard Shames berichten, dass ich nachts sieben Stunden schlief und nicht mehr um 4 Uhr aufwachte. Sieben Stunden mochten manch einem nicht viel erscheinen, sagte ich zu ihm, doch für mich war es ein Fortschritt. Er notierte sich das und fragte nach meinem Gedächtnis. Ich müsse nicht mehr so oft nach Wörtern suchen, antwortete ich, und nicht alle zwei Minuten im Online-Synonymwörterbuch nachschauen. Wie stand es mit meiner Ausdauer? Hielt ich bei der Arbeit länger durch, ohne das Gefühl zu bekommen, dass mein Gehirn in Streik trat? Erst als er das fragte, fiel mir auf, dass ich das Seitenschläferkissen, das im Büro unter einem meiner Arbeitstische für Notfall-Nickerchen bereitlag, seit Wochen nicht mehr benutzt hatte.

»Gut«, sagte er. »Es funktioniert. Wenn ich Sie aber so anschaue, habe ich den Eindruck, dass wir noch nicht am Ziel sind.« Im Lauf der folgenden Monate erhöhte er die Cytomel-Dosis auf 20 Milligramm und fügte eine niedrige Dosis T4 hinzu (L-Thyroxin). Nach einigen Tagen konnte ich im Schwimmbad leicht und schnell meine Bahnen ziehen, ohne wie die ganzen Jahre zuvor nach Luft zu ringen. Es war aber nicht alles eitel Sonnenschein: Ich verlor die Fähigkeit, länger zu schlafen, genauso rasch, wie ich sie wiedergewonnen hatte. Shames wusste, woran es lag: »Die L-Thyroxin-Dosis ist zu hoch für Sie, aber es ist die kleinste, die hergestellt wird.« Er orderte das L-Thyroxin als Sonderpräparat, das etwa ein Achtel der bisherigen Menge enthielt. Damit war ein Durchbruch geschafft. Ich hatte ungeheuer viel Energie, die ausreichte, um den ganzen Tag lang zu arbeiten, die Hunde auszuführen und dann noch vier Stunden mit meinem Sohn in der örtlichen Bücherei zu sitzen und ihm beizubringen, wie man eine Facharbeit schreibt. »Wunderbar«, sagte Shames lächelnd. »Aber was ist mit dem Gedächtnis?«[14]

Das sei schwer zu sagen, erwiderte ich. Die passenden Wörter stellten sich rascher ein, doch mein Arbeitsgedächtnis war ohne das Provigil weiterhin beeinträchtigt. Ich hatte, als ich an diesem Morgen in einem Projektentwurf hin- und herblätterte, immer wieder innerhalb von Sekunden vergessen, wonach ich suchte. Mit meinen Fähigkeiten der räumlichen Wahrnehmung schien es sogar weiter abwärtszugehen. Obwohl ich schon zweimal bei Shames gewesen war, hatte ich mehrmals durch den Büropark fahren müssen, bis ich das Gebäude wiederfand, in dem seine Praxis war. Am frustrierendsten war nach wie vor, dass es mit der mentalen Kartierung haperte. Ich hatte nicht die leiseste Ahnung, wo ich die Gästeliste für die Geburtstagsfete meines Sohnes aufbewahrt hatte.

»Mit der Zeit«, sagte Shames, »wird sich ein Teil dieser Probleme wahrscheinlich noch geben. Sie müssen sich klarmachen, dass Ihr Gehirn sich viele Jahre lang abgemüht hat, weil es nicht genügend Schilddrüsenhormone zur Verfügung hatte. Kognitive Funktionen erholen sich meist erst nach und nach.« Es werde noch eine Weile dauern, sagte er in ernstem Ton, bis wir das, was bei mir schiefgelaufen sei, wieder in Ordnung gebracht hätten.

»Darf ich Ihnen etwas Tolles zeigen?«, fragte ich. Ich zog die Klammer aus meinem vor einiger Zeit noch ausgedünnten und stumpfen Haar und ließ es auf die Schultern herunterwallen. »Es wächst wie verrückt«, sagte ich. »Sie haben auch mehr Farbe bekommen«, bemerkte er. »Sie sind nicht mehr so bleich.« Er prüfte noch einmal meine Kniereflexe und wich zurück, als mein vormals träges Bein in seine Richtung schnellte.

»Sie wissen ja«, sagte ich, »dass viele Ärzte es für einen Fehler halten, subklinische Schilddrüsenstörungen zu behandeln. Ich habe auch gehört, dass ein Übermaß an Schilddrüsenhormonen den Knochenstoffwechsel ungünstig beeinflussen und Osteoporose verursachen kann.«

222

»Ich kenne diese Einwände«, antwortete er sanft. »Ich hoffe, dass dieser Streit eines Tages geklärt ist und Ärzte wirklich ihre Patienten behandeln, anstatt sich nur an Zahlen zu orientieren.« Einige Tage darauf ließ er mir eine Überblicksstudie zu den Wirkungen von T4 (L-Thyroxin) auf die Knochendichte zukommen. Es gibt keine schlüssigen Belege dafür, dass Schilddrüsenhormone zu Störungen des Knochenstoffwechsels führen. Doch es war denkbar, und das beunruhigte mich. »Problematisch wird es«, sagte Shames, »wenn der TSH-Spiegel weit über das gesunde Maß ansteigt, so dass eine Schilddrüsenüberfunktion entsteht. Dazu müssten Sie aber erheblich mehr T4 einnehmen als jetzt, und ich werde achtgeben, dass das nicht passiert.«

Ich hatte Vertrauen zu ihm. Auf die Endokrinologin war ich lange Zeit böse, weil sie anscheinend völlig missachtet hatte, was der Patientin, die sie vor sich hatte, unmittelbar anzusehen und anzumerken war. Wenn sie, als ich 42 war, die subklinische Schilddrüsenunterfunktion behandelt hätte, wäre mir sehr viel erspart geblieben. Sie war zu beschäftigt, um sich Zeit zum Hinschauen und Hinhören zu nehmen, und zu ungeduldig, weil im Untersuchungsraum nebenan der nächste Patient wartete. Am Ende wurde mir freilich klar, dass der Fehler nicht nur bei ihr lag. Ich hatte zu rasch aufgegeben. Ich war nicht selbstbewusst genug gewesen oder hatte mich nicht ausreichend über den Forschungsstand informiert, um ihr vermitteln zu können, dass sie nach meiner Meinung im Irrtum war. Daraus ließ sich eine allgemeingültige Lehre ziehen: Ärzte sind auch nur Menschen. Sie sind nicht unfehlbar. Über manches sind sie wenig oder gar nicht informiert. Sie haben ihre eigenen Zielvorstellungen. Recherchieren Sie also. Nehmen Sie Ihre Unterlagen zum Arzttermin mit. Sagen Sie unverhohlen, was Sie denken – schieben Sie die Halbgott-in-Weiß-Klischees, die wir alle mit uns herumtragen, zur Seite. Wenn Sie nur auf Unverständnis stoßen, suchen Sie sich besser einen anderen Arzt.

15 Dem Tiger ins Auge schauen

Joanna, 59 Jahre alt und an Alzheimer erkrankt, gewährt uns einen Blick in ihre Welt

An der Abfahrt Laguna Canyon Road verließ ich mit dem gemieteten Chevy Malibu den Freeway. Mir war klar, dass ich kein gewöhnliches Interview vor mir hatte. Beim Telefonat mit Joanna, die ich Ihnen in Kapitel 5 bereits vorgestellt habe, hatten mich ihre Herzlichkeit und Intelligenz beeindruckt. Doch das stockende Sprechen und ständige Suchen nach Wörtern war für beide Seiten anstrengend gewesen. Es sei einfacher, meinte sie, wenn wir uns treffen könnten.[1] Ich wusste nicht, was mich erwartete. Wie hatte ich mir eine 59-jährige Frau mit leichten bis mittelschweren Symptomen der Alzheimer-Krankheit vorzustellen? Wusste sie überhaupt noch, warum ich zu ihr kam?

Als ich schließlich, nachdem ich mehrmals falsch abgebogen war, 20 Minuten zu spät zu der Sackgasse in der Seniorensiedlung Leisure World fand, wo Joanna wohnte, stand sie geduldig wartend an der Straße. Beinahe hätte ich eine Bemerkung darüber gemacht, dass meine kognitive Landkarte mittlerweile nicht mehr viel taugte, besann mich aber gerade noch rechtzeitig. In ihrem rot-weißen gestrickten Hosenanzug und den dazu passenden Pumps sah sie gepflegt und kerngesund aus – ganz die geschätzte Anwältin für Familienrecht, die sie über 20 Jahre lang gewesen war. Wir gingen die Straße entlang, begleitet von ihrem kleinen weißen Malteser-Pudel-Mischling, vorbei an putzigen, gleichförmigen Holzhäusern aus den 1960er Jahren und an Blöcken mit Eigentumswohnungen. »Ich finde es schrecklich hier«, sagte Joanna mit Nachdruck. »Es ist alles so hässlich. Sie hätten mein wunderschönes Haus sehen sollen. Ich kenne hier kaum Leute. Das

Durchschnittsalter ist 78. Ich bin bei weitem die Jüngste, und niemand redet mit mir.« Einige Wochen nachdem sie ihre Diagnose erfahren hatte, verkaufte sie ihr elegantes Haus im Orange County mit den geräumigen Zimmern und dem weitläufigen Garten, der für ihren großen Hund Karlee einfach ideal war. »Mir blieb nichts anderes übrig. Ich hatte fürs Alter nichts zurückgelegt, weil ich nie vorhatte, mich zur Ruhe zu setzen. Alles Geld, das mir für den Rest meines Lebens bleibt, stammt aus dem Verkauf des Hauses.« Einige Tage, nachdem sie nach Leisure World gezogen war, kam Karlee einem älteren Nachbarn zu nahe, so dass Joanna den Hund zu ihrem Enkel nach North Carolina geben musste.

Obwohl ihre Sätze einfach waren und sie manchmal stockte und warten musste, bis ich ihr mit einem Wort aushalf, unterschied sie sich nach außen hin in nichts von einer anderen Frau ihres Alters, die sich für ein gemeinsames Mittagessen schick gemacht hat. In ihrem kleinen Wohnzimmer stellte sie mich Theo vor, einem reizenden Mann, der bei Lockheed 40 Jahre als Statiker gearbeitet hatte. Die zwei hatten sich etwa zwei Jahre, bevor die Krankheit bei Joanna ausbrach, ineinander verliebt. Theo hatte ihr in äußerst schwierigen Zeiten – auf die, wie sie wussten, schlimmere folgen mussten – zur Seite gestanden. Man sah sogleich, wie sehr sie einander zugetan waren. »Ich wünschte nur, ich wäre nicht so viel älter als Joanna«, sagte er, als sie einen Moment lang nicht im Raum war, »denn es ist wahrscheinlich, dass ich lange vor ihr sterbe. Ich weiß wirklich nicht, wer sich dann um sie kümmern soll.«

Joanna und ich saßen auf dem Sofa, Theo in einem Lehnstuhl. Mir war unbehaglich bei dem Gedanken, dass ich mit meinen heiklen Fragen die gesunden Verleugnungsstrategien durchkreuzen würde, die es dem Paar möglich machten, seinen Alltag zu bewältigen. Beide waren gut gelaunt und freuten sich auf ein gutes Mittagessen in einem netten Restaurant. Ich wollte nicht, dass sie wegen meiner Fragen in Verzweiflung und Schwermut versanken.

»Woran ich es merkte, ist schwer zu sagen«, erzählte Joanna. »Irgendetwas war anders. Irgendetwas stimmte nicht mit meinem Kopf. Ich war wütend auf die Ärzte. Sie … speisten mich ab. Sie sagten immer nur: ›Nein, Ihnen fehlt nichts, das sind die Hormone, das sind Depressionen‹, aber ich wusste, da steckte mehr dahinter. In meinem Kopf verknäuelte sich alles. Ich konnte die Dinge nicht mehr so wie früher in Ordnung halten.« Sie verstummte. »Sie müssen entschuldigen. Das Reden lässt bei mir nach, das macht mir wirklich sehr zu schaffen. Das ist das Schlimmste. Ich bin nicht mehr wirklich ich selbst.«

Theo unterbrach Joanna behutsam und sagte in seinem weichen griechischen Akzent, es sei Zeit für sie, die Medikamente zu nehmen. Wir gingen zusammen in die kleine, blitzblanke Küche. »Sie nimmt an einer Medikamentenstudie teil«, erklärte er, »und die Dosierung ist wirklich eine komplizierte Angelegenheit. Sie muss ein bestimmtes Medikament jeweils an einem bestimmten Tag und zu einer bestimmten Zeit in diesen vorgegebenen Dosierungen einnehmen. Wer an Alzheimer leidet, würde das ohne Hilfe nicht allein hinbekommen.« Er zeigte mir die beiden Schachteln, die er für Joanna beschriftet hatte. Auf der einen stand »abends«, auf der anderen »morgens«. »Diese Woche gab es einige Probleme mit den Tabletten«, sagte er nüchtern. »Ich musste einige Male herfahren, um das in Ordnung zu bringen.« Er wollte eine Pflegerin engagieren, doch Joanna scheute die Kosten und zog es ohnehin vor, dass er sich um sie kümmerte. Sie hatte, als niemand bei ihr war, die falschen Medikamente eingenommen und die Zeiten durcheinandergebracht. Außerdem hatte sie die große Tablettenschachtel auf dem Küchentisch stehenlassen, wo der Hund an sie herangekommen war. Theo zeigte mir eine Liste von Anweisungen, die mit Klebstreifen innen an der Tür des Wandschranks befestigt war. Als Erstes stand da: »Den Hund festbinden«. Diese kleinen Dinge, sagte er, wurden zum Problem, wenn man sich so wenig merken konnte. Wir setzen das, was wir gerade tun, ständig in Bezug zu unseren vorherigen Schritten. Joanna war dazu nicht mehr imstande.

Als das Einnehmen der Medikamente erledigt war, kehrten wir ins Wohnzimmer zurück, wo ich eine Sammlung von Fotos gezeigt bekam, die Joannas Sohn, Tochter und Enkelkinder zeigten. Angesichts der großen Zahl der Fotos hoffte ich, Geschichten von einer großen Familie zu hören, in der alle füreinander da sind. Joanna sagte aber, dass beide Kinder sie nicht besuchten. Ich warf Theo einen Blick zu. Alzheimer-Patienten behaupten häufig, dass jemand sie nie besucht, selbst wenn die Person vor kurzem bei ihnen war. Doch Theo bestätigte, dass ihre Kinder auf Distanz gegangen waren.

»Ich war die große Matriarchin«, erklärte Joanna. »Die ganzen Jahre habe ich mich um alle gekümmert – um die ganze Familie. Und jetzt wollen sie nicht in meiner Nähe sein, weil ich nicht mehr so bin, wie sie mich kannten. Selbst meine Partnerin in der Kanzlei, die 30 Jahre lang meine beste Freundin war, will mich nicht sehen. Ich verstehe das. Sie ist genauso eingespannt, wie ich es damals war. Und … vielleicht ist es für die Leute einfach zu schlimm, mich so zu sehen. Es tut ihnen weh. Ich bin zu stolz, um mich ihnen aufzudrängen, aber ich habe sie wirklich gern, und sie fehlen mir.«

Als Joanna noch einmal den Raum verließ, um sich für unseren Ausflug fertigzumachen, vertraute Theo mir an, dass die Einsamkeit sie sehr bedrückte. Es sei gut, dass ich vorbeigekommen sei. In diesem Alter krank zu werden, wenn alle alten Freunde noch immer berufstätig sind und ihr Leben wie zuvor weiterführen, sei einfach schrecklich. Joanna sollte mehr aus dem Haus gehen, doch wer außer ihm würde sie begleiten? Er wollte, dass sie sich einer Selbsthilfegruppe von Alzheimer-Kranken – die in Leisure World natürlich zahlreich vertreten waren – anschloss, aber sie hatte das Gefühl, nichts mit diesen Menschen gemeinsam zu haben.

Wir vergewisserten uns, dass der Hund nicht aus dem Badezimmer herauskonnte, und stiegen in Theos Wagen ein.

Unterwegs erzählte mir Joanna von einer Bootsreise auf einem Fluss in Burgund, bei der sie und Theo jeden Abend an Deck tanzten. Mittlerweile musste Theo ihr, wenn sie wegfuhren – jeweils nur noch für einige Tage und nur innerhalb der USA –, ein Schildchen um den Hals hängen, auf das er ihren Namen und das Hotel mit der Telefonnummer geschrieben hatte. »Es ist immer noch schön«, sagte Joanna, »aber nicht mehr so schön, wie es einmal war. Ich kann einfach nicht mit ihm mithalten. Und er ist doch der vollkommenste Mann der Welt.« Theo lächelte traurig.

Im King's Fish House ließen wir uns im Halbrund einer ledergepolsterten Sitznische nieder, mit Joanna in der Mitte. Sie lachte viel, vor allem wenn sie etwas nicht begriff, was einer von uns sagte. Als Theo von den Erfahrungen mit Ärzten erzählte, die sie hinter sich hatten, wurde sie still. Er hatte zunächst große Vorbehalte dagegen, Joanna an Pilotstudien mit stark experimentellem Charakter teilnehmen zu lassen, wobei sie genau die Art von Probandin war, nach der viele Forscher Ausschau hielten. »Ein Laie, der gegen diese Krankheit anzugehen versucht, kommt sich vor, als würde er einen tiefen, dunklen Wald betreten. Er weiß nicht, welche Richtung er einschlagen soll, weil er überall in sein Verderben rennen könnte.« Er tätschelte Joannas sorgfältig maniküre Hand. »Die Verantwortung ist ungeheuer groß. Ich bin Realist. Ich weiß, was uns bevorsteht und dass Joanna nicht viel zu verlieren hat. Aber schauen Sie sie an – sie ist jung, schön und in jeder anderen Hinsicht gesund. Wenn ich zuließe, dass sie bei einer Studie mitmacht, die ihr Leid zufügt oder durch die ihr Zustand sich verschlechtert, könnte ich mir das nie verzeihen. Wir haben also beschlossen, die Behandlung sehr vorsichtig anzugehen – was im Rückblick ein Fehler gewesen sein könnte.« Ich könne mir vorstellen, sagte ich zu Theo, wie schwierig es für sie – und für alle Alzheimer-Patienten und die Menschen, die sich um sie kümmerten – sein müsse, sich über neue Therapiemöglichkeiten auf dem Laufenden zu halten. Außerdem verfolgten alle Forschungsabteilungen der Universitäten auch ihre eigenen Interessen, denn sie müssten Teilnehmer für ihre Studien finden, Fachveröffentlichungen auf den Weg bringen und Forschungsmittel beschaffen. Man könne sich keineswegs darauf verlassen, dass ein Patient, der sich einer experimentellen Behandlung unterziehe, auch tatsächlich einer Gruppe von Versuchspersonen zugeteilt werde, in der er die für ihn optimale Therapie bekommt.

Joannas Arzt, ein Internist, hatte sie für eine 18-monatige klinische Studie angemeldet, in der man Alzhemed testete, ein neues Alzheimer-Medikament der Firma Neurochem, mit dem man in europäischen Studien bereits vielversprechende Resultate erzielt hatte.[2] Alzhemed blockiert, anders als ältere Medikamente, nicht das Enzym, das Azetylcholin abbaut, sondern hindert Beta-Amyloid-Proteine daran, sich zusammenzuballen. Wenn die Proteine nicht verklumpen, können sie auch keine Plaques bilden. Nach dem Ende der Studie sollte Joanna Anspruch darauf haben, das Medikament bis an ihr Lebensende kostenfrei zu erhalten.[3]

»Vielleicht wirkt es tatsächlich«, sagte Theo. »Ich glaube, dass ich in dieser Zeit keine Verschlechterung mehr bemerkt habe.« Joanna nahm auch Namenda, ein Medikament der Firma Forest Lab, das man in Deutschland seit mehreren Jahren zur Behandlung der mittleren bis späten Stadien der Alzheimer-Krankheit einsetzt. In den USA erhielt es aber erst im Jahr 2003 die Zulassung.[4] Namenda verändert den Spiegel des exzitatorischen Neurotransmitters Glutamat, der für Informationsverarbeitung, -speicherung und -abruf unerlässlich ist.[5] Durch die Beta-Amyloid-Plaques, die sich bei der Alzheimer-Krankheit bilden, sterben Glutamat-Rezeptoren auf den Nervenzellen ab, so dass der Neurotransmitter nicht mehr in ausreichenden Mengen hineingelangt. Namenda steigert die Zahl der Glutamat-Rezeptoren und sorgt so dafür, dass der Neurotransmitter genügend offene Pforten findet.

Die Hoffnung, dass Joanna sich in einem milden Stadium der Alzheimer-Krankheit stabilisiert hatte, blieb unausgesprochen. Vielleicht schritt die Krankheit bei ihr nicht zu den mittelschweren und schweren Formen fort, die durch vermehrte Abhängigkeit von Pflegepersonen, zunehmende Sprach- und Gedächtnisstörungen und eine drastisch verkürzte Aufmerksamkeitsspanne gekennzeichnet sind und dann in die Endstadien übergehen, die schließlich zum Tod führen. Man konnte nur abwarten.

Theo und ich hatten so viel Fisch, Spinat und Kartoffeln gegessen, dass wir von einem Dessert Abstand nehmen mussten. Joanna bestellte sich aber noch ein großes Vanilleeis. Es schmecke so gut, meinte sie, dass ich unbedingt davon probieren müsse. Ich nahm mir ein wenig und fühlte mich, als gehörte ich zur Familie.

Theo bat mich, zu berichten, was ich über die vielversprechendsten Forschungsansätze zur Alzheimer-Krankheit wusste. Gab es vielleicht eine neue klinische Studie, die sie nach dem Ende der Alzhemed-Studie, vor allem falls bis dahin eine Verschlechterung eintrat, für Joanna in Betracht ziehen sollten?

Klinische Studien

Wie bereits angedeutet, nehmen Wissenschaftler an, dass eine Anhäufung von noch in löslicher Form vorliegenden Proteinen das früheste Indiz für eine beginnende Alzheimer-Erkrankung ist. Die Proteine können die Informationsübermittlung zwischen Zellen blockieren, was zu der für die mittleren Jahre typischen leichten Vergesslichkeit führt. Bei vielen Menschen geht die Blockade nicht über diese Stufe hinaus. Bei anderen dagegen kommt durch die Proteinmoleküle eine Abfolge von Schritten in Gang, die sogenannte Amyloid-Kaskade, die zur Entstehung von Beta-Amyloid-Ablagerungen außerhalb der Nervenzellen und von Fibrillen innerhalb der Nervenzellen führt. Die zähflüssigen Verklumpungen aus Proteinen erdrosseln die Nervenzellen nach und nach. In diesem stetigen molekularen Prozess sammelt sich langsam zellulärer Abfall an – falsch gefaltete Proteine, beschädigte Aminosäuren –, den das Putzkommando des Nervensystems nicht zu beseitigen vermochte.

Die erste Generation von Alzheimer-Medikamenten, die Azetylcholinesterase-Hemmer, zu denen beispielsweise Rivastigmin und Donepezil zählen, zersetzt das Enzym, das den Neurotransmitter Azetylcholin abbaut, was vorübergehend zu einer Verbesserung der Kommunikation zwischen den schwächer werdenden Neuronen führt.

Eine wirklich erfolgreiche Intervention müsste viel früher in der Ursachenkette ansetzen, nämlich höchstwahrscheinlich bei den noch löslichen Proteinen, die sich im mittleren Alter anzusammeln beginnen. Die Pharmaindustrie testet derzeit Substanzen, die die Proteine am Zusammenballen hindern oder sogar dazu beitragen könnten, sie wieder voneinander zu lösen, noch bevor die Nervenzellen abzusterben beginnen.

Ich berichtete Theo und Joanna, dass derzeit mindestens ein halbes Dutzend klinische Studien im Gange seien, die einen genaueren Blick lohnten. Zum Teil handelt es sich um Studien der Phasen 1 und 2, in denen es vor allem noch um die Unbedenklichkeitsprüfung geht. In Studien der Phase 3 arbeitet man dagegen mit größeren Patientengruppen und nimmt Vergleiche mit anderen Arzneimitteln vor. In diesen Studien sind Fehlschläge möglich; in extremen Fällen kommen Probanden zu Tode. Meiner Meinung nach, so sagte ich zu den beiden, sei es aber vertretbar, ein solches Risiko auf sich zu nehmen, um die Krankheit so offensiv wie möglich angehen zu können. Das sei wohl besser, als nur ergeben zu warten, bis einen die Dampfwalze überrollt.

Da war zum Beispiel die COGNIShunt-Studie, die an der University of Pennsylvania begonnen wurde und an der Stanford University mit vielversprechenden Ergebnissen weiterläuft.[6] Man pflanzt den Patienten ein winziges Ventil, das unerwünschte Substanzen aus dem Blut herausfischen soll, an der Schädelbasis unter die Haut ein. Von dort legt man eine Leitung ins Bauchfell, wo sich Flüssigkeiten ansammeln, ehe sie in die Nieren fließen, um dort gefiltert und dann im Urin ausgeschieden zu werden. Diese Kurzschlussverbindung, die dem Aussondern von unerwünschten Substanzen eines bestimmten Molekulargewichts und einer bestimmten Größe dient, senkt den Anteil von Isoprostanen und falsch gefalteten Proteinen um etwa 50 Prozent. Bei Patienten, die einen COGNIShunt eingesetzt bekamen, blieben die Resultate im Mini-Mental-Status-Test (MMST) stabil, während sie sich bei anderen Patienten im selben Zeitraum um 20 Prozent verschlechterten.

Man hat festgestellt, dass der Insulinspiegel und die Zahl der Insulinrezeptoren während der frühen Stadien der Alzheimer-Krankheit massiv absinken. Insulin und das mit ihm verwandte Protein IGF-1 scheinen die Produktion des Enzyms anzuregen, das Azetylcholin erzeugt.[7] Wie Sie sich vielleicht erinnern, fällt auch der Azetylcholinspiegel in den Anfangsstadien der Krankheit stark ab. Im Endstadium der Alzheimer-Krankheit ist der Insulinspiegel im Gehirn gegenüber dem Normalwert um fast 80 Prozent abgesenkt.[8] Suzanne Craft, die an der University of Washington die Zusammenhänge zwischen Insulin, Azetylcholinspiegel und Alzheimer untersucht, arbeitet an einer Methode, bei der man dem Gehirn Insulin direkt über Nasentropfen zuführt.[9] Bei freiwilligen Versuchspersonen bewirkten die Nasentropfen eine Verbesserung des mit drei verschiedenen neuropsychologischen Tests erfassten Erinnerungsvermögens. In Folgestudien wird geprüft, ob eine tägliche Anwendung von Insulin-Nasenspray sich für Menschen mit Gedächtnisproblemen als hilfreich erweisen könnte.

Ein anderer Behandlungsansatz stützt sich auf das Immunsystem des Körpers, um einen Abbau der Plaques und Fibrillen zu erreichen.[10] Elan Pharmaceuticals führt an universitären Forschungszentren in über 18 US-Bundesstaaten Studien zu Bapineuzumab durch, einem monoklonalen Antikörper (auch AAB-001 genannt), der sich an Beta-Amyloid-Proteine, die sich zusammenzuballen beginnen, heftet und sie aus dem Verkehr zieht. Dieser neue Impfstoff erwies sich bei Mäusen und Menschen als geeignet, Beta-Amyloid sowohl in löslicher als auch in bereits abgelagerter Form zu beseitigen. Frank LaFerla führt an der University of California in Irvine Untersuchungen mit AF267B durch. Dieser Wirkstoff hebt den Spiegel des Enzyms Alpha-Sekretase, das die Produktion von Beta-Amyloid hemmt.[11] Er steigert auch die Aktivität der Azetylcholin-Rezeptoren. Die bisherigen Resultate sind vielversprechend: Die Substanz scheint Plaques und Fibrillen im Hippokampus abzubauen und wäre somit die erste, die bereits entstandene Schäden wieder rückgängig machen kann.

Wissenschaftler an der New Yorker Universitätsklinik der beiden Universitäten Columbia und Cornell führen derzeit eine Studie mit intravenösen Immunglobulinen (kurz IVIg) durch. Die IVIg-Therapie hat sich bei der Behandlung von Immunerkrankungen und Hepatitis bereits bewährt;[12] mittels einer Infusion führt man aus menschlichem Blutplasma gewonnene Antikörper zu, die an abnorme Proteine andocken und sie aus dem Nervensystem entfernen. In einer Pilotstudie behandelte man acht Alzheimer-Patienten ein halbes Jahr lang mit IVIg und testete dann ihre kognitiven Funktionen. Bei sechs von ihnen verbesserten sich die Leistungen, bei einem Patienten blieben sie stabil. Die Untersuchung der Gehirn-Rückenmarks-Flüssigkeit ergab eine 45-prozentige Abnahme von Beta-Amyloid. Diese Zahlen, sagte ich zu Joanna, waren sehr beeindruckend. Außerdem hatte die IVIg-Therapie bereits die Sicherheitsprüfung durch staatliche Behörden passiert und war für die Behandlung anderer Krankheiten zugelassen.[13] Das Risiko dürfte daher geringer sein als das bei den anderen Methoden.

Im Jahr zuvor hatte man ganz in unserer Nähe die vielleicht kühnste Studie von allen in Angriff genommen. Wissenschaftler an der University of California in San Diego haben seit 1987 eine gentherapeutische Technik perfektioniert, mit der man zusätzliche Kopien eines Gens, das von einem gentherapeutischen Virus sozusagen huckepack genommen wird, ins Gehirn eines Alzheimer-Patienten einschleusen kann. Man bohrt auf jeder Seite des Schädels ein Loch und führt die Genkopien gezielt in bestimmte Gehirnareale ein. Am Zielort schaltet das Virus das Gen an, das die Produktion eines als Nervenwachstumsfaktor bezeichneten Proteins in Gang setzt. Es verhindert das Absterben von Nervenzellen und stimuliert die Neuronen, die Azetylcholin herstellen. Hirnscans bestätigen, dass die Funktionsfähigkeit der Neuronen durch die Nervenwachstumsfaktor-Therapie zunimmt. Mental-Status-Tests ließen eine bemerkenswerte Abnahme des kognitiven Verfalls um 36 bis 51 Prozent erkennen. Die besten Testwerte wurden mehr als ein halbes Jahr nach dem operativen Eingriff erzielt, das heißt, die positive Wirkung des erhöhten Nervenwachstumsfaktor-Spiegels auf die Nervenzelle kam erst nach mehreren Monaten voll zum Tragen. Als die Forscher das Gehirngewebe eines Teilnehmers untersuchten, der nicht aufgrund der Demenz, sondern wegen anderer Ursachen verstorben war, stellten sie bei den Neuronen, die Azetylcholin produzieren, starkes Wachstum fest, das heißt bei genau den Zellen, die im Frühstadium der Alzheimer-Krankheit als Erste degenerieren. Vor kurzem wurden die Forschungsarbeiten aus dem Labor Mark Tuszynskis – der das Verfahren an der University of California in San Diego entwickelt hat – an die Washingtoner Georgetown University verlagert, wo die klinische Studie der Phase 2 mit offener Teilnahme und Zufallszuweisung im Gange ist. Die eine Gruppe von Patienten bekam tatsächlich zusätzliche Kopien des Nervenwachstumsfaktor-Gens injiziert, während man bei der Kontrollgruppe nur eine Operation vortäuschte und einen Einschnitt an der Kopfhaut vornahm, ohne eine Nadel ins Gehirn einzuführen. Im Laufe des folgenden Jahres sollte die Studie auf andere Kliniken ausgeweitet werden. Die bisherigen Ergebnisse waren ermutigend. Tuszynski weist allerdings auf die Grenzen dieser operativen Methode hin: Sie greift nur in den frühen Stadien der Alzheimer-Krankheit, weil Neuronen, die Azetylcholin produzieren, natürlich noch am Leben sein müssen, um von der erhöhten Menge an Nervenwachstumsfaktor profitieren zu können. Außerdem lässt sich die Krankheit mit der Gentherapie nicht heilen. »Der Verfall wird um mehrere Jahre verzögert«, sagte mir Tuszynski im Gespräch, »und das ist natürlich eine Menge wert. Am Ende aber überwuchern die Amyloid-Proteine andere Arten von Neuronen und machen ihnen den Garaus.«[14]

»Das hört sich ja gut an!«, sagte Joanna zu Theo, nachdem ich das Verfahren der Gen-Implantation beschrieben hatte – ganz als ginge es um die Idee für einen Kurzurlaub. »Was meinst du? Sollen wir das nicht probieren?«

»Sind Sie sicher?«, fragte ich und dachte daran, dass Theo gesagt hatte, sie wollten die Behandlung so vorsichtig wie möglich angehen. »Würden Sie sich wirklich darauf einlassen, dass jemand an Ihren Genen herumspielt?«

»Ja, auf jeden Fall«, erwiderte sie. »Ich glaube, es ist wirklich wichtig, dass ich am Ball bleibe und mich für solche Dinge zur Verfügung stelle. Ich will, dass mein Leben weitergeht. Irgendwann wird eine Heilung möglich sein, und wenn ich die Erste sein kann, bei der das funktioniert, ist das doch toll, finden Sie nicht?«

Als ich Theo versprach, sämtliche Informationen an ihn weiterzuleiten, die ich über neue Studien und vielversprechende Forschungstrends fand, unterstellte ich, dass Joanna nicht begriff, was ich meinte – und sah, wie sie das merkte. Es tat mir sofort leid. Ich versuchte mir vorzustellen, wie es wäre, wenn ich jeden Tag derartige Zurücksetzungen – auch wenn sie ohne böse Absicht geschahen – ertragen müsste.

»Ich bin ein resoluter Mensch«, sagte sie. »Eigentlich bin ich kerngesund. Ich war in meinem ganzen Leben nie gesünder als jetzt. Nur verliere ich leider den Verstand. Aber ich gebe nicht auf. Das ist nicht meine Art.«

Nach dem Essen vertraute mir Joanna etwas an, das sie bisher nur Theo erzählt hatte. Ihr Hippokampus hatte sich seit der Kindheit gleichsam im Belagerungszustand befunden. Als junges Mädchen war sie von ihrem Stiefvater sexuell missbraucht worden. Sie kümmerte sich, bis sie weit über zwanzig war, um ihre alkoholkranke Mutter und zog ihre beiden jüngeren Geschwister auf. Sie hatte ihr ganzes Leben lang unter einer posttraumatischen Belastungsstörung und einer Depression gelitten. Ich fragte, ob ihre Ärzte je erwähnt hätten, dass PTBS und Depression das Risiko einer Alzheimer-Erkrankung erhöhen.[15] Sie verneinte.

Theo chauffierte uns zurück zu Joannas Wohnung. Es war Zeit für Joanna, eine Pause einzulegen. Sie hatten einen besonderen Abend vor sich; sie wollten ein Konzert des South-Coast-Symphonieorchesters besuchen. Als wir uns der Sackgasse näherten, fragte Theo, wo ich meinen Leihwagen geparkt hätte. Ich hatte mir Automodell und Farbe genau einzuprägen versucht, musste aber feststellen, dass ich keine Ahnung mehr hatte, wie der Wagen aussah und warum er eigentlich nicht vor Joannas Haus stand. Ich musste sozusagen mein neuronales Video zurückspulen und Schritt für Schritt rückwärts gehen, bis ich an der Stelle war, wo Joanna mit dem kleinen Hund an der Straße stand und mich in einen Besucherparkplatz einwies, der einen Block von ihrer Wohnung entfernt lag. Wie wäre es wohl, wenn ich das nicht mehr könnte? Was würde aus mir werden, wenn die Rückspulfunktion einfach ausfiele? Das war die Situation, in der sich Joanna jetzt befand, und sie würde sich noch verschlimmern.

Ich hatte eine sehr lange Fahrt nach Los Angeles vor mir, und das in der Hauptverkehrszeit. Theo erklärte mir den Weg: »Also, zuerst biegen Sie nach links ab, dann noch mal nach links, dann rechts, und dann kommen Sie zur Pforte der Siedlung. Sobald Sie sie passiert haben, halten Sie sich links. Wenn Sie das Einkaufszentrum sehen, wo wir gegessen haben, biegen Sie nach rechts ab, und dann sehen Sie schon

den Freeway, auf dem Sie sich Richtung Norden einordnen.«
Seine Anweisungen waren völlig klar und eindeutig, doch er
hätte genauso gut seine Muttersprache Griechisch sprechen
können. Sie hatten sich in dem Moment, als ich aufs Gaspedal trat, bereits für immer aus meinem Gehirn verabschiedet.

Die Krankheit schreitet fort

Im Laufe des folgenden Jahres blieb ich mit Theo ständig in
Verbindung. Ich schickte ihm Informationen zu der LaFerla-
Studie in San Diego und zu der Gentherapie-Studie. Joanna
blieb in der Alzhemed-Studie, weshalb der Einstieg in die
meisten anderen Medikamentenstudien nicht in Frage kam.
Theo hielt die Teilnahme an der Gentherapie-Studie für zu
risikoreich. Doch die Zeit drängte. Der Zustand der mittlerweile 60-jährigen Joanna verschlechterte sich zusehends,
schrieb er in einer E-Mail.[16] Ihre Fähigkeit, sich zu verständigen und einfache Anweisungen zu befolgen, hatte deutlich
abgenommen. Die Krankheit schreite rasch fort. Man müsse
sich nun ständig um Joanna kümmern. Vor kurzem hatte sie
vergessen, wie der Schlüssel, den sie an einem Band um den
Hals trug, zu benutzen war, und sie stand sehr lange hilflos
vor der eigenen Wohnungstür. Ihr eigenständiges Leben war
endgültig vorüber.

Ich wollte Joanna wiedersehen und vereinbarte mit Theo,
dass ich an einem Sonntagnachmittag vorbeikommen würde,
nachdem er Joanna von der Kirche abgeholt hatte – einem
der wenigen Orte, zu dem sie noch allein gehen konnte. Ich
erinnerte mich, wie sehr sie unser Mittagessen in dem Fischrestaurant genossen hatte, und schlug deshalb vor, wir könnten nach Laguna Beach fahren, um dort auf der großen Ter-
rasse des Hotels Montage Resort, von der man einen schönen
Blick auf das Meer habe, einen kühlen Drink zu uns zu nehmen. Danach würde ich sie irgendwohin zum Abendessen
einladen.

Joanna und Theo erwarteten mich auf dem Bahnsteig, als ich aus dem Zug ausstieg. Theo begrüßte mich so liebenswürdig wie immer und bestand darauf, meine Reisetasche und meine Aktentasche zu tragen. Ihm war aber anzusehen, dass er Qualen litt. Joanna sah blendend aus. Sie hatte ein wenig abgenommen, und der neue Kurzhaarschnitt stand ihr gut. Als sie mich freundlich anlächelte, wurde mir klar, dass sie mich wie eine völlig Fremde anschaute, obwohl Theo sie, wie ich wusste, viele Male an meinen bevorstehenden Besuch erinnert hatte. Als wir dann einige Minuten lang über unsere letzte Begegnung gesprochen hatten – das Essen im Fischrestaurant, das Vanilleeis –, schien sie wieder zu wissen, wer ich war. Aber ein entspanntes Gespräch war nicht mehr möglich. Ihr waren zu viele Wörter abhanden gekommen. Selbst ganz kurze Sätze brachte sie nur mit Mühe zustande.

»Ich will mein Auto wiederhaben«, sagte sie ärgerlich. »Es fehlt mir.« Von Theo wusste ich bereits, dass sie nicht mehr fahren durfte. Sie hatte sich auf dem Weg vom Markt zu ihrer Wohnung verfahren und war fünf Stunden lang herumgeirrt. Man musste die Polizei einschalten, um sie zu finden. »Und ständig kommen Leute in mein Haus und wühlen in meinen Sachen herum«, sagte sie.

Ich schaute Theo fragend an. Er hatte erwähnt, dass die Wahnvorstellungen häufiger auftraten.

»Ja, Liebste?«, fragte er heiter. »Wie kommen sie denn hinein?«

»Durch die Tür natürlich!«, entgegnete sie voller Empörung. »Die haben alle einen Schlüssel. Sie nehmen meine Brille und mein Make-up und werfen alles durcheinander, so dass ich nichts … mehr finden kann.« Ich merkte, dass sie weinte, und reichte ihr vom Rücksitz eine Schachtel mit Papiertaschentüchern nach vorn.

Schon bevor wir bei dem Hotel ankamen, wusste ich, dass das Ganze keine gute Idee von mir gewesen war. Der Parkplatz war voll von schicken Autos und herausgeputzten Leuten. Joanna in ihrem schlichten T-Shirt und ihren Jeans hielt

238

meine Hand fest umklammert, als wir durch die Empfangs-
halle gingen. Erstaunlicherweise bekamen wir sofort einen
Platz zugewiesen. Als ich Joanna vorschlug, mich auf einem
Abstecher zur Damentoilette zu begleiten, sah Theo erleichtert drein; wenigstens um dieses Problem musste er sich nun
keine Gedanken mehr machen. Auf dem Hinweg hielt sie die
ganze Zeit meine Hand. Ich passte genau auf – ganz wie damals, als meine Kinder noch klein waren –, ob sie nicht womöglich den Raum verließ, während ich noch in meiner Kabine war.

Als wir wieder am Tisch saßen, sprachen wir über unsere
Lieblingsorte. Theo liebte sein Griechenland. Im Sommer
wollten beide ein letztes Mal gemeinsam dorthin fahren. Ich
fürchte, die Skepsis war mir anzusehen.

»Ich werde im Herbst achtzig«, sagte Theo schlicht. »Ich
lasse sie nicht zu Hause, also kommt sie mit mir. Irgendwie
bekommen wir das hin.«

Joanna erzählte von Mount Shasta in Nordkalifornien und
von vielen Angelausflügen in eine Gegend, in der ich auch
schon war; sie hieß Castle Crags Wilderness. Damals hätte
sie oft die Kinder ins Auto gepackt, sagte sie, und wäre die
ganzen zehn Stunden selbst gefahren.

»Die Gegend würde ich gern noch einmal sehen«, sagte
sie wehmütig. »Wenn ich mein Auto hätte, könnte ich hin-
fahren.«

Theo und ich schauten uns an. War das machbar? Konnten
wir mit ihr einen Ausflug dorthin machen? Falls ja, wusste
sie dann noch, dass sie sich das gewünscht hatte und dass sie
früher schon dort war, oder würde sie einfach nur Angst bekommen?

»Vielleicht könnten Theo und ich mit Ihnen dort hinge-
hen«, sagte ich zaghaft, ohne zu wissen, ob ich etwas versprach, das unmöglich einzuhalten war.

»Ich würde die ganze Strecke fahren«, bot sie an. »Autofahren macht mir Spaß. Wissen Sie, die haben mir mein Auto
weggenommen, und ich will es zurückhaben.«

Mit der Abenddämmerung wurde Joanna müde. Immer öfter ließen die Worte sie im Stich, und sie wurde ärgerlich. Sie kam wieder auf die Leute – es seien vor allem junge Frauen – zu sprechen, die sich angeblich in ihr Haus schlichen und Sachen stahlen. Ich meinte, es sei sicher ratsam, die Schlösser auszutauschen; damit wäre das Problem behoben. Joanna schüttelte traurig den Kopf. Das werde nichts helfen. Diese Leute würden die neuen Schlüssel finden – oder, wie sie nebenbei zu verstehen gab, durch die Wände schlüpfen.

Ich sah, dass Theos Reserven erschöpft waren. So hatte er sich seine letzten Lebensjahre nicht vorgestellt. Aber er harrte aus. Bis zu meinem Flug waren es noch zwei Stunden, doch er und Joanna brachten mich zum Flughafen Orange County, diesem Palast aus Marmor und Blattgold, der nicht wie ein Verkehrsknotenpunkt, sondern wie ein Luxuseinkaufszentrum aussieht. Bedrückt und erschöpft ließ ich mich auf einen Ledersitz fallen. Trotz der Alzhemed-Studie und der zusätzlichen Behandlung mit Namenda hatte die Krankheit schrecklich gewütet. Joanna war, seit ich sie kannte, von einem milden in ein wesentlich gravierenderes Stadium der Krankheit vorgerückt. Ich befürchtete, dass sie mich auch bei der nächsten Begegnung nicht erkennen würde und dass dann sämtliche Bemühungen, ihr Erinnerungsvermögen aufzufrischen, vergeblich bleiben mussten.

16 Wollen wir es so genau wissen?

Sollen wir die neuen diagnostischen und therapeutischen Möglichkeiten, die sich uns eröffnen, wirklich nutzen?

Da es vielleicht bald möglich sein wird, der Alzheimer-Krankheit bereits im Frühstadium entgegenzutreten, regt sich bei immer mehr Menschen im mittleren Alter der Wunsch nach einer entsprechenden diagnostischen Abklärung. »Falls ich Alzheimer hätte, würde ich das gern so früh wie möglich erfahren«, schrieb Rudy, ein Unternehmer, der Audiogeräte herstellte, »damit ich für meinen Sohn und meine jüngeren Freunde festhalten kann, was das Wesentliche in meinem Leben war, bevor es dafür zu spät ist.«

Manche werden an universitären Forschungszentren, die auf dem neuesten wissenschaftlichen Stand sind, eine geeignete Anlaufstelle finden, doch die meisten werden sich mit ihren Schwierigkeiten an den Hausarzt wenden, der unter Umständen gar nicht oder nur ungenügend über neuere Ansätze zu Diagnose und Therapie der Alzheimer-Krankheit unterrichtet ist. Ein Internist, dessen Patienten größtenteils gutverdienende Freiberufler sind, denen am Erhalt ihrer kognitiven Fähigkeiten sehr viel liegt, berichtete mir, fast alle Patienten mittleren Alters gäben an, dass ihr Gedächtnis nachlässt. Er vertrat die irrige Auffassung, es sei einfach, Alzheimer-Symptome von »normalen« alterungsbedingten Gedächtnisproblemen zu unterscheiden. »Wenn jemand sich um sein Gedächtnis Sorgen macht«, erklärte er mir, »kann ich daraus schließen, dass sein eigentliches Problem Stress oder eine Depression ist. Alzheimer-Patienten bemerken nicht, dass irgendetwas aus dem Lot ist. Sie sind überzeugt, es sei alles in bester Ordnung.«

»Das ist wirklich typisch«, bemerkte dazu Ron Peterson, Leiter der neurologischen Abteilung des Alzheimer-Forschungszentrums an der Mayo-Klinik in Rochester, Minnesota. »Man nimmt seinen ganzen Mut zusammen, geht zu seinem Arzt und sagt: ›Also, mir fallen wirklich sehr oft Wörter und Namen nicht ein.‹ Und der Arzt antwortet: ›Dreimal dürfen Sie raten – mir geht's genauso. Willkommen im Club der Zerstreuten!‹ Wir bemühen uns, bei den Ärzten die Wahrnehmung in diesem Punkt zu schärfen, damit sie solche Probleme nicht einfach so abtun.«[1]

Wenn ich an Joanna, Stuart, Ralph und Bruce dachte, die sich monatelang von ihren Hausärzten versichern lassen mussten, sie seien einfach überarbeitet, hätte ich diesen Internisten für seine Ahnungslosigkeit ohrfeigen können. Er hatte nie mitbekommen, dass die Anfänge der Alzheimer-Krankheit in den mittleren Jahren liegen oder dass man einen Patienten, der über ein Nachlassen kognitiver Fähigkeiten klagt, erst einmal ernst nehmen sollte.

Doch wie sollen Allgemeinmediziner unter den vielen Patienten, denen ihre Vergesslichkeit Sorgen bereitet, die wenigen erkennen, die tatsächlich Hilfe brauchen? Es wäre sicherlich nicht sinnvoll, allen diesen ansonsten gesunden Patienten sogleich neuropsychologische Tests und PET- und MRT-Scans zu verordnen, die teuer sind und viele Risiken von Fehldeutungen bergen.

Die Jagd auf Biomarker

John Q. Trojanowski, Leiter des Penn-Instituts für Alters- und Alzheimerforschung an der University of Pennsylvania, ist sich dieses Problems sehr wohl bewusst. »Wir brauchen größere diagnostische Genauigkeit«, sagte er mir im Gespräch, »ein Verfahren mit wesentlich höherer Trennschärfe. Es muss einfach, kostengünstig und präzise sein – so ähnlich wie ein Schwangerschaftstest.«[2] Er gehört zu den Forschern der Initiative Bildgebende Neurodiagnostik der Alzheimer-Krankheit (Alzheimer's Disease Neuroimaging Initiative), einer mit 60 Millionen Dollar ausgestatteten fünfjährigen Studie, die mit 800 Probanden zwischen 55 und 90 Jahren an 50 Orten in den USA und Kanada durchgeführt wird.[3] Die Initiative wird vom Nationalen Institut für Altersforschung und den Nationalen Gesundheitsinstituten der USA sowie einem halben Dutzend großer Pharmaunternehmen finanziert; das Ziel ist, eine unkomplizierte Methode für die Diagnose der Alzheimer-Krankheit zum frühestmöglichen Zeitpunkt zu erarbeiten.[4] »Wenn es uns gelingt, ein Verfahren zu entwickeln, das nicht mit gesundheitlichen Risiken verbunden und nichtinvasiv ist«, sagte Trojanowski, »werden viele Patienten darauf drängen, dass es bei ihnen zur Anwendung kommt.«

Trojanowski ist im Rahmen der Initiative Bildgebende Neurodiagnostik für die Suche nach Biomarkern der Alzheimer-Krankheit zuständig, die den Spiegel einer bestimmten Substanz in Blut, Urin, Blutplasma oder Gehirn-Rückenmarks-Flüssigkeit anzeigen.[5] Für viele Krankheiten stehen schon mehr oder weniger differenzierte Marker dieser Art zur Verfügung. Beispiele sind Hämoglobin A1c als Indikator für Diabetes oder Cholesterin- und CRP-Tests (CRP: c-reaktives Protein), die bestimmte Risiken für eine Herzerkrankung aufdecken.

»Wir wollen diagnostische Labortests entwickeln«, erklärte Trojanowski, »die zwischen der Alzheimer-Krankheit und anderen neurologischen degenerativen Prozessen mit einem unter Umständen sehr ähnlichen Erscheinungsbild differenzieren.«[6] Die Alzheimer-Krankheit ist oft schwer von vaskulärer Demenz, Parkinson-Demenz, frontotemporaler Demenz, Lewy-Körperchen-Demenz, Schläfenlappen-Pick und primär progressiver Aphasie zu unterscheiden. »Wir brauchen einen Test«, fuhr Trojanowski fort, »der altersunabhängig ist, so dass man ihn 40-Jährigen wie auch 80-Jährigen geben kann, ohne dass altersbezogene Faktoren in die Ergebnisse hineinspielen.«[7] Vermutlich werde ein einzelner Biomarker nicht dafür ausreichen. Doch mit einer Kombination von Indikatoren, etwa einem Biomarker, einem Hippokampus-Scan und einem neuropsychologischen Test, der die verzögerte Wiedergabe von neuerlerntem Material prüft, könne man vielleicht die problematischen Entwicklungen aufdecken, ehe sie ganz zur Entfaltung kommen.[8]

Er und seine Kollegen haben bereits einige Biomarker im Blick, die den jeweiligen Spiegel von Isoprostan, Tau-Proteinen, Beta-Amyloid-Proteinen, Sulfatid und Homocystein anzeigen.[9] Die bislang vielversprechendsten Marker sind in der Gehirn-Rückenmarks-Flüssigkeit zu finden; sie füllt die Extrazellulärräume des Nervensystems.[10] Einige der Biomarker in der Gehirn-Rückenmarks-Flüssigkeit kann man bereits sehr präzise bestimmen. Weil sie aber nur dort vorhanden sind und mittels eines schmerzhaften Einstichs in den Lendenwirbelkanal gewonnen werden müssen, sind sie für eine Standardmethode noch nicht geeignet. Trojanowski gibt sich freilich äußerst optimistisch: »Wir werden innerhalb einiger Monate oder in höchstens zwei Jahren gefunden haben, was wir suchen, und damit über eine Methode der Früherkennung verfügen. Das ist von größter Bedeutung, weil Pharmaunternehmen schon im Begriff sind, mit Anti-Amyloid-Medikamenten der nächsten Generation die Voraussetzungen für Frühinterventionen zu schaffen.«[11]

Neuartige Scan-Verfahren

Der Hippokampus-Scan, den Trojanowski erwähnte, wurde von einem Forschungsteam an der New York University unter Leitung von Dr. Mony de Leon entwickelt. Dieses Team hat eine Bildgebungstechnik erarbeitet, die Volumenverhältnisse und Stoffwechselaktivität im Hippokampus schnell und präzise erfasst, sie mit Normwerten vergleicht und sogleich eine Analyse liefert.[12] Mit diesem Verfahren können Forscher die Auswertung von PET-Scans standardisieren und automatisieren. »Zum jetzigen Zeitpunkt«, sagte mir de Leon, »können wir bei einem Probanden, der noch keine Symptome aufweist, mit einer hohen Trefferquote voraus-sagen, ob er innerhalb der nächsten neun Jahre an Alzheimer erkranken wird. Nach unseren Berechnungen dürfte es bald möglich sein, diese Zeitspanne auf 15 Jahre auszudehnen. Ein Knopfdruck genügt, und man erhält nicht nur ein Scannerbild des Gehirns – das bekommt jeder hin, der einen Scanner bedienen kann –, sondern auch eine vollständige Analyse der Daten.«[13] Mony de Leon will so viele Informa-tionen zusammentragen, dass man Bezugswerte erarbeiten kann, anhand deren Ärzte sogar bei ansonsten gesunden jun-gen Menschen die frühesten Stadien der Krankheit erkennen können.

Ich fragte Trojanowski, wie vor diesem Hintergrund Gary Smalls PET-Scans einzuschätzen seien. »Ich glaube nicht, dass sie für sich allein genommen schon aussagekräftig ge-nug sind«, erwiderte er. »Gary würde sicher widersprechen und sagen: ›Nein, wir sind am Ziel‹, aber meine Kollegen, die in diesem Bereich arbeiten, wissen alle, dass das Wunschden-ken ist. Wir sind ganz bestimmt noch nicht so weit.«[14]

Ähnliche Urteile hatte ich auch von mehreren anderen re-nommierten Wissenschaftlern gehört. Ich überlegte deshalb, ob der PET-Scan, dem ich mich an der UCLA unterzogen hatte, überhaupt einen prognostischen Wert hatte oder ob ich mir das radioaktive Isotop ganz umsonst hatte injizieren las-sen. Am Ende eines langen Interviews mit Mony de Leon in seinem Büro im Krankenhaus der New York University fragte ich ihn, ob er sich meine Scans anschauen und mir sagen wolle, was er von meinem Hippokampus halte. Freund-licherweise erklärte er sich dazu bereit. Als ich wieder in Kalifornien war, schickte ich ihm den braunen Umschlag von einem Meter Länge mit den Filmen zu. Nach einigen Wochen rief er mich an.

»Ich habe nur gute Nachrichten für Sie«, sagte er. »Der Hippokampus sieht hervorragend aus. Überhaupt macht das gesamte Gehirn einen ganz normalen Eindruck. Ehrlich gesagt erkenne ich nicht einmal die Abnutzungserscheinungen, die man schon bei einem Menschen erwarten würde, der noch um einiges jünger ist als Sie. Nach dem MRT zu urteilen ist Ihr Gehirn normal und robust – und glauben Sie mir, ein MRT ist so sensibel, dass man darauf erkennt, ob jemand mit dem linken Fuß aufgestanden ist.«[15] Einen Moment lang fühlte ich mich, als hätte mich jemand um zehn Jahre jünger geschätzt. »Wenn nachweisliche Gedächtnisprobleme vorliegen – wie zum Beispiel die niedrigen Punktwerte in Ihrer neuropsychologischen Untersuchung –, erkennen wir im Scan in mindestens 70 Prozent der Fälle Anzeichen dafür, dass irgendetwas nicht stimmt. Da aber Ihr Hippokampus so perfekt aussieht, würde ich vermuten, dass die Probleme, die Ihnen zu schaffen machen, auf irgendwelchen anderen Faktoren beruhen.«

Eine weitere Forschergruppe an der New York University entwickelt eine diagnostische Methode, die auf der Elektroenzephalographie beruht.[16] Als ich den Artikel in *Neurobiology and Aging* las, musste ich lächeln: Der gute alte Marvin Sams, der texanische Elektrophysiologe, den ich zum Neurofeedback aufgesucht hatte, war sicher entzückt, dass die vergleichsweise simplen Elektroden und Apparate, auf die er schwor, jetzt Schlagzeilen machten. Mit ihrer Hilfe konnte man bei 60- bis 80-jährigen Menschen mit 90-prozentiger Treffsicherheit ermitteln, ob sie innerhalb der folgenden sieben Jahre an Alzheimer erkranken würden, und mit 95-prozentiger Zuverlässigkeit, ob ihnen ihre kognitiven Fähigkeiten so gut wie unverändert erhalten blieben. Das Verfahren nahm eine halbe Stunde in Anspruch und erforderte weder Injektionen noch das zermürbende Ausharren in einem hämmernden MRT-Gerät. Die wichtigste Erkenntnis war, dass subjektive Angaben über Beschwerden – das Empfinden einer Person, dass mit ihrem Gedächtnis etwas nicht stimmt – wichtige prognostische Hinweise auf einen möglicherweise bevorstehenden geistigen Verfall liefern. »Die aufgedeckten

Anomalien waren alles andere als dezent«, sagte Leslie S. Prichep, die Leiterin des Forschungsprojekts. »Die Abweichungen von den Kennwerten eines normalen Alterungsprozesses waren derart markant, dass meiner Meinung nach kein Zweifel bestehen kann, dass wir auch auf Anomalien stoßen werden, wenn wir noch einige Jahre zurückgehen.«

Ein genetischer Marker

Es gibt zumindest einen – wenn auch höchst kontrovers diskutierten – Indikator, der auf eine spätere Alzheimer-Erkrankung vorausweist. Das Apolipoprotein-E-Gen, kurz ApoE-Gen, liegt auf Chromosom 19.[17] Jeder von uns hat von jedem Elternteil eine Kopie dieses Gens erhalten.[18] Wie alle anderen Gene, so kommt auch das ApoE-Gen in leicht voneinander abweichenden Varianten vor, die man als Allele bezeichnet. Die Allele des ApoE-Gens nennt man E2, E3 und E4.[19] Bei 20 bis 30 Prozent der Menschen ist eines der beiden Exemplare ein E4-Allel. Ihr Risiko, an Alzheimer zu erkranken, ist drei- bis fünfmal so hoch wie das bei Menschen mit der E2- oder E3-Variante.[20] Hat ein Mensch zwei Exemplare des E4-Allels, ist sein Risiko 15-mal höher als das anderer Menschen, die nur über E2- oder E3-Allele verfügen.[21] Im Durchschnitt treten bei E4-Trägern Symptome des Gedächtniszerfalls sieben Jahre früher auf als bei E2- und E3-Trägern.[22]

Man würde nun erwarten, dass ein solcher genetischer Marker ein äußerst nützliches Prognoseinstrument darstellt. Doch die Sache hat einen Haken: Das ApoE-Gen ist kein deterministisches Gen, sondern ein Anfälligkeitsgen, das heißt, es erhöht zwar die Wahrscheinlichkeit, dass jemand erkrankt, doch die Alzheimer-Erkrankung tritt nicht in jedem Fall auf.[23] Manche Menschen mit zwei E4-Allelen erkranken nie, während ein Drittel der Alzheimer-Patienten kein E4-Allel aufweist. Das ApoE-Gen ist also alles andere als ein perfekter Indikator.[24]

ApoE ist ein Protein, das Cholesterin und andere nicht-
lösliche Lipid-Teilchen dorthin befördern hilft, wo sie im
Körper gebraucht werden, um rasch Energie zu liefern, zur
späteren Verwendung als Fett gespeichert zu werden oder
Wunden ausheilen zu lassen.[25] Im Gehirn ist das ApoE als
eine Art Straßenkehrer tätig. Es sammelt Lipide und andere
Substanzen auf, die bei Verschleiß oder Verletzungen anfal-
len, und transportiert sie dorthin, wo sie verwertet oder ent-
sorgt werden können.[26] Neuere Studien lassen vermuten,
dass E4 im Vergleich zu den rührigen E2- und E3-Allelen
im Schneckentempo arbeitet und zulässt, dass Proteine zu-
sammenklumpen und Ablagerungen entstehen.[27]

Man geht zur Zeit davon aus, dass das E4-Allel für viele
Arten von verheerenden Schäden, die Zellen heimsuchen,
verantwortlich ist. Es steigert das Diabetesrisiko, lässt den
Cholesterin-Gesamtspiegel steigen und erhöht die Gefähr-
lichkeit des Rauchens erheblich.[28] Bei E4-Trägern, die Alkohol trinken, ist das Risiko einer Demenzerkrankung viermal
höher als bei Menschen, die keinen Alkohol trinken.[29] Die
Lern- und Erinnerungsfähigkeit steigt bei Frauen mit dem
E2- oder E3-Allel deutlich, wenn sie sich einer Hormonersatztherapie mit Östrogen unterziehen, nicht aber bei Frauen
mit dem E4-Allel.[30] Bei E4-Trägern treten mehr depressive
Symptome auf, und die Bildung neuer Zellen sowie die
gesunde Aussprossung von Dendriten im Hippokampus sind
gehemmt;[31] außerdem zerfällt die aus der Fettsubstanz Myelin bestehende schützende Ummantelung der Nervenfasern
rascher, so dass sich die Kommunikation zwischen Neuronen früher verlangsamt.[32]

Die E4-Variante beeinträchtigt möglicherweise auch die
Fähigkeit von Neuronen, Glukose zu verwerten.[33] PET-Scans
von kognitiv unauffälligen Personen – die teils Jugendliche
und junge Erwachsene in den Zwanzigern, teils auch im
mittleren Alter waren – ergaben, dass E4-Träger durchweg
einen reduzierten Glukosestoffwechsel[34] in denselben Gehirnregionen erkennen ließen, in denen er auch bei anderen

Menschen reduziert war, bei denen bereits die Diagnose einer wahrscheinlichen Alzheimer-Erkrankung gestellt worden war.[35] Überdies sind bei E4-Trägern unter Stress die Funktionen der Stirnlappen stark eingeschränkt; setzt man diese Menschen unter Druck, können sie nicht mehr geordnet denken.[36]

Angesichts der klaren Tendenz dieser vielen Forschungsbefunde wollte mir nicht einleuchten, warum Ärzte die einfache Blutuntersuchung zur Bestimmung des ApoE-Genotypus nicht bei so gut wie jedem Patienten anordnen. Es wäre doch sinnvoll, dachte ich, wenn sie einem Patienten mitteilen könnten: »Es hat sich herausgestellt, dass Sie zwei E4-Gene haben. Falls Sie also glauben, dass Sie sich mit Rotwein zum Abendessen etwas Gutes tun, sollten Sie sich das noch einmal gut überlegen.« Die Untersuchung erschien mir als eine naheliegende und leicht umsetzbare Maßnahme. Deshalb war ich bestürzt, als ich feststellte, dass sehr wenige Wissenschaftler und Ärzte es für ratsam halten, diesen Test anzuordnen. Selbst Allen Roses, der Forscher der Duke University, der das E4-Allel 1995 entdeckte, riet Ärzten, diesen Test nur vorzunehmen, um bei Patienten, bei denen bereits eine Diagnose auf eine noch nicht näher spezifizierte progrediente Demenz gestellt war, den Verdacht auf eine Alzheimer-Erkrankung zu prüfen.[37] In den USA ist es im Normalfall sogar gesetzlich untersagt, den eigenen ApoE-Genotypus bestimmen zu lassen. Der Genotypus soll nicht offengelegt werden, weil man befürchtet, dass er fehlgedeutet wird und dass sich dies ungünstig auf die psychische Befindlichkeit auswirkt. Mehrere sogenannte Konsenskonferenzen, bei denen Experten allgemein akzeptierte Vorstellungen zu formulieren versuchen, kamen zu dem Ergebnis, dass die Risiken von Missverständnissen schwerer wiegen als der potenzielle Nutzen.[38]

Da allmählich praktikable Behandlungsmöglichkeiten für die Alzheimer-Krankheit in Reichweite zu rücken scheinen, beginnen Forscher diese paternalistische Sichtweise zunehmend in Frage zu stellen. Ein führender Vertreter dieser Opposition ist der Professor für Neurologie, Genetik und Epidemiologie Robert Green, der auch dem Verwaltungsrat des Alzheimer-Zentrums an der Fakultät für Öffentliche Gesundheit der Boston University angehört.[39] Zum einen arbeitet Green in der Therapie mit Alzheimer-Patienten und ihren Angehörigen, zum andern betreibt er eines der wohl umstrittensten Forschungsprojekte des Landes. Als ich ihn zum Interview in seinem Büro aufsuchte, war er mir sogleich sympathisch. Einen reizvollen Kontrapunkt zu der akademisch gediegenen Schottenweste, die er über einem frisch gestärkten Frackhemd trug, bildete der flippig und jugendlich wirkende Bartfleck auf dem Kinn.

Green ist Projektleiter der Studie REVEAL, die vom Humangenomprojekt finanziert wird. Er und sein Team teilen den Studienteilnehmern mit, welchem ApoE-Genotypus sie angehören.[40] »Wir haben alle möglichen Sicherheitsvorkehrungen getroffen«, sagte er mir, »und arbeiten zum Beispiel mit staatlich zugelassenen Genetik-Beratern, die den Studienteilnehmern Informationen zu dieser Problematik vermitteln.«[41] Die psychische Verfassung der Studienteilnehmer wird, bevor sie den Bluttest machen und nachdem sie dann das Ergebnis erhalten haben, sorgfältig beobachtet und geprüft.

»Natürlich stimmt es«, erläuterte Green, »dass der ApoE-Genotypus keinen eindeutigen Schluss darauf zulässt, ob man an Alzheimer erkranken wird oder nicht. Diese Information hilft uns aber, Individuen herauszufiltern, die ein hohes Erkrankungsrisiko haben, so dass wir, sobald Methoden verfügbar werden, mit denen wir die Entwicklung der Alzheimer-Krankheit verzögern oder verhindern können, unsere Zielgruppe bereits kennen werden.[42] ApoE ist der bedeutsamste präsymptomatische Risikofaktor der Alzheimer-Krankheit, der je entdeckt wurde, und er ist, das liegt auf der Hand, mit einem enormen Risiko verknüpft, dass leichte Gedächtnisprobleme in das vollentwickelte Krankheitsbild übergehen.«[43]

Im Zuge der Entwicklung des Forschungsplans für die REVEAL-Studie, die nunmehr seit sechs Jahren im Gange

ist, nahm Greens Team, ausgehend von einer großen Datenbank, Kontakt zu Personen auf, die größtenteils im mittleren
Alter oder älter waren und Verwandte ersten Grades hatten,
die an Alzheimer erkrankten.[44] Über 20 Prozent der Kontaktierten, in den zwei Phasen der Studie insgesamt 500 Personen, wagten den Schritt, sich Blut für die Genanalyse abnehmen zu lassen. »Wir haben es hier mit einem Gentest
zu tun, der keinen sonderlich präzisen Indikator für das Erkrankungsrisiko liefert«, bemerkte Green, »und das bei einer Krankheit, für die es noch immer keine Heilung gibt.
Trotzdem waren 23 Prozent einer systematisch kontaktierten
Gruppe bereit, zu uns zu kommen, sich registrieren zu lassen, die Beratung zu durchlaufen und sich Blut abnehmen zu
lassen. Ich finde das bemerkenswert. Es bedeutet, dass es im
ganzen Land vermutlich Millionen Menschen gibt, die es
wissen wollen.«

Ich erwähnte das Gespräch mit Robert Green gegenüber einer Teilnehmerin meiner Umfrage, die in Boston lebte und
Ende vierzig war. Ihre Mutter befand sich im Spätstadium
der Alzheimer-Krankheit. Eine Schwester der Mutter war an
Alzheimer gestorben, und bei einer jüngeren Tante begannen
sich erste Anzeichen geistigen Verfalls zu zeigen. Caroline
hatte große Angst. Während der langen Krankheit ihrer Mutter hatte sie nie etwas über Möglichkeiten der Frühdiagnose
oder therapeutische Innovationen erfahren und wusste nichts
über Maßnahmen, mit denen sie dieses Schicksal unter Umständen hinauszögern könnte. Sie versuchte mit ihrem Arzt
über ihre Sorgen zu sprechen. »Er ging auf eine merkwürdige Art darüber hinweg, als sei dies etwas, über das man
besser nicht sprechen sollte.« Ich sagte Caroline, dass ihr
Robert Greens REVEAL-Studie vielleicht helfen könne,
sich darüber klar zu werden, wie gefährdet sie tatsächlich
sei. Sie bat mich um die Telefonnummer.

»Das ist keineswegs ungewöhnlich«, sagte Green, als ich
den Wunsch äußerte, dass Caroline an der Studie teilnehmen

könne. »Wenn eine Tochter mit der Mutter oder dem Vater zu uns kommt, ist sie nicht die Patientin, um die es geht. Wenn die Krankheit dann aber fortschreitet und die Mutter oder der Vater in einem Pflegeheim untergebracht wird, bekommt der Arzt die Tochter nicht mehr zu sehen. Deshalb wird den Ärzten nie klar, wie groß die Angst der Kinder ist, und die Kinder sprechen nicht darüber, weil sie sich dabei selbstbezogen und neurotisch vorkämen.«[45]

Einige Monate danach rief ich Caroline an, um zu fragen, ob sie sich für die REVEAL-Studie angemeldet habe. Sie war im Labor gewesen, wo sie sich der Blutuntersuchung, einem neuropsychologischen Test sowie einem weiteren Test zu Angst und Depression unterzogen hatte. Nach zwei Wochen erhielt sie Nachricht, dass die Ergebnisse vorlagen. Im Labor zeigte ihr ein Forscher eine Grafik, die die statistische Wahrscheinlichkeit veranschaulichte, dass Caroline an Alzheimer erkranken würde. »Sie liegt bei 52 Prozent«, berichtete Caroline. »Offen gestanden hatte ich angenommen, dass sie wesentlich höher und dieses Schicksal also mehr oder weniger unausweichlich ist. Das erste Mal seit langem hatte ich das Gefühl, dass Hoffnung besteht. Es war keineswegs ausgemacht, dass ich auf dieselbe Weise sterben würde wie meine Angehörigen. In gewisser Weise habe ich mich auf diese Sache eingelassen, um mich selbst wachzurütteln, damit ich das nicht weiterhin verdränge – und es hat funktioniert. Die Testergebnisse zwingen mich, der Situation ins Auge zu sehen und besser auf mich selbst achtzugeben – also abzunehmen, Stress abzubauen, soziale Kontakte zu pflegen, das heißt, alles zu tun, um mein Gehirn in Form zu halten. Das Ganze war sehr motivierend.«

Ich fragte Robert Green, ob er mir dabei helfen könne, für den ApoE-Test zugelassen zu werden. Ich war gerade auf eine neue Studie gestoßen, laut der bei E4-Trägern, die Schädel-Hirn-Traumata erlitten haben, das Risiko einer Alzheimer-Erkrankung deutlich höher liegt als bei Trägern der E2- und E3-Allele.[46] Er fragte nach meinem familiären

Hintergrund. Drei meiner Großeltern waren vor dem Alter von 65 Jahren gestorben (die Todesursachen waren Schlaganfall, Herzversagen und Suizid gewesen); eine der Großmütter war bis Anfang neunzig außergewöhnlich rüstig geblieben. Meine Eltern waren alles in allem kerngesund. Green antwortete, er könne mich in die REVEAL-Studie nur aufnehmen, wenn ein Verwandter ersten Grades an Alzheimer gestorben sei.[47] Es sei unwahrscheinlich, dass es mir gelingen werde, auf eigene Faust an den Test heranzukommen. Dazu sei die Diagnose einer nicht spezifizierten Demenz erforderlich, die aus verschiedenen Gründen nicht in meinem Interesse liegen könne, weil ich dann zum Beispiel den Führerschein abgeben müsse und meine Krankenversicherung nicht mehr in vollem Umfang für mich aufkommen werde.[48]

Mein Internist, der meine Bitten um ungewöhnliche Labortests mittlerweile gewöhnt war, schrieb in die entsprechende Spalte des Laborformulars einfach »Gedächtnisstörung« und faxte es an das örtliche Blutlabor Quest. Von dort wurde es zu Athena Diagnostics weitergeleitet, einem Labor in Worcester, Massachusetts, das 1995 das exklusive weltweite Patentrecht auf die diagnostischen Einsatzmöglichkeiten des ApoE4-Tests der Duke University erworben hatte.[49] Im Verlauf der folgenden Wochen erhielt ich von Athena Anrufe und Briefe, die einen an Demenz leidenden Patienten zweifellos völlig überfordert hätten. Sie forderten weitere Angaben zu meiner Versicherung an. Mein Arzt musste einen anderen Code angeben. Man wollte mit mir darüber sprechen, was meine Versicherung abdeckte und was nicht – sei ich bereit, im Rahmen eines Programms zur Förderung von Patienteninteressen eine Pauschale von 90 Dollar zu zahlen? Ich zahlte, und man versicherte mir, die Resultate würden sofort mit der Post herausgehen. Als sie nach einer Woche noch nicht da waren, rief ich erneut bei Athena an. Diesmal stellte ich mich als Journalistin vor und diskutierte eine Weile mit einer Pressesprecherin, die offenbar dafür abgestellt worden war, meine Anfrage abzublocken. Sie legte mir wiederholt nahe,

253

doch auf der Website des Unternehmens nachzuschauen, wo explizit stehe, dass das, worauf ich hinauswolle, nicht möglich sei. Ich nahm an, dass der Kampf nun verloren war, doch eine Woche nach dem Gespräch mit der Pressesprecherin rief die Mitarbeiterin, die bei meinem Arzt am Empfang arbeitet, an und teilte mir mit, die Ergebnisse seien eingetroffen. Ich hatte keine E4-Allele, ich war ein E2- und E3-Typ. Zum Abendessen konnte ich mir also beruhigt ein kleines Glas Rotwein gönnen und musste mir keine anderen Sorgen machen als die, ob ich am nächsten Morgen einen Brummschädel hätte. Die diversen Schläge und Erschütterungen, die mein Kopf hatte aushalten müssen, bedeuteten kein erhöhtes Alzheimer-Risiko. Ich fragte mich, wie es mir wohl ergangen wäre, wenn ich mich als Trägerin von zwei E4-Allelen entpuppt hätte. Hätte ich allen Mut verloren, hätte ich resigniert?

Ich war dankbar, dass ich über zwei emsige ApoE-Allele verfügte, und freute mich über das exzellente Zeugnis, das Mony de Leon meinem Hippokampus ausgestellt hatte. Nach meinem Empfinden war ich bereits dabei, einiges von dem kognitiven Elan wiederzugewinnen, den ich für immer verloren geglaubt hatte. Nun musste ich mich nur noch darum bemühen, mein Gehirn in den kommenden Jahrzehnten so gut wie möglich in Form zu halten.

17 Kämpfen lohnt sich

Die Neuronen hegen und pflegen: die Strategien der Menschen, die bis ins hohe Alter geistig fit bleiben

Was verlieh Eleonore von Aquitanien, einmal abgesehen von ihrer mütterlichen Sorge, die Kraft, im Alter von 78 Jahren eine Truppe in den Krieg zu führen, um ihrem Sohn Johann, König von England, gegen seine Widersacher zu helfen? Wie schaffte es die Choreografin Martha Graham noch mit 86 Jahren, ihr Werk *Maple Leaf Rag* auf die Bühne zu bringen? Was befähigte George Bernard Shaw, bis in seine Neunziger hinein scharfsinnige und prägnante Texte zu verfassen, und Oliver Wendell Holmes, über 30 Jahre hinweg als Richter am Obersten Gerichtshof der USA tätig zu sein, bis er 1932 mit 91 Jahren in den Ruhestand ging? Ist es auf irgendwelche genetischen Besonderheiten zurückzuführen, dass Alan Greenspan imstande war, das Amt des Vorsitzenden der US-Zentralbank 18 Jahre lang auszuüben, bis er 79 war? Keiner dieser Menschen (mit Ausnahme vielleicht von Greenspan) hat täglich Pillen mit Coenzym Q 10 oder Alpha-Liponsäure geschluckt.

Warum bleibt das Gehirn mancher Menschen bis ins hohe Alter leistungsstark? 5 Prozent der 85- bis 89-Jährigen schneiden bei Tests der sprachlichen Merkfähigkeit genauso gut ab wie der Durchschnitt der 17-Jährigen.[1] In seinem geräumigen Büro an der New Yorker Columbia University legte mir der 76-jährige Nobelpreisträger Eric Kandel, der weithin als Nestor der Lern- und Gedächtnisforschung gilt, die Gründe dafür dar.[2] Der schmale Herr mit Fliege, in dessen liebenswürdiger Art seine österreichischen Wurzeln zu erkennen waren, lächelte mich durch riesige, stark gewölbte

Brillengläser an. Wilde weiße Haarsträhnen rankten über die beeindruckend großen Ohren herab. Viele bahnbrechende Erkenntnisse über die Plastizität unseres Gehirns wurden in Kandels Labor gewonnen. Im Jahr 1998 wirkte er bei der Gründung der Firma Memory Pharmaceuticals mit, als deren wissenschaftlicher Direktor er tätig ist. Sie ist entscheidend an der Entwicklung von Medikamenten beteiligt, die dem altersbedingten Nachlassen des Gedächtnisses und der damit verknüpften und um einiges problematischeren Beeinträchtigung kognitiver Funktionen entgegenwirken sollen.

»Vielleicht wird es ja bald eine kleine rote Pille geben, die man jeden Tag einnehmen kann, etwas in der Art von Aspirin«, erklärte er. »Es wäre aber ein schwerer Fehler, sich in den mittleren Jahren oder in irgendeiner anderen Lebensphase auf so etwas zu verlassen. Die Genetik spielt in diesen Dingen durchaus eine Rolle. Wie es uns im hohen Alter ergeht, hängt aber auch in hohem Maße davon ab, was wir das ganze Leben über mit unserem Geist anfangen. Wenn Sie mich fragen würden, wie Sie dafür sorgen können, dass Ihnen Ihre geistigen Funktionen ungetrübt erhalten bleiben, bis Sie über 80 oder über 90 sind, würde ich Ihnen raten, nicht mit dem Arbeiten aufzuhören. Sie sollten vielmehr schwierige Aufgaben in Bereichen, die neu für Sie sind, in Angriff nehmen. Lernen Sie eine Fremdsprache oder beschäftigen Sie sich beispielsweise mit Mathematik, Technik oder Kunst.« Neben den Aufgaben, die Kandel täglich an der Columbia University zu meistern hat – die Forschungseinrichtung, die er dort leitet, nennt man meist nur »das Kandel-Labor« –, und den Leitungsaufgaben bei Memory Pharmaceuticals geht er mehrmals in der Woche schwimmen und macht außerdem fast täglich Dehn- und Hantelübungen, um sich für das Tennisspielen am Wochenende fit zu halten. Etwa einmal pro Woche geht er zusammen mit seiner Frau in ein Museum oder eine Kunstgalerie; sie sammeln expressionistische Kunst aus Österreich und Deutschland sowie Jugendstil-Möbel und -Vasen. Sie haben auch ein Konzertabonnement der Metropolitan Opera. »Ich mache nichts besonders Ungewöhnliches«, sagte er zu mir. Doch die Botschaft kam an: Wer nicht weiterklettert, mit dem geht es bald bergab.

Die Neuronen hegen und pflegen

Im selben Straßenblock wie Kandels Büro liegt das Taub-Institut. Dort arbeitet ein weiterer Wissenschaftler der Columbia University, der Neuropsychologe Yaakov Stern, der sein Berufsleben zu einem großen Teil der wissenschaftlichen Prüfung und Untermauerung der These »Weiterklettern, sonst geht es bergab« gewidmet hat. Er untersucht, wie Menschen »kognitive Reserven« entwickeln. Diese beschreibt er als eine Art neuronales Polster, das man sich im Laufe des Lebens aufbauen kann.[3] In seinen Forschungsarbeiten hat er nachgewiesen, dass der Umfang der kognitiven Reserven nicht nur klare Zusammenhänge mit dem Intelligenzquotienten, den man als Kind erzielt hat, und mit Bildungschancen und beruflichen Entfaltungsmöglichkeiten erkennen lässt, sondern auch von Freizeitaktivitäten abhängt.

Aus Sterns Studien geht hervor, dass die Leistungsfähigkeit von Menschen, die überdurchschnittliche kognitive Reserven vorweisen können, trotz der im Zuge des normalen Alterungsprozesses fortschreitenden Degeneration von Nervenzellen hoch bleibt. Bei Nagetieren, die ein höheres Maß an körperlicher und mentaler Stimulation erfahren als andere, bilden sich mehr neue Nervenzellen; das Netz der Dendriten wird dichter, und die Zahl der synaptischen Verbindungen steigt deutlich an. Stern geht davon aus, dass beim Menschen dieselben Prozesse ablaufen. Allerdings lässt sich die Dichte der neuralen Verschaltungen nicht direkt messen. »Menschen, die mit umfangreichen kognitiven Reserven ausgestattet sind, scheinen sozusagen über eine flexiblere Gehirn-Software zu verfügen. Sie geraten nicht so leicht in eine Sackgasse, wenn sie komplexe kognitive Anforderungen zu bewältigen haben, vielleicht weil sie es gewöhnt sind, mehrere Aspekte auf einmal zu berücksichtigen. Sie sind in der Lage, von einem Netzwerk zu anderen umzuschalten und zum Beispiel, wenn die Schläfenlappen der Aufgabe nicht mehr gewachsen sind, die entsprechenden Operationen rasch von dort in die Stirnlappen zu verlagern. Im Kern geht es um die Fähigkeit des Gehirns, auf Plan B auszuweichen. Menschen mit großen kognitiven Reserven behalten die Oberhand, weil sie imstande sind, eine kompensatorische Reaktion abzurufen.« Nach Auffassung des Neuropsychologen Elkhonon Goldberg, der in seinem Buch *Die Regie im Gehirn* die Rolle der Stirnlappen untersucht, ist die funktionelle Stabilität der Stirnlappen eine wesentliche Voraussetzung dafür, dass wir auch im fortgeschrittenen Alter bei klarem Verstand bleiben. Die besten Chancen, bis ins hohe Alter geistig rege zu bleiben, haben Menschen, die ihre Stirnlappen gut in Schuss halten. Goldberg merkt an, dass Menschen, die ihr ganzes Leben lang komplexe Entscheidungen zu treffen hatten, im Alter oft leistungsfähiger sind als andere, die sich eher nur passiv einfügen und von den Exekutivfunktionen ihres Gehirns relativ wenig Gebrauch machen.[4]

Wenn Sie in Ihrer Jugend eine anspruchsvolle Gedächtnisaufgabe zu bewältigen hatten, machte sich der tief im Schläfenlappen liegende Hippokampus ans Werk und nahm gelegentlich die Unterstützung des rechten Stirnlappens in Anspruch. Mit den Jahren aber lässt die Funktionstüchtigkeit des Hippokampus nach, so dass er ständig auf den rechten Stirnlappen zurückgreifen und schließlich auch den linken in Dienst nehmen muss. Menschen, die eine beidseitige Aktivierung der Stirnlappen zuwege bringen, legen eine besondere Einsichtsfähigkeit an den Tag, die man oft als »Weisheit« bezeichnet. Sie können sich auf das riesige Archiv von Strukturmustern stützen, die sie im Lauf der Jahre gespeichert haben. Durch die beidseitige Aktivierung vermögen sie Zusammenhänge zu erkennen, die einem Menschen mit weniger gut koordinierten Gehirnprozessen entgehen. Die beidseitige Aktivierung hat allerdings, wie Sie vielleicht schon ahnen, auch ihre Nachteile: Bei bestimmten Aufgaben, die Konzentration und Multitasking erfordern, versucht jede der beiden Gehirnhälften sich vorzudrängeln und als Erste an die Reihe zu kommen.[5] Da ist es dann kein Wunder, wenn wir konfus werden.

Stern und seine Kollegen untersuchten die Gehirne verstorbener Alzheimer-Patienten, deren kognitive Verfassung in den Jahren vor ihrem Tod sorgfältig dokumentiert worden war. »Als wir die Gehirne von zwei Menschen verglichen«, berichtete er, »die sich nach klinischen Kriterien im selben Krankheitsstadium befunden hatten, fanden wir bei der Person, die zu Lebzeiten größere kognitive Reserven hatte erkennen lassen, deutlich mehr von den Plaques und Fibrillen, die zur Pathologie der Alzheimer-Krankheit zählen.« Dies legte nahe, dass die Person imstande gewesen war, die lähmenden Symptome der Krankheit möglicherweise über Jahre hinweg zu »verdecken«.

Ich muss gestehen, dass mir diese Hypothese fragwürdig vorkam, bis ich in der vorzüglichen englischen Wissenschaftszeitschrift *New Scientist* eine höchst beeindruckende Fallgeschichte las. Der Artikel handelte von Robert Wetherill, einem pensionierten Professor, der »ein ungeheuer guter Schachspieler war [...] und unglaubliche acht Züge weit vorausdenken konnte.«[6] Die Autorin Lisa Melton beschreibt, wie entsetzt er war, als sein messerscharfer Verstand stumpf zu werden begann und er nur noch fünf Züge weit vorausdenken konnte. Er war sicher, dass etwas Gravierendes geschehen sein musste, und wandte sich an den Neurologen Nick Fox am neurologischen Institut des Londoner University College. Fox konnte mit seiner Testbatterie keinerlei Probleme feststellen; wie Melton berichtet, »meisterte der Patient sämtliche Tests, die frühe Anzeichen einer Demenz aufdecken sollen, mit Bravour.« Als Wetherill zwei Jahre darauf, 2003, starb, führte Fox eine Autopsie durch und stellte fest, dass das Gehirn übervoll mit Plaques und Fibrillen war. »Der anatomische Befund wies auf eine Erkrankung im weit fortgeschrittenen Stadium hin«, schreibt Melton. »Die organischen Schäden hatten ein Ausmaß erreicht, das bei den meisten Menschen mit einem Verwirrtheitszustand einhergegangen wäre.« Da Wetherill aber umfassende kognitive Reserven aufgebaut hatte, war der einzige Effekt, der sich bemerkbar machte, dass er nicht mehr auf dem bisherigen Niveau Schach spielen konnte. Offenbar konnte der Professor, weil er ein geistig anregendes Leben führte, wie gewohnt weitermachen und blieb trotz der massiven Ablagerungen in seinem Gehirn bis zu seinem Tod bei klarem Verstand.

Wer über umfangreiche kognitive Reserven verfügt, hat laut einer Studie im Vergleich zu Menschen mit geringerem Bildungsgrad und niedrigerem Intelligenzquotienten ein um 46 Prozent geringeres Risiko, an Demenz zu erkranken. »Ausgedehnte kognitive Reserven«, sagte Stern im Gespräch zu mir, »verhindern vermutlich lange genug, dass sich eine Demenz entwickelt, bis man schließlich an etwas anderem stirbt.«[7]

Ich will freilich nicht verhehlen, dass hier auch eine tragische Ironie im Spiel ist. Für geistig sehr leistungsfähige Menschen wie Wetherill sind die simplen neuropsychologischen Tests, mit denen ihr Arzt den Verdacht auf eine Demenz abklären will, ein Kinderspiel. Weil sie also geistige Fitness bescheinigt bekommen, bleibt ihnen die Möglichkeit verwehrt, von Maßnahmen der Frühintervention zu profitieren. Sobald dann tatsächlich Anzeichen einer Demenz zutage treten, ist therapeutisch nichts mehr auszurichten. Die krankhaften Veränderungen haben im Gehirn bereits so weit um sich gegriffen, dass der geistige Verfall bei diesen Alzheimer-Patienten rascher verläuft als bei anderen und sie schon nach wenigen Monaten völlig hilflos geworden sind.

Die Grundlagen für solide kognitive Reserven scheinen sehr früh im Leben gelegt zu werden. Marcus Richards, der am Londoner University College forscht, hat ermittelt, dass der Faktor, der statistisch gesehen am meisten zu einer zutreffenden Prognose der kognitiven Leistungsfähigkeit im Erwachsenenalter beiträgt, die kognitive Befähigung des Kindes ist, die sich im Wesentlichen im Intelligenzquotienten ausdrückt.[8] Ebenso wichtig wie die von den Eltern ererbte Intelligenz ist, dass dem Kind schon früh geistig anregende Aktivitäten angeboten werden. Yaakov Stern skizzierte eine Idee für ein Forschungsprojekt, in dem man die geistige Fitness von Menschen, die im Vorschulalter an Head Start, einem US-Frühförderprogramm für Unterschichtkinder, teilgenommen haben, mit der einer Kontrollgruppe vergleichen könnte, um zu ermitteln, ob ihr Gehirn widerstandsfähiger ist.[9] Ich fragte ihn – und legte damit meine Vorurteile offen –, ob nach seiner Ansicht die heutigen Kinder, die doch in aller Regel mehr vor dem Fernseher sitzen oder am PC chatten, als Fahrrad zu fahren, Bücher zu lesen oder mit einem realen Gegenüber nichtvirtuelle Spiele zu spielen, denn später als Erwachsene nur über magere kognitive Reserven verfügen werden. Zu meiner Überraschung führte er Studien an, nach denen Videospiele sowie Kommunikationstechniken, die eine große Fingerfertigkeit im Umgang mit winzigen Tastaturen erfordern, die Entwicklung bestimmter kognitiver Fähigkeiten durchaus fördern. Zur Verteidigung des Fernsehens hatte er freilich keine Argumente vorzubringen.

Enger werdende Horizonte

In unserer Schulzeit, betonte Stern, sind wir fortwährend mit anstrengenden geistigen Herausforderungen konfrontiert. Die größte Hürde jedoch, an der viele scheitern, erwartet uns im mittleren Alter, wenn die Anforderungen des Berufs- und Familienlebens uns derart mit Beschlag belegen, dass wir nur noch wenig oder gar keine Zeit mehr für Freizeitaktivitäten finden. Auf das Nachlassen unseres Gedächtnisses und unserer Konzentrationsfähigkeit reagieren wir dann in der Regel so, dass wir unseren Horizont entsprechend einengen.

Wenn die Planung eines Familienausflugs an den Strand uns so kompliziert vorkommt wie Napoleons Vorbereitungen für seinen Russlandfeldzug, lassen wir ihn vielleicht lieber weg. Wir lesen nicht mehr so viel, geben Hobbys auf und schrauben unsere sozialen Kontakte zugunsten unserer familiären Verpflichtungen herunter. Vielleicht stellen wir unsere sportlichen Aktivitäten auch so um, dass sie uns geistig nichts abverlangen, und gehen am Wochenende nicht mehr einen halben Tag wandern, sondern absolvieren 20 Minuten auf dem Crosstrainer und sehen nebenher fern. Es ist durchaus begreiflich, dass wir eine Abneigung gegen Neuartiges entwickeln, denn das meiste »Neue«, das in den mittleren Jahren auf uns zukommt, ist schlicht und einfach unerfreulich, etwa dass wir uns um unsere kranken Eltern, einen depressiven Ehepartner oder ein problemgeplagtes heranwachsendes Kind kümmern müssen. Am liebsten wäre es uns, wenn der Status quo einfach erhalten bliebe.

Manche von uns wenden sich, wenn die Kinder aus dem Haus sind und die Last der Pflichten abnimmt, wieder stärker geistig fordernden Aktivitäten zu. Ich kenne viele Leute Ende fünfzig, die ihre neugewonnene Freiheit dazu nutzen, per Google alte Freunde aufzustöbern, eine Wanderung über die Pyrenäen zu machen oder sich im Berufsleben noch einmal umzuorientieren. Ich kenne aber genauso viele, die sich weiterhin eingeengt fühlen. Sie haben größte Vorbehalte dagegen, am vertrauten Gefüge ihres Lebens etwas zu verändern. Dies sind die Menschen, bemerkte Stern, die irgendwann vielleicht feststellen müssen, dass sie über bedenklich wenige kognitive Reserven verfügen. ›Ohne eine Perspektive‹, schreibt Simone de Beauvoir, ›verkrüppele der Geist, verhärtete sich und werde sklerotisch.‹[10]

Ich staunte, als ich von einem Paar Ende fünfzig erfuhr, die beiden könnten unter keinen Umständen, auch nicht an einem Samstag, nach halb acht zu Abend essen oder um halb zehn ins Kino gehen, weil sie unbedingt um halb elf in den Federn liegen müssten. »Das ist peinlich, aber so ist es nun

mal«, schrieb mir der Mann in einer E-Mail. »Diese Ange-
wohnheit hat etwas Beklemmendes, ist aber sehr erholsam.«
Ich konnte mir nicht vorstellen, dass sich mein Spielraum jemals derart verengen könnte, aber wenn mich schon am frühen Abend unbezwingbares Gähnen befällt, muss ich an die
beiden denken.

Um das Gehirn einsatzbereit zu erhalten, ist eine Kombination aus geistiger Anregung, körperlicher Aktivität und
Kontakt mit anderen Menschen notwendig – drei Dinge, von
denen viele Menschen im mittleren Alter zu wenig bekommen. Manche Tätigkeiten, die einmal ungeheuer anregend
waren, werden mit der Zeit monoton und öde. Ein Rechts-
anwalt, der immer nur mit Fällen aus der Immobilienbranche
beschäftigt war, erzählte mir: »Gelegentlich gibt es Änderun-
gen im Steuerrecht, die ich mir dann aneignen muss. Ansonsten habe ich aber mittlerweile alle typischen Situationen mitbekommen, die es so gibt, und finde meine Arbeit
ziemlich langweilig.« Man hat nachgewiesen, dass Tiere, die
tagtäglich neue Verhaltensweisen lernen und neue Herausforderungen bewältigen müssen, nicht annähernd so rasch
Anzeichen von Altersschwäche zeigen wie andere, die in einer weniger anregenden Umgebung leben. Das Gehirn bildet
nur dann zusätzliche synaptische Verschaltungen, wenn es
sich mit neuartigen Eindrücken und Anforderungen ausein-
andersetzen muss. Es stagniert, wenn das Leben nur aus
Wiederholungen besteht. Das gilt beispielsweise auch für die
Lektüre leicht verdaulicher Unterhaltungsliteratur: Klischees
lassen keine neuen Synapsen sprießen.

Bevor ich mich tatsächlich einmal hinsetzte und alle einzelnen Punkte auflistete, war ich überzeugt, dass ich über
recht ansehnliche kognitive Reserven verfügte und mit meiner Bilanz in den schwarzen Zahlen war. Einen Intelligenz-
test aus meiner Kindheit habe ich nicht vorzuweisen, was
nicht weiter verwunderlich ist, weil man die Tests in den
1960er Jahren nur unter außergewöhnlichen Umständen ein-

setzte. Wenn man Kindergarten und Vorschule hinzurechnet, umspannt mein Bildungsweg 18 Jahre. Das schien mir mehr als genug zu sein, doch laut der Theorie der kognitiven Reserven schlagen für mich einige Minuspunkte zu Buche, etwa weil ich nur einen Bachelor of Arts gemacht habe. Denn im Allgemeinen baut, wer höhere akademische Abschlüsse anstrebt, zusätzliche kognitive Widerstandskraft auf.[11] Pluspunkte standen mir dafür zu, dass die Arbeit als Journalistin gewöhnlich geistig anregend und glücklicherweise alles andere als monoton ist. Auf der Sollseite standen die zehn Jahre, in denen ich aus ungeklärten Gründen wie benebelt war. Den größten Teil dieser Zeit war ich zu Hause, um die Kinder zu versorgen. (Katherine Ellison legt in ihrem Buch *Mutter sein macht schlau* überzeugend dar, wie intelligenzfördernd das Muttersein sei.[12] Ich bezweifle zwar nicht, dass meine Anwesenheit zu Hause bei meinen Kindern sehr zur Erweiterung ihrer kognitiven Reserven beigetragen hat, hege aber den Verdacht, dass die von Ellison beschriebenen wunderbaren Nebeneffekte der Mutterrolle völlig an mir vorbeigegangen sind.) Weitere Punkte musste ich mir abziehen, weil ich wahrscheinlich leichte traumatische Hirnverletzungen erlitten hatte. Außerdem gab es Minuspunkte für die jahrelangen Schlafstörungen, meine Tendenz zur Ängstlichkeit, eine langjährige Belastung mit Insektenvernichtungsmitteln und meine Schilddrüsenunterfunktion, die lange unbehandelt blieb.

Am Ende war mir klar, dass meine Bilanz nicht gerade exzellent aussah. In einer 2005 im *American Journal of Epidemiology* erschienenen Artikel kommt Constantine Lyketsos zu dem Schluss, dass man seine Energien nicht auf eine einzige kognitiv anregende Tätigkeit richten, sondern auf ein breites Spektrum von Aktivitäten verteilen sollte, weil dann der Nutzen am größten ist.[13] Doch leider war die einzige dem Aufbau von kognitiven Reserven förderliche Aktivität, die ich vorzuweisen hatte, das Schreiben dieses Buches und die Recherchen dafür. Als der Abgabetermin näherrückte, war mein einst ausgiebiges Sportprogramm auf einige Spaziergänge pro Woche mit den Hunden zusammengeschrumpft. Um die sozialen Kontakte stand es nicht viel besser. Wie die meisten Ehefrauen war ich für die Pflege dieser Kontakte zuständig, doch meine Aufmerksamkeit galt nun eher dem Setzen von Semikolons als dem Platzieren von Gästen um den Esstisch herum. Ich hockte an den meisten Tagen in meinem kleinen Büro und starrte auf den Computermonitor und nicht auf die Welt da draußen hinter den heruntergelassenen Jalousien. Wenn ich nach Hause kam, richtete ich die mentale Energie, die ich noch übrig hatte, auf die Kinder. Mein Mann wusste, dass an munteres Plaudern mit mir meist nicht zu denken war. Ich hatte zugelassen, so wurde mir klar, dass mein Horizont sich verengte; viele Dinge, die mein Gehirn früher immer wieder stimuliert hatten, waren mittlerweile aus meinem Leben verschwunden.

Ich versuchte mich damit zu trösten, dass das nur eine vorübergehende Phase sei, weil ich mein Buch zu Ende bringen musste. Doch in meinem Leben würde sich nur dann etwas bewegen, wenn ich entschlossen an die Sache heranging. Ich dachte an all die Aktivitäten zurück, die mir einst viel bedeutet hatten und die ich eine nach der anderen aufgegeben hatte, um meinen Pflichten als erwachsene Frau und Bürgerin nachzukommen. Ich war geritten, hatte Spontanreisen ohne vorher festgelegte Route sowie ausgedehnte Wanderungen und Radtouren unternommen, hatte Skilanglauf betrieben, ausgefallene Rezepte nachgekocht, selbst Fotos entwickelt und bei einer lokalen Theatergruppe mitgespielt. Alle diese Aktivitäten taten dem Gehirn sicher auf die eine oder andere Weise gut. Aber woher noch die Zeit dafür nehmen?

Ich erkundigte mich bei Teilnehmerinnen und Teilnehmern meiner Umfrage, was sie denn dafür täten, um ihre kognitiven Reserven auszubauen. Vielleicht würden sie mir erzählen, dass sie beispielsweise viel Schach spielten, was enorme Anforderungen an geistige Flexibilität, Planungsfähigkeit und Gedächtnis stellt, insbesondere wenn man sich – wie einige Spezialisten – dabei die Augen verbindet. Die Realität sah freilich etwas anders aus. »Ich habe genug vom Lernen«, antwortete ein Mann. »Jetzt will ich nur noch gut unterhalten werden.«

Fran rief in ihrer E-Mail in Großbuchstaben aus: »MEIN GEHIRN KRÄFTIGEN? Ist das nicht etwas für meine alten Tage, wenn ich gemütlich Kaffee trinken und dabei Kreuzworträtsel lösen kann? Dafür habe ich jetzt doch keine Zeit! Sie reicht gerade, um meine Beinmuskeln und mein Herz in Form zu halten. Zu den Armmuskeln bin ich noch gar nicht vorgedrungen. Zählen denn die ganzen Erledigungen und Aufgaben, die ich im Kopf behalten muss, überhaupt nichts?«

Manche antworteten, sie würden tatsächlich etwas tun, um ihr Gehirn in Schuss zu halten, zum Beispiel regelmäßig auf dem Stepper trainieren, Tennis spielen, im Morgengrauen eine Runde mit dem Fahrrad drehen oder sogar Gitarrenstunden nehmen. Aus den Formulierungen sprach nach meinem Empfinden aber immer ein Schuldgefühl. Jede Minute, die sie nicht der Arbeit oder der Familie widmeten, war im Grunde gestohlene Zeit, die sie beispielsweise dem Sohn wegnahmen, der vor der Führerscheinprüfung noch unbedingt das Einparken hätte üben sollen. Eine Frau, die mehrmals in der Woche Tennis spielte, sagte zu mir: »Wie viel das für das Gehirn wirklich bringt, weiß ich nicht. Wir haben Mühe, den Spielstand nicht aus dem Auge zu verlieren, und müssen ständig zu viert zurückrechnen, um uns wieder zu erinnern.«

Victor war der Einzige, von dem man sagen konnte, dass er sich ernsthaft um seine Gehirnfitness kümmerte. »Ich mache ständig meine geistigen Liegestütze. Wir stellen jedes Jahr einen Schwung Hochschulabgänger ein, mit denen ich mich verständigen können muss. Also mache ich es mir zur Aufgabe, immer wieder neue Dinge zu lernen. Vor kurzem habe ich mir eine neue Programmiersprache beigebracht. Ich bin auch ein begeisterter History-Channel-Gucker und lese viele Sachbücher. Mindestens zweimal im Jahr mache ich einen Urlaub, bei dem ich etwas Neues lernen kann. In letzter Zeit engagiere ich mich stark bei Non-Profit-Organisationen und fange außerdem an zu unterrichten. Meinen Bauchmuskeln täte es sicher gut, wenn ich sie auch nur annähernd so ausgiebig trainieren würde.«

Sich Freiräume erkämpfen

Wie kommt man aus den tief eingefahrenen Gleisen heraus, in denen man sich bewegt? Der Romanautor und Essayist Charles Baxter, der mittlerweile auch an der University of Minnesota lehrt, schrieb mir in einer E-Mail, er und seine Frau seien zum Teil deshalb nach Minneapolis gezogen, »weil die Jahre ineinander zu verschwimmen begannen und ich etwas tun wollte, um das Gedächtnis auf Trab zu bringen.«[14] Carly, die als Mittelbeschafferin für eine große Universität arbeitet, und ihr Mann sind aus New Haven, wo Carly seit ihrer Kindheit lebte, in eine Kleinstadt im Einzugsbereich von Boston gezogen. Dies sei eine echte kognitive Bewährungsprobe. »Ich hatte mein ganzes Leben lang dieselben Menschen um mich gehabt. Plötzlich war nun alles neu, was ich tat, auch am Arbeitsplatz, wo ich die Namen, beruflichen Positionen und Vorlieben meiner Mitarbeiter zu lernen hatte. Ich brauchte einen neuen Klempner und einen neuen Elektriker. Zunächst wusste ich in keiner Situation, wo ich am besten anzurufen hatte. Meine Kinder hatten neue Lehrer und neue Freunde. Wenn ich etwas vergesse, führe ich das meistens darauf zurück, dass unablässig Neues auf mich einströmt, doch ich bin sicher, dass der Umzug meinem Gehirn in den Fünfzigern noch einmal einen gewaltigen Schub gegeben hat. Das war vielleicht die beste Entscheidung, die wir überhaupt treffen konnten. Allerdings gab es auch Zeiten, in denen ich derart durcheinander war, dass ich nicht wusste, ob wir es wirklich schaffen würden.« George, dessen Mutter an der Alzheimer-Krankheit leidet, wechselte den Beruf und wurde vom Bauunternehmer zum Mathematiklehrer, »weil mir das mehr mentale Energie abverlangt. Ich unterrichte nicht nur meine Schulklassen, sondern beschäftige mich auch gern nur so zum Vergnügen mit mathematischen Problemen.«

Ich beschloss, mir einen Überblick darüber zu verschaffen, was Menschen unternehmen, um ihre kognitiven Reserven aufzufüllen – es musste ja nicht gleich ein Umzug in einen anderen Bundesstaat sein. Den 56-jährigen Richard Lang traf ich bei einer Veranstaltung, die der Spendenbeschaffung für 826 Valencia diente, eine Organisation in San Francisco, die kostenlose Schreibkurse für junge Leute anbietet. Genauer gesagt sah ich zunächst nur das Behältnis vor mir, aus dem unten seine Beine herausschauten, die mit glitzerndem Zierrat dekorierte »Gedichte-Jukebox«. Durch ein kleines Fenster in Augenhöhe sah er genug, um die Box durch die Menge steuern zu können. »Nennen Sie ein Gedicht«, forderte er mich auf, »und ich trage es Ihnen vor.«[15]

»Kennen Sie das Gedicht ›Vergesslichkeit‹ von Billy Collins?«, fragte ich.

Er kannte es und trug es mit einer Intensität vor, die vermuten ließ, dass es ihm viel bedeutete. (Wenn Sie es lesen möchten, finden Sie es vorn in diesem Buch.)

Richard besitzt einen Lithografieverlag etwas südlich von San Francisco. Mit dem Auswendiglernen von Gedichten fing er an, um nach einigen schwierigen Jahren innere Ruhe zu finden. Seine Eltern waren gestorben, und er hatte zwei Autounfälle und eine Krebsoperation überstanden. Außerdem war sein Haus abgebrannt. Es ist nur allzu verständlich, dass er unter diesen Umständen Schlafstörungen entwickelte. Als Erstes hatte er das Gedicht »Sunday Morning« von Wallace Stevens gelernt.

»Ich habe mir Zeit dafür gelassen und mich wirklich in die Bedeutung des Gedichts hineinversenkt. Das hat die Schlaflosigkeit wesentlich erträglicher gemacht, zum Beispiel in dieser Zeit um viertel nach drei, wenn das Schlafzimmer zum Rangierbahnhof für alle die mit Ängsten beladenen Güterzüge wird.« Als er 60 Gedichte auswendig konnte, baute seine Frau, die Künstlerin Judith Selby, die Gedichte-Jukebox als ein Geschenk für ihn. »Am Ende beherrschte ich 104 Gedichte und hatte etwas, das ich bei Festivitäten vorführen konnte. Für mich hatte das aber immer viel größere Bedeutung als ein bloßes Kunststückchen. Die Bilder eines Gedichts bilden in meinem Geist eine Art Leiter. Um mich an sie zu erinnern, muss ich darauf achten, wie eines zum anderen hinführt. Dieses Prinzip habe ich auf mein ganzes Leben übertragen. Ich nehme nun bewusster wahr, wie die Dinge miteinander zusammenhängen. Das macht es mir um einiges leichter, mich daran zu erinnern, was ich zu tun habe und wo und warum.«

Das Memorieren von Gedichten war zweifellos eine ausgezeichnete Gedächtnisübung und, da ich an der Stärkung meiner kognitiven Reserven arbeiten wollte, eine bedenkenswerte Option für mich. Ich hätte dann vielleicht einstimmen können, wenn mein Vater wieder einmal aus heiterem Himmel Kiplings »Gunga Din« zu rezitieren begann, das zu seinen Lieblingsgedichten zählte. »»Lobt mir ruhig Wein und Bier/In den sichern Zelten hier!/Hier riskiert ihr keinen Klaps!/Aber wo die Kugeln krachen …‹«[16] dröhnte er dann los, und alle verstummten und hörten ihm zu.

Das Rezitieren von Gedichten war aber doch eine etwas zu einseitig auf den Intellekt gerichtete Angelegenheit, falls ich mich nicht in die begleitenden Gesten hineinsteigern wollte. Ich brauchte mehr Bewegung. Viele neue Studien – zu viele, als dass ich sie alle hätte lesen können – verwiesen auf die kurz- und langfristigen positiven Effekte bestimmter Formen der körperlichen Betätigung. Bei sogenannter aerober Belastung wird dem Gehirn zusätzliches Blut und damit Sauerstoff und Glukose zugeführt. Der Körper bildet daraufhin neue Blutkapillaren und erhöht die Menge von Substanzen wie dem Nervennährstoff BDNF, die für das Gehirn eine

Schutzwirkung haben, weil sie die neuronalen Verschaltungen stärken. In einer Studie von Arthur Kramer, Professor an der University of Illinois, zeigten sich bei einer Gruppe von Senioren, die an einem aeroben Training teilnahmen, deutliche Verbesserungen der Exekutivfunktionen des Gehirns sowie der Planungs-, Strukturierungs- und Multitaskingfähigkeiten, die bei einer Kontrollgruppe, die nur Kraft- und Dehnübungen machte, nicht auftraten.[17] Schon wer zweimal in der Woche körperlich aktiv ist, hat laut mehreren neueren Studien ein um 60 Prozent verringertes Risiko, an Alzheimer zu erkranken.[18] Laut Miia Kivipelto, Forscherin am Stockholmer Karolinska Institut, ist der Effekt bei ApoE4-Trägern sogar noch ausgeprägter.

Fred Gage entdeckte, wie in Kapitel 8 (S. 131) bereits erwähnt, dass sich auch im Gehirn von Erwachsenen noch neue Neuronen bilden. In einer 2005 in der Zeitschrift *Neuroscience* veröffentlichten Studie untermauerte er Kramers Befunde mit eigenen Ergebnissen, die in der Tendenz sogar noch weiter gingen. Er konnte nachweisen, dass bei Mäusen, die sich erst im Alter – das heißt mit etwa 19 Monaten – mehr zu bewegen begannen, die typische altersbedingte Verlangsamung des Wachstums neuer Neuronen geringer ausfiel.[19] Bei Mäusen, die sich einen Monat lang aus eigenem Antrieb im Laufrad betätigt hatten (ich stellte sie mir in einem winzigen Nike-Laufanzug vor, aus dem hinten der lange rosafarbene Schwanz hervorguckte), bildeten sich sage und schreibe 50 Prozent mehr neue Neuronen als bei inaktiveren Artgenossen. Bei Mäusen, die etwas jünger waren, stellte Gage fest, dass mehr neue Neuronen als bei allen anderen Gruppen entstanden. Dies legt die Vermutung nahe, dass bei Menschen im mittleren Alter ein ähnlicher Zuwachs möglich ist.

In der Zeitschrift *Health* sah ich ein Foto von Nan Wiener, einer 53-jährigen Zeitschriftenredakteurin, die in San Francisco lebt. Sie war darauf zu sehen, wie sie mit einem jungen, gutaussehenden Partner tanzte, und schien sich glänzend zu amüsieren.[20] Das gab mir den entscheidenden Impuls. Ich hatte gerade eine Studie gelesen, laut der Gesellschaftstanz das Demenzrisiko um 76 Prozent senkt.[21] Der Leiter der Studie, Joe Verghese von der medizinischen Fakultät der New Yorker Yeshiva University, führt dazu aus, dass die Anforderungen, die beim Tanzen zu bewältigen sind – sich an die Schrittfolge erinnern, sich genau im Rhythmus der Musik bewegen, die eigenen Bewegungen auf die des Partners abstimmen –, einen starken protektiven Effekt auf das Gehirn ausüben, vermutlich weil sie kognitive Reserven aufbauen helfen. Die Resultate der Studie legen laut Verghese nahe, dass Tanzen den Geist besser trainiert als das Erlernen einer Fremdsprache oder eines Instruments, das Lösen von Kreuzworträtseln oder ein Kurs, in dem es um das Verstehen oder Einprägen rein kognitiver Sachverhalte geht.

Nan wusste von alledem nichts. Ihre Begeisterung für Salsa war sieben Jahre zuvor entflammt. Seitdem ging sie – abgesehen von einem Jahr, in dem sie hatte pausieren müssen, weil sie in der Küche ausgerutscht war und sich den Fußknöchel gebrochen hatte – ein- oder zweimal in der Woche in Kursen oder in Clubs tanzen.[22] Ihr Mann, ein Musikkritiker, war es durchaus zufrieden, zu Hause bei der Tochter zu bleiben, während Nan ihrem Bewegungsdrang nachgab. »Eigentlich ist das sogar ein tolles Hobby für Leute, die kleine Kinder haben«, merkte Nan an. »Man geht erst aus dem Haus, wenn sie schon im Bett sind, so dass das Tanzen kaum etwas von der gemeinsam verbrachten Zeit wegnimmt.« Wenn sie bis weit in den Abend hinein beim Tanzen war, musste sie dafür natürlich einen Teil ihres Schlafes aufgeben, doch der Energieschub, den sie verspürte, wenn sie neue Schritte lernte oder mit einem begabten Partner tanzen konnte, war das Opfer wert.

Ich verabredete mich mit ihr in Sausalito im Horizons, einem Restaurant mit Bar direkt an der Bucht von San Francisco, das gewöhnlich voller Touristen ist.[23] An diesem Abend jedoch war eine bekannte Salsa-Band zu Gast, und die Leute, mit denen Nan sonst in anderen Lokalen zusammenkam – im Allegra-Tanzsaal in Emeryville und im Jelly's beim Baseball-stadion –, strömten nun ins Horizons.

Nan hatte strahlende Augen, sah ungemein fit aus und trug elegante schwarze Jeans, Stöckelschuhe und eine schicke Bluse. Wir bezahlten unseren Eintritt und betraten die Bar, die bereits brechend voll war. Innerhalb von Sekunden verwandelte ich mich in ein komplett verschüchtertes Mauerblümchen. Es war gut zwei Jahrzehnte her, seit ich in weiblicher Begleitung ein Tanzlokal betreten hatte.

»Wie läuft das hier ab?«, flüsterte ich. »Stehen die Frauen herum und warten, bis ein Typ sie auffordert?«

Noch ehe Nan antworten konnte, entschwebte sie in den Armen eines kräftig gebauten jungen Mannes mit flott ge-strähntem Haar. Die beiden schienen sich von anderen Salsa-Partys zu kennen, denn sie unterhielten sich angeregt. Sie bewegten sich sofort in perfektem Einklang und beherrschten beide in beeindruckendem Maße die schwierig zu erlernende Kunst, unaufhörlich mit den Hüften zu wackeln und den Oberkörper dabei vollkommen ruhig zu halten. Sie wirbelten voneinander weg und aufeinander zu, während die Füße ständig winzige Schrittfolgen vollführten.

»Ja!«, dachte ich. »Das ist etwas für mich!« Falls ich über die nötigen Voraussetzungen verfügte, um Salsa, Merengue und vielleicht auch ein wenig verruchten Tango zu lernen, dann war das definitiv meine Intervention Nummer 8, bei der ich wie nebenbei meinen Vorrat an neuronalen Verschaltungen aufstocken konnte.

Am folgenden Morgen rief ich bei einer Tanzschule in San Francisco an, die auf Salsa-Kurse spezialisiert war, und ich erfuhr, dass ich sogleich in einen neuen Kurs einsteigen konnte, wenn ich am Montagabend um halb acht mit zehn Dollar und einem Paar Schuhe mit Ledersohlen erschien. Auf Anweisung des Lehrers, Evan Margolin, stellten wir uns in sechs Reihen quer durch den Raum auf, damit er uns einige Schrittfolgen zeigen konnte. Es gab viele Dinge gleichzeitig zu beachten. Ich musste auf die Musik hören, im Takt bleiben, die Schritte im Kopf behalten, mich auf das konzentrieren, was der Lehrer sagte, und vor allem aufpassen, dass ich meinen Partner oder andere Personen nicht anrempelte. Mit den Gedanken abzuschweifen kam überhaupt nicht in Frage. Nach einer halben Stunde merkte ich, wie sich etwas veränderte. Ich musste nicht mehr laut zählen oder auf jeden einzelnen Taktschlag achten. Offenbar waren neue synaptische Verbindungen hergestellt: Mein Körper wusste, was er tat.

In der zweiten Kursstunde ging es um höchst anspruchsvolle Schrittfiguren, die ich mir nicht länger als zwei Sekunden lang merken konnte. Bei solchen Gelegenheiten spürte ich, welch enge Grenzen meinem Arbeitsgedächtnis gesteckt waren. »Konzentrier dich«, blaffte ich mich an. »Hör genau auf das, was der Lehrer sagt.« Ich tat mich wesentlich schwerer, als ich mir das vorgestellt hatte.

Nach sechs Abenden hatte ich das Gefühl, dass ich mich nun auf eine Tanzfläche wagen konnte. Ich schickte E-Mails an einige Freunde los, in denen ich ihnen erklärte, dass man einen Margarita schlürfen und nebenbei seine kognitiven Reserven aufmöbeln konnte. Just zu jener Zeit erschien eine Studie der McGill University, der zufolge Tango das Gehirn sogar noch besser trainiert als Salsa.[24] Der Tango umfasst vielfältigere Komponenten: die Gewichtsverlagerungen nach vorne, nach hinten und von einer Seite zur anderen, das Stehen auf einem Bein, das Vorwärts- und Rückwärtsschreiten auf einer schnurgeraden Linie und die Richtungsänderungen auf engstem Raum. Nun brauchte ich eigentlich nur noch einen argentinischen Tanzpartner mittleren Alters, und es konnte losgehen. Ich fragte die Freunde, ob wir nicht zusammen im Jelly's einen Kurs belegen könnten, der am frühen Abend stattfand, bevor der eigentliche Betrieb einsetzte. Ich hätte ebenso gut Bungee-Jumping vorschlagen können. Immerhin hätten einige der Frauen mitgemacht, doch ihre Männer weigerten sich kategorisch. Ich schwärmte ihnen vor, wie gut das Tanzen für die kognitiven Reserven sei, doch sie sprangen nicht darauf an. Offenbar hofften diese Menschen, die sich um ihr Gedächtnis genauso Sorgen machten wie wir anderen auch, ihm mit anderen Maßnahmen auf die Sprünge helfen zu können.

Lebenslanges Lernen

Einige Teilnehmer meiner Umfrage äußerten, Weiterbildung würde ihrem Gehirn zwar sicher guttun, doch sie hätten Zweifel an ihrer Fähigkeit, Wissen aufzunehmen und zu speichern, und zögerten deshalb, zum Beispiel mit dem Erlernen einer Fremdsprache oder eines Instruments zu beginnen. Es liegen nur wenige Studien zu den vorteilhaften Effekten solcher Lernprozesse im mittleren Alter vor. Gesichert ist freilich, dass das Erlernen einer Fremdsprache oder eines Instruments bei Kindern das visuelle und sprachliche Gedächtnis sowie die Intelligenz steigert. In einer Studie der University of Florida untersuchte man, wie sich Klavier-Einzelunterricht bei freiwilligen erwachsenen Versuchspersonen, die allesamt Anfänger auf diesem Instrument waren, auf die Exekutivfunktionen des Gehirns auswirkte.[25] Im Vergleich von neuropsychologischen Tests, die vor und nach der dreimonatigen Unterrichtsphase durchgeführt wurden, ergaben sich spezifische Verbesserungen des Arbeitsgedächtnisses, des Planungs- und Konzentrationsvermögens sowie der Fähigkeit, eine Strategie zu wählen und an ihr festzuhalten.

Mit Mitte vierzig begann der Zeitschriftenredakteur Jacob, Gitarre zu lernen. Das falle ihm, so erzählte er mir, leichter, als er erwartet hatte. »Ich glaube, wenn ich mich zum Üben hinsetze, bin ich mehr bei der Sache als in meiner Kindheit, obwohl mein Gedächtnis genauso schlecht ist, wie es schon immer war. Durch das Gitarrelernen habe ich verstanden, dass Finger ihr eigenes Gedächtnis haben. Ich spüre, wie sich etwas in meinem Gehirn verschiebt, wenn das Zupfen und Greifen sich automatisiert. Wenn ich mit einer Stelle zunächst nicht klarkomme, weiß ich, dass das unablässige Wiederholen mir hilft, sie irgendwann zu meistern. Natürlich beherrsche ich sie dann am nächsten Tag vielleicht nicht mehr, so als hätte ich sie völlig vergessen. Doch mit ein klein wenig Anstrengung komme ich rasch wieder auf denselben Stand.«

Grace hatte zwölf Jahre lang die Geigenstunden ihrer zwei musikalisch begabten Kinder mitbekommen und meinte scherzhaft, eigentlich habe sie erwartet, sie werde das Instrument im Nu perfekt beherrschen. In Wirklichkeit aber fehlte ihr dazu die notwendige Geschicklichkeit. Vor kurzem hatte sie nun mit 58 Jahren begonnen, Klavier zu lernen. Sie berichtete ähnliche Erfahrungen wie Jacob: »Wenn ich mich hinsetze und die Aufmerksamkeit darauf richte, bin ich viel weniger ablenkbar als noch mit siebzehn, als mein Herz und meine Energie eher von anderen Dingen absorbiert waren. Seitdem sind wohl viele meiner Gehirnzellen untergegangen, aber ich glaube, ich kann das ausgleichen. Das Erlernen eines Instruments ist für mich mit keiner Aufgabe meines bisherigen Lebens vergleichbar. Das Lernen vollzieht sich nicht nur auf der Ebene des Intellekts, sondern das Neue wird vom ganzen Körper aufgenommen, von Fingern, Händen und Füßen, so dass ich die Noten lesen, die Anweisungen, die sie mir geben, begreifen und sie sofort umsetzen kann. Ich musste ein Bewusstsein dafür entwickeln, was meine Finger tun, und lerne, ohne Hinschauen zu erfassen, wo die Hände auf den Tasten sind. Ich kann fast körperlich spüren, wie sich neue synaptische Verschaltungen bilden, wenn ich das immer besser hinbekomme.«

Nan, Jacob, Grace und Richard Lang, der Gedichterezitator in der Jukebox, bestärkten mich in dem Empfinden, dass es durchaus einen Mordsspaß machen kann, seine kognitiven Reserven aufzufüllen. Vor allem in den mittleren Jahren besteht keinerlei Notwendigkeit, sich mit todlangweiligen Gedächtnisübungen herumzuquälen. Es gibt Millionen wesentlich unterhaltsamere Alternativen.

Ich bin einigen Menschen mittleren Alters begegnet, die den Gedanken des lebenslangen Lernens derart ernst nahmen, dass sie den Schritt wagten, sich für ein Jura- oder ein Medizinstudium einzuschreiben. Ihnen allen war von Anfang an klar, dass sie sich auf keinen Fall vormachen durften, sie verfügten über dieselbe kognitiven Fähigkeiten wie die jüngeren Studenten. In manchen Bereichen taten sie sich wesentlich schwerer, doch sie stellten auch unerwartete Stärken bei sich fest.

Dawn Swanson, die jetzt 50 ist, fasste mit 40 den Entschluss, nicht länger als Pflegerin in einem Altenheim zu arbeiten. Sie hatte eigentlich immer Ärztin werden wollen, doch als sie mit 17 ihr erstes Kind bekam, »war dieser Traum beinahe für immer ausgeträumt«.[26] Mit 43 gab sie ihre Stelle auf und schrieb sich an einem College in ihrer Nähe für einen Ausbildungsgang ein, der für ein Hochschulstudium qualifizierte. »Von altersbedingten Gedächtnisschwächen hatte ich nie etwas gehört, also habe ich die nicht einkalkuliert. Ich wusste nur, dass ich drei Kinder zu Hause hatte, nie ein großes Licht gewesen war und deshalb die ganze Zeit würde büffeln müssen.«

Ihre jungen Mitschüler schoben das Lernen auf eine Prüfung grundsätzlich bis in die Nacht davor auf. »Bei der Prüfung schienen sie dann alles intus zu haben. Doch danach vergaßen sie alles sofort wieder.« Dawn organisierte Lerngruppen, die sich zwei- bis dreimal in der Woche trafen. »Wir haben einfach gepaukt und gepaukt, bis der Stoff ins Langzeitgedächtnis überging.«

Dawn begriff, dass ihre größte Stärke in der Fähigkeit lag, einen Schritt zurückzutreten und den größeren Zusammenhang zu sehen. »Ich war sehr gut darin, Bezüge zwischen Gedanken zu erkennen. So konnte ich Querverbindungen herstellen und Schlussfolgerungen ziehen. Allerdings brauchte ich fürchterlich lang, um etwas aufzunehmen. Wenn der Lehrer ein algebraisches Konzept erklärte, kapierten das die jungen Leute sofort. Ich dagegen musste mir das erst lange durch den Kopf gehen lassen. Dieselben jungen Leute fielen dann aber in der Abschlussprüfung durch, weil bei ihnen kaum etwas hängengeblieben war.«

In der Zeit, als sie das College abschloss und sich für einen Medizinstudienplatz zu bewerben begann, reichte ihr Mann die Scheidung ein. »Meine Entscheidung war für ihn unerträglich.« Um Geld zu sparen, kümmerte sie sich um sämtliche juristischen Dinge selbst, die mit der Scheidung zu tun hatten. Als sie es während des viertägigen Scheidungsverfahrens nicht vermochte, sich sämtliche wichtigen Fakten präsent zu halten, begann sie zu zweifeln, ob ihre Studienplatzbewerbung nicht doch ein Fehler gewesen war. »Meine Nerven waren bis zum Zerreißen gespannt. Ich stand unter extremem Stress und pumpte Unmengen von Cortisol – ich nenne das ›die Substanz des Vergessens‹ – durch meinen Körper. An viele Informationen in meinem Kopf kam ich einfach nicht heran. Obwohl ich die juristischen Unterlagen wieder und wieder durchging, konnte ich mir die Dinge partout nicht merken.«

Sie bewarb sich nur an Hochschulen in Mexiko und in der Karibik. Laut Dawn hat eine »nichttraditionelle Studentin« in den USA praktisch keine Chance, an einer medizinischen Fakultät aufgenommen zu werden. »Der Ärzteverband will, dass man mindestens 50 Jahre lang praktiziert, also zählen Leute über 40 nicht gerade zu seinen Wunschkandidaten.«

Als sie einen Studienplatz im mexikanischen Guadalajara bekam, packte sie ihre Siebensachen zusammen, schickte das mittlere Kind zwei Jahre früher als geplant aufs College und überzeugte ihren Ex-Mann davon, dass es für das jüngste Kind sicher eine wertvolle Erfahrung sein würde, bei ihr in Mexiko zu leben. »Wir waren dort etwa 80 Amerikaner. Dass die meisten über dreißig waren, machte die Sache um einiges leichter. Ich wusste, dass sie mit ähnlichen Schwierigkeiten wie ich zu kämpfen haben würden und dass wir gemeinsam daran arbeiten konnten.«

Einer ihrer Mitstudenten war ein Zahnarzt, der mit 65 seine Praxis aufgegeben und sich sogleich um einen Medizinstudienplatz beworben hatte. Es gab auch einen Luftwaffenpiloten mit vier erwachsenen Kindern, die alle Berühmtheiten waren. Er wollte Psychiater werden. »Wir stellten alle fest, dass ein Arbeitsgedächtnis mit großer Kapazität zwar das Leben sehr erleichtern kann, der Erfolg im Medizinstudium aber eigentlich auf der dauerhaften Konsolidierung von Wissen und auf schlussfolgerndem Denken beruht. Man braucht eine Art Flussdiagramm im Kopf, das einen zur Antwort hinführt. Die Lebenserfahrung sagt einem, dass es in jedem Bereich wiederkehrende Muster gibt. Im Grunde setzt man dieselbe Strategie ein, wie wenn man einen Menschen kennenlernt und sofort weiß, woran man mit ihm ist – man sieht dieses Muster nicht zum ersten und wohl auch nicht zum letzten Mal. Manchmal gab es Lerninhalte, mit denen ich zunächst überhaupt nichts anzufangen wusste – aber ich verstand das Grundprinzip, und darauf konnte ich aufbauen.«

Im zweiten Jahr von Dawns Medizinstudium starb ihre eineiige Zwillingsschwester, die an Diabetes gelitten hatte, an einem Herzinfarkt. »Ich musste alles tun, was in meiner Macht stand, um mein Stressniveau zu senken, weil ich mir nichts mehr merken konnte. Ich machte viel Sport. Ich nahm alles auf Band auf und ging mit Kopfhörern spazieren. Oder ich las im Gehen in einem Buch.«

Dawn schloss 2003 ihr Studium ab, absolvierte ihr Medizinalpraktikum in einer Hausarztpraxis bei Spokane im Bundesstaat Washington und hat 2007 ihre Assistenzzeit im Krankenhaus beendet. »Viele Menschen glauben nicht recht daran, dass sie ihre Ziele erreichen können, und suchen deshalb nach einer Entschuldigung für ihr Scheitern. Ich hatte meine Zweifel, ob ich wohl damit zurechtkomme, die ganze Zeit abrufbereit zu sein. Man hält das ja für etwas, das man besser nur 25-Jährigen zumuten sollte. Ich fürchtete, dass der Schlafmangel mein Gedächtnis schwer mitnehmen würde. Doch dann begriff ich, dass es für junge Assistenzärzte durchaus eine neue Erfahrung sein mochte, rund um die Uhr für andere verfügbar sein zu müssen, wohingegen ich selbst doch 20 Jahre lang nichts anderes erlebt hatte. Mütter sind 24 Stunden am Tag abrufbereit. Und niemand übernimmt deine Schicht, wenn du ein krankes Kind oder gar zwei oder drei zu versorgen hast.

Ich glaube sogar, dass mein Kurzzeitgedächtnis heute besser ist als früher, als die Kinder klein waren und um mich herumwuselten. Ich bin sehr konzentriert. Ich habe viel mehr Energie. Ich weiß, was ich kann, und bin mir meiner Schwachstellen ganz genau bewusst, weil ich es mir nicht leisten kann, Mist zu bauen. Ich versuche, keine unnötigen Dinge im Kopf herumzuschleppen. Was soll es denn bitteschön bringen, wenn man fähig ist, sich eine Einkaufsliste einzuprägen?

Entschuldigungen interessieren mich nicht, auch wenn ich zweifellos eine ganze Menge vorzubringen hätte, falls ich ein Ziel nicht erreiche. Ich war die Erste in unserem Kurs, die die ärztliche Zulassungsprüfung ablegte. Mir hat es geholfen, dass ich meine Kinder hatte. Sie waren mein stärkster Rückhalt – und oft auch mein einziger. Ich wollte sie auf keinen Fall enttäuschen. Ohne sie hätte ich es vielleicht nie geschafft.«

Wortkünstler

Im Juli 2003 konnte man dieser Nachricht, falls man sich nicht außerhalb der westlichen Welt aufhielt, kaum entgehen: Joe Verghese, von dessen Untersuchungen zu den kognitiven Segnungen des Tanzens bereits die Rede war, veröffentlichte damals eine Studie, laut der das Demenzrisiko von Teilnehmern, die viermal in der Woche Kreuzworträtsel lösten, um 47 Prozent niedriger lag als bei anderen, die sich nur gelegentlich mit solchen Rätseln beschäftigten.[27]

Als diese Resultate durch die Medien gingen, waren Kreuzworträtsel plötzlich en vogue. Dasselbe galt von Sudoku-Rätseln, bei denen es um das Anordnen von Zahlen geht. Sidney, ein 55-jähriger Verlagsmanager, nahm sich die im Lauf der Woche schwieriger werdenden Kreuzworträtsel in der Tageszeitung vor, wenn er morgens im Pendlerzug zur Arbeit fuhr. »Wie die meisten Halbgebildeten meines Alters«, schrieb er mir, »bekomme ich die Montags- und Dienstagsrätsel in 20 Minuten hin, und seit kurzem schaffe ich auch das Mittwochs- und gelegentlich sogar das Donnerstagsrätsel. Freitags probiere ich es gar nicht erst. Und für das Sonntagsrätsel fehlt mir die Geduld. Ich gehe die einfachen Teile durch und ich lasse es dann meistens damit bewenden.«

Manchmal, so bekannte er, mache ihm das Rätseln mehr Angst als Freude. »Heute morgen«, schrieb er mir in einer E-Mail, »lautete eine Frage: ›Zweiter Vorname eines US-Präsidenten‹. Also wollte ich im Geiste die Reihe der Präsidenten rückwärts durchgehen. Leider blieb ich aber sofort hinter George W. Bush hängen. Ich sah Bill Clinton zwar vor mir, aber sein Name fiel mir eine Minute oder länger nicht ein, was für jemanden, der es gewohnt ist, mit einer Fülle verschiedenster Informationen zu jonglieren, eine lange Zeit ist. In diesem Moment stieg die Angst in mir hoch. War das denn nicht ein eindeutiges Indiz einer beginnenden Alzheimer-Erkrankung?«

Ich gestand Sidney, ich fände es schon bewundernswert, wenn jemand mit solchen Rätseln überhaupt zurechtkomme: »Sie überfordern mich. Das muss wohl etwas mit der visuell-räumlichen Wahrnehmung zu tun haben. Mir wird schon vom Hinschauen schwindelig. In meinem Kopf sperrt sich etwas gegen diese Konfigurationen von Buchstaben und Wörtern.« Um mit Kreuzworträtseln klarzukommen, benötigt man wohl, so vermutete ich, eine besondere Art der Intelligenz, so dass man das, was ich gern belangloses Wissen nenne, andere aber als Fakten bezeichnen, sammeln und festhalten kann. Außerdem brauchte man offenbar auch ein großes Arbeitsgedächtnis. Wer wie ich die Frage zu »10 senkrecht« kaum mehr weiß, wenn er die zugehörigen Felder im Raster gefunden hat, kommt nicht sehr weit.

Ich rief Will Shortz an, den 53-jährigen Redakteur des Kreuzworträtsels der *New York Times*.[28] Er kreiert Kreuzworträtsel, seit er sich an der Indiana University das Studienfach *Enigmatologie* – Wissenschaft der Rätsel-Erfindung – selbst geschaffen hat. Ich fragte ihn, was er von Joe Vergheses Studie hielt. Zog Shortz' Seite in der Tageszeitung nun zahlungskräftigere Anzeigenkunden an?

In der Zeitung selbst habe sich nicht viel verändert, antwortete er, aber das Abonnement der Online-Version des Kreuzworträtsels, das im Jahr 39,95 Dollar kostete, finde mittlerweile reißenden Absatz. Er habe immer gewusst, dass Kreuzworträtsel sich hervorragend zur Förderung der geistigen Flexibilität eigneten. »Sie sind ein mentales Rundumtraining«, sagte er begeistert. »Sie sprechen verschiedene Bereiche des Gehirns an, rufen Wissen aller Art ab – Schulstoff, das aktuelle Geschehen in Film, Sport, Politik. Man muss geistig wendig sein, damit man die vielen Richtungen erkennt, in die ein Stichwort weisen könnte, denn die Rätsel stecken voller Wortspiele und falscher Fährten. Sie sind ein ausgezeichnetes Übungsprogramm für das Gehirn.«

Ich fragte ihn, welche Persönlichkeitseigenschaften für gute Rätsellöser typisch sind. »Man muss natürlich etwas für Sprache übrig haben«, erwiderte er. »Ein wirklich herausragender Rätsellöser hat aber in der Regel ein sehr gutes mathematisches Verständnis, so dass er mühelos abschätzen kann, wie Wörter in die Felder des Rasters passen könnten.«

»Aha«, sagte ich. Mir dämmerte, warum ich es bei Kreuzworträtseln nie weit gebracht hatte. (Bald nachdem ich Shortz interviewt hatte, kam der Dokumentarfilm *Wordplay* über seine Karriere als Enigmatologe heraus. Er war zum großen Teil bei dem Kreuzworträtselturnier gedreht worden, das Shortz jedes Jahr in Stamford, Connecticut, veranstaltet. Um dort an die Spitze zu gelangen, reicht die Beherrschung der üblichen Lösungsstrategien nicht aus. Man muss auch unerhört schnell sein. Die Kamera zeigt viele Teilnehmer, die in den mittleren Jahren und auch wesentlich älter sind und seit Jahrzehnten zu dem Turnier kommen. Der Meister aber war – Sie ahnen es – ein 20-jähriger Wunderknabe, der noch aufs College geht.)

Shortz wies mich auf das Internetforum des *New-York-Times*-Kreuzworträtsels hin.[29] Dort würde ich zahllose Kreuzworträtsel-Aficionados finden. Ich stellte eine kurze Nachricht ins Forum, in der ich fragte, ob jemand das Kreuzworträtseln mit dem bewussten Ziel begonnen habe, sein Gedächtnis und seine Aufmerksamkeit zu verbessern.

Nach nur einer Stunde quoll mein elektronisches Postfach über vor Antworten. Ein Mann bekannte, er gehöre zwar zur ersten Riege der Rätsellöser – er nahm regelmäßig an dem von Will Shortz geleiteten Turnier teil –, doch das habe an seinem Hauptproblem, seiner Prosopagnosie, nichts geändert. Dass ihm das Fremdwort für das Unvermögen, die Gesichter ihm durchaus bekannter Menschen zu erkennen, geläufig war, wunderte mich nicht.

Die eindrucksvollste Antwort stammte von Courtenay »Co« Crocker. Der 56-jährige Generaldirektor eines Metallfertigungsunternehmens hatte sich sein ganzes Leben lang hin und wieder mit Kreuzworträtseln beschäftigt, doch in letzter Zeit hatten ihm die Rätsel geholfen, eine sehr schwierige Lebensphase zu überstehen. Sechs Jahre zuvor war bei seiner Tochter Leukämie diagnostiziert worden. Er hatte sehr viel Zeit bei ihr im Krankenhaus verbracht und oft gemeinsam mit ihr auf Untersuchungen und Therapiemaßnahmen gewartet.

»Ich war erst 50 Jahre alt, Himmel noch mal«, schrieb er in seiner E-Mail, »aber ich vergaß Geburtstage, Besprechungstermine, Namen, was ich gerade tun wollte oder, sehr oft, wohin ich eigentlich unterwegs war. Bestimmt habe ich auf die Gedächtnisschwäche überempfindlich reagiert, weil mein Vater zur selben Zeit unter den verheerenden Wirkungen der Alzheimer-Krankheit im fortgeschrittenen Stadium litt.«[30] Er begann Kreuzworträtsel mit ins Krankenhaus zu nehmen. Während seine Tochter schlief, löste er eines nach dem anderen.

»Eines Abends, es war schon sehr spät, zeichnete ich ein Raster mit sechs auf sechs Feldern auf ein leeres Blatt Papier und fing an, Wörter einzutragen. Ich entwarf zum ersten Mal ein eigenes Rätsel. Ich dachte, dass ich das umso besser hinbekäme, je mehr Rätsel ich löste, also machte ich mich mit Elan daran, acht bis zehn Rätsel pro Tag zu knacken. Beim Entwerfen von Rätseln machte ich zwar keine großen Fortschritte, aber ich hatte den Eindruck, dass ich präsenter und konzentrierter war. Ich kann Ihnen jedenfalls versichern, dass der Geist klarer wird, wenn man ihn mit dieser Art mentaler Gymnastik trainiert.« Als Co schließlich ein Rätsel entwarf, auf das er stolz war, schickte er es an Will Shortz, der es am 23. Juni 2005 in der *New York Times* veröffentlichte. »Es war ein ungemein aufregender Moment, mein Rätsel so im Rampenlicht zu sehen«, bekannte Co.

Wie wir gesehen haben, können geistige Anregung und körperliche Aktivität viel zum Aufbau kognitiver Reserven beitragen. Genauso wichtig ist aber die dritte Komponente, der lebendige Kontakt mit anderen Menschen. In der sozialen Interaktion sind Arbeitsgedächtnis, Verarbeitungsgeschwindigkeit, sprachliches Geschick und viele andere kognitive Fähigkeiten gefordert. Sämtliche Sinne werden angesprochen – Sehen, Hören, Berühren und auch Riechen. Oscar Ybarra von der University of Michigan stellte in einer Studie fest, dass Versuchspersonen in verschiedenen neuropsychologischen Tests umso besser abschnitten, je mehr soziale Kontakte sie berichteten.[31] Laura Fratiglioni vom gerontologischen Forschungszentrum am Stockholmer Karolinska Institut kam in einer Untersuchung zu dem Ergebnis, dass ein hohes Maß an sozialen Kontakten das Demenzrisiko um 40 Prozent verringerte.[32]

»Vielleicht nehmen Sie das gar nicht so wahr«, sagte Lawrence Katz, der Neurobiologe von der Duke University, der mich zu dem Experiment ermutigt hatte, mit verbundenen Augen auf unsere Haustür zuzusteuern. »Aber die zwischenmenschliche Interaktion hat enorm abgenommen. Es ist üblich geworden, E-Mails in den Büroraum nebenan zu senden. Mittlerweile gilt es als ziemlich aufdringlich, anzurufen oder gar persönlich vorbeizuschauen, falls man die Sache stattdessen per E-Mail erledigen kann – und das ist soziologisch gesehen wirklich eine Neuentwicklung. Es gibt kaum noch Gründe dafür, einander von Angesicht zu Angesicht zu begegnen, so dass wir viel weniger Gelegenheit haben, neue kognitive Verknüpfungen herzustellen. Doch je mehr neue Assoziationen wir knüpfen, desto stärker aktivieren wir die Synapsen, und desto mehr BDNF produzieren wir. Wir sind also heute wirklich in der Bredouille. Denn je stärker und vielfältiger das Netzwerk der Assoziationen ist, desto besser ist das Gehirn geschützt.

Wir machen uns etwas vor mit all diesem Gerede, wie eng das Internet uns doch miteinander vernetzt habe. Die bei weitem beste Fördermaßnahme für Ihr Gehirn ist ein sinnhaltiges Miteinander. Damit meine ich nicht einfach nur, dass Sie gemeinsam mit anderen an etwas arbeiten, sondern eine echte Interaktion von Angesicht zu Angesicht. Wenn ich Ihnen eine Aufnahme der Aktivitäten zeigen würde, die Ihr Gehirn entfaltet, während Sie mit anderen Menschen interagieren, würden Sie staunen. Es gibt Areale des Gehirns, die genau darauf spezialisiert sind. Und wenn die Interaktion fehlt, ist das für das Gehirn fatal.«[33]

Edward Hallowell, der Experte für Aufmerksamkeitsdefizitstörungen, den ich Ihnen in Kapitel 3 vorstellte, hält den Mangel an Verbundenheit für eine tödliche Gefahr. In seinem neuesten Buch, *CrazyBusy*, schreibt er: »Sie brauchen einen Plan, der sicherstellt, dass Sie mit Menschen, die Sie kennen und mögen, in lebendiger Verbindung bleiben. Kein Problem? Zählen Sie einmal die Minuten zusammen, die Sie an einem Tag im unmittelbaren persönlichen Kontakt mit anderen sind. […] Vergleichen Sie die Zahl der Minuten dann mit der vor, sagen wir, zwanzig oder auch zehn Jahren.«[34] Die direkte menschliche Begegnung sei mittlerweile weitgehend durch elektronischen Kontakt ersetzt. »Die anderen sind in unserem Leben kaum mehr körperlich anwesend. Wo früher gemeinsame Mahlzeiten, persönliches Gespräch und reale Zusammenkünfte waren, essen wir nun allein, kommunizieren per Handy oder Instant Messaging und halten Videokonferenzen ab. Der elektronische Kontakt ist äußerst effizient, zeitsparend und bequem. Die direkte menschliche Begegnung übermittelt aber wesentlich mehr Informationen – Tonfall, Körpersprache, Mimik und all die nonverbalen Signale, die ein wesentlicher Bestandteil unserer Kommunikation sind.«[35] Im Jahr 1960 lebten in den USA 40 Prozent der Menschen ab 65 bei einem ihrer erwachsenen Kinder. Ende der 1990er Jahre waren es nur noch 4 Prozent. Wenn man sich vor Augen hält, dass heute 71 Prozent der Menschen in dieser Altersgruppe allein leben und mehr als sieben Stunden am Tag ohne Kontakt mit anderen verbringen, ist es vielleicht weniger verwunderlich, dass derart viele von ihnen an Alzheimer erkranken.[36]

Diese Dinge gingen mir durch den Kopf, als ich den steilen Hang zu dem Haus in Larkspur hinauffuhr, wo die Dannenbergs seit 41 Jahren wohnten.[37] Zvi, der 80-jährige Springinsfeld, hatte mich eingeladen, vorbeizukommen und seine Frau Marjorie kennenzulernen, die mit 82 Jahren noch immer ihren Reparaturservice betrieb. »Sie fährt mit einem kleinen Lieferwagen herum und erledigt Klempner-, Elektriker- und einfache Schreinerarbeiten«, erklärte mir Zvi. »Neulich hat sie in einem Haus ganz allein eine neue Toilette eingebaut. Wahrscheinlich hatte sie einfach keine Lust, auf einen Helfer zu warten.«

Als ich ankam, plauderte ich eine Weile mit Marjorie, doch ich merkte, dass Zvi es kaum erwarten konnte, mich in sein »kleines Reich« zu führen, den Raum, wo er seine Musik aufbewahrte. Wir verließen die Küche, stiegen eine halsbrecherische Treppe hinab, überquerten ein steiniges Stück

Garten und betraten einen Raum, dessen Wände vom Boden bis zur Decke mit Platten und CDs gefüllt waren. Die meisten hatte er gebraucht gekauft. Er graste nach wie vor gelegentlich die Heilsarmeeläden und Musikspezialgeschäfte ab, die es um die Bucht von San Francisco herum gibt. Er verbrachte jeden Tag mindestens drei Stunden in seinem kleinen Reich, hörte Musik und studierte die Begleittexte. Es sei viel Arbeit, den Überblick über einen so großen Bestand an Musik behalten, sagte er. »Ich habe es aber im Griff und finde fast alles innerhalb von Sekunden.« Er holte eine CD aus einem der Regale und zog das Booklet aus der Hülle. »Sehen Sie?« Er zeigte auf einen Namen in winziger Schrift. Offenbar brauchte er keine Brille, um das zu lesen. »Neulich redete ich mit jemandem, den ich auf meiner Joggingstrecke traf. Er erzählte von seinem Vater, der vor kurzem gestorben war, und mir wurde klar, dass der Vater der erste Geiger in diesem Orchester gewesen sein muss. Also werde ich ihm diese CD schenken ... Auf Musik spreche ich wirklich mit meinem ganzen Wesen an. Jedes Molekül in meinem Körper gerät in Schwingung.«

Nach meinem Besuch sah ich Zvi einige Monate lang nicht. Eines Tages war ich auf dem Pfad am Bach unterwegs, als ich weit in der Ferne seine schiefsitzende hellblaue Mütze erspähte. Ich verfiel, zum Erstaunen der Hunde, in einen für mich untypischen Laufschritt und hoffte, mir würde der Name von Zvis Frau einfallen, ehe ich ihn erreichte. »Cathryn! Nicht Cathleen«, rief er, als er mich erblickte. »Und Rosie und Radar! Wie geht es Ihrem Sohn mit der Mathenachhilfe? Und wie geht es mit dem Buch voran?«

»Sie sind wirklich ein Phänomen«, sagte ich und küsste ihn auf die Wange.

»Sie kennen doch mein Geheimnis«, erwiderte er. »Ich habe zu viel um die Ohren, um alt zu werden.«

Schluss

Ich weiß, was Sie jetzt denken. Sie überlegen, welche der Interventionen für Sie geeignet sein könnte. Vielleicht haben Sie sich, wie Nan Wiener, schon für einen Salsakurs angemeldet. Vielleicht haben Sie sich ein dickes Heft mit Kreuzworträtseln gekauft oder sind, wie Bill McGlynn, bereits ein begeisterter Fan von MyBrainTrainer.

Und möglicherweise fragen Sie sich auch, was mir die ganzen Interventionen eigentlich gebracht haben. Bin ich geistig fitter als vorher?

Ja, Sie dürfen es ruhig wissen. Ich werde ständig gefragt, ob es mir denn »besser geht«, und ich kann ehrlich sagen: Ja. Trotzdem unterlaufen mir gelegentlich noch Pannen in Serie. Vor kurzem fuhr ich in die Stadt und hatte Brieftasche und Handy zu Hause auf dem Schreibtisch liegenlassen. Ich fand in meiner Handtasche gerade noch 50 Cent für die Parkuhr. Ein Mittagsimbiss kam nicht in Frage. Als ich wieder zurückkehrte, konnte ich sehen, dass mein älterer Sohn mich ständig anzurufen versucht hatte. Ich hatte zu allem Überfluss auch noch vergessen, für das Treffen seiner Highschool-Politik-AG zur Mittagszeit Pizza zu bestellen. Ich bat ihn natürlich um Entschuldigung. Dann wies ich allerdings auch darauf hin, dass er offenbar sehr versiert im Telefonieren war und sich nächstes Mal vielleicht überlegen könne, ob er die Lieferung einer Pizza nicht abends zuvor selbst in die Wege leiten könne.

Solche Feuerwerke der Vergesslichkeit waren einmal sehr häufig, sind jetzt aber selten geworden.

Ich würde Ihnen zwar sehr gern sagen können, welche der Interventionen denn nun den Ausschlag gegeben hat, aber ich weiß es nicht. Das ist auch nicht weiter verwunderlich: Wie ich von Anfang an wusste, lag der Schwachpunkt meiner Strategie, mich selbst zum Versuchskaninchen zu machen,

darin, dass ich zur selben Zeit mehrere »Forschungsprojekte«
verfolgte, die sich zudem noch teilweise überschnitten. Es
war also eigentlich unvermeidlich, dass die Resultate nicht
auseinanderzuhalten waren. Ich hätte aber auch gar nicht anders vorgehen können. Selbst wenn ich für jede Intervention
ein ganzes Jahr zur Verfügung gehabt hätte, hätte ich nicht
mit Sicherheit sagen können, ob nun die Schilddrüsenmedi-
kamente, das Tanzen oder das Neurofeedback den Ausschlag
gaben, denn die zentrale Variable – die Physiologie des Gehirns – verändert sich unter dem Einfluss von Umwelt- und
biochemischen Faktoren fortwährend. Wer weniger Trans-
fettsäuren zu sich nimmt, dessen Gehirn funktioniert anders.
Und wenn er dreimal in der Woche tanzen geht, ändern sich
die Vorzeichen erneut.

Dennoch lautet meine Antwort: »Ja, es geht mir besser.«
Bei Bedarf nehme ich Provigil, das ich nicht als mentale
Krücke, sondern lieber als ein mentales Werkzeug betrachte.
Ich habe vor, mit dem Neurofeedback weiterzumachen, das
ich für eine vielversprechende Methode zur Verbesserung von
Aufmerksamkeit und Konzentration halte. Obwohl Richard
Shames sich eingehend um meine Schilddrüse kümmerte und
Tracy Kuo am Zentrum für Schlafstörungen der Stanford University ihr Bestes tat, ist mein Schlaf immer noch zu kurz und
zu unergiebig. Ich weiß, dass ich meine kognitiven Funktionen nur zu vollen Entfaltung bringen kann, wenn ich »die
Sache mit dem Schlaf in den Griff bekomme«, und so bleibe
ich dran. In einigen Wochen werde ich wieder hinunter nach
Palo Alto fahren, um mich für diese Schlafuntersuchung ver-
kabeln zu lassen. Sie wird den genauestmöglichen Einblick
in das erlauben, was in meinem Gehirn nachts vor sich geht,
und hoffentlich einige verwertbare Hinweise liefern.

Was für die positive Veränderung maßgeblich war, kann
ich also nicht sagen, aber ich weiß, dass der Nebel sich ge-
lichtet hat: Zuvor war er wie die dichten weißen Schwaden,
die jeden Sommernachmittag vom Pazifik hereinziehen und
die Golden Gate Bridge verdecken, doch jetzt ist da an den

meisten Tagen nur ein leichter Dunst, mit dem ich gut zurechtkomme. Ich kann heute Momente, die mir vor einiger Zeit noch durch die Finger geschlüpft wären, ganz bewusst erleben. Letzten Sommer saß ich im Schneidersitz am Strand, mit meinem schlaksigen jüngeren Sohn auf dem Schoß, und blickte wehmütig in die Zukunft: Sehr bald würde das nicht mehr gehen, weil er dann zu groß wäre. Ich hielt die Situation bewusst in der Erinnerung fest, seinen Geruch, die salzigen Haarsträhnen, die Farbe und Wärme seiner Haut, die Rauheit des Sandes auf seinem Rücken. Dieser Augenblick gehört für immer mir – aber nur, weil ich mir die Zeit genommen habe, ihn festzuhalten.

Ich habe festgestellt, dass die Lösung darin liegt, sich die Probleme einzugestehen. Das klingt einfach, ist es aber nicht, denn es bedeutet auch: Sie müssen die Tatsache anerkennen, dass Sie älter werden, ob Ihnen das nun passt oder nicht. Sie können nicht einfach den Kopf in den Sand stecken und Ihre Ausrutscher und Pannen abhaken, als wäre nichts gewesen. Es hat auch keinen Sinn, zu pauschalisieren und alles nur darauf zu schieben, dass Sie eben leider ein »Gedächtnis wie ein Sieb« hätten, denn wie Ihnen mittlerweile klar sein dürfte, sind die Zusammenhänge wesentlich komplexer. Sie müssen bereit sein, die »Anatomie eines Malheurs« so sorgfältig zu untersuchen wie damals die Innereien dieses Frosches im Biologieunterricht. Sobald Sie herausfinden, an welchem Punkt genau der Fehler passiert ist, können Sie Ihre Schlüsse daraus ziehen. Lag es an Schlafmangel? Daran, dass Sie das Mittagessen ausgelassen hatten? An einer Fehlfunktion des Hippokampus? Wenn Sie der Sache auf den Grund gehen, stehen die Chancen nach meiner Erfahrung gut, dass Sie den Fehler beim nächsten Mal vermeiden können. Eigentlich bleibt Ihnen auch kaum eine andere Wahl. Wenn Sie sich nicht die Zeit nehmen, die Wurzel des Problems zu finden, wird das ganze Schreiben von Listen und Haftnotizen nichts helfen. Sie werden die Listen unweigerlich irgendwo liegen lassen, und die eindrucksvolle Sammlung von Klebezetteln an Ihrer Bürotür ist irgendwann nichts als abstrakte Kunst.

Mein Widerstand gegen den kognitiven Niedergang zeigte Wirkung. Nach und nach kamen die Dinge wieder ins Lot: Die Zahnrädchen im Kopf griffen wieder ineinander, Namen waren leichter abrufbar, und die Wörter flossen rasch aus dem Gehirn in die Finger, um von dort auf den Monitor zu hüpfen. Allmählich fand ich zu einer mentalen Verfassung zurück, auf die Verlass war. Ich musste mich aber von der Wunschphantasie lösen, dass ich eines Tages aufwachen und sämtliche kognitiven Defizite los sein würde. Es war wichtig, dass ich von jetzt an nicht mehr die Augen vor meinen Schwächen verschloss. Darauf zu beharren, dass ich die Dinge weiterhin so angehen konnte, wie ich das immer getan hatte, wäre genauso töricht gewesen, wie wenn ich mich geweigert hätte, eine Brille zu tragen, und mir die Speisekarte lieber hätte vorlesen lassen. Allerdings musste ich mir für jeden Aspekt meines Berufs- und Familienlebens pannensichere Strategien zurechtlegen. Das duldete keinen Aufschub. Ich durfte mir auch, so wurde mir klar, nicht vorgaukeln, ich hätte irgendetwas »im Hinterkopf«. Auch Herumraten kam nicht in Frage, denn ich lag immer daneben. Und der Vorstellung, je wieder zum Multitasking in der Lage zu sein, musste ich leider Lebewohl sagen. Diese Lektion der mittleren Jahre hatte ich bereits gelernt: Wenn ich improvisierte und nur »nach meinem Riecher« ging, war damit zu rechnen, dass ich hinterher stundenlang damit beschäftigt war, die Trümmer des unausweichlichen Debakels zu beseitigen.

Das mag nun klingen, als müsse man sich mit einer unflexiblen, asketischen Art zu leben bescheiden, doch in der Praxis ist das nicht so. Es macht mein Leben einfacher und ist in vieler Hinsicht befreiend, wenn ich weiß, dass ich es vermutlich nicht schaffe, die für meinen Sohn gekauften Hosen im Kaufhaus zurückzugeben, wenn ich nur dran zu denken versuche. Ich muss vielmehr die bunte Kaufhaustüte in den Wagen legen, und zwar nicht in den Kofferraum, sondern auf den Beifahrersitz. Sobald die Hosen dort neben mir liegen, kann ich meine Aufmerksamkeit wichtigeren Dingen zuwenden. Dann kann es mir nicht mehr passieren, dass ich am Einkaufszentrum vorbeifahre und feststellen muss, dass ich sie wieder zu Hause vergessen habe.

In den langen Monaten der Recherche ahnte ich, dass ich meine kognitiven Schwächen irgendwann in der Zukunft mit mehr Gleichmut betrachten würde. Viele kognitive Fähigkeiten – zum Beispiel das Namens- und Gesichtergedächtnis – lassen zwar im Laufe der Jahre tatsächlich stark nach, doch das hat wenig damit zu tun, wie wir uns selbst dabei erleben. »Wenn man Menschen bittet, das eigene Erinnerungsvermögen zu beschreiben«, berichtete mir der klinische Psychologe Thomas Crook, der zu diesem Thema forscht, »sind sie in ihren Vierzigern am selbstkritischsten. In den Fünfzigern sehen sie ihre Fähigkeiten etwas positiver, und in den Sechzigern sind sie dann so zufrieden mit sich, wie sie es mit Anfang dreißig waren.«[1]

Wie kommt das nur? Matthew, ein Anwalt Mitte sechzig, erklärte es mir folgendermaßen: »Mich bringt das alles nicht mehr aus dem Gleichgewicht. Wenn ich vierzig wäre und der Beruf noch ganz im Vordergrund stünde, würde es mir wirklich etwas ausmachen. Es hängt davon ab, in welcher Lebensphase man ist. Ich trete bald in den Ruhestand. Für mich sind diese Schwächen einfach nur ein weiteres Zeichen dafür, dass ich anfangen sollte, meine Aufmerksamkeit auf andere Dinge auszurichten. Ich muss lernen loszulassen. In jüngeren Jahren wühlt einen so etwas aber viel mehr auf.«

Als er das sagte, schaute ich ihn aufmerksam an. Das waren keine Ausreden. Matthew war ein blitzgescheiter Mensch. Mit seinen bemerkenswerten kognitiven Fähigkeiten hatte er fast vier Jahrzehnte lang viel Geld verdient. Anders als manche Gleichaltrige verdrängte er keineswegs, dass er nicht mehr so scharfsinnig und fix wie früher war. Es brachte ihn nicht aus der Fassung. In seinen Augen war das einfach eine Bewegung im Auf und Ab des Lebens. Er und seine Frau genossen es, dass ihr Leben überschaubarer wurde. Die Kinder waren erwachsen und aus dem Haus. Die hektischen mittleren Jahre näherten sich dem Ende. Es bestand keine Notwendigkeit mehr, die Aufmerksamkeit auf tausend Dinge aufzusplittern. Sie steuerten freilich nicht auf einen Lebensabend im Golfclub zu. Matt überlegte, bei welchen von mehreren Non-Profit-Organisationen er im Vorstand mitarbeiten könnte.

In der Abschlussphase dieses Buches dachte ich oft an Matt. Ich wusste, dass er ein gewiefter Anwalt war, der immer nur mit dem bestmöglichen Ergebnis zufrieden war. Doch er ließ die Veränderungen, die er als einen natürlichen Übergang betrachtete, gelassen auf sich zukommen. Wann würde ich selbst wohl endlich aufhören, dem nachzutrauern, was ich verloren hatte, und mich stattdessen an dem freuen, was mir das Älterwerden an positiven Dingen bescherte? Matts illusionslose Klarheit und sein ruhiges Akzeptieren waren der Beginn der Weisheit. Und wenn ihm einmal etwas nicht einfiel, würde ihm wahrscheinlich Google weiterhelfen.

Dank

Weil ich weiß, wie launenhaft mein Gedächtnis sein kann, begann ich diese Liste schon vor der Phase des Schreibens zu führen. Im Rückblick war das eine kluge Idee. Denn ich hatte damals keine Ahnung, wie lang die Liste einmal sein würde. Es berührt und fasziniert mich, wie viele Menschen mit ihrer Zeit, ihren Fertigkeiten und ihrer freundlichen Unterstützung zu diesem Projekt beigetragen haben.

Ich danke meiner Agentin Suzanne Gluck und ihren sorgfältigen Mitarbeitern bei William Morris. Ich schätze mich sehr glücklich, Suzanne am Verhandlungstisch an meiner Seite zu haben. Mein Dank gilt auch Gail Winston, meiner großartigen Lektorin. Sie ist ruhig, bestimmt, flink und gewitzt, hat ein unheimlich anmutendes Gespür für meine Autorinnenpsyche und weiß genau, wann sie mich besser drängt, besser lobt oder auch alles liegen und stehen lässt, um zu einer langen gemeinsamen Mittagspause aufzubrechen oder mit mir einen kurzen Abstecher ins Luxuskaufhaus Saks zu machen. Ich danke auch den anderen bei HarperCollins – Rachel Elinsky, Tina Andreadis, Jamie Brickhouse, Julie Elmuccio und Sarah Whitman-Salkin. Zu besonderem Dank bin ich auch Camille McDuffie verpflichtet, deren Firma Goldberg McDuffie mein Buch in ansprechender Weise den Medien vorstellte, und dem begeisterungsfähigen Steve Bennett, dessen Firma AuthorBytes die Website zum Buch entwarf (www. carvedinsand.com).

Vielleicht fragen Sie sich, wie ich es unter den persönlichen Umständen, die auf diesen Seiten beschrieben sind, überhaupt fertigbekommen habe, ein Buch zu schreiben, und dann auch noch eines zu einem derart komplexen Thema. Es wäre nicht gegangen, wenn ich nicht gelernt hätte zu delegieren. Das Universum hielt eine ganze Reihe von Geschenken für mich bereit. Eines davon war Elizabeth Crane, die sozusagen als mein Reserve-Gehirn fungiert. Wenn bei einer Sache die Möglichkeit besteht, dass ich sie vergessen könnte (und wie Sie wissen, kommt das nicht gerade selten vor), lasse ich sie ihr sogleich zukommen, damit sie sie in einem der vielen Fächer ihres Bewusstseins verwahrt. Ich tausche mich mehrmals pro Woche mit ihr aus, was für mich immer sehr belebend ist. In Erinnerung geblieben ist mir vor allem eine Antwort auf eine verzweifelte E-Mail, die ich ihr an einem Tag voller Gedächtnisspannen schickte und die ich mit »Es entgleitet mir« beendete. Sie schrieb nur zurück: »Ist gespeichert.« Das brachte es auf den Punkt.

Es ist schon merkwürdig, wie man heute jahrelang eng mit Menschen zusammenarbeiten kann, die viele hundert Kilometer entfernt leben. So war das mit einem anderen Mitglied meines Teams, der Rechercheurin Cathy Dunn. Ich traf sie einmal zum Lunch in Los Angeles, doch von da an lief alles per E-Mail. Wenn mir ein Sachverhalt, ob einfach oder hochspeziell, partout nicht einleuchten wollte, lieferte sie mir oft innerhalb von Minuten, nachdem ich meine E-Mail-Anfrage losgeschickt hatte, eine Erklärung. Innerhalb von drei Jahren musste sie, glaube ich, nur ein einziges Mal passen. Jeden Monat leitete sie mir eine umfangreiche Sammlung von Rechercheergebnissen weiter, prall gefüllt mit aktuellsten Informationen aus Fachzeitschriften. Ich konnte darauf gehen: Falls es wichtige Neuigkeiten gab, dann waren sie in diesen Seiten enthalten.

Elisha Yang von der Oberstufe der Tamalpais Highschool kümmerte sich höchst gewissenhaft um die zahllosen Bücher, die das kostenfreie Leihbüchereisystem des Marin County verlässlich zur Verfügung stellte. Sie holte sie ab und gab sie zurück, vermerkte Copyright-Informationen und brachte viele Stunden am Kopiergerät zu. Talleah Bridges sowie Roxane Assaf und Melanie Haiken halfen beim Zusammentragen von Informationen. Jan Stoner und Catherine Valeriote gewährten mir in der Anfangsphase aktive und die ganze Zeit über moralische Unterstützung. Ben Winters erstaunliche

Firma Letter Perfect Transcription verwandelte viele hundert Stunden digitale Tonaufnahmen, die ich als Dateien per E-Mail schickte, in kürzester Zeit in fein säuberlich ausgedruckte Interviews. Es mag zwar etwas skurril wirken, wenn ich auch einem Gegenstand danke, doch ich möchte hier das digitale Aufzeichnungsgerät von Olympus würdigen, das nur halb so groß wie meine Hand ist und mir die Möglichkeit gab, den Überblick über Hunderte Interviews zu wahren, die ich direkt über die Benutzeroberfläche meines PC abspielen konnte. Genauso unentbehrlich und rühmenswert ist Thesaurus.com, das Online-Reservoir all der Wörter, die mit mir Verstecken spielten, wenn ich sie am nötigsten brauchte.

Es gibt sicher auch Menschen, die in einem absoluten Freiraum schreiben können, wo sie sich um Alltagspflichten wie Wäschewaschen, Kochen und andere Haushaltsarbeiten nicht zu kümmern brauchen. Ich gehöre definitiv nicht zu dieser Spezies. Delmy Arevalo und Mark und Pam Chavez haben mir unter die Arme gegriffen, und ich möchte ihnen ganz herzlich danken. Sie waren immer bereit, einzuspringen, begegneten allen in der Familie mit großer Freundlichkeit und ermöglichten mir einige sehr lange ununterbrochene Phasen an der Tastatur.

Dann sind da noch die Autorinnen und Autoren, ohne deren freundschaftliche Hilfe ich nicht sehr weit gekommen wäre. Jason Roberts, Autor von *A Sense of the World*, half mir, zahllose »unüberwindliche« sprachliche Probleme zu lösen, selbst wenn er ein Kleinkind auf den Knien und einen Säugling auf dem Arm hatte und der Abgabetermin seines eigenen Buches drängte. Michelle Slatalla, Autorin von *The Town on Beaver Creek*, lieh mir beim Lunch im »Toast«, unserem örtlichen Stammlokal, stundenlang ihr Ohr. Sie nahm beherzt die Aufgabe auf sich, einen frühen Entwurf des Buches zu lesen. Außerdem waren wir bei ihr und ihrem Mann Josh Quittner zweimal zum Thanksgiving Dinner eingeladen. Ich möchte ihr ganz herzlich danken – und hoffe auf viele weitere Stunden beruflicher und freundschaftlicher Verbundenheit. Mein Dank gilt auch Katherine Ellison, der Autorin von *Mutter sein macht schlau*, die sich bereiterklärte, mit mir über Neurowissenschaften zu sprechen. Alan Deutschman, Autor von *Change or Die*, setzte mit einigen wohlplatzierten E-Mails dankenswerterweise die Impulse, die mich dieses Projekt in Angriff nehmen ließen, und begleitete es vom Anfang bis zum Ende. Jeffrey Trachtenberg half mir, einige Feinheiten des Buchmarketings zu begreifen. Seine Frau Elizabeth Sanger ist für mich eine Ratgeberin, die mich zur Vernunft anhält, seit wir vor etwa 25 Jahren bei der Börsenzeitung *Barron's* zusammenarbeiteten. Ich danke auch Andrew Solomon, dem Autor von *Saturns Schatten*. Seine Tipps erreichten mich per E-Mail oft aus fernen Weltgegenden und erwiesen sich als außerordentlich wertvoll. Ich danke auch Jody Winer für ihren unschätzbaren Einsatz als Korrekturleserin. Schließlich möchte ich Carolyn Meyer nennen, die mir seit fast drei Jahrzehnten zeigt, was für die Arbeit als Autorin wesentlich ist.

Ich komme zu den Zeitschriftenredakteuren, deren freundliche Aufmerksamkeit prägenden Einfluss auf meine Arbeit hatte. Ilena Silverman und Vera Titunik vom *New York Times Magazine* brachten meinen Artikel »In Search of Lost Time« heraus. Darin sind die hauptsächlichen Ideen umrissen, die diesem Buch zugrunde liegen. Für Titunik und Silverman zu schreiben bedeutet, endlich zu lernen, was Qualität heißt: Sie stutzen einen Text zurecht, den man eigentlich für das Beste hielt, was man je geschrieben hat, und verlangen, dass man etwas noch Besseres vorlegt, bis eines Tages alles beisammen ist und genau die Form gefunden hat, die es haben sollte. Und wenn man dann sehr viel Glück hat, wird man in die Obhut von Renee Michael gegeben, einer brillanten Faktenprüferin, die einem zeigt, was echte Präzision ist. Ich danke auch Liz Brody, Redakteurin bei *O, The Oprah Magazine*, für ihre sorgfältige Arbeit an meinem Feature zu den kognitiven Nebenwirkungen von Antidepressiva. Außerdem möchte ich einige Redakteure nennen, mit denen ich vor vielen Jahren zusammenarbeiten durfte: Peter Herbst, Betsy Carter, Michelle Stacey, Judith Daniels und Jane Amsterdam.

Freunde und Verwandte nahmen mich gastfreundlich auf, wenn ich in ihrer Stadt auftauchte, um Interviews zu führen oder Recherchen anzustellen. Ich danke Tom und Amy Jakobson, Stacey Spector, Margaret und Alan Metcalf-Klaw, Jim Wilson und Janet Shur, Julie und Jeremy Levy, Cindy Albert-Link und Carol Hopkins für ihre bequemen Betten und reich gedeckten Tische, vor allem aber dafür, dass sie es ertrugen, wenn ich um Mitternacht noch herumtigerte, und dass sie mir gern Wegbeschreibungen gaben und mich im Auto chauffierten.

Ich bin froh, dass meine Verwandten es sich gefallen ließen, wenn ich nicht zu Geburtstags- und anderen Feiern erschien, ganz zu schweigen davon, dass ich gemeinsame Pläne manchmal in letzter Minute absagte. Sie fanden Zeit für mich, wann immer ich einen Besuch zwischen meinen Terminen einschieben konnte. Ich danke insbesondere meinen Schwiegereltern Sid und Gloria Ramin, die sämtliche Phasen des Projekts mit nie versiegendem Interesse und Stolz verfolgten, meiner Mutter und meinem Vater sowie meiner Tante Helen Mintz, die mir per E-Mail regelmäßig kleine amüsante Hinweise, Ratschläge und tröstende Worte zukommen ließ. Mein Dank geht auch an Freunde, die unserer Familie sehr eng verbunden sind, insbesondere an Diane und Gary Tsyporin und ihren Sohn Jeremy, die uns auf vielfältige Weise zur Seite standen. Ich danke meiner Schwägerin Lisa Jakobson, von der das Foto auf dem Umschlag der amerikanischen Ausgabe und viele Fotos auf meiner Website stammen.

Pat Carroll Marasco sorgte dafür, dass das Rechercheteam sein Geld bekam und weder Strom noch Telefon abgestellt wurden. Kim Holmes verhinderte mit ihren körpertherapeutischen Maßnahmen, dass sich bei mir berufstypische Gesundheitsprobleme wie Karpaltunnelsyndrom oder »Schriftstellerellenbogen« und »Schreibtischbuckel« entwickelten. Kevin Chriss zeigte mir, dass mit der richtigen Art von Datensicherung wahre Wunder möglich sind. Kay Cessna, die genau wusste, mit welchen Schwierigkeiten ich es hier aufnahm, werde ich bis an mein Lebensende dankbar dafür sein, dass sie mich nicht nur ermutigte, das Projekt in Angriff zu nehmen, sondern auch dafür sorgte, dass ich alles Nötige hatte, um es zu Ende zu führen.

Mein Dank gilt der MacDowell-Künstlerkolonie in New Hampshire, wo ich das Buch zu schreiben begann, und dem Zentrum für kreative Künste in Virginia, wo ich es abschloss. Meine Arbeitsaufenthalte in diesen stillen Hallen waren das größte Geschenk für mich – nichts konnte dort die Arbeit unterbrechen. Ich danke auch der Schriftstellergruppe San Francisco Writer's Grotto und allen ihren Mitgliedern. Als offizielle nomadisierende Büro-Untermieterin fand ich bei ihnen Raum zum ungestörten Arbeiten. Ich freue mich darauf, mein nächstes Buch dann in meinem eigenen Büro bei Grotto schreiben zu können. Dankbar bin ich auch der Stadtbücherei von Mill Valley, die mitten in einem Wäldchen mit unglaublich hohen Bäumen liegt, wo ich nachdenken und schreiben konnte und manchmal einfach nur vorbeischaute, um Atem zu holen.

Die Ideen dieses Buches gehen in besonderem Maße auf die Lektüre von Büchern und Artikeln der folgenden Autorinnen und Autoren zurück: David Shenk, Steven Johnson, Sharon Begley, Floyd Skloot, Daniel Schacter, Carl Honoré, Denise Grady, Jane Gross, Sandra Blakeslee, Diane Ackerman, Lisa Melton, Will Shortz, James Gleick, Rebecca Rupp, Tara Parker-Pope, Christen Brownlee, Alison Motluck, Gina Kolata, Laurie Tarkan, Natalie Angier, Roni Rabin, Claudia Kalb, Christine Gorman, Jerome Groopman, Ben Harder, Kate Murphy, Ronald Kotulak, Susan Aldridge, Billy Collins, Jared Diamond, Stephanie Saul, Ben Raines und Simone de Beauvoir.

Es hat auch sein Gutes, dass die Schar der Erinnerungs-durstigen größtenteils großen Wert darauf legte, anonym zu bleiben. Sonst würde diese Liste noch wesentlich länger, weil ich eigentlich gern jedem Einzelnen von ihnen dafür danken würde, dass er sich die Zeit nahm, den Fragebogen auszufüllen oder auch an einem dreistündigen Gruppen-gespräch teilzunehmen. Einige haben mir natürlich die Er-laubnis gegeben, ihre Namen zu nennen, und so kann ich Lawrence Roberts, Zvi Dannenberg, Richard Lang, Nan Wiener, Dawn Swanson, Courtenay »Co« Crocker und William McGlynn meinen innigsten Dank aussprechen.

Ich finde es bemerkenswert, dass mir im Laufe der Re-cherchen, die sich über drei Jahre erstreckten, nur drei Wis-senschaftler (von insgesamt über 300) meine Bitte um ein Interview abschlugen. Alle anderen – ob sie nun hochrenom-miert oder noch nicht so bekannt waren – fragten mich ein-fach, wann ich vorbeikommen oder sie per Telefon inter-viewen wolle. Für eine Journalistin, die es eher gewohnt ist, dass jemand sofort auflegt oder ihr die Tür vor der Nase zu-schlägt, sind derart freundliche Einladungen alles andere als selbstverständlich. Ich war stets beeindruckt, wie präzise, ruhig und engagiert die Interviewpartner auf meine Fragen eingingen. Viele Wissenschaftler nahmen sich sehr viel Zeit für mich, erläuterten geduldig ihre Arbeit und waren sich da-bei im Klaren, dass ich (wie alle Wissenschaftsjournalisten, die ein Laienpublikum im Blick haben) das herausgreifen würde, was mir wichtig schien – was bedeutete, dass viele der hochinteressanten Einzelinformationen sozusagen ein-fach auf dem Boden des Labors liegen bleiben würden. Dank verdienen auch andere Wesen in den Labors, nämlich die kleinen langschwänzigen. Wenn ich eine Studie mit Nage-tieren zitiere, bedeutet das immer, dass für den wissenschaft-lichen Fortschritt Dutzende oder Hunderte dieser Tiere ihr Leben lassen mussten. Ich würde nicht einmal fellgefütterte Handschuhe tragen, doch mir ist bewusst, dass es auch von diesen Tieren abhängt, ob wir die Mechanismen der Alzheimer-Krankheit, die uns zu überrollen droht, bald durchschauen werden und Heilmethoden entwickeln können.

Ich möchte folgenden, in alphabetischer Reihenfolge genannten Wissenschaftlern, Institutionen, Ärzten und Therapeuten für ihre Hilfe danken: Marilyn Albert, der Alzheimer's Association of America, Karen Ashe, Tallie Baram, Samuel Barondes, George Bartzokis, Gordon Bell, David Bennett, Jan Born, Peter Breggin, Douglas Bremner, Robert Diaz-Brinton, Randy Buckner, Stephen Bunker, Larry Cahill, Jonathan Canick, Anjan Chatterjee, Anthony Chen, Antonio Convit, Carl Cotman, Suzanne Craft, Thomas Crook III, Margaret Cullen, Ward Dean, Mony de Leon, Gayatri Devi, David Dinges, Deborah Dorsey, Richard Doty, Martha Farah, Steven Ferris, Steven Fowkes, Laura Fratiglioni, Bruce Friedman, Richard A. Friedman, Fred Gage, Michaela Gallagher, Joseph Glenmullen, Paul Gold, Elkhonon Goldberg, Elizabeth Gould, Cheryl Grady, Joe Graedon, Robert C. Green, Margaret Gullette, Edward Hallowell, Davis Hasker, Stephen Hauser, Jeff Hawkins, Jane Hightower, James Joseph, Marcel Just, Eric Kandel, Andrea Kaplan, Lawrence Katz, Claudia Kawas, Dharma Singh Khalsa, Miia Kivipelto, William Klunk, Peter Kramer, Jeffrey Kreutzer, Tracy Kuo, Ray Kurzweil, Margie Lachman, Virginia Lee, Harriet Lerner, Ed Levin, Elizabeth Loftus, Sonia Lupien, Constantine Lyketsos, Kate Mahaffey, Chester Mathis, Mark McDaniel, Bruce McEwen, James McGaugh, Tracy McIntosh, Michael Meaney, Michael Merzenich, David Meyer, Peter Meyers, Karen Miller, John C. Morris, Charles Nemeroff, Maud Nerman, Denise C. Park, Michael Perlis, David Perlmutter, Ronald C. Petersen, Dorene Rentz, Jacqueline Rogers, Benno Roozendaal, Steven P. Rose, Anthony Rostain, Ronald Ruff, Henry Rusinek, Oliver Sacks, Barbara Sahakian, Marvin Sams, Robert Sapolsky, Judith Saxton, Andrew Saykin, Daniel Schacter, Richard Shames, Barbara Sherwin, Daniel Siegel, Gary Small, Scott Small, Susan Smalley, Yaakov Stern, Robert J. Sternberg, Robert Stickgold, Rudolph Tanzi,

Pierre Tariot, Harry M. Tracy, John Q. Trojanowski, Tim Tully, Danielle Turner, Mark Tuszynski, Eve Van Cauter, Jeffry Vaught, Joe Verghese, Norma Volkow, Alan Wallace, Michael W. Weiner, Polly Wheat, Aaron White, Robert S. Wilson, Cody Wright, Bruce Yankner und Liqin Zhao.

Und schließlich danke ich voller Liebe und aus ganzem Herzen meinem Mann Ron Ramin und meinen Söhnen Avery und Oliver, die an ihrer Überzeugung festhielten, dass diese Geschichte es wert war, erzählt zu werden, selbst wenn die Arbeit daran an manchen Tagen dazu führte, dass ich mehr vergaß, als ich behielt.

Anmerkungen

Vorwort: Unser kostbarster Besitz

1 Zitiert nach Daniel Schacter, *The Seven Sins of Memory: How the Mind Forgets and Remembers.* Boston: Houghton Mifflin, 2001. (Dt. *Aussetzer: Wie wir vergessen und uns erinnern.* Bergisch Gladbach: Lübbe, 2005, S. 34.)

2 Gary Small, Interview mit der Autorin, 1. Dezember 2003.

3 Zvi Dannenberg, Begegnung mit der Autorin, 6. September 2005.

1 Wenn auf unser Gedächtnis kein Verlass mehr ist
Die peinlichen Aussetzer häufen sich – ein Grund zur Sorge?

1 Denise Park, Referat bei einer Konferenz der American Psychological Association, 24. August 2001.

2 Harriet Lerner, Interview mit der Autorin, 21. Juni 2006.

3 Gina Kolata, »Live Long, Die Young? Answer Isn't Just in Genes«, *New York Times*, 31. August 2006, http://www.nytimes.com.

4 George F. Will, »A Mother's Love, Clarified«, *Washington Post*, 13. Juli 2006, A23.

5 Phyllis, Interview mit der Autorin, 8. September 2006.

6 Richard J. Hodes, »Public Funding for Alzheimer Disease Research in the United States«, *Nature Medicine*, 12 (Juli 2006), S. 770–773.

7 Ibid., S. 778, 774.

8 Ibid., S. 780.

9 John C. Morris, Interview mit der Autorin, 20. Juli 2004.

10 John Trojanowski, Interview mit der Autorin, 27. April 2004.

2 Patzer, Schnitzer, Aussetzer
Freimütige Berichte von großen und kleinen Fehlleistungen

1 Ian Frazier, »If Memory Doesn't Serve«, *Atlantic Monthly*, Oktober 2004, S. 103.

2 Daniel Schacter, *Aussetzer*, S. 316 f.

3 »See Attachment (No File Attached)«, *New Scientist*, 29. Juli 2006, S. 25.

3 Überlastete Stirnlappen
»Informationsflut« ist keineswegs das Einzige, was uns zu schaffen macht

1 Edward Hallowell, »Overloaded Circuits: Why Smart People Underperform«, *Harvard Business Review*, 1. Januar 2005, S. 54–61.

2 »What Only a Chimp Knows«, *New Scientist*, 10. Juni 2006, S. 48.

3 Daniel Goleman, »Biologists Find Site of Working Memory«, *New York Times*, Mai 2,1995, C1.

4 Denise C. Park und Michele L. Meade, »Everyday Memory«, in: D. Ekerdt (Hg.), *The MacMillan Encyclopedia of Aging*, 4. Auflage (New York: MacMillan Reference, im Druck).

5 Edward Hallowell, Interview mit der Autorin, 24. April 2006.

6 David Shenk, *Data Smog: Surviving the Information Glut*. New York:

HarperEdge, 1997. (Dt. *Datenmüll und Infosmog: Wege aus der Informationsflut.* München: Lichtenberg, 1998, S. 37.)

7 Ibid., S. 97.

8 Ibid., S. 112.

9 Michelle Stacey, *The Fasting Girl: A True Victorian Medical Mystery.* New York: Tarcher/Penguin, 2002, S. 9.

10 Shenk, *Datenmüll und Infosmog*, S. 67.

11 Jean-Carl Honoré, *In Praise of Slowness: How a Worldwide Movement Is Challenging the Cult of Speed.* San Francisco: HarperSanFrancisco, 2004. (Dt. *Slow life: Neue Kreativität und Lebensqualität durch die Verwirklichung von Eigenzeit.* München: Riemann, 2004, S. 54.)

12 Robert Archibald, *A Place to Remember: Using History to Build Community.* Walnut Creek, CA: Altamira Press, 1999, S. 125.

13 Adam Bryant, »Feeling All Thumbed Out«, *New York Times*, 28. Mai 2006, S. 5.

14 James Gleick, *What Just Happened: A Chronicle from the Information Frontier.* New York: Pantheon, 2002, S. 283.

15 Jeff Hawkins, Interview mit der Autorin, 26. August 2004.

16 Edward M. Hallowell, *CrazyBusy: Overstretched, Overbooked, and About to Snap! Strategies for Coping in a World Gone ADD.* New York: Ballantine, 2006, S. 101.

17 Alison Motluk, »Got A Minute?« *New Scientist*, 24. Juni 2006, S. 46–49.

18 Ibid., S. 48.

19 Yuhong Jiang et al., »fMRI Provides New Constraints on Theories of the Psychological Refractory Period«, *Psychological Science*, 15 (6), S. 390–396.

20 Melissa Healy, »We're All Multi-tasking, but What's the Cost?« *Los Angeles Times*, 19. Juli 2004, F1.

21 Marcel Just, Interview mit der Autorin, 20. April 2004.

4 Wenn der rote Faden plötzlich reißt
Warum Wörter und Gedanken ohne Vorwarnung plötzlich weg sind

1 Schacter, *Aussetzer*, S. 104–106.

2 Ibid., S. 117.

3 Deborah Burke, »Memory and Aging«, in: M. Gruneberg & P. Morris (Hg.), *Aspects of Memory*, 2. Auflage, Bd. 1: *The Practical Aspects.* London u. a.: Routledge, 1992, S. 126.

4 William Sanre, »On Language. Whosit's Whatchamacallit: The Unexplored World of Tongue-Tippers«, *New York Times*, 9. 1. 2005, Sektion 6, S. 20.

5 Daniel Schacter, Interview mit der Autorin, 25. Oktober 2005.

6 Schacter, *Aussetzer*, S. 120.

7 Ibid., S. 121.

8 Susan Kemper und Reinhold Kliegl (Hg.), *Constraints on Language: Aging, Grammar, and Memory.* Boston: Kluwer Academic Publishers, 1999, S. 89.

9 Burke, »Memory and Aging«, S. 127 f.

10 Rebecca Rupp, *Committed to Memory: How We Remember and Why We Forget.* New York: Crown, 1997, S. 198 f.

11 Barbara Wallraff, »Word Fugitives«, *Atlantic Monthly*, Juli/August 2005, S. 160.

12 Bob Morris, »Nice to Meet You . . . Again«, *New York Times*, 15. Dezember 2002, Sektion 9, S. 4.

13 Arthur, Interview mit der Autorin, 23. November 2004.

14 Rusiko Bourtchouladze, *Memories Are Made of This: How Memory Works in Humans and Animals.* New York: Columbia University Press, 2002, S. 60.

5 In die Röhre
Was ein Hirnscan zeigt (und was nicht)

1 Gary Small, *The Memory Bible: An Innovative Strategy for Keeping Your Brain Young.* New York: Hyperion, 2002. (Dt. *Gegen das große Vergessen: Ein ganzheitliches Gedächtnistraining.* Frankfurt am Main: mvg, 2004.)

2 Gary Small, Interview mit der Autorin, 12. Dezember 2003.

3 Gary Small, Interview mit der Autorin, 19. Dezember 2003.

4 Ibid.

5 Apoorva Mandavilli, »The Amyloid Code«, *Nature Medicine*, Juli 2006, S. 748.

6 http://www.alz.org/AboutAD/statistics.asp.

7 Alice Dembner, »Tests Will Predict Who Is Developing Alzheimer's and Who Will Benefit Most from Treatment«, *Boston Globe*, 6. Juli 2004.

8 M. F. Folstein, S. E. Folstein und P. R. McHugh, »Mini-Mental State: A Practical Method for Grading the State of Patients for the Clinician«, *Journal of Psychiatric Research* 12 (1975), S. 189–198.

9 John C. Morris und D. T. Villareal, »The Diagnosis of Alzheimer's Disease«, *Alzheimer's Disease Review* 3 (1998), S. 142–152; Pauline Spaan et al., »Early Assessment of Dementia: The Contribution of Different Memory Components«, *Neuropsychology* 19, Nr. 5 (2005), S. 629–640; Janet Duchek et al., »Failure to Control Prepotent Pathways in Early Stage Dementia of the Alzheimer's Type: Evidence from Dichotic Listening«, *Neuropsychology* 19, Nr. 5 (2005), S. 687–695.

10 Andrea Kaplan, E-Mail an die Autorin, 12. Oktober 2005.

11 Gary Small, Interview mit der Autorin, 14. Mai 2004.

6 Gehirnnahrung
Nachschub für das Gehirn in den mittleren Jahren: essenzielle Fettsäuren, Omega-3-Fettsäuren, Vitamine, Nahrungsergänzungsmittel und Glukose

1 Lisa Melton, »The Antioxidant Myth«, *New Scientist*, 5. August 2006, S. 40–43.

2 Studienergebnisse nach drei Jahren, vorgestellt bei der Konferenz der American Association for the Advancement of Science, Seattle, Februar 2004. ·

3 Deborah Dorsey, Interview mit der Autorin, 16. Dezember 2003.

4 Paul Gold, »Fluctuations in Glucose Concentration During Behavioral Testing: Dissociations Both Between Brain Areas and Between Brain and Blood«, *Neurobiology of Learning and Memory* 75 (2001), S. 325–337; Paul Gold und Ewan C. McNay, »Age-Related Differences in Hippocampal Extracellular Fluid Glucose Concentration During Behavioral Testing and Following Systemic Glucose Administration«, *Journal of Gerontology, Series A: Biological Sciences and Medical Sciences* 56 (Mai 2001), B66–B71.

5 Paul Gold, Interview mit der Autorin, 16. Februar 2004.

6 Bijal Trivedi, »The Good, the Fad and the Unhealthy«, *New Scientist*, 23. September 2006, S. 42–48.

7 James Joseph, Interview mit der Autorin, 26. März 2004.

8 J. A. Joseph et al., »Anthocyanins in Aged Blueberry-Fed Rats Are Found Centrally and May Enhance Memory«, *Nutritional Neuroscience* 8, Nr. 2 (April 2005), S. 111–120; J. A. Joseph et al., »Modulation of Hippocampal Plasticity and Cognitive Behavior by Short-Term Blueberry Supplementation in Aged Rats«, *Nutritional Neuroscience* 7, Nr. 5/6 (2004), S. 309–316.

9 »Compound in Apples May Help Fight Alzheimer's disease«, Pressemitteilung der American Chemical Society, 16. November 2004.

10 »Curry Ingredient May Stop Alzheimer's«, Pressemitteilung von Yomiuri Shimbun über einen Vortrag vor der japanischen Gesellschaft für Demenzforschung in Tokio, 30. September 2004.

11 Jun Tan et al., »Green Tea Epigallocateden-3-Gallate (EGCG) Modulates Amyloid Precursor Protein Cleavage and Reduces Cerebral Amyloidosis in Alzheimer Transgene Mice«, *Journal of Neuroscience* 25, 21. September 2005, S. 8807–8814.

12 »UMass Lowell Research Shows Benefits of Apple Juice on Neurotransmitter Affecting Memory«, Pressemitteilung der University of Massachusetts-Lowell, 1. August 2006.

13 David Perlmutter, *The Better Brain Book*. New York: Riverhead Books, 2004, S. 111.

14 Trivedi, »The Good, the Fad …«, S. 48.

15 Christen Brownlee, »Eat Smart: Foods May Effect the Brain as well as the Body«, *Science News*, 4. März 2006, S. 136.

16 »This Transgenic Little Piggy Boosts Your Brain«, *New Scientist*, 1. April 2006, S. 20.

17 Alison Motluck, »Aisle Spy: The Hot New Health Foods«, *O Magazine*, Mai 2006, S. 156.

18 Perlmutter, *The Better Brain Book*, S. 26.

19 Jane Brody, »Butter or Margarine? First, Study the Label«, *New York Times*, 5. September 2006, D7.

7 Aerobics für den Kopf
Von öde bis süchtig machend: Methoden, um die Neuronen auf Trab zu halten

1 Deborah Dorsey, Interview mit der Autorin, 27. Januar 2004.

2 Daniel Schacter, *Aussetzer*, S. 59.

3 Lawrence Katz, Interview mit der Autorin, 22. April 2004.

4 Lawrence Katz, *Keep Your Brain Alive – 83 Neurobic Exercises*. New York: Workman, 1998. (Dt. *Neurobics – fit im Kopf: 83 Übungen zur Leistungssteigerung des Gehirns*. München: Goldmann, 2001.)

5 Interview mit Katz.

6 Ibid.

7 Michael Merzenich, Interview mit der Autorin, 20. April 2005.

8 Nicholas Wade, »Brains and Brawn: One and the Same«, *New York Times*, 25. Januar 2004, D7.

9 Randy Buckner, Interview mit der Autorin, 12. September 2005.

10 Interview mit Merzenich.

11 Ibid.

12 Ibid.

13 Ibid.

14 Arthur Wingfield et al., »Hearing Loss in Older Adulthood: What It Is and How It Interacts with Cognitive Performance«, *Current Directions in Psychological Science* 14, Nr. 3 (2005), S. 144–148.

15 Kerry A. Dolan, »Sharp as a Tack«, *Forbes*, 27. März 2006.

16 Interview mit Merzenich.

17 Interview mit Merzenich.

18 Bruce Friedman, Interview mit der Autorin, 12. Februar 2006.

19 Bill McGlynn, E-Mail an die Autorin, 13. Februar 2006.

20 Ibid.

21 Walter S. Mossberg, »Survived the '60s? You May Want to Try This Nintendo Game«, *Wall Street Journal*, 23. März 2006. Eingesehen unter http://ptech.wsj.com/archive/ptech-20060323.html

8 Im Säurebad
Ein durch chronischen Stress erhöhter Cortisonspiegel tut dem Hippokampus nicht gut

1 Jeanette, Interview mit der Autorin, 19. April 2004.

2 Bruce McEwen, *The End of Stress As We Know It*. Washington, DC: National Academies Press, 2002, S. 62.

3 Lyle E. Bourne jr. und Rita A. Yaroush, »Stress and Cognition: A Cognitive Psychological Perspective«, *National Aeronautics and Space Administration*, 1. Februar 2003, S. 23 ff.

4 Sonia Lupien, »New Research Stresses the Responses to Stress«, *BrainWork*, März/April 2004, S. 1.

5 Robert Sapolsky, *Monkeyluv and Other Essays on Our Lives as Animals*. New York: Scribner, 2005, S. 101.

6 Bruce McEwen, Interview mit der Autorin, 7. Dezember 2005.

7 Ibid.

8 Robert Sapolsky, *Why Zebras Don't Get Ulcers: A Guide to Stress, Stress-Related Diseases, and Coping*. New York: W. H. Freeman, 1994. (Dt. *Warum Zebras keine Migräne kriegen*. München: Piper, 1996.)

9 McEwen, *End of Stress*, S. 123.

10 Robert Sapolsky, »Taming Stress«, *Scientific American*, September 2003, S. 92.

11 Interview mit McEwen.

12 McEwen, *End of Stress*, S. 122 f.

13 Trivedi, »The Good, the Fad …«, S. 48.

14 Sapolsky, »Taming Stress«.

15 Fred Gage, »Depression and the Birth and Death of Brain Cells«, *American Scientist* 88, Nr. 4 (2000), S. 340.

16 R. C. Kessler et al., »Posttraumatic Stress Disorder in the National Comorbidity Survey«, *Archives of General Psychiatry* 52, Nr. 12 (1995), S. 1048–1060.

17 Douglas Bremner, *Does Stress Damage the Brain? Understanding Trauma-Related Disorders from a Mind-Body Perspective*. New York: Norton, 2002, S. 152.

18 Douglas Bremner, Interview mit der Autorin, 1. Juni 2004.

19 Interview mit der Autorin, 5. Mai 2005; Daniel Siegel, *The Developing*

Mind: Toward a Neurobiology of Interpersonal Experience. New York: Guilford Press, 1999. (Dt. *Wie wir werden, die wir sind: Neurobiologische Grundlagen subjektiven Erlebens und die Entwicklung des Menschen in Beziehungen,* Paderborn: Junfermann, 2006.)

20 Interview mit der Autorin, 5. Mai 2005.

9 Mehr Östrogen, bitte
Könnte eine Hormontherapie Ihren Neuronen auf die Sprünge helfen?

1 Bruce McEwen, *The End of Stress As We Know It,* S. 168 f.
2 Pauline Maki, »Estrogen Effects on the Hippocampus and Frontal Lobes«, *International Journal of Fertility and Women's Medicine* 50, Nr. 2 (2005), S. 67–71.
3 C. Kawas et al., »Treating Alzheimer's Disease: Today and Tomorrow«, *Patient Care,* November 15, 1996, S. 62–83.
4 Bruce C. McEwen und Stephen E. Alves, »Estrogen Actions in the Central Nervous System«, *Endocrine Reviews* 20, Nr. 3 (1999), S. 279–307.
5 Maki, »Estrogen Effects«.
6 K. I. Erickson et al., »Selective Sparing of Brain Tissue in Postmenopausal Women Receiving Hormone Replacement Therapy«, *Neurobiology of Aging* 26, Nr. 8 (2005), S. 1205–1213.
7 Natalie Rasgon (Hg.), *The Effects of Estrogen on Brain Function.* Baltimore, MD: Johns Hopkins University Press, 2006, S. 1.
8 Robert Sapolsky, Interview mit der Autorin, 18. November 2005.
9 Dr. Barbara Sherwin, E-Mail-Korrespondenz, 13. Juni 2004.
10 »Ob/Gyn Panel Revisits HRT«, Pressemitteilung der Yale University, 29. Oktober 2004.
11 Rasgon, *Effects of Estrogen.*
12 Roni Rabin, »Basing Choice on Risk vs. Benefit«, *New York Times,* 31. Januar 2006.
13 American College of Obstetricians and Gynecologists, »Frequently Asked Questions About Hormone Therapy.« Eingesehen unter http://www.acog.org (Oktober 2004).
14 Jane Gross, »Strokes or Insomnia? A Woman's Hormone Quandary«, *New York Times,* 23. März 2004, D5.
15 Gayatri Devi, Interview mit der Autorin, 8. Juni 2004.
16 Ibid.
17 Peter Meyers, »A Population-Based Longitudinal Study of Cognitive Functioning in the Menopausal Transition«, *Neurology* 61 (2003), S. 801–806.
18 »Memory Problems at Menopause: Nothing to Forget About«, Pressemitteilung der University of Rochester, 3. Februar 2006.
19 Interview mit Devi.
20 Ingrid Wickelgren, »Brain Researchers Try to Salvage Estrogen Treatments«, *Science* 302 (2003), S. 1138 f.
21 Barbara Sherwin, »Surgical Menopause, Estrogen, and Cognitive Function in Women: What Do the Findings Tell Us?« *Annals of the New York Academy of Science* 1052 (2005), S. 3–10.
22 Ibid.
23 Rasgon, *Effects of Estrogen,* S. 31 f.
24 Ibid., S. 33.
25 Rabin, »Basing Choice on Risk vs. Benefit«.

10 Das verwundbare Gehirn
Die Spätfolgen unbeachtet gebliebener Gehirntraumata

1 Gary Small, Interview mit der Autorin, 14. Mai 2004.

2 Jonathan Canick, Interview mit der Autorin, 24. November 2003.

3 Jonathan Canick, Interview mit der Autorin, 4. Dezember 2003.

4 »New Brain Imaging Reveals Damage MRI Misses«, *Good Morning America*, 17. Februar 2006; Eingesehen unter http://www.abcnews.go.com/GMA/story?1d=1627855&page=l; N. Nakayama, »Evidence for White Matter Disruption in Traumatic Brain Injury Without Microscopic Lesions«, *Journal of Neurology, Neurosurgery, and Psychiatry* 77, Nr. 7 (2006), S. 850–855.

5 Gary Abrams, E-Mail an die Autorin, 23. November 2004.

6 D. H. Smith et al., »Accumulation of Amyloid [beta] and Tau and the Formation of Neurofilament Inclusions Following Diffuse Brain Injury in the Pig«, *Journal of Neuropathology and Experimental Neurology* 58 (1999), S. 982–992, nach der Darstellung in Franklin Institute Online, http://www.fi.edu/brain/head.htm.

7 »New Study at UNC Shows Concussions Promote Dementias in Retired Professional Football Players«, Pressemitteilung der University of North Carolina, 10. Oktober 2005.

8 National Center for Injury Prevention and Control, »Report to Congress on Mild Traumatic Brain Injury in the United States: Steps to Prevent a Serious Public Health Problem«, Centers for Disease Control and Prevention, September 2003, nach der Darstellung in »Incidence of Mild and Moderate Brain Injury in the United States, 1991«, *Brain Injury* 10, Nr. 1 (1996), S. 47–54.

9 Ibid.

10 Jane Brody, »In Sports, Play Smart and Watch Your Head«, *New York Times*, 26. Oktober 2004, F9.

11 »NFL Players Show More Rapid Recovery from Concussions than High School Players«, Pressemitteilung des University of Pittsburgh Medical Center, 23. Januar 2006.

12 Ibid.

13 »The Johns Hopkins White Paper Bulletins«, *Memory*, 22. April 2005, S. 11.

14 John Pastor, »Biomarker Test May Give Early Warning of Brain Woes«, *University of Florida News*, 13. Oktober 2005.

11 Kosmetische Neurologie
Die vielfältigen und verlockenden Möglichkeiten, unsere kognitive Leistungsfähigkeit mit pharmazeutischer Hilfe zu steigern

1 Anthony Rostain, Interview mit der Autorin, 3. Oktober 2004.

2 »ADHD Drug Use in US Rose Among Ages 20 to 44«, Pressemitteilung von Medco Health Solutions, 21. März 2006.

3 John Lanchester, »High Style: Writing Under the Influence«, *The New Yorker*, 6. Januar 2003.

4 *Physician's Desk Reference*, 58. Auflage. New Jersey: Thomson PDR, 2003.

5 Michael Perlis, Interview mit der Autorin, 4. März 2005.

6 Eingesehen unter http://www.cephalon.com.

7 Jerome Groopman, »Eyes Wide Open«, *The New Yorker*, 3. Dezember 2001.

8 Jeffry Vaught, Interview mit der Autorin, 8. Februar 2006.

9 Ibid.

10 Graham Lawton, »The New Incredibles: Enhanced Humans«, *New Scientist*, 13. Mai 2006; Danielle C. Turner et al., »Cognitive Enhancing Effects of Modafinil in Healthy Volunteers«, *Psychopharmacology* 165 (2003), S. 260–269.

11 Danielle Turner, Interview mit der Autorin, 2. Februar 2006.

12 Anthony Chen, Interview mit der Autorin, 15. November 2004.

13 »Cephalon Breaks $1B in Revenue«, *Philadelphia Business Journal*, 15. Februar 2005.

14 Anna Wilde Mathews und Scott Hensley, »Strong ADHD Drug Alerts Are Urged: FDA Might Not Heed Advice of Split Advisory Committee About Heart-Risk Labeling«, *Wall Street Journal*, 10. Februar 2006.

15 Interview mit D. Turner.

16 »ADHD Drug Snag«, *New Scientist*, 19. August 2006, S. 7.

17 Lawton, »The New Incredibles«.

18 Harry M. Tracy, »Mild Cognitive Impairment«, *Neuroinvestment* 102, November 2003; »Memory Deficits«, *Neuroinvestment* 126, November 2005.

19 Catherine Arnst, »I Can't Remember: Drugs to Stave Off Memory Impairment May Be on the Horizon«, *BusinessWeek*, 1. September 2003.

20 Eingesehen unter http://www.saegispharma.com.

21 *Neuroinvestment* 102, November 2003.

22 A. F. T. Arnsten et al., »Dysregulation of Protein Kinase A Signaling in the Aged Prefrontal Cortex: New Strategy for Treating Age-Related Cognitive Decline«, *Neuron* 40 (2003), S. 835–845.

23 Bijal Trivedi, »Electrify Your Mind – Literally«, *New Scientist*, 15. April 2006.

24 Ibid., S. 36.

25 Ibid., S. 34.

26 Francis Fukuyama, *Our Posthuman Future: Consequences of the Biotechnology Revolution*. New York: Farrar Straus & Giroux, 2002. (Dt. *Das Ende des Menschen*. Stuttgart: Deutsche Verlags-Anstalt, 2002, S. 287.) Siehe auch Ronald Bailey, »The Battle for Your Brain«, Reasononline, Februar 2003, http://www.reason.com/0302/fe.rb.the.shtml.

27 Martha Farah, Interview mit der Autorin, 26. April 2004.

28 »As Evolution Intended«, *New Scientist*, 26. August 2006, 25.

12 Meditation und Neurofeedback
An den Stellschrauben drehen: Wie eine Optimierung der Gehirnwellen die Aufmerksamkeit verbessern kann

1 Marvin Sams, Interview mit der Autorin, 9. Dezember 2004.

2 Ibid.

3 Marvin Sams, Interview mit der Autorin, 4. Januar 2005.

4 Marvin Sams, Interview mit der Autorin, 9. Dezember 2004.

13 Schlafen kann ich, wenn ich tot bin
Wer zu wenig schläft, bleibt unter seinen Möglichkeiten

1 *Journal of the American Medical Association*, 16. August 2000, zitiert nach »Sleep Linked to Ageing«, *BBC News*, 15. August 2000.

2 Stephanie Saul, »Record Sales of Sleeping Pills Are Causing Worries«, *New York Times*, 7. Februar 2006.

3 Ben Harder, »Staring into the Dark«, *Science News*, 26. November 2005.

4 A. Vgontzas et al., »Middle-Aged Men Show Greater Sensitivity of Sleep to the Arousing Effects of Corticotropin-Releasing Hormone Than Young Men: Clinical Implications«, *Journal of Clinical Endocrinology and Metabolism* 86, Nr. 4 (2001), S. 1489–1495.

5 »The Human Brain: The Effects of Sleep Deprivation«, Franklin Institute Online, eingesehen unter http://www.fi.edu/brain/sleep.htm.

6 Umfrage »Sleep in America«, National Sleep Foundation 2002, von März 2002, durchgeführt von WB and A Market Research, Washington, DC.

7 Ibid.

8 Christine Gorman, »Why We Sleep«, *Time Magazine*, 20. Dezember 2004.

9 Dana Sullivan, »How to Nap«, *Real Simple*, Dezember 2005 – Januar 2006, S. 215–218.

10 Eve Van Cauter et al., »Age-Related Changes in Slow-Wave Sleep and REM Sleep and Relationship with Growth Hormone and Cortisol Levels in Healthy Men«, *Journal of the American Medical Association* 284 (2000), S. 861–868.

11 Groopman, »Eyes Wide Open«.

12 Robert Stickgold, Interview mit der Autorin, 8. März 2004.

13 Ibid.

14 Ibid.

15 Eve Van Cauter et al., »Age-Related Changes«.

16 »APD125 for Insomnia: Phase 1 Results Provided Evidence of Safety, Increased Time in Slow Wave Sleep, and a Positive Signal on Sleep Maintenance Parameters«, Arena Pharmaceuticals, eingesehen unter http://www.arenapharm.com/wt/page/adpl25.

17 Gorman, »Why We Sleep«.

18 Gabriel García Márquez, *Cien años de soledad*. Buenos Aires: Editorial Sudamericana 1967. (Dt. *Hundert Jahre Einsamkeit*, Köln: Kiepenheuer & Witsch, 1970, S. 61f.)

19 Tracy Kuo, Interview mit der Autorin, 30. März 2005.

20 Michael Perlis, Interview mit der Autorin, 4. März 2005.

21 Ibid.

22 Maureen, Interview mit der Autorin, 30. März 2005.

23 Tracy Kuo, Interview mit der Autorin, 23. März 2006.

24 Medline Plus, http://www.nlm.nih.gov/medlineplus/ency/article/000811.htm.

25 Interview mit Kuo.

26 Polo-Kantola, »Sex Steroids and Sleep: Sleep Disturbances in Menopause«, *Annals of Endocrinology* 64, Nr. 2 (2003), S. 152–156.

**14 Ursachen, an die man nicht unbedingt denkt
Zusammenhänge zwischen kognitiver Leistungsschwäche und häufigen Gesundheitsproblemen des mittleren Alters**

1 Michelle Tauber, »A New Ending«, *People Magazine*, 3. November 2003.

2 Mary A. Fischer, »You Think You're Tired«, *O Magazine*, September 2006, S. 231–236.

3 Diederik van Dijk et al., »Cognitive Outcome After Off-Pump and On-Pump Coronary Artery Bypass Graft Surgery: A Randomized Trial«, *Journal of the American Medical Association* 287 (2002), S. 1405–1412.

4 Carole Tanzer Miller, »Oh No! What Happened to the Afterglow? Some

People Lapse into Amnesia After Sex«, HealthScoutNews.com, 24. Juni 2003, http://www.geometry.net/detail/health_conditions/transient_global _amnesia_page_no_4.html.

5 »Memory Loss and Thyroid Function«, Great Smokies Diagnostic Laboratory 2002, http://www.gdx.net/home/assessments/finddisease/memory/thyroid.html.

6 Yodphat Krausz et al., »Regional Cerebral Blood Flow in Patients with Mild Hypothyroidism«, *Journal of Nuclear Medicine* 45, Nr. 10 (2004), S. 1712–1715; »Cerebral Blood Flow and Glucose Metabolism in Hypothyroidism: A Positron Emission Tomography Study«, *Journal of Clinical Endocrinology and Metabolism* 86, Nr. 8 (2001), S. 3864–3870.

7 Kate Murphy, »For Thyroid Hormones, How Low Is Too Low?« *New York Times*, 8. November 2005.

8 Ibid.

9 Ibid.

10 Richard Shames, *Feeling Fat, Fuzzy or Frazzled? A 3-Step Program to Beat Hormone Havoc; Restore Thyroid, Adrenal, and Reproductive Balance; and Feel Better Fast.* New York: Hudson Street Press, 2005; *Thyroid Power: Ten Steps to Total Health.* New York: HarperCollins, 2002.

11 Richard Shames, Interview mit der Autorin, 9. März 2005.

12 Joe und Terry Graedon, »Graedons' Guide to Thyroid Hormones«, *The Peoples' Pharmacy*, www.peoplespharmacy.com.

13 Richard Shames, Interview mit der Autorin, 6. April 2005.

14 Richard Shames, Interview mit der Autorin, 3. Mai 2005.

15 Dem Tiger ins Auge schauen
Joanna, 59 Jahre alt und an Alzheimer erkrankt, gewährt uns einen Blick in ihre Welt

1 Daten der Interviews mit Joanna und Theo: 4. Mai 2005; 2. April 2006.

2 »New Drug Alzhemed Shows Early Promise Against Alzheimer's«, Pressemitteilung der Fisher Center for Alzheimer's Research Foundation, 4. November 2003; »Neurochem Receives Third Positive Recommendation from Independent Safety Review Board to Continue Phase III Clinical Trial For Alzhemed«, Pressemitteilung von Neurochem, 5. Oktober 2005.

3 Theo, E-Mail an die Autorin, 3. August 2006.

4 »The Johns Hopkins White Papers«, *Memory*, 2005.

5 Constantine Lyketsos, »The 11th Annual Update on the Treatment of Alzheimer's and Related Disorders: Defining the Standard of Care«, Hopkins White Paper Bulletins, Ausgabe Frühling 2005 (22. April 2005).

6 »Decreasing Toxins in Brain of Alzheimer's Patients Keep Cognitive Deficits at Bay«, Pressemitteilung der University of Pennsylvania, 23. August 2004.

7 Gary Groner, »Researchers Gain Insight into Link Between Weight and Dementia«, *Applied Neurology*, Mai 2006; Suzanne M. de la Monte, »Insulin and Insulin-Like Growth Factor Expression and Function Deteriorate with Progression of Alzheimer's Disease: Link to Brain Reductions in Acetylcholine«, *Journal of Alzheimer's Disease* 8, Nr. 3 (2005), S. 247–268.

8 Ibid.

9 Rebecca Logsdon, »Spotlight on Research: Studies from the Memory Wellness Program Lead to Greater Understanding of Insulin and Me-

mory«, *Dimensions*, Winter 2006; eingesehen im Internet unter http://www.hopkinsmemory.com.

10 Scott Hensley, »New Hope Seen for Vaccine for Alzheimer's«, *Wall Street Journal*, 22. Juli 2004.

11 Kate Wong, »Drug Found to Reverse the Ravages of Alzheimer's in Mice«, *Scientific American*, 1. März 2006.

12 »In Preliminary Study, New York-Presbyterian/Weill Cornell Team Finds IVIg Therapy May Improve Cognitive Function in Alzheimer's Patients«, Pressemitteilung der Cornell University, 11. April 2005.

13 Ibid.

14 Mark Tuszynski, Interview mit der Autorin, 6. Oktober 2006.

15 Douglas Bremner, *Does Stress Damage the Brain? Understanding Trauma-Related Disorders from a Mind Body Perspective.* New York: Norton, 2002.

16 Theo, E-Mail an die Autorin, 16. Oktober 2005.

16 Wollen wir es so genau wissen?
Sollen wir die neuen diagnostischen und therapeutischen Möglichkeiten, die sich uns eröffnen, wirklich nutzen?

1 Ronald Peterson, Interview mit der Autorin, 14. Juli 2004.

2 John Trojanowski, Interview mit der Autorin, 10. Oktober 2005.

3 Richard J. Hodes, »Public Funding for Alzheimer Disease«.

4 John Trojanowski, Interview mit der Autorin, 27. April 2004.

5 John Q. Trojanowski, »Searching for the Biomarkers of Alzheimer's«, *Practical Neurology*, 3. Dezember 2004, S. 30–34.

6 Interview mit Trojanowski.

7 Interview mit Trojanowski.

8 Interview mit Trojanowski.

9 Interview mit Trojanowski; »Taking Action to Prevent Mild Cognitive Deficit after 60 May Hinge on Knowing Levels of Factor in Blood«, Pressemitteilung der Boston University, 27. September 2005.

10 Kaj Blennow, »Use of CSF Biomarkers in Clinical Diagnosis and to Monitor Treatment Effects«, Referat beim 9. Internationalen Genf/Springfield Symposium zu Fortschritten in der Alzheimertherapie, 20. April 2006.

11 Interview mit Trojanowski.

12 Apoorva Mandavilli, »The Amyloid Code«, *Nature Medicine*, 12, Nr. 7 (2006), S. 747–751.

13 Mony de Leon, Interview mit der Autorin, 2. März 2004.

14 Interview mit Trojanowski.

15 Mony de Leon, Interview mit der Autorin, 25. Mai 2005.

16 Laurie Tarkan, »Predicting Alzheimer's Is More Wish Than Reality«, *New York Times*, 25. Oktober 2005; Marjorie Shaffer, »New Analysis of a Standard Brain Test May Help Predict Dementia«, NYU Research: A Digest of Research News from New York University, Herbst 2005.

17 »The Johns Hopkins White Paper Bulletins«, *Memory*, 2005.

18 Ibid.

19 Ibid.

20 James Bakalar und Anthony L. Komaroff, »The Aging Brain: Old Genes, New Findings«, *Newsweek*, 17. Januar 2005.

21 »The Johns Hopkins White Paper Bulletins«, *Memory*, 2005.

22 Ibid.

23 Ibid.

24 www.alzheimers.org.
25 G. William Rebeck et al., »Apolipoprotein E Receptor 2 Interactions with the N-Methyl-D-aspartate Receptor«, *Journal of Biological Chemistry* 281, Nr. 6 (2006), S. 3425–3431.
26 Ibid.
27 Ibid.
28 Bakalar und Komaroff, »The Aging Brain«.
29 Miia Kivipelto et al., »Alcohol Drinking in Middle Age and Subsequent Risk of Mild Cognitive Impairment and Dementia in Old Age: A Prospective Population-Based Study«, *British Medical Journal*, 4. September 2004, S. 539–542.
30 Roberta Diaz Brinton und Liqin Zhao, »Estrogen Receptor B as a Therapeutic Target for Promoting Neurogenesis and Preventing Neurodegeneration«, *Drug Development Research* 66, Nr. 2 (2006), S. 103–107.
31 Daniel Michaelson et al., »Stimulation and Amyloid-B Mediated Activation of Apoptosis and Neurogenesis In-Vivo By Apolipoprotein E4«, Referat beim 9. Internationalen Genf/Springfield-Symposium zu Fortschritten in der Alzheimertherapie, 21. April 2006.
32 George Bartzokis, »Apolipoprotein E Genotype and Age-Related Myelin Breakdown in Healthy Individuals: Implications for Cognitive Decline and Dementia«, *Archives of General Psychiatry* 63, Januar 2006, S. 57–62.
33 Yadong Huang et al., »Lipid- and Receptor-Binding Regions of Apolipoprotein E4 Fragments Act in Concert to Cause Mitochondrial Dysfunction and Neurotoxicity«, *Proceedings of the National Academy of Science* 102, Nr. 51 (2005), S. 18694–18699.
34 »Changes Linked to Alzheimer's Examined«, *The Associated Press*, 16. Dezember 2003; Richard Caselli et al., »Preclinical Cognitive Decline in Late Middle-Aged Asymptomatic Apolipoprotein E-E4/4 Homozygotes: A Replication Study«, *Journal of Neurological Sciences* 189 (2001), S. 93–98.
35 Eric Reiman et al., »Preclinical Evidence of Alzheimer's Disease in Persons Homozygous for the E-4 Allele for Apolipoprotein E«, *New England Journal of Medicine*, 334, Nr. 12 (1996), S. 752–758.
36 Richard Caselli et al., »A Distinctive Interaction Between Chronic Anxiety and Problem Solving in Asymptomatic APOE e4 Homozygotes«, *Journal of Neuropsychiatry and Clinical Neuroscience* 16 (August 2004), S. 320–329.
37 Siehe http://www.nia.mh.gov/NewsAndEvents/PressReleases/PR19931107PossibleTargets.htm
38 Robert C. Green, »Risk Assessment for Alzheimer's Disease with Genetic Susceptibility Testing: Has the Moment Arrived?« *Alzheimer's Care Quarterly*, Sommer 2002, S. 208–214.
39 Robert Green, Interview mit der Autorin, 9. März 2004.
40 Ibid.
41 Ibid.
42 Ibid.
43 Robert Green, E-Mail an die Autorin, 8. September 2006.
44 Ibid.
45 Interview mit Green.
46 J. A. R. Nicoll et al., »Association of APOE e4 and Cerebrovascular Pa-

thology in Traumatic Brain Injury«, *Journal of Neurology, Neurosurgery, and Psychiatry* 77 (2006), S. 363–366.
47 Robert Green, E-Mail an die Autorin, 8. August 2004.
48 Ibid.
49 Siehe http://www.athenadiagnostics.com.

17 Kämpfen lohnt sich
Die Neuronen hegen und pflegen: die Strategien der Menschen, die bis ins hohe Alter geistig fit bleiben
1 Denise C. Park und Angela H. Gutchess, »Long-Term Memory and Aging: A Cognitive Neuroscience Perspective«, in: Roberto Cabeza, Lars Nyberg und Denise C. Park (Hg.), *Cognitive Neuroscience of Aging: Linking Cognitive and Cerebral Aging.* New York: Oxford University Press, 2004, S. 218–245.
2 Eric Kandel, Interview mit der Autorin, 14. April 2004.
3 Yaakov Stern, Interview mit der Autorin, 7. März 2006.
4 Elkhonon Goldberg, *The Executive Brain. Frontal Lobes and the Civilized Mind.* New York: Oxford University Press, 2002. (Dt. *Die Regie im Gehirn: Wo wir Pläne schmieden und Entscheidungen treffen.* Kirchzarten bei Freiburg: VAK-Verlag, 2002.)
5 Park und Gutchess, »Long-Term Memory and Aging«.
6 Lisa Melton, »How Brainpower Can Help You Cheat Old Age«, *New Scientist*, 17. Dezember 2005.
7 Interview mit Stern.
8 Marcus Richards et al., »Cognitive Ability in Childhood and Cognitive Decline in Midlife: Longitudinal Birth Cohort Study«, *British Medical Journal* 328 (6. März 2004), S. 552.
9 Interview mit Stern.
10 Simone de Beauvoir, *La vieillesse.* Paris: Gallimard, 1970. (Dt. *Das Alter.* Reinbek bei Hamburg: Rowohlt, 1977.)
11 Mellanie Springer et al., »The Relation Between Brain Activity During Memory Tasks and Years of Education in Young and Older Adults«, *Neuropsychology* 19, Nr. 2 (2005), S. 181–192.
12 Katherine Ellison, *The Mommy Brain: How Motherhood Makes Us Smarter*, New York: Basic Books, 2005. (Dt. *Mutter sein macht schlau: Kompetenz durch Kinder.* München: Kunstmann, 2006.)
13 Laura Jean Podewils et al., »Physical Activity, APOE Genotype, and Dementia Risk. Findings from the Cardiovascular Health Cognition Study«, *American Journal of Epidemiology* 161, Nr. 7 (2005), S. 639–651.
14 Charles Baxter, E-Mail an die Autorin, 27. Januar 2004.
15 Richard Lang, Interview mit der Autorin, 10. November 2004.
16 Rudyard Kipling, *Departmental Ditties, Barrack-Room Ballads and other verses.* United States Book: New York, 1890. (Dt. *Balladen aus dem Biwak.* Übers. von M. Möller. In: Kipling, *Das große Abenteuer*, Gesammelte Werke III, München: List, 1965, S. 936.)
17 A. F. Kramer et al., »Cardiovascular Fitness, Cortical Plasticity, and Aging«, *Proceedings of the National Academy of Science* 101, Nr. 9 (2004), S. 3316–3321.
18 Miia Kivipelto, »Does Healthy Lifestyle Protect Against Dementia?« Referat beim 9. Internationalen Genf/Springfield-Symposium zu Fortschritten in der Alzheimertherapie, 20. April 2006.

19 Henriette van Praag et al., »Exercise Enhances Learning and Hippocampal Neurogenesis in Aged Mice«, *Journal of Neuroscience* 25, Nr. 38 (September 2005), S. 8680–8685.

20 »Nan Wiener, Salsa Dancing«, *Health*, Juni 2003, S. 119.

21 Joe Verghese et al., »Leisure Activities and the Risk of Dementia in the Elderly«, *New England Journal of Medicine* 348 (19. Juni 2003), S. 2508–2516.

22 Nan Wiener, Interview mit der Autorin, 11. März 2005.

23 Ibid.

24 »Studies with Dancing, Computer Training, Show Ways to Maintain a Healthy Brain in Old Age«, Pressemitteilung von Posit Science, 15. November 2005.

25 Jennifer Bugos et al., »The Effects of Individualized Piano Instruction on Executive Memory Functions in Older Adults (Ages 60–85)«, Referat bei der 8. Internationalen Konferenz zu Wahrnehmung und Kognition der Musik, 2004.

26 Dawn Swanson, Interview mit der Autorin, 25. Mai 2004.

27 Verghese et al., »Leisure Activities and the Risk of Dementia in the Elderly«.

28 Will Shortz, Interview mit der Autorin, 25. Januar 2006.

29 Folgen Sie den Verweisen zum Forum auf der Website der *New York Times*: http://www.nytimes.com/pages/crosswords/.

30 Courtenay »Co« Crocker, E-Mail an die Autorin, 25. Januar 2006.

31 Eric Nagourney, »Social Whirl May Help Keep the Mind Dancing«, *New York Times*, 29. Oktober 2002.

32 Laura Fratiglioni et al., »Mental, Physical and Social Components in Common Leisure Activities in Old Age in Relation to Dementia: Findings from the Kungsholmen Project«, Referat bei der 9. Internationalen Konferenz der Alzheimer's Association zur Alzheimer-Krankheit und verwandten Störungen, Philadelphia, 17.–22. Juli 2004. Eine Zusammenfassung erschien in *Neurobiology of Aging* 25, S. 2 – S. 313, Juli 2004.

33 Lawrence Katz, Interview mit der Autorin, 22. April 2004.

34 Edward Hallowell, *CrazyBusy: Overstretched, Overbooked, and About to Snap!* New York: Ballantine, 2006, S. 39.

35 Ibid., S. 82.

36 »Studies with Dancing, Computer Training«.

37 Zvi und Marjorie Dannenberg, Interview mit der Autorin, 6. Oktober 2005.

Schluss

1 Thomas Crook, Interview mit der Autorin, 14. Oktober 2004.

Ausgewählte Literatur

Viele Bücher, die ich gelesen habe, sind hier nicht aufgeführt; dennoch haben sie mein Denken mitgeprägt.

Ackerman, Diane. *An Alchemy of the Mind: The Marvel and Mystery of the Brain*. New York: Scribner, 2004.

Aldridge, Susan. *Magic Molecules: How Drugs Work*. London: Cambridge University Press, 1998. (Dt.: *Zaubermoleküle: Wie Medikamente, Heilkräuter, Drogen und Alltagsdrogen wirken*. Basel: Birkhäuser, 2000.)

Angier, Natalie. *Woman: An Intimate Geography*. Boston: Houghton Mifflin, 1999. (Dt.: *Frau: eine intime Geographie des weiblichen Körpers*. München: Bertelsmann, 2000.)

Archibald, Robert. *A Place to Remember: Using History to Build Community*. Walnut Creek, CA: Altamira Press, 1999.

d'Assigny, Marius. *The Art of Memory: A Treatise Useful for All, Especially Such as Are to Speak in Public*. London: Bell, 1699, und New York: AMS Press, 1985. (Dt.: *Marii d'Assigny wahrhafftige Gedächtniss-Kunst, welche zeiget, wie man sein Gedächtniss erhalten und verbessern; oder wenn es bereits verlohren, wiederbringen könne*. Leipzig: Gleditsch, 1720.)

Barondes, Samuel H. *Better than Prozac: Creating the Next Generation of Psychiatric Drugs*. New York: Oxford University Press, 2003.

Baxter, Charles (Hg.). *The Business of Memory: The Art of Remembering in an Age of Forgetting*. Saint Paul, MN: Graywolf Press, 1999.

de Beauvoir, Simone. *La vieillesse*. Paris: Gallimard, 1970. (Dt.: *Das Alter*. Reinbek bei Hamburg: Rowohlt, 1977.)

Borges, Jorge Luis. »Funes el memorioso« (1942). In: *Ficciones*. Buenos Aires: Sur, 1944. (Dt.: »Das unerbittliche Gedächtnis«. In: *Lotterie in Babylon – Die schönsten Erzählungen*. Berlin: Wagenbach, 1997.)

Bourtchouladze, Rusiko. *Memories Are Made of This: How Memory Works in Humans and Animals*. New York: Columbia University Press, 2002.

Breggin, Peter, und David Cohen. *Your Drug May Be Your Problem: How and Why to Stop Taking Psychiatric Medications*. Cambridge, MA: Perseus, 1999.

Bremner, Douglas J. *Does Stress Damage the Brain? Understanding Trauma-Related Disorders from a Mind-Body Perspective*. New York: Norton, 2002.

Calvin, William H. *A Brain for All Seasons: Human Evolution and Abrupt Climate Change*. Chicago: University of Chicago Press, 2002.

Clark, Andy. *Natural-Born Cyborgs: Minds, Technologies, and the Future of Human Intelligence*. New York: Oxford University Press, 2003.

Collins, Billy. *Questions About Angels*. Pittsburgh: University of Pittsburgh Press, 1991.

Diamond, Jared M. *The Third Chimpanzee: The Evolution and Future of the Human Animal*. New York: HarperCollins, 1992. (Dt.: *Der dritte Schimpanse: Evolution und Zukunft des Menschen*. Frankfurt am Main: Fischer, 1994.)

Draaisma, Douwe. *De metaforenmachine*. Groningen: Historische Uitgeverij, 1995. (Dt.: *Die Metaphernmaschine: eine Geschichte des Gedächtnisses*. Darmstadt: Wissenschaftliche Buchgesellschaft, 1999.)

Ellison, Katherine. *The Mommy Brain: How Motherhood Makes Us Smarter*. New York: Basic Books, 2005. (Dt.: *Mutter sein macht schlau: Kompetenz durch Kinder*. München: Kunstmann, 2006.)

Engel, Susan. *Context Is Everything: The Nature of Memory*. New York: Henry Holt, 2000.

Forty, Adrian, und Susanne Kuchler (Hg.). *The Art of Forgetting*. Oxford: Berg, 1999.

Fukuyama, Francis. *Our Posthuman Future: Consequences of the Biotechnology Revolution*. New York: Farrar, Straus & Giroux, 2002. (Dt.: *Das Ende des Menschen*. Stuttgart: Deutsche Verlags-Anstalt, 2002.)

Gleick, James. *What Just Happened: A Chronicle from the Information Frontier*. New York: Pantheon, 2002.

Glenmullen, Joseph. *The Antidepressant Solution: A Step-by-Step Guide to Safely Overcoming Antidepressant Withdrawal, Dependence, and »Addiction«*. New York: Free Press, 2004.

Goldberg, Elkhonon. *The Executive Brain: The Frontal Lobes and the Civilized Mind*. New York: Oxford University Press, 2001. (Dt.: *Die Regie im Gehirn: Wo wir Pläne schmieden und Entscheidungen treffen*. Kirchzarten bei Freiburg: VAK-Verlag, 2002.)

–. *The Wisdom Paradox: How Your Mind Can Grow Stronger as Your Brain Grows Older*. New York: Gotham, 2005. (Dt.: *Die Weisheits-Formel: Wie Sie neue Geisteskraft gewinnen, wenn Sie älter werden*. Reinbek bei Hamburg: Rowohlt, 2007.)

Gordon, Barry. *Intelligent Memory: Improve Your Memory No Matter What Your Age*. New York: Viking Adult, 2003.

de Graaf, John. *Affluenza: The All-Consuming Epidemic*. San Francisco: Berrett-Koehler Publishers, 2001. (Dt.: *Affluenza: Zeitkrankheit Konsum*. München: Riemann, 2002.)

Gruneberg, Michael, und Peter Morris (Hg.). *Aspects of Memory*, 2. Auflage, Band 1: *The Practical Aspects*. London: Routledge, 1992.

Gullette, Margaret Morganroth. *Aged by Culture*. Chicago: University of Chicago Press, 2004.

–. *Declining to Decline: Cultural Combat and the Politics of the Midlife*. Charlottesville, VA: University Press of Virginia, 1997.

Hallowell, Edward M. *CrazyBusy: Overstretched, Overbooked, and About to Snap! Strategies for Coping in a World Gone ADD*. New York: Ballantine, 2006.

–. *Delivered from Distraction: Getting the Most out of Life with Attention Deficit Disorder*. New York: Ballantine, 2005.

– and John J. Ratey. *Driven to Distraction: Recognizing and Coping with Attention Deficit Disorder from Childhood Through Adulthood*. New York: Pantheon, 1994. (Dt.: *Zwanghaft zerstreut: ADD – die Unfähigkeit, aufmerksam zu sein*. Reinbek bei Hamburg: Rowohlt, 1998.)

Hawkins, Jeff, und Sandra Blakeslee. *On Intelligence*. New York: Times Books, 2004. (Dt.: *Die Zukunft der Intelligenz*. Reinbek bei Hamburg: Rowohlt, 2006.)

Honoré, Jean-Carl. *In Praise of Slowness: How a Worldwide Movement Is Challenging the Cult of Speed*. San Francisco: HarperSanFrancisco, 2004.

(Dt.: *Slow life: Neue Kreativität und Lebensqualität durch die Verwirklichung von Eigenzeit*. München: Riemann, 2004.)

Johnson, Steven. *Mind Wide Open: Your Brain and the Neuroscience of Everyday Life*. New York: Scribner, 2004.

Kabat-Zinn, Jon. *Full Catastrophe Living: Using the Wisdom of Your Body and Mind to Face Stress, Pain, and Illness*. New York: Delacorte Press, 1990. (Dt.: *Gesund durch Meditation: Das große Buch der Selbstheilung*. München: Barth, 1991.)

Kammen, Michael. *Mystic Chords of Memory: The Transformation of Tradition in American Culture*. New York: Knopf, 1991.

Katz, Lawrence C., und Manning Rubin. *Keep Your Brain Alive – 83 Neurobic Exercises*. New York: Workman, 1998. (Dt.: *Neurobics – fit im Kopf: 83 Übungen zur Leistungssteigerung des Gehirns*. München: Goldmann, 2001.)

Kemper, Susan, und Reinhold Kliegl (Hg.). *Constraints on Language: Aging, Grammar, and Memory*. Boston: Kluwer Academic Publishers, 1999.

Khalsa, Dharma Singh, mit Cameron Stauth. *Brain Longevity: The Breakthrough Medical Program That Improves Your Mind and Your Memory*. New York: Warner Books, 1997.

Kimura, Doreen. *Sex and Cognition*. Cambridge, MA: MIT Press, 2000.

Lerner, Harriet. *The Dance of Anger*. New York: HarperCollins, 1985. (Dt.: Lerner, Harriet Goldhor. *Wohin mit meiner Wut? Neue Beziehungsmuster für Frauen*. Zürich: Kreuz, 1987.)

Levi, Primo. *I sommersi e i salvati*. Turin: Einaudi, 1986. (Dt.: *Die Untergegangenen und die Geretteten*. München: Hanser, 1990.)

McEwen, Bruce, mit Elizabeth Norton Lasley. *The End of Stress as We Know It*. Washington, DC: National Academies Press, 2002.

McGaugh, James. *Memory and Emotion: The Making of Lasting Memories*. New York: Columbia University Press, 2003.

McKhann, Guy, und Marilyn Albert. *Keep Your Brain Young: The Complete Guide to Physical and Emotional Health and Longevity*. New York: Wiley, 2002.

Perlmutter, David. *The Better Brain Book*. New York: Riverhead, 2004.

Plant, Sadie. *Writing on Drugs*. New York: Farrar, Straus & Giroux, 1999.

Postman, Neil. *Technopoly*. New York: Knopf, 1992. (Dt.: *Das Technopol: Die Macht der Technologien und die Entmündigung der Gesellschaft*. Frankfurt am Main: Fischer, 1992.)

Roach, Mary. *Stiff: The Curious Lives of Human Cadavers*. New York: Norton, 2003. (Dt.: *Die fabelhafte Welt der Leichen*. München: DVA, 2005.)

Rupp, Rebecca. *Committed to Memory: How We Remember and Why We Forget*. New York: Crown, 1997.

Sapolsky, Robert M. *Monkeyluv and Other Essays on Our Lives as Animals*. New York: Scribner, 2005.

–. *A Primate's Memoir*. New York: Scribner, 2001. (Dt.: *Mein Leben als Pavian*. München: Claassen, 2001.)

–. *Why Zebras Don't Get Ulcers: A Guide to Stress, Stress-Related Diseases, and Coping*. New York: Freeman, 1994. (Dt.: *Warum Zebras keine Migräne kriegen*. München: Piper, 1996.)

Schacter, Daniel L. *Searching for Memory: The Brain, the Mind, and the Past*. New York: Basic Books, 1996. (Dt.: *Wir sind Erinnerung*. Reinbek bei Hamburg: Rowohlt, 1999.)

318

–. *The Seven Sins of Memory: How the Mind Forgets and Remembers*. Boston: Houghton Mifflin, 2001. (Dt.: *Aussetzer: Wie wir vergessen und uns erinnern*. Bergisch Gladbach: Lübbe, 2005.)

Schwartz, Jeffrey, und Sharon Begley. *The Mind and the Brain: Neuroplasticity and the Power of Mental Force*. New York: Regan Books, 2002.

Shames, Richard. *Feeling Fat, Fuzzy or Frazzled? A 3-Step Program to Beat Hormone Havoc; Restore Thyroid, Adrenal, and Reproductive Balance; and Feel Better Fast*. New York: Hudson Street Press, 2005.

–. *Thyroid Power: Ten Steps to Total Health*. New York: HarperCollins, 2002.

Shenk, David. *Data Smog: Surviving the Information Glut*. New York: HarperEdge, 1997. (Dt.: *Datenmüll und Infosmog: Wege aus der Informationsflut*. München: Lichtenberg, 1998.)

–. *The Forgetting: Alzheimer's: Portrait of an Epidemic*. New York: Anchor Books, 2003. (Dt.: *Das Vergessen: Alzheimer. Porträt einer Epidemie*. Leipzig: Europa, 2005.)

Shweder, Richard A. (Hg.). *Welcome to Middle Age! (And Other Cultural Fictions)*. Chicago: University of Chicago Press, 1998.

Siegel, Daniel. *The Developing Mind: Toward a Neurobiology of Interpersonal Experience*. New York: Guilford Press, 1999. (Dt.: *Wie wir werden, die wir sind: Neurobiologische Grundlagen subjektiven Erlebens und die Entwicklung des Menschen in Beziehungen*. Paderborn: Junfermann, 2006.)

– und Mary Hartzell. *Parenting from the Inside Out*. New York: Tarcher, 2003. (Dt.: *Gemeinsam leben, gemeinsam wachsen: Wie wir uns selbst besser verstehen und unsere Kinder einfühlsam ins Leben begleiten können*. Freiamt: Arbor, 2004.)

Skloot, Floyd. *In the Shadow of Memory*. Lincoln, NE: Bison Books, 2004.

Small, Gary, und Gigi Vorgan. *The Longevity Bible: 8 Essential Strategies for Keeping Your Mind Sharp and Your Body Young*. New York: Hyperion, 2006.

–. *The Memory Bible: An Innovative Strategy for Keeping Your Brain Young*. New York: Hyperion, 2002. (Dt.: *Gegen das große Vergessen: Ein ganzheitliches Gedächtnistraining*. Frankfurt am Main: mvg, 2004.)

– und Gigi Vorgan. *The Memory Prescription: Dr. Gary Small's 14-Day Plan to Keep Your Brain and Body Young*. New York: Hyperion, 2004.

Solomon, Andrew. *The Noonday Demon: An Atlas of Depression*. New York: Scribner, 2001. (Dt.: *Saturns Schatten: Die dunklen Welten der Depression*. Frankfurt am Main: S. Fischer, 2001.)

Squire, Larry R., und Eric R. Kandel. *Memory: From Mind to Molecules*. New York: Scientific American Library, 1999.

Stacey, Michelle. *The Fasting Girl: A True Victorian Medical Mystery*. New York: Tarcher/Penguin, 2002.

Starr, Kenneth W. *The Starr report: The Independent Counsel's complete report to Congress on the investigation of President Clinton*. New York: Pocket, 1998. (Dt.: *Der Starr-Report*. Bergisch Gladbach: Bastei-Lübbe, 1998.)

Sternberg, Robert J. (Hg.). *Wisdom: Its Nature, Origins and Development*. Cambridge, UK: Cambridge University Press, 1990.

Stoler, Diane Roberts, und Barbara Albers Hill. *Coping with Mild Traumatic Brain Injury*. New York: Avery, 1998.

Vaillant, George E. *Aging Well: Surprising Guideposts to a Happier Life from the Landmark Harvard Study of Adult Development*. New York: Time Warner, 2002.

Warga, Claire. *Menopause and the Mind: The Complete Guide to Coping with the Cognitive Effects of Perimenopause and Menopause. Including: Memory Loss, Foggy Thinking, and Verbal Slips*. New York: Touchstone, 2000.

Warnock, Mary. *Memory*. London: Faber and Faber, 1987.

Wise, Anna. *The High-Performance Mind: Mastering Brainwaves for Insight, Healing, and Creativity*. New York: Tarcher, 1997. (Dt.: *Power Mind Training: Ein Praxiskurs für Kreativität, Gesundheit & Erfolg*. Paderborn: Junfermann, 1998.)